Dieter Grunow

Die Gesellschaft der Zukunft –
Beobachtungen aus der Gegenwart

Dieter Grunow

Die Gesellschaft der Zukunft – Beobachtungen aus der Gegenwart

Verlag Barbara Budrich
Opladen • Berlin • Toronto 2017

Bibliografische Information der Deutschen Nationalbibliothek
Die Deutsche Nationalbibliothek verzeichnet diese Publikation in der Deutschen
Nationalbibliografie; detaillierte bibliografische Daten sind im Internet über
http://dnb.d-nb.de abrufbar.

Gedruckt auf säurefreiem und alterungsbeständigem Papier

ISBN   **978-3-8474-0691-4 (Paperback)**
eISBN   978-3-8474-0839-0 (eBook)

Umschlaggestaltung: Bettina Lehfeldt, Kleinmachnow – www.lehfeldtgraphic.de
Titelbildnachweis: Foto: Corinne Holthuizen-Habermann
Lektorat und Satz: Ulrike Weingärtner, Gründau – info@textakzente.de
Druck: Friedrich Pustet, Regensburg
Printed in Europe

Für Vera und Sebastian

Vorwort[1]

Dieses Buch hat eine längere Vorgeschichte, die seine Gestaltung maßgeblich beeinflusst und verändert hat. Die ursprüngliche, von außen (2013) angeregte Idee war es, eine Skizze der zukünftigen Entwicklung Deutschlands vor dem Hintergrund demografischer Trends zu formulieren: Wie sieht die Bevölkerung der Zukunft aus, welche Bedeutung haben die zu erwartenden Veränderungen auf Gesellschaft, Wirtschaft und Politik?

Der erste Schritt in der Abkehr von einem Trend-Report war bereits eine erste Antwort: Es kommt darauf an. Es kommt auf die Beobachtungsperspektive an. Dies gilt umso mehr, weil über die Zukunft im Grunde nichts Verlässliches gesagt werden kann: Wie soll man über die Gesellschaft der Zukunft (z.B. 2050) etwas sagen, wenn die Prognosen der sogenannten ExpertInnen – z.B. für das Wirtschaftswachstum – nicht einmal eine Halbwertszeit von einem Monat haben?

Insofern lag es nahe, sich auf ein sozialwissenschaftliches Konzept zu stützen, das die Beobachtung zu strukturieren vermag: eine Beobachtungstheorie, die Systemtheorie von Niklas Luhmann.

Die erste Leitlinie der Theorie und gleichzeitige Komplikation lautete: Da man die Zukunft nicht beobachten kann, muss man die aktuelle Zukunftskommunikation in der Gesellschaft in den Mittelpunkt rücken. Die nächste Aussage beinhaltete, dass wir den größten Teil dessen, was wir über die Welt wissen, über die Massenmedien vermittelt bekommen.

Die Leitfrage lautete nun: Wie wird in Deutschland (etc.) über die Gesellschaft der Zukunft – unter besonderer Berücksichtigung der demografischen Entwicklung kommuniziert? Hierbei zeigte sich sehr schnell, dass eine solche thematische Engführung nicht überzeugend sein kann, weil die Einflussfaktoren auf die Gesellschaftsentwicklung zu vielfältig sind.

Damit drohte, das Beobachtungsfeld für Zukunftskommunikationen aus den Fugen zu geraten. Einige Akzente wurden festgelegt und dennoch waren die Beobachtungen kaum zu bündeln. Eine nachdrückliche Prägung erhielt das Vorhaben dabei vor allem durch die vielfältigen Ereignisse (Griechenland, Pegida, Flüchtlinge, VW-Skandal, DFB-Skandal, terroristische Anschläge, „Panama-Papiere" usw.), die die Zukunftsbilder in den Massenmedien bis hin zu ihrem Selbstbild („Lügenpresse"-Vorwurf) erkennbar beeinflusst haben. Mit anderen Themen – wie Industrie 4.0 – deutet sich eine andere Schwierigkeit an: Die ver-

---

1 Das Buch behandelt ein breites Spektrum von Themen (Kommunikationen) aus vielen Quellen und Perspektiven. Deshalb werden für einzelne Abschnitte ausführliche Navigations-Erläuterungen in Kursivschrift gegeben.

meintlichen Zukunftsszenarien begegnen uns immer häufiger schon in der Gegenwart.

Die grundlegende Perspektive der Analyse wurde durch diese Ereignisse allerdings eher bestätigt: Eine Voraussage für 2050 ist mehr denn je ungewiss. Die Weichenstellungen haben aber oft bereits begonnen und stellen somit auch die Herausforderungen für die nächsten zwei bis drei Jahrzehnte dar.

Beispielhaft lässt sich dies mit „üblichen" Kommentaren illustrieren: Die Welt gerät aus den Fugen. Sind wir jetzt im Krieg? Was machen die aktuellen Ereignisse mit unserer Gesellschaft? Ist Europa am Ende? Wie soll unsere Gesellschaft in der Zukunft aussehen? Was wird uns zusammenhalten? Ist die Vorstellung von einer deutschen Wohlstandsinsel am Ende? Müssen wir mehr teilen?

Das Buch gibt keine Antwort auf diese Fragen, denn die muss in der Gesellschaft gefunden werden. Es unterbreitet aber einen Vorschlag, wie man die Vielfalt und Unwägbarkeiten der komplexen Weltgesellschaft beobachten und sortieren kann, um Möglichkeiten der Zukunftsgestaltung zu erkennen und zu bewerten.

Das Buch lässt sich also als Anleitung zur begründeten Beobachtung und Bewertung von gegenwärtiger Kommunikation ansehen, die sich auf Fragen der Zukunft der Gesellschaft beziehen. Mit anderen Worten: Die/der LeserIn wird dazu angeregt, die Entwicklung der Gesellschaft in den Blick zu nehmen und sich in die Debatte über ihre Zukunft einzumischen. Es ist kein fachwissenschaftliches Buch im engen Sinne, stellt also keine Einführung in wissenschaftliche Diskurse dar. Um mit der Fülle von Zukunftskommunikationen umgehen zu können, wird jedoch ein Beobachtungsinventar vorgeschlagen, das sozialwissenschaftlich, systemtheoretisch begründet ist. Die dargestellten Beispiele sind überwiegend der Kommunikation in den Massenmedien[2] entnommen – und stellen zwangsläufig jeweils nur ausgewählte, also beispielhafte Illustrationen zu dem jeweiligen Thema dar. Die meisten davon werden ohne Detailnachweis präsentiert, denn sie sind durchweg unter den benutzten Stichworten im Internet aufzufinden. Insofern gibt es auch kontinuierlich neue Diskussionsthemen zu beobachten. Daten werden nur dann erwähnt, wenn sie einen gut begründeten Trend beschreiben. Quellennachweise sind auf differenzierte Darstellungen und Zitate beschränkt. Am Ende des Buches werden Literaturhinweise für Vertiefungsmöglichkeiten gegeben.

Mit der Beobachtungstour in die Zukunft der Gesellschaft begibt man sich in unübersichtliches Gelände. Daher sind Wiederholungen nicht ausgeschlossen: Dies gilt vor allem für die kursiv gedruckten Ankündigungen und Zwischenbilan-

---

2 Dies schließt nicht aus, dass einzelne Beispiele aus dem Kommunikationsalltag des Autors entnommen sind. Dies ist auch für die LeserInnen eine Option: persönliche Alltagserfahrungen zu den hier dokumentierten medialen Kommunikationen ins Verhältnis zu setzen.

zen: sie sind gewissermaßen der „Tourenplan". Er beginnt nun mit einer Übersicht über die wichtigsten Etappen (Kapitel).

__Kapitel 1 erläutert und begründet das Thema des Buches und die Vorgehensweise.__ Dabei muss der Besonderheit Rechnung getragen werden, dass über eine Zukunft kommuniziert wird, über die man nichts zuverlässig wissen kann. Dies gilt umso mehr, weil hier ein Bezug zum Zeitraum 2050 (+/-) in „Augenschein" genommen wird. Zudem wird die „Gesellschaft" als soziales, durch Kommunikation verbundenes System in den Mittelpunkt gerückt, was nicht immer dem Alltagsverständnis entspricht. Das bedeutet zugleich, dass ein umfangreiches und komplexes Gebilde, eben „Gesellschaft" betrachtet wird. Es geht also nicht um individuelle Zielsetzungen für die Zukunft oder etwa um die Frage nach der Entwicklung der Schuhmode.

__Kapitel 2__ begründet die systemtheoretische Beobachter-Perspektive – wohl wissend, dass es auch andere Perspektiven gibt. Entscheidend ist die Breite des Zuganges zur gesellschaftsinternen Kommunikation, der sich von den meist üblichen Engführungen oder Einseitigkeiten vieler Zukunftsperspektiven unterscheidet. Die Erläuterungen des Instrumentariums sind relativ anspruchsvoll, weil sie in einer sehr knappen Form die zentralen begrifflichen Bausteine einer hoch komplexen Theorie skizzieren. Deshalb wird auch eine „Umgehung" anheimgestellt – als direkter Sprung zu 2.7. Dies ist solange unproblematisch, wie man sich auf der begleiteten Beobachtungstour (Kap. 3ff.) befindet. Für eine selbst organisierte Tour zur Gesellschaft der Zukunft – z.B. mit dem Fokus auf andere inhaltliche Themen oder andere Länder – ist die Lektüre des zweiten Kapitels dringend empfohlen. Entscheidend ist dabei die Vermittlung der beiden herausgehobenen Beobachtungs- und Bewertungsmerkmale für die Gesellschaft der Zukunft: die Differenzierung in leistungsfähige Funktionssysteme[3] und die breite Inklusion[4] der Bevölkerung. Deshalb sind die historische Entwicklung (Evolution) funktionaler Differenzierung und die Beschreibung der wichtigsten Systeme in der modernen (Welt)Gesellschaft zentrale Elemente dieses Kapitels.

Kapitel 3 ist der materialbezogene Hauptteil des Buches: er beschreibt die Zukunftskommunikationen – vor allem in Deutschland – mit Blick auf sechs wichtige Themenfelder. Drei sind eher systembezogen: (wirtschaftliche, technische) Globalisierung; Umweltbelastung (Klimawandel) und Internet (Digitalisierung). Drei weitere sind eher bevölkerungsbezogen: demografische Entwicklung;

---

3 Gemeint sind damit z.B. Politik, Wirtschaft, Wissenschaft, Recht, Religion, Medizin, Kunst etc.
4 Nota bene: damit ist nicht das aktuelle UN-Konzept zur Integration von Behinderten gemeint, obwohl dies durchaus dazu gehört. Es geht um einen wesentlich breiteren gesamtgesellschaftlichen Ansatz.

Migration (Integration) und Urbanisierung. Im Anschluss an die Beschreibung typischer medialer Kommunikationsinhalte wird jeweils geprüft, ob darin explizit oder doch wenigstens implizit Hinweise auf die uns interessierenden Gesellschaftsmerkmale – also funktionale Differenzierung und Inklusion – zu erkennen sind. Oder anders ausgedrückt: In welcher Form und in welchem Maße reflektiert „die" Gegenwartsgesellschaft ihre Zukunft mit Blick auf diese beiden zentralen Gestaltungsprinzipien bzw. Herausforderungen?

Kapitel 4 bilanziert zunächst die Merkmale der wichtigsten Funktionssysteme, ihre je spezifischen Entwicklungstendenzen („Eigenlogiken") und ihre jeweilige Rolle hinsichtlich der beiden „Zielbezüge": Wie sieht das Mediensystem der Zukunft aus, wie das Erziehungssystem, wie das Medizinsystem usw.? Im Folgenden wird dann dem Politischen System und der Zivilgesellschaft – im Sinne einer "normativen Wendung" des Blickwinkels – eine besondere Verantwortung für die Zukunftsgestaltung der Gesellschaft zugerechnet: was sind aus heutiger Sicht die Mängel und was sind die Handlungsoptionen von Politik und Zivilgesellschaft für die Gestaltung der Gesellschaft der Zukunft, so dass auch sie noch eine Zukunft hat?

Kapitel 5 trägt die wichtigsten Beobachtungsergebnisse zusammen – wobei u.a. die Frage gestellt wird, ob und wie die Gesellschaftsmitglieder an der Zukunftskommunikation beteiligt sein können. Im Mittelpunkt stehen dabei die jüngeren Altersgruppen (Generationen), die ein besonderes Interesse an diesen Fragen haben könnten (sollten?): Was ist ihnen wichtig, wie sehen sie ihre Zukunft? Abschließend wird auf die gestalterische Nutzung der Beobachtungsergebnisse Bezug genommen. Zu fragen ist dabei, wie man die hier exemplarisch beschriebene Beobachtungsstrategie nutzen kann, um Fortschritte oder Rückschritte zu einer Gesellschaft der Zukunft fortlaufend zu markieren – und damit bewusst zu machen. Dafür wird die Entwicklung eines Inklusionsindexes und eines „Titanic"-Indexes vorgeschlagen.

Inhalt

Kapitel 1:
Einführung in das Thema des Buches

Der Titel des Buches verweist auf zwei Sachverhalte, die zunächst grenzenlos erscheinen: die Gesellschaft und ihre Zukunft. Mit dem Begriff Gesellschaft wird gegenwärtig häufig die „Weltgesellschaft" gemeint, also ein Gebilde mit unendlicher Vielfalt und Dynamik. Der Begriff Zukunft deutet auf eine Zeitachse hin, die sich irgendwie im Unendlichen verliert. Jede (überschaubare) Erörterung dieser beiden Themen setzt also eine Akzentsetzung voraus – oder im Sinne der folgenden Vorgehensweise ausgedrückt: Sie ist von der Position von BeobachterInnen und ihrer Themenwahl abhängig. Die damit erzeugte Differenz zwischen den berücksichtigten und den unbeachteten Aspekten des Themas ist nicht selbstverständlich, sondern begründungsbedürftig. Dies soll im Rahmen dieses Kapitels erfolgen.

Dazu wird im ersten Abschnitt beschrieben, was in diesem Buch unter Gesellschaft verstanden wird. Indem hier ein sozialwissenschaftlich-systemtheoretischer Zugang gewählt wird, ist eine Abgrenzung von den diffusen Gesellschaftsbegriffen der Alltagssprache erforderlich. Es geht um den durch Kommunikation erzeugten bzw. aufrechterhaltenen sozialen Zusammenhalt. Im zweiten Abschnitt wird erläutert, wie man sich hier und jetzt überhaupt dem Thema Zukunft nähern kann: durch die Beobachtung der zukunftsbezogenen Kommunikation in den Massenmedien der Gesellschaft. Im dritten Abschnitt wird die Perspektive bzw. Art der Beobachtung beschrieben, mit der wir uns dem Thema des Buches nähern werden. Diese Einleitung ist umfangreicher als meist üblich, weil dazu eingeladen wird, sich auf eine nicht ganz einfache Exkursion in die Zukunftsthematik zu begeben: Dafür ist es gut, schon vorab zu wissen, worauf man sich einlässt und was man als Ertrag erwarten kann.

1.1. „Gesellschaft" als Plattform und Gegenstand gegenwärtiger und zukünftiger Gestaltungsimpulse

Gesellschaft ist ein Begriff der Alltagssprache und daher mit vielen Bedeutungsnuancen versehen. Selbst der Versuch, ihn auf eine irgendwie gestaltete „Ansammlung von Menschen" einzugrenzen, scheitert an Begriffen wie Aktiengesellschaft, „die feine Gesellschaft" oder gar Robotergesellschaft. Eine gewisse Zuspitzung ergibt sich immerhin, wenn man sich auf eine *sozial*wissenschaftliche Perspektive festlegt, denn hier werden Beziehungen zwischen

Menschen bzw. ihr Zusammenleben in unterschiedlichen räumlichen, quantitativen und qualitativen Konstellationen in den Mittelpunkt der Betrachtung gerückt. Jedoch steht dabei nicht immer der Bezug zur „realen" Bevölkerung im Vordergrund – wie dies die Begriffe Zivilgesellschaft oder multikulturelle Gesellschaft signalisieren. Üblicher sind global typisierende Bezeichnungen – wie „Risikogesellschaft", „Wissensgesellschaft", „postmoderne Gesellschaft", „postdemokratische", „postkapitalistische" oder schlicht „die nächste Gesellschaft" (Dirk Baecker). Dahinter verbirgt sich teilweise eine Kennzeichnung „eines großen Ganzen" anhand weniger ausgewählter Merkmale oder einfach ein Hinweis, dass bisherige Typisierungen nicht mehr gelten. Das „Neuartige" steht deshalb im Vordergrund. Auf diese Begriffsverwendungen und ihre Begründung soll hier nicht eingegangen werden. Einige ihrer beschreibenden Merkmale werden später aber zu berücksichtigen sein. Zunächst können wir die Schlussfolgerung ziehen, dass für den gleichen Gegenstand (Gesellschaft) offenbar sehr unterschiedliche Beschreibungen und Typisierungen möglich sind: Sie hängen von der Beobachtungsperspektive ab, die mit spezifischen Begriffsvarianten besondere Akzente setzt. Dies ist nicht zu kritisieren – zumindest, wenn dabei jeweils auf diese *Perspektivengebundenheit* hingewiesen wird. Kritikwürdig ist es jedoch, wenn mit einigen eng geführten Gesichtspunkten die Gesellschaft in ihren weitläufigen Konturen und vielfältigen Facetten „verstanden" werden soll. Die folgenden Überlegungen erfordern einerseits eine Zuspitzung hinsichtlich des sozialen (=interpersonalen) Charakters unseres Beobachtungsfeldes Gesellschaft und zugleich den Zugang zu vielfältigen Einflussfaktoren, die den Beobachtungsgegenstand prägen. In den Gesellschaftswissenschaften spricht man dabei von einer „universalistischen" Konzeption (Theorie). Es ist deshalb gut begründet, sich mit dem Anliegen, die Zukunft der Gesellschaft zu beobachten, auf die Systemtheorie von Niklas Luhmann zu beziehen. Der Vorteil besteht – wie gewünscht – darin, dass man vermeidet, die Welt aus einem einzigen und damit unvermeidbar engen Blickwinkel zu kommentieren[5]; der Nachteil ergibt sich aus der komplexen Architektur der Theorie[6].

Wie später (Kap. 2) noch näher erläutert wird, stellt Luhmann „soziale Systeme", die durchweg aus „Kommunikation" bestehen, in den Mittelpunkt seiner Analysen. Dies gilt auch für die Gesellschaft. Es stellt sich demnach die Frage, wie Gesellschaft als Kommunikationssystem überhaupt zustande kommen kann und wie sie sich verändert. Dies gilt vor allem für die stark

---

5 Zum Beispiel das Rational Choice-Konzept, das die Verfolgung egoistischer Interessen zur Welterklärung nutzt und sogar zur Norm erklärt. Im Folgenden werden diese und viele anderen Formate der Zukunftsbeschreibung Erwähnung finden.

6 Ohne in die Lektüre von Luhmanns Schriften „einzutauchen", konnte man diese Komplexität in Form seines legendären Zettelkastens im Kunstmuseum Bielefeld – Ausstellung: Serendipity: vom Glück des Findens (2015) – ganz physikalisch betrachten.

angewachsene Zahl von Menschen, die an der Kommunikation beteiligt sind. Seine Grundaussage, dass eine in diesem Sinne funktionierende Gesellschaft „hoch unwahrscheinlich" ist – man kann auch sagen „nicht selbstverständlich" oder „nur mit großem Aufwand funktionsfähig zu halten" ist – lässt sich sowohl durch diverse historische Rückblicke als auch durch die gegenwärtige Beobachtung der von Bürgerkriegen geprägten Gesellschaften illustrieren und begründen. Die besondere Herausforderung für die Beobachtung einer Gesellschaft besteht darin, dass sie nicht als Ganzes bzw. als wohlgeordnete Architektur beschrieben werden kann. Damit widerspricht Luhmann nicht nur der Vorstellung von einer „prästabilisierten Harmonie" (Leibniz) u.ä., sondern auch den oben schon erwähnten Vereinfachungen der Gesellschaftsbeobachtung sowie den meist idealisierenden Wunschvorstellungen für die Zukunft. Die diesbezüglichen Ausführungen von Jürgen Habermas, mit dem er sich oft kritisch auseinandergesetzt hat, kommentiert Luhmann (2005, S. 16) folgendermaßen:

> „Das ist einer der Unterschiede zu den Bemühungen von Jürgen Habermas, für den die Vorstellung einer normativ aussagefähigen Rationalität der Gesichtspunkt ist, auf den hin er alle seine Bemühungen konzentriert und von dem aus dann das, was er an Empirie findet, unter anderem auch mit systemtheoretischer Darstellungsweise, kritikwürdig ist. Kann man diese Idee normativer Rationalität in der modernen Gesellschaft finden? Und was wäre zu tun, wenn man das versuchen wollte? Mir sieht das immer so aus, als ob es um eine Idealisierung des Abwesenden geht. Sobald man in die Realität kommt, wird das alles etwas trüber und nicht mehr so überzeugend. Ich glaube auch nicht, dass man mit der Systemtheorie eine Parallelentwicklung machen kann, das heißt zu Ergebnissen kommen kann, die festlegen, wie die Gesellschaft eigentlich sein müsste. Denn das ist eigentlich viel zu leicht zu sagen, man braucht einfach nur Wunschlisten zusammenzustellen oder negative Ergebnisse zu streichen, um zu Ergebnissen zu kommen, wie wir die Gesellschaft, eine menschliche Gesellschaft oder wie immer, haben möchten. Systemtheorie verfolgt in erster Linie keine idealisierende oder normative Idee, sie ist trotzdem kritisch. Sie versucht trotzdem anzuregen, sich zu überlegen, ob das, was man beobachten und beschreiben kann, eigentlich so sein muss oder warum das so ist und wo eventuell Bewegungsspielräume sind."

Genau um die Nutzung dieser „Bewegungsspielräume" wird es im Folgenden gehen.

Die Gesellschaftsanalyse Luhmanns geht von zwei Grundannahmen aus: Die Art der Beobachtung sozialer Systeme und die darauf bezogene Kommunikation ist von der BeobachterInnenperspektive geprägt, durch die u.a. festgelegt wird, was als Bezugspunkt gewählt und was weggelassen wird. Man muss also Unterscheidungen treffen, die aber in anderen Situationen bei anderen Beteiligten auch anders ausfallen können. Der Sinn dessen, was kommuniziert wird, erschließt sich erst durch das, was nicht gemeint ist. Die zweite theoriebezogene Feststellung bezieht sich auf die Tatsache, dass alle Beobachtungen und Kommunikationen *in* der Gesellschaft stattfinden, also diesen Kontext mitberücksichtigen müssen. Es gibt also keinen „Draufblick" von außen; es ist also konsequent, wenn dies – in Sciencefiction-Filmen – allenfalls den „Aliens" zugestanden wird.

Obwohl einzelne Elemente der systemtheoretischen Analyse unten näher erläutert und begründet werden, ist schon hier festzustellen, dass man sich diesen grundlegenden Voraussetzungen nicht entziehen kann, wenn man nicht zu voreiligen und ggf. falschen Schlüssen bezüglich des „Funktionierens" von Gesellschaft gelangen will. Dies bedeutet allerdings nicht, dass es im Folgenden um Theorieentwicklung geht. Es geht um eine möglichst knappe und vereinfachte Bestimmung und Beschreibung von Beobachtungsgesichtspunkten, die von möglichst vielen Gesellschaftsmitgliedern genutzt werden können. *Dafür müssen – ähnlich wie bei der Planung einer Gebirgswanderung – zwei vereinfachende Wahlentscheidungen getroffen werden: a) die Zahl und die Vielfalt der Beobachtungsinstrumente (Theoriebausteine) müssen begrenzt werden. Das Illustrationsbeispiel „Bergwanderung" macht sofort die Schwierigkeit deutlich: alle „Bergwanderungs-Experten" (Theoretiker) werden so viele Gerätschaften zur Mitnahme empfehlen, dass man mit dem Gepäck überlastet ist, oder wegen eines mehrjährigen Studiums aller diesbezüglichen Texte die Wanderung sogar ganz aufgibt. b) Die Objekte der Beobachtung (Zukunftsthemen) müssen begrenzt werden. Mit Blick auf die Bergwanderung wird sofort klar, dass man mit den Wünschen von Verwandten und Freunden in Konflikt gerät: man soll ja nicht nur diverse Fotos, sondern auch noch Steine und seltene Pflanzen etc. von der Wanderung mitbringen.*

Die Benutzung von systemtheoretischen „Beobachtungsleitlinien" ermöglicht die notwendigen Auswahlentscheidungen und ihre Begründung mit Blick auf das Thema „Gesellschaft der Zukunft". Der theoretische Ansatz liefert dafür ein differenziertes aber gleichwohl noch überschaubares Tableau von Begriffen und Konzepten. Darüber hinaus kann gezeigt werden, dass es durchaus üblich ist, mit der Systemtheorie „auf Wanderschaft" zugehen: Dies zeigen Titel wie „Luhmann beobachtet ..."; „mit Luhmann unterwegs..." (vgl. insbesondere Hölz 2012). Der Nutzen dieser Leitlinien ergibt sich gleichwohl erst am Ende der Reise durch die ausgewählten „Zukunftsthemen".

An dieser Stelle können wir aber bereits festhalten, dass dazu Kommunikationen als Elemente (Operationen) sozialer Systeme zu beobachten sind, deren Ergebnisse nicht unerheblich von der Art der Beobachtung bestimmt sind.

18

1.2 „Zukunft" als Thema individueller und gemeinschaftlicher Vorstellungen und Debatten

Bezieht man sich allgemein auf das Thema „Zukunft", so ist selbst dann ein vielfältiges Informations- und Meinungsspektrum vorhanden, wenn man den Gesellschaftsbezug explizit mitdenkt. Dabei wiederholt sich nur das, was oben bereits mit Blick auf die Gesellschaftsbegriffe gesagt wurde: Auch die Zukunft der Aktiengesellschaft gehört dazu. Wenn man zunächst einmal die konkreten Inhalte außer Betracht lässt, so ist die angekündigte Fokussierung auf *Zukunfts*kommunikation hilfreich: Man weiß nichts Genaues darüber, aber kann darüber reden. Dies gilt selbst für den Globus, dem noch Milliarden von Jahren „zugestanden" werden, vor allem aber für jene Sachverhalte, die gegenwärtig (!) mit sozialen Systemen – auch mit „der" Gesellschaft – in Verbindung gebracht werden. Sehr strikt ausgedrückt handelt es sich bei den Gesellschaftsbildern um kommunikativ *erzeugte* Konstruktionen, die von den BeobachterInnen beeinflusst sind. Eine derartige Feststellung ist in *wissenschaftlichen* Diskursen umstritten (s.u.), weil dort die Beobachtungsvorgänge kontrolliert werden und weil Kommunikationen meist von „beständigeren" Gegenstands-Beobachtungen geprägt sind. In der *gesellschaftlichen* Kommunikation ist der Hinweis auf den spezifischen Blickwinkel und das dahinter stehende Interesse aber durchaus üblich: in kritischer Absicht werden diese „Konstruktionen" dann u.a. als Dichtung, Fiktionen, Lügen, Legenden oder Verschwörungstheorien bezeichnet. Wie gut dies jeweils begründet ist, lässt sich nur schwer bestimmen: Die expandierende Internetkommunikation scheint sogar in besonderem Maße geeignet, immer mehr nicht überprüfbare Daten oder *Erzählungen* über die Welt zu produzieren.

Mit vielen dieser Beobachtungen werden sich die Ausführungen in späteren Kapiteln ebenfalls befassen müssen: Allerdings ist der Streit über Richtig oder Falsch, Aufschlussreich oder Irreführend dort weniger gravierend, wo es um *Zukunfts*themen geht, die sich erst in der Zukunft – in gewissem Sinn – bewahrheiten werden oder auch nicht. Mit Blick auf das Thema Gesellschaft der Zukunft ist zunächst festzustellen, dass alle Kommunikation in der Gesellschaft *von heute* stattfindet; ihr *Gegenstand bzw. Inhalt* kann sich aber auch auf die Vergangenheit und auf die Zukunft beziehen. Grundsätzlich ist Kommunikation stets vergangenheitsbezogen, weil sie an vorangegangene Kommunikationen anschließt und zugleich immer auch zukunftsbezogen, weil sie Adressen „ansteuert", die die Mitteilung verstehen müssen. Es handelt sich also um einen Vorgang mit zeitlicher Ausdehnung. Dabei wird eine Paradoxie sichtbar: einerseits ist Zukunft nicht direkt beschreibbar oder gar herstellbar, andererseits ist sie aber von Entscheidungen abhängig, die – trotz aller Unsicherheit – durch die gegenwärtige Thematisierung der Zukunft beeinflusst werden können. Dabei zeigen sich z.T. alte, z.T. neue Rahmenbedingungen: zu den letzteren gehören neue wissenschaftliche Prognoseinstrumente, die Beschleunigung von Entwicklungen durch neue Technologien, die weltweite Vernetzung von Informationskanälen, die Häufung von Großprojekten und die Abschätzbarkeit von Projektlaufzeiten u.a.m. Sie legen es nahe, diese und vergleichbare Sachverhalte in die Zukunftsbeobachtung einzubeziehen.

Befassen wir uns in unserer gegenwärtigen Gesellschaft mehr mit dem Thema Zukunft als dies früher der Fall war? Im Vorgriff auf die folgenden Darstellungen kann man die Frage wohl mit ja beantworten. Ein unmittelbarer Hinweis ergibt sich aus der wachsenden Weltkomplexität und ihrer beinahe zeitsynchronen Wahrnehmbarkeit. Immer häufiger wird die Frage angeregt: Wo soll das alles hinführen? Und dabei geht es nicht nur um Ereignisse in Deutschland, sondern um den Krieg in Syrien, die Hungersnot in Äthiopien, den Smog in Peking oder die Aktiengewinne von Google. Ein spezifischer Beleg ist die gegenwärtige Beschäftigung mit dem Thema Innovationen. Sie gelten als Voraussetzung für die Zukunftsfähigkeit der Gesellschaft – wenn nicht sogar für ihre Überlebensfähigkeit. Aber dies ist nur eines von vielen Beispielen, mit denen wir täglich konfrontiert werden. Insofern können die weiteren Ausführungen als Versuch gelten, vielfältige Themen in einen Zusammenhang zu bringen.

Ein wichtiger Einflussfaktor, der immer wieder wirksam ist, sei hier aber schon erwähnt: *die Zeit und ihre subjektive Wahrnehmung*. Zeitforscher (wie Hartmut Rosa) verweisen darauf, dass seit dem 18. Jahrhundert eine Beschleunigung von – insbesondere – technisch-wirtschaftlichen – Entwicklungen stattgefunden hat, die uns heute einen „rasenden Stillstand"[7] beschert. Die Gesellschaft – und insbesondere die Wirtschaft – muss immer schneller agieren, um den erreichten Stand(ard) zu erhalten. Die Zukunft ist dabei einerseits eher kurzfristig gedacht, andererseits aber ständig schon überholt. Nicht selten fehlt deshalb auch die Zeit, sich über die längerfristige Zukunftsgestaltung klar zu werden: Es gilt die „Vordringlichkeit des Befristeten". Diese Beobachtungen müssen in den verschiedenen Abschnitten des Buches weiter erläutert und geprüft werden. Dabei darf jedoch nicht übersehen werden, dass die Vorstellungen von Zeitverläufen gerade auch in den „großen Etappen" von Vergangenheit, Gegenwart und Zukunft ihrerseits immer wieder neuen Sicht-

---

7 Begleitet wird dies offenbar von der subjektiven Wahrnehmung, dass wir in Zeitnot sind. Dahinter verbirgt sich das Faktum, dass wir immer mehr Optionen haben, die sich in einer wachsenden „To-do-Liste" niederschlagen. Diese Liste überschreitet aber meist unsere Zeitressourcen (24 Stunden am Tag; 365 Tage im Jahr), weil sie schneller wächst als wir ihre Anforderungen abarbeiten können. Diese Beobachtungen gelten aber nicht nur für berufliche Aktivitäten sondern auch für die Freizeitgestaltung: Nach neuesten Umfragen fühlen sich 19% der Bundesbürger auch in der Freizeit gestresst; für 43% reicht die freie Zeit nie aus.

weisen und Konzepten unterliegen. Wenn in der Moderne das Prinzip der „schöpferischen Zerstörung" (Schumpeter) dominiert – ohne einen Blick zurück auf den hinterlassenen Müll zu richten – dann ist die geringe Nutzungszeit von Produkten erklärlich. Bezieht man in die Zukunftsbetrachtung die Vergangenheit – unter Mobilisierung der Geschichtswissenschaft – mit ein, gelangt man häufig zu anderen Perspektiven auf die „neue" Zeit. Dabei wird u.U. auch sichtbar, dass in einer globalisierten Moderne keineswegs einheitliche Zeit-Konzepte existieren. So können Vergangenheitsbezug (Tradition), Gegenwartsfixierung und Zukunftsorientierung in *verschiedenen* Gegenwartsgesellschaften gleichzeitig dominieren. Für die hier im Mittelpunkt stehende Gesellschaft (Deutschland im europäischen Rahmen) beschreibt Assmann (2013, Kap. 5) eine Abkehr sowohl von der „Vergangenheitsvergessenheit" als auch von der „Zukunftsbesessenheit" der vergangenen Jahrzehnte – und damit die Tendenz zu einer gleichzeitigen Berücksichtigung aller drei Zeitbezüge. Kritisch für die Zukunft sieht sie eine „datenspeichernde Gegenwart", die die Vergangenheit und die Zukunft „auffrisst".

Die Bedeutung der gegenwärtig oft betonten Zeitknappheit hängt auch davon ab, wie kommuniziert wird. Deshalb wird zu berücksichtigen sein, mit welchen Arten sozialer Systeme wir es zu tun haben (können) und welchen Unterschied dies macht. Neben der Frage, wer und wie viele Personen an den Kommunikationsprozessen beteiligt sind – von kleinen Gruppen bis zur Weltgesellschaft – ist zu beachten, welche Verbreitungsmedien bzw. –technologien dabei benutzt werden – vom mündlich-persönlichen Austausch bis zur Verbreitung über Fernsehen oder Internet.

Für die folgende Analyse spielt die Grundaussage der – später noch näher erläuterten – Systemtheorie eine zentrale Rolle, dass wir das, was wir über die Gesellschaft wissen – oder zumindest über sie sagen (können) –, weit überwiegend aus den (massen-)medialen Kommunikationen erfahren. Im Zeitalter des Internets bedarf diese Aussage wohl kaum noch einer Begründung. Das gilt ganz besonders für jene Kommunikationen, die die Zukunft betreffen. Dies schließt zwar nicht aus, dass man sich auch in kleinen Gruppen über die Zukunft unterhält, aber selbst hierbei dürften die Anstöße häufiger von den Medien als von den alltagspraktischen Einzel-Erfahrungen stammen. Daher ist es sinnvoll, bei der weiteren Analyse von folgender Prämisse auszugehen: *Über die Zukunft der Gesellschaft „wissen" wir vor allem das, was mehr oder weniger nachvollziehbar über sie in den Massenmedien kommuniziert wird.*

Schon ein vorläufiger, schneller Blick auf typische Themen zeigt eine große Vielfalt von Inhalten und Formen der medial verbreiteten Zukunftsdiskurse:

- Mit Bezug auf ganz konkrete aktuelle Beobachtungen stellt sich die Frage: Wie wird es mit xxx weitergehen?

- Mit Bezug auf die Grundstimmung zur Zukunft: eher euphorisch optimistisch oder eher pessimistisch katastrophenbezogen?
- Mit Bezug auf die Bereiche der Veränderung stellt sich die Frage nach einzelnen oder einer Vielzahl von gleichzeitig zu berücksichtigenden Faktoren.
- Mit Bezug auf erwartete grundlegende Entwicklungstrends stellt sich die Frage nach Linearität (immer so weiter?), Schwankungen (Berg und Talfahrt?) oder Crash („points of no return"?).
- Mit Bezug auf die Interpretationen – im Sinne von mehr oder weniger plausiblen *Erzählungen* – bezüglich der erwarteten Entwicklungen: wie differenziert oder wie einseitig sind sie?
- Mit Bezug auf die Beeinflussbarkeit (Steuerbarkeit) der Entwicklung: Wer kann Einfluss nehmen: Mächtige, ExpertInnen oder die Bevölkerung insgesamt?
- U.v.a.m.

Diese und viele andere Fragen zur Zukunft werden in den Medien – vom Flugblatt bis zum Internet – behandelt; meist allerdings nur einige (wenige) zugleich. Da die Kommunikationen inzwischen die Weltgesellschaft umfassen und dabei bzw. dadurch immer schneller aufeinander folgen, ist die Einschätzung gut begründet, dass heute eher mehr über Zukunft kommuniziert wird als früher. Quantität und Geschwindigkeit werden dabei ergänzt durch die Zunahme von Herausforderungen von grundlegendem und globalem Charakter: bezogen auf den krisengeschüttelten Nahen Osten, die Ebola-Epidemie bis zum Klimawandel, die Finanzkrise, den Salafismus und „die Rente ist nicht (mehr) sicher"-Erklärungen. Das tägliche „Stakkato" der Meldungen führt allerdings dazu, dass eher die kurzen als die langen Fristen in den Blick geraten. Dadurch wird leicht übersehen, dass aus eher langfristigem Blickwinkel Zukünfte auch heute schon zu besichtigen sind: Infolge ungleichzeitiger Entwicklungen *führen manche Gesellschaften die Gegenwart bereits als Zukunft vor* – wie z.B. die USA im Hinblick auf Internet und Datenspeicherung (NSA) für Deutschland oder der IS im Hinblick auf religionsbestimmte Politikarchitekturen für Syrien.

Vor diesem Hintergrund ist es erwartbar, dass ein großer Teil der Bevölkerung in Deutschland lieber nicht über die Zukunft nachdenkt – *jedenfalls nicht in diesen allgemeinen langfristigen und gesellschaftsbezogenen Dimensionen*. Welche Gründe sprechen dafür, sich dennoch den grundlegenden Zukunftsthemen zu stellen?

- Trotz aller zukunftsbezogenen Unsicherheit spricht alles dafür, dass ein gegenwärtiger, auch im internationalen Vergleich überwiegend als akzeptabel wahrgenommener Zustand der Gesellschaft in Deutschland nicht durch „Einfrieren" auf Dauer erhalten werden kann.

- Die kleinen und kurzfristigen Zukunftsaspekte des Alltags – Wird mein Anstellungsvertrag am Jahresende verlängert? Wohin fahren wir nächsten Sommer in den Urlaub? Soll mein Kind Chinesisch lernen? – sind mehr denn je mit den „großen" und längerfristigen Themen verwoben.
- Wie der Autofahrer, der nicht im Stau steht, sondern der Stau *ist* – und ihn auch beeinflussen kann –, so *sind* Bevölkerung und gesellschaftliche Institutionen die potenzielle Zukunft – und können sie gestalten.

Aber auch die Ausführungen in diesem Buch müssen das Thema eingrenzen und sich auf wenige ausgewählte Aspekte aus der großen Fülle der Zukunftskommunikation konzentrieren:

- Die gegenwärtig zu beobachtende Weltgesellschaft hat nicht nur das Merkmal der Vielfalt, die u.a. regional, wirtschaftlich und kulturell bedingt ist, sondern auch den Charakter von gleichzeitiger Ungleichzeitigkeit: Wir beobachten Gesellschaften in unterschiedlichen Entwicklungsstadien; die dafür benutzten Bezeichnungen variieren in großem Maße: Nord-Süd; entwickelte Länder, Entwicklungsländer, Schwellenländer; BRICS; Vormoderne, Moderne, Postmoderne; G2, G7, G20; „Emerging Markets" u.v.a.m. Und selbst diese Gruppierungen bilden nicht einmal im Grundsatz die Unterschiede zwischen den Ländern/Staaten ab (vgl. BRICS). Ohne diese vielfältigen Entwicklungsperspektiven (völlig) ignorieren zu können, konzentriert sich die folgende Argumentation vor allem auf die Situation in Deutschland (im europäischen Kontext).
- Ähnliches gilt für den Schwerpunkt Gesellschaft – also das komplexe Gefüge sozialer Systeme bzw. das Zusammenleben vieler Menschen in einem bestimmbaren Territorium. Auch diese Akzentsetzung kann allerdings nicht strikt durchgehalten werden, muss Wechselwirkungen mit anderen Zukunftsthemen berücksichtigen.
- Der Zukunftsbezug der berücksichtigten Kommunikation bezieht sich vor allem auf zwei Zeit*spannen*[8]: Die „Gesellschaft der Zukunft" – ca. 30 Jahre von heute gerechnet (ca. 2050) – stellt den Schwerpunkt dar und wird punktuell ergänzt durch weitere 30–50 Jahre bis zur Jahrtausendwende als die „Zukunft der Gesellschaft". Diese zeitliche Schwerpunktsetzung geschieht vor dem Hintergrund von Generationenvergleichen einerseits und den in bereichsspezifischen Zukunftsdiskursen behandelten Zeitspannen andererseits. Konkret: die derzeit in Deutschland „etablierte" Generation der heute 30 bis 40-Jährigen wird die Entwicklung der nächsten 30 Jahre maßgeblich (mit)bestimmen und 2050 bilanzieren können, welche Optionen der Gesellschaftsgestaltung sie der dann prägend wirkenden nächsten

---

8 Es geht also nicht primär um ein Szenario „Deutschland 2050", sondern um Entwicklungen, die die Situation zur Jahrhundertmitte beeinflussen oder prägen könnten.

(jüngeren, nach 2020 geborenen) Generation, also ihren Kindern, die in großer Zahl die Jahrhundertwende (2100) erleben werden, „überantworten" kann.

- Dass dabei nicht (nur) über Fiktionen kommuniziert wird, belegen bereits Projektionen von Zukunftsentwicklungen, die für beide Zeit-Etappen thematisiert werden: (a) die erste Etappe interessiert im Hinblick auf konkrete Vorhaben/Planungen: Verträge werden oft auf 30 Jahre Laufzeit abgeschlossen; Infrastrukturen werden auf diesen Zeitraum ausgelegt (z.B. Erneuerung von Kanalisation); die Energiewende (incl. Reduktion von CO_2 Emissionen) plant in solchen Zeiträumen; das Klimaschutzgesetz der Bundesregierung zielt auf 2050. (b) die zweite Etappe interessiert im Hinblick auf längerfristige Trends: Weltbevölkerung, Ressourcenbestand (z.B. Ölreserven und andere Rohstoffe), Klimaentwicklung – oder auch die Schuldentilgung durch Griechenland etc.
- Nicht unerwähnt bleiben darf das Jahr 2084, das allerdings eher die Sciencefictionautoren – in Anlehnung an Orwells „1984" – anregt.

Trotz des Umfangs und der Vielfalt der *Zukunfts*kommunikation darf nicht übersehen werden und auch nicht überraschen, dass es immer (auch) um die Gegenwart bzw. die allernächste Zukunft geht, auf die sich der Handlungs- und Entscheidungsbedarf richtet. Die großen und kleinen *„Erzählungen"* sind i.d.R. von Interessen bestimmt, die *heute* von Bedeutung sind. Das Thema Zukunft ist also auch *heute* auf dem Prüfstand. Zwei *„Erzählungen"* als Beispiel: (a) mit dem Wirtschaftswachstum durch technologischen Fortschritt lassen sich alle wichtigen Zukunftsprobleme lösen; (b) die Kriege der Zukunft werden um das Wasser geführt. Es ist leicht nachvollziehbar, dass der Glaube an diese *Erzählungen* Interessen und Entscheidungen schon heute prägen (können).

1.3 Die „Beobachterperspektive" : Rahmen und Fokus der Zukunftsvorstellungen

Die zuvor skizzierte Vielfalt der Inhalte und Formen, die mit der gegenwärtigen Zukunftskommunikation verbunden ist, zeigt die *unausweichliche Selektivität jeder einzelnen Zugangsweise zur Zukunft der Gesellschaft.* Der gewählte Fokus bzw. der Rahmen der Zukunftsperspektive – im Wissenschaftskontext „Framing" – bestimmt maßgeblich, welche Inhalte und Bewertungen zu erwarten sind. Der Slogan „drei Personen und sieben Meinungen" passt mehr denn je in die komplexe Weltlage der Gegenwart. Die – zumindest manchmal – zu hörende Auffassung von PolitikerInnen, man müsse erst einmal den Gesellschaftsmitgliedern *zuhören*, bevor man aktuelle Probleme *kommentiert*, ist meist durchaus sachgerecht. Wenn man nicht weiß, aus welchem Blickwinkel das Thema bzw. das Problem in der Bevölkerung beobachtet und bewertet wird, redet man allzu leicht aneinander vorbei. Folgenreich ist dies nicht deshalb, weil alle Gesellschaftsmitglieder *einer Meinung* sein müssen. Folgenreich ist es, weil Sichtweisen und Meinungen *Handlungs*folgen haben, die es schwierig machen (können), in einer Gesellschaft in bestimmten Handlungsfeldern eine *gemeinsame* Linie zu entwickeln und zu akzeptieren – selbst wenn diese Linie nicht in *jeder* Hinsicht auf die Zustimmung *aller* stößt[9].

Diese komplizierte Situation, dass selbst der „Glaube" an eine „irreführende oder lügenhafte Erzählung" reale Folgen im Handeln von Gesellschaftsmitgliedern haben kann, lässt es verständlich erscheinen, dass PolitikerInnen immer häufiger von „alternativenlosen" Entscheidungen (TINA: there is no alternative) sprechen. Sie erwecken damit aber den falschen Eindruck, dass dadurch sachgerechte Zukunftsentwicklungen garantiert seien. Das muss selbst dann nicht stimmen, wenn alle daran glauben und sich „erzählungskonform" verhalten. Insofern haben – wie später noch zu zeigen sein wird – *Erzählungen* große Attraktivität, die sich als „Naturgesetz" präsentieren (lassen): z.B. der Markt führt zur effizientesten Mittelallokation; oder: die Klima – Veränderungen haben natürliche Ursachen und können von Menschen nicht beeinflusst werden.

Da die Zukunft der Gesellschaft aber weit überwiegend nicht einem Naturgesetz folgt, sondern von Vorstellungen und Plänen (*Erzählungen*) beeinflusst wird, sind die *Zukunftskommunikationen* als Gegenstand und die Perspektiven („cognitive frames") der BeobachterInnen von herausragendem Interesse. Die Wahl der Analyseperspektive für dieses Buch muss der Anforderung genügen, *möglichst viele* Facetten der *Gesellschafts*entwicklung in den Blick nehmen zu können – oder anders ausgedrückt: ein breites Spektrum an Zukunftskommunikationen in der Gesellschaft zu erfassen.

Wie zuvor erläutert gibt es vielfältige Wege, auf denen man sich in der gegenwärtigen Kommunikation der Zukunftsthematik zuwendet. Wir können zunächst dafür den Begriff „Erzählung" (im Wissenschaftskontext „Narration") verwenden, weil er mit Blick auf Inhalte und Aussageformen[10] neutral ist. Vor allem die Möglichkeit, sich auf bestimmte, mehr oder weniger spezifische Sachverhalte zu beziehen, ist grenzenlos. Jeden dieser Sachverhalte kann man der Frage unterziehen, ob er/sie/es eine Zukunft hat (und wenn ja: welche?):

---

9 An einem eher einfachen Beispiel kann man sich diese Herausforderung deutlich machen: im Hinblick auf Verkehrsregeln, die verschiedene Verkehrsbeteiligte, technische, infrastrukturelle Gegebenheiten, Wetter u.a.m. zu beachten haben. Wenn jede(r) Beteiligte die eigene *Meinung* zur Grundlage seines/ihres Verkehrs*verhaltens* machen würde, dann wäre das Chaos perfekt.

10 Formen könnten sein: Prophetie, Propaganda, Heilsgeschichte, Verschwörungstheorie, Simulation, wissenschaftlicher Erklärungsversuch, Lügengeschichten, Hypothese, Horrorgemälde, Hochrechnung etc.

hat der Ottomotor eine Zukunft?; hat Atomstrom eine Zukunft?; hat der Neoliberalismus eine Zukunft?; hat die Erzeugung von Rotwein an der Mosel eine Zukunft?; hat die Demokratie eine Zukunft?; hat die Sendung „Wetten dass.." eine Zukunft? – usw. Wie die Art der dafür genutzten Erzählung – manchmal deutlich und manchmal unzureichend – zu erkennen gibt, stehen dabei meist konkrete Interessen im Hintergrund[11]. Diese Interessen können die Art der Erzählung betreffen, die AutorInnen der Erzählung betreffen oder ihren Gegenstand betreffen. Versuche, möglichst sachgerecht und so interessenneutral wie möglich über Zukunft zu kommunizieren, sind also nicht selbstverständlich[12], obwohl dies grundsätzlich bei Zukunftsthemen eher möglich erscheint als bei aktuellen Problemen und Interessenkonflikten.

Die wichtigste Schlussfolgerung aus den bisherigen Überlegungen lautet deshalb, dass es ein Interesse an einer die Gesellschaft umfassenden Zukunftsbeobachtung gibt. Die folgenden Ausführungen befassen sich daher mit der *Gesellschaft der Zukunft, d.h. dem kommunikativen Austausch unter Beteiligung einer großen Zahl von Menschen auf einem beschreibbaren Territorium.*

Die Konflikte in verschiedenen Weltregionen und die dadurch ausgelösten Flüchtlingsströme machen gerade in den letzten Jahren (wieder) deutlich, dass Gesellschaft in diesem Sinne – vom Grundsatz her – keine Selbstverständlichkeit ist. Dies gilt umso mehr, wenn man für das Zusammenleben eine bestimmte Qualität unterstellt: z.B. friedfertig, tolerant, kooperativ/solidarisch, engagiert, empathisch, gleichberechtigt. Da die betrachtete Zukunftskommunikation hier und heute stattfindet, kann man bei dieser Akzentsetzung nicht ignorieren, in welchem Zustand sich Deutschland (im europäischen Rahmen) derzeit befindet. Die Behandlung des Themas fiele deutlich anders aus, wenn man die USA, Syrien, China oder Brasilien (etc.) als Ausgangspunkt wählen würde. Dies würde erst recht gelten, wenn man die „Weltgesellschaft" konsequent in den Blick rücken wollte. Ein solcher Blick wird zwar nicht völlig ausgeklammert, muss aber gleichwohl im Hintergrund der Ausführungen bleiben.

Die Themenauswahl soll sich mit Blick auf die gesellschaftliche Komplexität und die zukunftsbezogene Dynamik bewähren. Für dieses Vorgehen wird auf die moderne Systemtheorie (im Sinne von Niklas Luhmann) zurückgegriffen. Mit ihrer Hilfe kann man sich in geeigneter und relativ „breiter" Art und Weise der Komplexität des Gegenstands „Gesellschaft" annähern.

---

11 Karl Marx hat dies in der Formel zusammengefasst: die herrschende Ideologie (hier: Erzählung) ist die Ideologie der Herrschenden. Ganz so einfach lässt sich das Problem heute jedoch nicht mehr darstellen.

12 Im Folgenden wird versucht, die üblichen Einseitigkeiten so weit wie möglich zu vermeiden. Dafür ist es hilfreich, nach den Vor- *und* Nachteilen, den Chancen *und* Risiken bestimmter Entwicklungen zu fragen und die Interessenposition der Kommunikationsbeteiligten aufzudecken (einschließlich des „cui bono" Prinzips).

Kapitel 2:
Gesellschaftsbeobachtung aus systemtheoretischer Perspektive

Einleitend ist noch einmal zu betonen, dass dieses Kapitel keine Einführung in die Systemtheorie Luhmanns darstellt[13]. Es geht vielmehr darum, einige ausgewählte Aspekte der gesellschaftlichen Architekturen und Entwicklungen herauszufiltern und für die Beobachtung und Analyse des gegenwärtigen Diskurses der „Gesellschaft der Zukunft" (GdZ[14]) nutzbar zu machen – ohne dass die LeserInnen tausende Textseiten zur Systemtheorie durcharbeiten müssen.

Die Vielfalt der Gesichtspunkte, die für die Beschreibung der Gesellschaft herangezogen werden (können), ist nicht nur größer geworden, sondern auch sichtbarer – insbesondere durch den mit Hilfe des Internets ermöglichten Datenaustausch. Dieser Weltkomplexität stehen teilweise sehr simple Weltinterpretationen gegenüber. Eine Reiseleiterin in Hongkong erklärt das Lebensgefühl und die Aspirationen der Bevölkerung von Hongkong folgendermaßen: die Maxime ist es, so schnell wie möglich reich zu werden; sie fügt noch hinzu, dass ihr Mann zusätzlich den Wunsch hat, alle Disneyland-Parks dieser Welt zu besuchen. Lässt sich damit „die Welt" und ihre Zukunft erklären? Zumindest könnte man den Versuch unternehmen abzuschätzen, wie viel man von der Welt versteht, wenn man diese Leitbilder zugrunde legt. Bei den zeitgleichen Studenten-Protesten in Hongkong käme man bereits in Schwierigkeiten. Ein solcher eng geführter Weg der Argumentation wird hier nicht gewählt. Es wird auf ein Beobachtungs- und Beurteilungskonzept zurückgegriffen, das viele Aspekte „der Welt" bzw. der Gesellschaft zu berücksichtigen erlaubt.

Dass eine solche Gesellschaftskonzeption – hier also die systemtheoretische – kompliziert ist und viel Lektüreaufwand mit sich bringt, ist selbstverständlich. Trotz des „Umgehungs-Hinweises" („Sprung" zum Abschnitt 2.7) in der Einleitung zum Buch muss für die jetzt beginnende anstrengende Phase der Wanderungsvorbereitung geworben werden. Sie hilft dabei, die Auswahl der Beobachtungsakzente und die Bewertung der Ergebnisse zu verstehen..

---

13 Zum Stand der Diskussion vgl. Nassehi (2011). Im Anhang werden einige Lektüreoptionen zur Vertiefung und Ergänzung aufgeführt. Durch die hier gewählte Form der Darstellung ist eine solche Vertiefung aber nicht erforderlich, da die benutzten Beobachtungskategorien im Text immer wieder erwähnt, erläutert und begründet werden. Mit anderen Worten: Für die notwendige Redundanz ist gesorgt.

14 Im folgenden Text wird in der Regel diese Abkürzung für den zeitlichen Zielbezug 2050(+/-) genutzt.

Dies stellt bereits eine Besonderheit der Systemtheorie dar: im Gegensatz zu anderen, als alternativlos deklarierten Weltzugängen werden andere Sichtweisen für möglich und legitim gehalten – solange sie ihre Prämissen darlegen, begründen und damit ggf. auch kritisierbar machen.

Wie mit der Hilfe der Systemtheorie die Weltkomplexität „klein gearbeitet" werden kann, wird in sechs Schritten dargelegt. Im ersten Abschnitt werden die Prinzipien der sozialwissenschaftlichen Erkenntnisgewinnung – auch im Gegensatz zu den Naturwissenschaften – erläutert. Im inhaltlichen Sinne geht es um eine Theorie sozialer Systeme. Im zweiten Abschnitt werden deshalb die verschiedenen Typen sozialer Systeme – vom einfachen Sozialsystem bis zum hochkomplexen Gesellschaftssystem beschrieben. Da die Gesellschaft der Zukunft im Mittelpunkt der Betrachtung steht, werden vor allem dieser Systemtypus und seine funktionale Untergliederung im dritten Abschnitt detailliert erläutert. Die moderne leistungsfähige – wenn nicht gar überlebensfähige – Gesellschaft ist (vor allem) eine funktional differenzierte. Ausgewählte Funktionssysteme – wie z.B. Politik, Medien, Wirtschaft, Wissenschaft – werden deshalb ausführlich beschrieben: sie begleiten die Argumentation im gesamten Buch. Das gleiche gilt für die Zusammenhänge zwischen den Funktionssystemen, die im vierten Abschnitt in den Mittelpunkt gerückt werden: wechselseitige Irritationen, Stoppregeln oder gar „Kaperungen" sind als Möglichkeiten zu skizzieren. Der fünfte Abschnitt beschäftigt sich mit der Frage, welche Rolle die Gesellschaftsmitglieder (Personen) bei alledem spielen: es geht um ihren Einschluss (Inklusion) in und den Ausschluss (Exklusion) aus diesen Funktionssystemen. Abschließend werden die Beobachtungsstrategien noch einmal hervorgehoben und mit einer Bewertungsmöglichkeit verknüpft. Die funktional differenzierte Gesellschaft ist dabei nicht nur Beobachtungsgegenstand sondern auch ein Leitbild für die Zukunftsgestaltung.

2.1 Begründung für die Wahl einer systemtheoretischen Beobachterperspektive

In diesem Abschnitt wird zunächst – detaillierter als in der einleitenden Übersicht – begründet, warum die systemtheoretisch inspirierte Beobachtungsperspektive anderen Perspektiven vorgezogen wird. Es geht also nicht um die Behauptung der „einzigen Wahrheit", sondern um die komparativen Vorteile des Vorgehens. Dabei kommt man nicht umhin, zunächst auf einige Grundfragen wissenschaftlicher Argumentation einzugehen.

2.1.1 Konstruktivismus – erkenntnistheoretischer Rahmen

Den Konstruktivismus kann man als eine Plattform für die wissenschaftliche Erkenntnisgewinnung bezeichnen – also als eine Erkenntnistheorie. Lässt man die Tatsache einmal außer Acht, dass es verschiedene Varianten dieser Plattform gibt, so bleibt eine wesentliche Gemeinsamkeit: die Anerkennung der Tatsache, dass jede Aussage über die Welt durch die *menschliche* Wahrnehmung, Deutung und Bewertung gefiltert wird. Wie „DIE Welt da draußen" beschaffen ist, lässt sich daher nicht „wirklich" bzw. „objektiv" feststellen und erklären. Mit dieser Position steht der Konstruktivismus im Widerspruch zum Realismus, der die Möglichkeit unterstellt, „objektive Erkenntnisse" gewinnen zu können. Es ist naheliegend, dass diese kontroversen Positionen mit den jeweils behandelten Untersuchungsobjekten zusammenhängen: z.B. der Schwerkraft einerseits oder dem Vertrauen der BürgerInnen in die Politik andererseits. Oder mit anderen Worten: während die Naturwissenschaften eher zum Realismus tendieren, spielt bei den Geistes- und Sozialwissenschaften der Konstruktivismus eine größere Rolle. Wie noch zu zeigen sein wird, sind die Wirtschaftswissenschaften hier in einer besonders ambivalenten Rolle. Einerseits möchten sie z.T. als Naturwissenschaft gelten, müssen aber andererseits dann auch die Kritik an ihren Fehlprognosen bzw. nicht vorausgesagten Wirtschaftskrisen akzeptieren.

Für die folgenden Ausführungen ist es nicht notwendig, sich in diese Debatte einzumischen. Wir folgen der u.E. gut begründeten Auffassung von Seel (2001, S. 41), dass beide Positionen in *strikter* Form *nicht* zu halten sind[15] – dass es also darum geht, das themen- bzw. gegenstandsbezogene Ausmaß konstruktiver Elemente sichtbar zu machen und bei der Argumentationsführung – zur Frage nach den „wahren" Aussagen über die Welt – zu berücksichtigen. Dies ist bei der im Folgenden genutzten Systemtheorie Luhmanns der Fall. Sie

---

15 Er formuliert wie folgt: „Indem Searle annimmt, dass es eine feststehende Verfassung des Seienden gibt, denkt er diese insgeheim von der Möglichkeit einer ultimativen Erfassung her. Die Annahme einer ‚sowieso' bestehenden *Seinsweise* schließt die Annahme einer umfassenden erkennenden *Sichtweise* ein. Im Ohnehin ist schon die Hinsicht drin. Auch Searle ist in die erkenntnistheoretische Falle getappt. Um eine Falle handelt es sich aber nur für ein Denken, das die philosophischen Positionen des Realismus und des Konstruktivismus als eine strikte Alternative behandelt. Versteht man dagegen Realität als ein Inbegriff von Dingen und Ereignissen, die allein *in Antwort* auf erkennende Konstruktionen sein Sosein zu erkennen geben, so wird deutlich, dass die Wirklichkeit weder *eine* noch *keine* Verfassung hat. Sie hat *nicht eine* Verfassung. Wie der Radiergummi, der hier vor mir liegt, lässt sie sich auf unterschiedliche Weise zutreffend beschreiben, ohne dass die Idee einer umfassenden oder letztgültigen Beschreibung sinnvoll wäre. Alles Erkennen ist aspektgebunden.". Der Unterschied liegt darin, dass die Möglichkeiten der Verständigung oder gar Übereinstimmung unterschiedlich (groß) sind.

berücksichtigt die Tatsache, dass jede Beobachtung *in* der Gesellschaft statt-findet und dabei von alltagspraktischen ebenso wie von wissenschaftlichen (Auswahl-) Entscheidungen abhängt – und insofern *auch anders ausfallen* könnte. Von grundlegender Bedeutung ist diese Positionierung bereits bei dem Kernthema *Zukunft*. Wie die Debatten um die globalen Zeitregime zeigen (s.o. Assmann 2013), ist auch die Frage, was Zukunft im Verhältnis zu Vergan-genheit und Gegenwart bedeutet, Gegenstand konkurrierender Konstruktio-nen – wenn z.b. über die „gefräßige" Gegenwart, die alles in die Daten-Cloud hineinzieht, gesprochen wird. Der gegenwärtige Trend scheint aber wieder ein kompliziertes Nebeneinander der Zeitregime zu betonen. Ohne sich auf die Details der Debatte einzulassen, kann diesem Trend gefolgt werden, da die zu beobachtende gesellschaftliche (!) Kommunikation alle drei Zeitregi-me einbezieht – und dies u.a. auch deshalb, weil der internationale Vergleich dies erfordert und erleichtert. Konkret: um sich (z.b.) gegenüber der Vergan-genheit zu positionieren, muss man die Zeit nicht unbedingt zurückdrehen, sondern kann auch Gesellschaften in einer anderen Entwicklungsphase be-obachten.

2.1.2 Systemtheorie als transdisziplinärer Ansatz

„Die" Systemtheorie gibt es nicht. Die Analyse von komplexen (vernetzten) Sachzusammenhängen hat verschiedene Quellen und Anwendungsfelder: physikalische, neuronale, biochemische, (informations-) technische, psychi-sche, soziale usw. (vgl. Baecker 2005). Die argumentative Vorgehensweise systembezogener Analysen steht dabei in der Regel im Kontrast zu eng ge-führten kausalen Wirkungsbehauptungen (wenn a, dann b) – die nicht selten durch „ceteris paribus" Klauseln von den komplexen Wirkungsmustern ab-geschirmt[16] werden. Die Theorieperspektive Luhmanns wird in den Mittel-punkt der Ausführungen gerückt, weil er solche Engführungen vermeidet. Schon früh hat er sich kritisch mit kausalen Zurechnungen auseinanderge-setzt (1970)[17]. Und darüber hinaus: obwohl es um die Analyse *sozialer* Sys-teme geht, hat Luhmann wie kaum ein anderer Theoretiker die Themen und Erkenntnisse anderer Wissenschaftsdisziplinen aufgenommen bzw. mit ihren

---

16 Im Alltag kann man solche Sachverhalte an den Arzneimitteln illustrieren. Nicht von un-gefähr wird bei jeder Werbung auf „Risiken und Nebenwirkungen" hingewiesen – wobei man in Frage stellen kann, ob die „Packungsbeilagen, Ärzte oder Apotheker" die darin enthaltene Komplexitätsproblematik tatsächlich auflösen können.

17 Die Naturwissenschaften haben erst in den letzten Jahren die Systemanalyse wieder stär-ker in den Blick genommen – unter dem Stichwort „Komplexitätstheorie". Dabei haben sie einen Nachholbedarf gegenüber den Sozialwissenschaften bestätigt.

VertreterInnen zusammengearbeitet. Dadurch ist die Theorie an viele der zu erörternden Zukunftsthemen anschlussfähig.

2.1.3 Theorie sozialer Systeme

Soziale Systeme sind Kommunikationssysteme. Oder präziser ausgedrückt: die Systeme bestehen aus aneinander anschließenden Kommunikationen, nicht aus Menschen. Es ist diese Kommunikation, die die Gesellschaft zusammenhält. Damit unterscheidet sich die Systemtheorie Luhmanns u.a. von Zugangsweisen zur Gesellschaft, die (meist) kritisch als „Behälter-Konzepte" bezeichnet werden. Dazu gehört u.a. das Sektorenmodell, das oft in der Alltagssprache benutzt wird: Wirtschaftssektor, öffentlicher Sektor, Sektor der privaten Haushalte (als Beschäftigte und Konsumenten), Dritter Sektor (Verbände u.ä.). Ein solches Modell sortiert Menschen/Akteure, aber auch Organisationen und Institutionen in die „Behälter" und macht es demgemäß schwierig, die gleichen Personen in mehrere Behälter einzuordnen. Und außerdem: eine räumliche Ansammlung von Personen in einem Behälter – z.B. eine Schulklasse in einem Bus – stellt nicht automatisch ein soziales System dar, wenn alle mit Onlinespielen auf ihrem iPhone beschäftigt sind. Ähnliches gilt für alle Personen mit einem deutschen Pass: sie konstituieren keine Gesellschaft im sozialwissenschaftlichen Sinne.

Allerdings lässt sich auch von sozialen Systemen nicht sprechen, ohne Grenzziehungen zu beschreiben: hier jedoch bezogen auf Kommunikationen, die Anschlüsse finden und damit das soziale System gegenüber seiner *gesellschaftsinternen* Umwelt (andere soziale Systeme) abzugrenzen erlauben. Warum sind Grenzziehungen zwischen anschlussfähigen und nicht dazu gehörenden Kommunikationen unabdingbar? Diese Frage wird im Folgenden immer wieder berücksichtigt werden müssen. An dieser Stelle geht es um die grundlegende Feststellung, dass die gesellschaftliche Vielfalt und Dynamik – in der Fachsprache *Komplexität und Kontingenz* – die Beobachtungsfähigkeit und die Fähigkeit zur Kommunikations*beteiligung* von Menschen oft erheblich überfordert[18]. Gemeint ist damit die stets begrenzte kognitive-psychische-physische Basis und Kapazität dieser menschlichen Kommunikationsbeteiligung. In der Fachsprache wird hier von *externer* Umwelt[19] und

---

18 Daran ändert auch die aktuelle Debatte über das Multitasking erfolgreicher Menschen wenig. Das beste Beispiel sind die Börsengeschäfte, die wegen der zu geringen menschlichen Verarbeitungsgeschwindigkeit auf Algorithmen (Computer) übertragen wurden.

19 Für diese vermeidliche Ausgrenzung des „ganzen" Menschen aus sozialen Systemen ist Luhmann immer wieder (moralisierend) kritisiert worden. Aber es ist nun einmal so, dass weder die Gehirnströme noch der Blutdruck verschiedener Menschen miteinander kommunizieren. Beispielhaft ist noch immer die Feststellung von Stanislaw Lem, der in

dabei auch von struktureller Koppelung zwischen sozialem und psychischem System (auch: „Interpenetration") gesprochen. Zu der *externen* Umwelt gehört auch das Ökosystem des Globus: ohne Luft keine lebenden Menschen – und ohne menschenbasierte Kommunikation keine Gesellschaft.

Auf Grund unserer „natürlichen" Dispositionen gelten also besondere Bedingungen für die Existenz und Entwicklung sozialer Systeme. Ohne diese Systemgrenzen würden wir durch übermäßig viele Reize und Signale überflutet, mit überfordernder *Komplexität* konfrontiert. Ähnlich grundlegend ist die Unsicherheit (*Kontingenz),* die bereits für einfache Sozialsysteme gilt. Ich kann so oder anders argumentieren, der Gesprächspartner kann so oder anders reagieren („doppelte Kontingenz"). Systemgrenzen reduzieren Komplexität und Kontingenz und schaffen damit eine gewisse Überschaubarkeit und Struktur dazugehöriger Kommunikation – auch wenn sie keine hermetische Abschottung oder gar Eliminierung von Komplexität bewirken. Hier zeigt sich nochmals die wichtige Differenz zum „Behälterkonzept": Soziale Systeme sind nur *operativ* geschlossen, aber offen für die Beobachtung der Systemumwelt und ihren Irritationsqualitäten. Ob dann auf diese Beobachtungen intern reagiert wird – *Resonanz* durch Reentry von System-Umwelt Unterscheidungen in das System – bleibt den Operationen *im* System überlassen. Dabei helfen Normen zu entscheiden, was erwartbar ist und welche Außenreize einfach als „Rauschen" ignoriert werden können. Wechselseitiges Vertrauen hilft ebenfalls bei der Reduktion von Komplexität und Kontingenz – auch wenn die Erwartungen im Einzelfall enttäuscht werden (können). Das schließt nicht aus, dass in vielen Situationen erst einmal ein Modus der Kommunikation entwickelt werden muss, denn niemand möchte bei einem falschen Wort gleich erschossen werden. Typisch ist dabei auch die Formulierung, dass jemand „aus der Rolle gefallen" ist: dies kann sowohl politische Diskussionen betreffen als auch Familienstreitigkeiten u.v.a.m. Mit diesen Erläuterungen wird bereits erkennbar, wie wichtig das Erlernen sozialer Kommunikations-Modalitäten in der Phase der Sozialisation ist: erst damit werden Menschen zu *sozialen* Wesen.

Ein wichtiges Element der Systemtheorie Luhmanns besteht darin, dass verschiedene Typen von Kommunikationssystemen gleichermaßen einbezogen und detailliert analysiert werden: einfache (Interaktion), organisierte und gesellschaftliche. Damit werden vor allem auch die unterschiedlichen Fähigkeiten und Kapazitäten für die Komplexitäts- und Kontingenzreduktion[20]

---

einem Interview beklagte, dass er zwar das Kopfkissen seit Jahren mit seiner Frau teilt, aber dennoch nicht weiß, was in ihrem Gehirn vor sich geht. Gleiches gilt auch für die Fische oder den Wald, die sich nicht über die Umweltverschmutzung beklagen können. Erst über Beobachtung und Resonanz in den sozialen Kommunikationssystemen wird dies zu einem Aspekt der Gesellschaft.

20 Von „Reduktion" wird hier deshalb gesprochen, weil es um eine situative Auswahl aus den Möglichkeiten geht, die Möglichkeiten aber meist so oder ähnlich weiter bestehen bleiben.

sichtbar gemacht. Konkret: in einem Ministerium können mehr gesellschaftliche Kommunikationen beobachtet und ggf. verarbeitet werden als an einem Stammtisch. Zugleich wird (erneut) eine Engführung der Argumentation vermieden, indem nicht „die ganze Welt" aus einer Mikroperspektive oder alles aus einer Makroperspektive interpretiert wird. Ob eine „glückliche Familienbeziehung" auch zu einer „guten Gesellschaft" beiträgt, bleibt damit erst einmal ebenso eine offene Frage wie die Einschätzung der Wachstumspotenziale der digitalen Wirtschaft – und spricht gegen voreilige „Therapieangebote" für die Spezialthemen wie für die Gesellschaftsentwicklung.

Erste Erträge für die weitere Vorgehensweise lassen sich damit schon formulieren: Wenn es um die *Zukunft* der Gesellschaft geht, dann beobachten wir die Zukunftskommunikation in der gegenwärtigen Gesellschaft. Wenn es um die *Gesellschaft* der Zukunft geht, dann betrifft dies die Modalitäten der verschiedenen Kommunikationssysteme.

2.1.4 Der/die BeobachterIn beobachtet in der Gesellschaft

Die Systemtheorie greift die Vorstellung aktiv auf, dass die Theorie immer nur *in* der Gesellschaft entwickelt werden kann. Wenn wir etwas über die Zukunft der Gesellschaft erfahren wollen, müssen wir es in der Gesellschaft suchen, beobachten, finden. Alles was für die Gesellschaft insgesamt gilt, ist auch für die Wissenschaft von der Gesellschaft von Belang. Dazu gehören zwei Feststellungen: es wird davon ausgegangen, dass (soziale) Systeme existieren – und zwar im Sinne der Beobachtung einer Differenz von Innen (= System; Selbstreferenz) und Außen (=Systemumwelt; Fremdreferenz). Die Bezeichnung von Systemen setzt eine Beobachtung durch eine(n) BeobachterIn voraus (vgl. 2.1.1). Dies gilt für Alltagssituationen ebenso wie für Forschungstätigkeiten. Man beschreibt die Systemtheorie deshalb häufig (zutreffend) als Differenztheorie, könnte sie aber auch als Beobachtungstheorie bezeichnen. Eine besondere Herausforderung besteht in der in den vergangenen Jahrhunderten kontinuierlich gewachsenen Beobachtungs*möglichkeiten*: mehr Menschen und leistungsfähigere Kommunikationstechniken, die es inzwischen erlauben, von der sozialen (!) *Welt* bzw. der *Welt*gesellschaft zu sprechen. Insofern ist die Aussage von Luhmann (1995), dass fast alles, was wir über die Welt erfahren, nicht aus der direkten Beobachtung der Kommunikation, sondern aus der Übermittlung durch Massenmedien stammt, heute mehr denn je zutreffend[21]. Das gilt erst recht, wenn man sich dem Thema *Zukunft* der

---

21 Dazu passt eine aktuelle Umfrage der Stiftung für Zukunftsfragen (2016) – mit dem Tenor: Medien bestimmen die Freizeit der Deutschen. Vor allem die Internetnutzung hat innerhalb von 5 Jahren stark (von 48 auf 76% NutzerInnen in der Bevölkerung) zuge-

Gesellschaft zuwendet. Zunächst muss aber noch genauer dargestellt werden, wie die Beobachtung durch die Menschen im Alltag oder in spezialisierten Organisationen der Wissenschaft, der Politik, der Wirtschaft usw. mit Blick auf den systemischen Charakter der Welt erfolgen kann.

2.2. Die Beobachtung von Sozialsystemen

Warum befassen sich die *Sozial*wissenschaften mit der zwischenmenschlichen Kommunikation? Die Antwort ist naheliegend: Kommunikation ist der Grundbaustein sozialer Gefüge, also auch der Gesellschaft. Dies gilt besonders in der *modernen* Welt mit den verschiedenen Medien der Kommunikation – nicht-verbal und verbal (Sprache) – und ihren diversen Verbreitungstechnologien (Schrift, Buch-Druck, Tonträger, Bilder, Online-Medien)[22]. Warum befassen sich Sozial*wissenschaften* mit der Kommunikation? Diese Frage ist weniger naheliegend, weil maßgeblich von den spezifischen Fragestellungen, also inhaltlichen Schwerpunktsetzungen, abhängig. Für Luhmann ist die Antwort allerdings naheliegend: gelungene, also *anschlussfähige* Kommunikation ist eher, manchmal sogar „hochgradig", *unwahrscheinlich*. Dies gilt vor allem für *kontinuierliche* kommunikative Anschlüsse. Die Unwahrscheinlichkeit wird deutlich, wenn die Komponenten der Kommunikation näher betrachtet werden: es sind *Mitteilung, Information und Verstehen*. Auf das Verstehen kommt es an, denn es garantiert erst die zentrale Unterscheidung der Kommunikation von Mitteilung einerseits und Information andererseits. Erst wenn der Informationsgehalt einer Mitteilung entschlüsselt werden kann, ist es möglich, die Kommunikation fortzuführen. Für diese Entschlüsselung ist der *Sinn* als Bezugsrahmen unerlässlich[23]. Dabei wird zwischen sachlichen, sozialen und zeitlichen Sinnbezügen (Referenzen) unterschieden. Sie machen deutlich, dass die Erfassung der Information vor dem Hintergrund anderer Möglichkeiten erfolgen muss.

Insgesamt ist es also naheliegend, erfolgreiche, anschlussfähige Kommunikation als praktische Herausforderung[24] und als gut begründete wis-

---

nommen. Persönliche Kontakte in der Freizeit haben nur noch 17% der Befragten. Vor 5 Jahren waren es noch 33%.

22 Mit dem Begriffen Informationsgesellschaft oder auch Wissensgesellschaft – die man auch als Kommunikationsgesellschaft beschreiben kann – wird diesen Sachverhalten Rechnung getragen.

23 Gut illustriert wird dies durch mehrdeutige Begriffe: z.B. Aufgabe (?), Absatz (?), Klima (?), Gesellschaft (?)

24 Extrembeispiele sind in Kriminalfilmen üblich: ein Mann wird erschossen, weil er in die Tasche greift und vermeidlich eine Pistole ziehen will: tatsächlich greift er nur nach einer Zigarettenschachtel. Eine andere Variante ist die Äußerung nach einer misslungenen

senschaftliche Fragestellung anzusehen: wie wird das „Unwahrscheinliche"
ermöglicht? Die erste Antwort ist zuvor schon erwähnt worden: es geht um
die Grenzziehung, d.h. um die Unterscheidung dessen, was dazugehört und
was nicht. In der Sprache der Systemtheorie wird dafür der Begriff „Autopoiesis" verwendet: die Kommunikation bezieht sich auf Kommunikation, die
Kommunikation kommuniziert. Insofern ist das System auf sich selbst, auf die
eigene Kommunikation bezogen und daher „operativ" geschlossen. Zugleich
ist es aber auch offen, weil es Impulse aus der Systemumwelt wahrnehmen
kann – die gewissermaßen als Irritationen der system*internen* Kommunikation wirken. Die Herausbildung von Kommunikationssystemen kann auf drei
Ebenen stattfinden: einfach, organisiert, gesamtgesellschaftlich. Sie werden
im Folgenden dargestellt. Dabei ist vorab schon zu betonen, dass sich die drei
Systemtypen zwar nach einander bzw. zu unterschiedlichen (historischen)
Zeiten entwickelt haben, aber gegenwärtig – und wohl auch[25] in Zukunft –
gleichzeitig bestehen (werden). Da bei den späteren Ausführungen das *Gesellschaftssystem* im Mittelpunkt steht, wird dieser Systemtypus besonders
ausführlich beschrieben.

2.2.1 Einfache Sozialsysteme (Interaktion)

Soziale Systeme sind Kommunikationssysteme, d.h. dass Mitteilungen und
Informationen einer Person (z.B. als „alter" bezeichnet) durch das *Verstehen*
einer anderen Person (z.B. als „ego" bezeichnet) als Information aufgenommen und ggf. beantwortet werden (können). Der überschaubarste und in der
Menschheitsgeschichte urtümlichste Typus wird als Interaktion – auch als
einfaches oder primär-soziales Kommunikationssystem[26] – bezeichnet. Dabei
handelt es sich um Kommunikation unter (räumlich) anwesenden Personen[27].
Das System wird also durch die Anwesenheit und Beobachtbarkeit von mit einander kommunizierenden Personen gegenüber nicht anwesenden/nicht mit
kommunizierenden Personen – d.h. der System-Umwelt – abgegrenzt. Personen werden dabei primär als *Adressen für die Kommunikation* betrachtet.
Physische und psychische Merkmale der Person sind zwar die grundlegende
Basis für die Kommunikationsfähigkeit, werden aber in der Regel nur dann
in der Kommunikation bedeutsam, wenn sie Elemente einer Mitteilung und

---

Kommunikation: mit dir rede ich kein Wort mehr. Wenn auf alle Äußerungen, die den
Erwartungen nicht entsprechen, derart reagiert würde, würde die Kommunikation der
Gesellschaft rasch ein generelles Ende finden.

25 Diese vorsichtige Formulierung deutet an, dass man im Hinblick auf Zukunft besser nie
nie sagt.

26 Alle drei Begriffe werden im Folgenden verwendet.

27 Oft wird eine solche Konstellation auch als Face-to-Face-Interaktion bezeichnet.

Information sind. Interaktionssysteme sind in vielen Settings zu beobachten – nicht nur im Familien- und Freundeskreis, sondern auch in Organisationen, in Talkshows, in G7 Gipfeln, oder wo immer sonst der persönliche Kontakt und Austausch gesucht wird[28].

Eine besondere Bedeutung haben diejenigen einfachen Sozialsysteme, die grundlegende Sozialisations- bzw. Erziehungsaufgaben für den Nachwuchs (insbesondere in den ersten Lebensjahren) wahrnehmen – also insbesondere die Familien[29]. Hierbei müssen die Kinder überhaupt erst kommunikationsfähig und damit gesellschaftsfähig gemacht werden. Dies hängt damit zusammen, dass – wie auch neuere Studien immer wieder zeigen – der Mensch ein unfertiges bzw. plastisches Wesen (Plessner) ist, bei dem genetische Grundlagen *und* soziale Lernprozesse für die Entwicklung zwingend erforderlich sind[30]. Es gibt also eine doppelte Verknüpfung von menschlichen Dispositionen und den sozialen Systemen: Erst durch die sozialen Systeme können Prozesse des Menschwerdens abgeschlossen werden; nur durch die Menschenmerkmale ist die Kommunikation via strukturelle Koppelung („Interpenetration") möglich. Eine *Gesellschafts*theorie kann diesbezügliche Erkenntnisse nicht ignorieren.

Dass in Interaktionssystemen über die Zukunft kommuniziert wird, ist unbestritten. Ob es aber um die Zukunft einzelner an der Kommunikation beteiligter Personen – z.B. die sichere Rente für die Eltern oder die richtige Ausbildung für die Kinder – oder um die Zukunft der Gesellschaft geht – z.B. wie wird sich der demografische Wandel auswirken? –, ist kaum zu bilanzieren. Ob die Erfassung aller Internetbotschaften und ihre Auswertung („big data") dies ändern wird, bleibt abzuwarten.

2.2.2 Organisierte Sozialsysteme

Charakteristisch für die moderne Gesellschaft ist die große Verbreitung der organisierten Sozialsysteme[31]; sie sind komplexer gebaut, indem diverse Kommunikationsprozesse parallel und gleichwohl abgestimmt ablaufen kön-

---

28 Dies erscheint heute besonders erwähnenswert, weil es überraschend ist: Warum werden diese Kommunikationen nicht per Videokonferenz oder Skype u.ä. durchgeführt?

29 Deshalb wird die Begriffsvariante „primär-sozial" benutzt.

30 Anhand der sogenannten Wolfskinder ist dies wiederholt gezeigt worden: sie versuchten wie die Wölfe zu heulen: ihre Entwicklung ist nicht umfassend genetisch vorgeprägt. Was diese schon von Piaget detailliert beschriebenen und heute auch von der Gehirnforschung bestätigten Einsichten für die Kinder bedeutet, die schon als Baby mit elektronischem Spielzeug ruhig gestellt werden und vergeblich versuchen, die skypende Oma hinter dem Bildschirm zu küssen, bleibt abzuwarten.

31 In diesem Zusammenhang wird auch von „Organisationsgesellschaft" gesprochen.

nen. Sie sind nicht nur eine Antwort auf das Bevölkerungswachstum, sondern auch auf die zunehmende Komplexität der Arbeitsteilung in der Gesellschaft. Beide Entwicklungen sind zwingend miteinander gekoppelt. Die Kapazitäten der Umweltbeobachtung durch die Organisationen müssen diesen Entwicklungen Rechnung tragen. Die Grenzziehung zwischen System und Umwelt erfolgt bei den Organisationen durch die Mitgliedschaftsrolle, die die Zahl der Personen – als Kommunikationsbeteiligte – begrenzt. Vor allem die Mitglieder der Organisation sind Adressaten der Kommunikation. Organisationen sind soziale Systeme, die auf Entscheidungen – also auf die Festlegung der Differenz zwischen gewählten Operationen und den nicht gewählten spezialisiert sind. Welches Organisationsmitglied wann was entscheiden darf, wird in Entscheidungsprämissen festgelegt[32]. Grundlegend sind a) die Mitgliedschaftsrolle und die den einzelnen Personen (Stellen) zugerechneten Aufgaben/Verantwortlichkeiten; daneben gibt es b) Programme und c) vorgeprägte Kommunikationswege, die die Entscheidungsmöglichkeiten strukturieren. Die trotz allem bestehende Unsicherheit (Kontingenz) wird dann und dadurch begrenzt, dass nicht alle drei Typen von Entscheidungsprämissen gleichzeitig fehlen (können). Am Beispiel der organisierten Sozialsysteme lässt sich also die generelle Funktion der sozialen Systeme gut erläutern: die Reduktion von Komplexität und Kontingenz der gesellschaftlichen Umwelt. Die Größe und interne Struktur von Organisationen lassen sich als Binnenkomplexität beschreiben, durch die erst eine Beobachtung der relevanten Umweltsysteme in hinreichender Breite erreicht wird. Dazu trägt die Möglichkeit bei, unterschiedlich geschultes Personal mit verschiedenen Beobachtungsschwerpunkten einzubinden[33]. Hierdurch lässt sich auch zeigen, dass und warum ein Großteil der einfachen Sozialsysteme – wie die Familien – in der komplexen gesellschaftlichen Umwelt von heute überfordert sind. Es ist aber auch nicht ausgeschlossen, dass Organisationen an ihrer Größe und damit verbundenen Binnenkomplexität scheitern: ob der VW-Konzern dafür ein Beispiel liefern wird, bleibt zu beobachten.

2.2.3 Gesellschaftssystem (Weltgesellschaft)

Das soziale System Gesellschaft ist in dem Sinne umfassend, dass es alle Kommunikation sowie alle Beobachtungen von Kommunikation einschließt – und somit auch alle anderen sozialen Systeme. Schon früh hat Luhmann in diesem Zusammenhang den Begriff *Welt*gesellschaft benutzt. Die Systemgrenze von

---

32 Ein permanentes Aushandeln (Kommunizieren) aller über alle Informationen wäre nicht nur zeitraubend, sondern käme u.U. auch gar nicht zu einem Abschluss.

33 Deshalb beschäftigen Produktionsunternehmen nicht nur Techniker sondern auch Juristen, Werbepsychologen, Lobbyisten u.a.

Gesellschaft markiert also den Raum der füreinander (im Prinzip) erreichbaren Kommunikationen. Es liegt nahe, die Entwicklung von Gesellschaft als sozialem System als eine Folge des Bevölkerungswachstums und seiner räumlichen Verdichtung anzusehen. Selbstverständlich ist das aber nicht – wie man an dem Begriff „Parallelgesellschaften"[34] ablesen kann: Menschen, die zwar auf engem Raum miteinander leben, aber nicht miteinander kommunizieren (können): keine gemeinsame Sprache, keine gemeinsamen Erwartungs-Sets, kein gemeinsamer Sinnhorizont, der zum Verstehen notwendig ist.

Die Entwicklung zur Weltgesellschaft ist vor allem auf die Erfindung und Nutzung von Verbreitungstechnologien zurückzuführen: Sprache, Schrift, Buchdruck, Telefon u. ä. sowie das Internet. Wie historische Beschreibungen zeigen, wurde mit jeder dieser Erfindungen zunächst ein Sinnüberschuss erzeugt, der das richtige Verständnis einer Mitteilung erschwert bzw. komplizierter gestaltet hat. Diese Veränderung der Kommunikationsbedingungen lässt sich heute besonders deutlich nachvollziehen, wenn man die Kommunikation am Stammtisch mit der „Kommunikation" in den „sozialen" Netzen bzw. im Internet insgesamt vergleicht. Es wäre also unangemessen, jede Mitteilung (z.B. jeden „Tweet") als Kommunikation zu beschreiben, die das Gesellschaftssystem konstituiert. Ihnen fehlt meist die notwendige Anschlussfähigkeit: ein „Like" oder „Dislike" sagt darüber zu wenig aus. Zugleich zeigt aber auch das Internet, dass Kommunikation eher in begrenzten Segmenten (Verteilerlisten im E-Mail-Austausch, Portale mit spezifischem Themenbezug, u.ä.) zustande kommt, als im diffusen Netz. Selbst mit Blick auf diese modernste Verbreitungstechnologie ist es also sinnvoll, die verschiedenen Typen sozialer Systeme (einfache, organisierte, gesellschaftliche Systeme mit der Besonderheit von Weltgesellschaft) im Blick der Beobachtung zu halten[35]. Dies gilt vor allem auch im internationalen Rahmen, wie neue Konfliktlagen (z.B. Syrien) immer wieder zeigen: Technisch ist tatsächlich fast jeder Mensch erreichbar. Ob dies auch kommunikativ der Fall ist, wäre dann erst noch zu zeigen. Deshalb ist es nach wie vor sinnvoll, den Gesellschaftsbegriff nicht einfach durch den Begriff Weltgesellschaft zu ersetzen (und damit) aufzugeben: im Folgenden werden deshalb beide Begriffe – mit je spezifischen inhaltlichen Akzenten – verwendet.

---

34 Nota bene: die in den Medien übliche Begriffsverwendung steht nicht im Einklang mit dem hier verwendeten Gesellschaftsbegriff! Im Folgenden wird deshalb i.d.R. von Parallel*strukturen* gesprochen.

35 Die Faszination von „Global Governance" scheint – trotz häufiger G20 Gipfel – verblasst, von „Weltinnenpolitik" redet oder schreibt kaum noch jemand. Es bleibt also sinnvoll, sich mit dem Bestand vielfältiger Gesellschaften innerhalb der Weltgesellschaft zu befassen.

Im (Welt-)Gesellschaftssystem lassen sich *groß dimensionierte Grenzziehungen* beobachten, die durch kommunikative Verdichtungen erzeugt werden. Dazu gehören die Verfügbarkeit von Verbreitungsmedien (z.b. Sprache), die räumliche Trennung, die institutionelle Zugehörigkeit (z.B. zu Staaten oder Organisationen) u.a.m. Diese Binnendifferenzierung des (Welt-)Gesellschaftssystems erleichtert die Entwicklung anschlussfähiger Kommunikationen in großem Maßstab: Die Komplexität und Kontingenz der Möglichkeiten wird reduziert und damit erst handhabbar[36]. Dass die organisierten Sozialsysteme mit ihrer Binnenkomplexität eine entsprechende Leistung erbringen (können), ist vielfach beobachtbar. Sie gelten als Spezialisten für grenzüberschreitende Beobachtungen und Resonanz auf Umweltirritationen. Die Möglichkeiten, die (Welt-)Gesellschaft durch die Bildung von *globalen* Subsystemen zu strukturieren und damit auch globale Kommunikation zu erleichtern, sind dagegen unsicher(er) und begrenzt(er). Die Weltgeschichte ist daher nicht zufällig teilweise (!) eine Geschichte der diesbezüglichen Bestrebungen, territorial abgegrenzte Gesellschaften zu konturieren – also Grenzen durch die Schaffung von besonderen kommunikativen Arrangements zu etablieren. In der Systemtheorie wird dieses Thema nicht durch die Beschreibung von Aufstieg und Niedergang von Weltreichen, Kulturen etc. behandelt, sondern durch die Beobachtung von Grundmustern der Herausbildung und internen Differenzierung von Gesellschaftssystemen, d.h. durch die Anwendung der System-Umwelt Unterscheidung auf sich selbst. Dabei werden insbesondere die segmentäre (z.B. territoriale) Differenzierung in gleiche Teilsysteme (Clans, Wohngebiete etc.), die Differenzierung in Zentrum und Peripherie (z.B. Stadt-Land), die hierarchische Differenzierung in soziale Schichten, Klassen und Kasten, sowie *die funktionale – also problem- und aufgabenbezogene – Differenzierung* unterschieden. Vor allem durch letzteres wird die Entwicklung von hoch komplexen Gesellschaften möglich. Das Besondere ist dabei nicht die Arbeitsteilung zwischen Individuen, die auch in einfachen und organisierten Sozialsystemen zu finden ist – und von Durkheim mit dem Begriff der „organischen Solidarität" beschrieben wurde –, sondern die Anwendung dieser Differenzierungsformen auf die Gesamtheit der gesellschaftlichen Kommunikationen. Oder anders formuliert: mit den Differenzierungsformen sind unterschiedliche Muster kommunikativer Verdichtung und damit der Zusammenhalt einer großen Zahl von Bevölkerungsmitgliedern verbunden: in primär hierarchischen Systemen (z.B. Diktaturen) dominieren oktroyierte

---

36 Dabei steht immer auch die menschliche Verarbeitungsmöglichkeit von Mitteilungen im Fokus. Damit ist dann i.d.R. auch die Frage verbunden, wie viele Personen (als Kommunikations-Adressen) an den sozialen Systemen beteiligt sein können. So setzen sich die Clans der Yi Minderheit in China die Grenze von 6000 Mitgliedern; bei Überschreiten dieser quantitativen Grenze muss ein neuer Clan gegründet werden.

Werte; in der primär funktional differenzierten Gesellschaft (z.B. Demokratien) dominiert die notwendige Verflechtung arbeitsteiliger und gleichermaßen wichtiger Kommunikationsmuster.

Von besonderem Interesse für die folgenden Überlegungen ist die Bedeutung dieser Differenzierungsmodi für die gesellschaftliche *Evolution*[37]. Generell gilt, dass in Gesellschaftssystemen i.d.R. alle vier grundlegenden Differenzierungsformen entwickelt werden (können), um den Herausforderungen, den „Irritationen durch die internen und externen Umwelt(en)", Rechnung zu tragen bzw. um ihre Fähigkeit zur Reduktion von Umweltkomplexität und Umweltkontingenz zu erhöhen. In der jüngeren Entwicklungsgeschichte – der Gesellschaft der „Moderne" – lässt sich eine stärkere *Betonung* – oder gar *Dominanz* – der *funktionalen* Differenzierung beobachten. Dahinter verbirgt sich implizit oder explizit die Feststellung einer größeren Leistungsfähigkeit einer Gesellschaft, die bestimmte Funktionen (Aufgaben) für ihre wachsende und sich verdichtende Bevölkerung in unterschiedlichen Subsystemen mit je spezifischer Kommunikation über Ernährung, Sicherheit, Politische Mitsprache, Religiöse Überzeugungen, Bildung, Gesundheitsfürsorge etc. besser – oder sogar überhaupt erst – erfüllen kann. Die unbestreitbar wachsende *Welt*bevölkerung und die Komplexität der „Welt-Lage" sind hinreichende Gründe, dem Argument von der herausragenden Bedeutung der funktionalen Differenzierung zu folgen. Dennoch ist stets zu beachten, dass die damit vorhandenen wechselseitigen Abgrenzungen und Einflüsse der Subsysteme in verschiedenen Gesellschaften unterschiedlich ausfallen können [38], dass sehr unterschiedliche *Formen* der Funktionserfüllung[39] existieren, dass sich Differenzierungsmuster wieder auflösen können[40], oder schon früher einmal dominierende Muster erneut an Bedeutung gewinnen können. Zudem erzeugt die funktionale Differenzierung auch neue Folgeprobleme für die gesellschaftliche Kommunikation: Dies betrifft sowohl die Grenzziehungen in der Weltgesellschaft als auch die wechselseitige Beobachtung und Beeinflussung der Funktionssysteme untereinander.

Wie immer man diese Themen akzentuiert und bewertet: *im Folgenden wird von der Prämisse ausgegangen, dass die Entwicklung und Gestaltung*

---

37 Drei Entwicklungsschritte gelten als konstitutiv für Evolution: Variation, Selektion, Verfestigung.

38 Ein instruktives Beispiel ist der sogenannte „Fluch der Ressourcen", der Länder beschreibt, die durch die Einnahmen aus der Ölförderung im Prinzip alle Funktionen in der Gesellschaft durch „Importe" erledigen lassen (können): typisch dafür sind die Emirate.

39 Dies lässt sich bei Auslandsreisen – auch in funktional differenzierte Gesellschaften – beobachten: Ämter, Arztpraxen, Geschäfte, Universitäten, Straßenverkehr etc. sind u.U. ganz anders organisiert.

40 Militärdiktaturen, von Wirtschaftsunternehmen gekaperte „failed states" und viele andere Muster.

der funktionalen Differenzierung gegenwärtiger und zukünftiger <u>Gesellschaf-</u>
<u>ten</u> – unter Berücksichtigung der Welt-Ebene – ein zentrales Element der Be-
obachtung und Erörterung von Zukunftskommunikation darstellt und daher
als Beobachtungsfokus gut begründbar ist. Dies vor allem auch deshalb, weil
gezeigt werden kann, dass die medial verbreiteten Zukunftserwartungen und
–sorgen ohne eine solche breit angelegte Beobachtungsperspektive nicht ange-
messen erfasst und bewertet werden können.

2.3 Die funktionale Differenzierung des Gesellschaftssystems

Gesellschaftssysteme entwickeln sich von innen heraus. Sie erweitern ihr Territorium, untergliedern sich in Subsysteme unterschiedlicher Entscheidungs-
macht oder unterschiedlichen Reichtums und/oder gliedern Teile aus, die
spezifische (ggf. neue) Aufgaben bzw. Funktionen wahrnehmen. Ein (früher)
Treiber dieser Entwicklung ist häufig die Ausdifferenzierung herrschafts-
bezogener (staatlicher) Funktionen, die u.a. mit dem Monopol der Gewaltanwendung in einem Territorium verknüpft sind. Die Entwicklung anderer
Funktionssysteme ist dann mit der Beobachtung der Umwelt „Staat" eng verbunden. Dies hat zu der Vermutung geführt, dass die Bedeutung der funktionalen Differenzierung eng an die Existenz eines National*staates* gebunden ist:
die Selbstbeschreibung dieser Gesellschaftsformation lautet: ein Staatsterri-
torium, ein Staatsvolk, eine Staatsherrschaft (PAS: Politisch Administratives
System). Dies widerspricht allerdings der systemtheoretischen Perspektive,
die keine zwingende historische Reihenfolge der gesellschaftsinternen Diffe-
renzierungsprinzipien unterstellt und zudem die Funktionssysteme als „im
Grundsatz" gleichgewichtig (heterarchisch) ansieht, weil sie jeweils für die
anderen Funktionssysteme *unabdingbare* Leistungen erbringen. <u>In diesem</u>
<u>Sinne stellen sie alle *Gesellschaft* dar – *ohne sie jedoch in ihrer Gesamtheit zu*</u>
<u>repräsentieren.</u> Dies schließt allerdings nicht aus, dass zeitweilig das eine oder
andere Funktionssystem in seiner Irritationsfähigkeit gewichtiger ist als alle
anderen: dies kann sowohl ein Zeichen besonderer Stärke – Durchsetzung
funktionssystemspezifischer Kommunikationsmodi[41] gegenüber der sozialen
Umwelt –, als auch ein Zeichen von Schwäche sein – Sicherung von Unter-
stützungsbedarf aus der Systemumwelt. Damit wird auch der Vermutung wi-
dersprochen, dass die ausdifferenzierten Funktionssysteme einen statischen
Zustand aufweisen, quasi als das Ende der Gesellschafts-Evolution gelten können. Die Binnendifferenzierung der Gesellschaft und der Funktionssysteme
kann fortgesetzt werden oder auch zurückgebildet werden: z.B. indem Funk-
tionszuschreibungen in anderen Systemen verarbeitet werden, oder wenn das

---

41 Nassehi (2015,35%) spricht hierbei von „Optionssteigerungen".

Überleben der Gesellschaftsmitglieder keinen Bezugspunkt gesellschaftlicher Kommunikation darstellt (Sklavengesellschaft), oder wenn die notwendigen Funktionen auch ohne differenzierte Leistungsfähigkeit der Gesellschaft („Ressourcenfluch") erfüllt werden können. Dies wird durch den globalen Vergleich von Gesellschaften mehr denn je deutlich. Oder anders ausgedrückt: die Revision von territoriale Aufteilungen – sei es im Sinne von Separierung oder Annexion – können ebenso wieder dominant werden wie autokratisch-hierarchische Strukturen – angeführt von Plutokraten, Despoten, Militärs oder Religionsführern. Dies macht auch die besonderen Herausforderungen einer modernen funktional differenzierten Gesellschaft deutlich: Wie lassen sich die Subsysteme aufeinander beziehen bzw. sachgerecht „balancieren", wenn die Gesellschaft nicht über eine zentrale Koordinations- oder gar *Steuerungsinstanz* verfügt – als die für einige Zeit der Nationalstaat angesehen wurde? Der Begriff *„Balance"* wird im Folgenden häufiger verwendet: damit ist weder eine dauerhafte Grenzziehung und Koppelung verschiedener Teilsysteme (Elemente) gemeint noch ein abstraktes Modell von Gleichgewicht. Es ist ein metaphorisches Bild nicht vorhersehbarer Wechselwirkungen zwischen Funktionssystemen, die ständige Beobachtungen und Nachjustierungen erfordern[42].

Die weitere Entwicklung hängt also u.a. von der grundsätzlichen Akzeptanz einer funktional differenzierten Gesellschaft, der kontinuierlichen Beobachtung und von Gestaltungsimpulsen – als einer diesbezüglichen Kommunikation – ab. Dabei ist nicht zu erwarten, dass sich derartige Prinzipien weltweit gleichermaßen entwickeln bzw. durchsetzen.[43] Zudem legen die vorliegenden Erfahrungen nahe, die Bedeutung der verschiedenen Muster der Differenzierung in der Weltgesellschaft unterschiedlich zu bewerten. Da aber in den sogenannten entwickelten Gesellschaften – zu denen Deutschland/Europa/OECD gehören – von einer zumindest basalen funktional differenzierten Architektur ausgegangen werden kann, ist *die zukunftsbezogene Frage „wie weiter mit der funktionalen Differenzierung der Gesellschaft in Deutschland?"* gut begründet[44].

---

42 Insofern ist Nassehi (2009, S. 405) zuzustimmen, der sich gegen ein „Setzkasten-Modell" der funktionalen Differenzierung wendet.

43 Jenseits einiger Übereinstimmungen sind unterschiedliche Entwicklungsstadien der Gesellschaften und die gegenwärtigen Randbedingungen zu beachten. Dabei bleibt die Frage vorerst unbeantwortet, ob dies zu einer Konkurrenz zwischen den „Gesellschaftssystemen" führt – und was dies für die Weltgesellschaft bedeutet.

44 Mit dieser offenen Fragestellung vermeiden wir die Zuspitzung, wie sie z.B. Nassehi verwendet, wenn er die Ablösung der (national-)politischen Selbstbeschreibung der Gesellschaft durch eine ökonomische Selbstbeschreibung beobachtet. Dies ist gegenwärtig möglicherweise zutreffend, für die Beobachtung von Zukunftskommunikation aber eine wenig überzeugende Blickverengung.

2.3.1 Unterscheidungsprinzipien und Beobachtungsstrategien für Funktionssysteme

Bevor auf die Einzelheiten der Beobachtung von Funktionssystemen eingegangen wird, ist noch einmal zu betonen, dass es sich hierbei um gesellschaftliche Subsysteme handelt, die wie alle sozialen Systeme *durch Kommunikation* konstituiert werden. Kommunikationen sind in den jeweiligen Funktionssystemen (wie Politik, Wirtschaft, Wissenschaft) nur anschlussfähig, kommen also nur dann zustande, wenn sie jeweils bestimmte Merkmale aufweisen, die im Folgenden im Einzelnen erläutert werden. Das Verstehen bzw. die Annahme einer Mitteilung ist davon abhängig, dass ein (generalisiertes) Kommunikationsmedium mit einem bestimmten Code benutzt wird. Dass dies leicht zu beobachten ist, lässt sich an vielen Beispielen illustrieren: Eine Diskussion unter Parteimitgliedern über die Wiederwahlchancen (Direktmandat) des Abgeordneten xyz wird durch die Frage einer hinzukommenden Person unterbrochen: „kann ich hier ein Fahrrad ausleihen?". Die Person ist quasi im „falschen" Funktionssystem gelandet. Die sich anschließende Debatte (Fahrrad) findet nun ggf. in einem anderen Kommunikationsrahmen (Funktionssystem Wirtschaft) statt, auch wenn alle Beteiligten weiterhin in dem Parteibüro von xyz sitzen. Diese Feststellung ist wichtig, weil hier erneut deutlich wird, dass Funktionssysteme nicht durch „Behälter", „Gebäude", oder „Personalbestände" konstituiert werden, sondern durch Kommunikationen. Noch einmal: wenn in einem Krankenhaus – wie derzeit durchaus üblich – über die zu erzielende Rendite von x% gesprochen wird, dann kommuniziert man nicht im Gesundheitssystem sondern im Wirtschaftssystem: dann ist es auch nur folgerichtig, über Personalabbau (Ressourcenersparnis) und die Steigerung der Zahl von Hüftoperationen (Einnahme/Gewinn-Zuwachs) zu kommunizieren. Dass beide Beispiele auf organisierte Sozialsysteme Bezug nehmen ist nicht zufällig: diese nehmen sowohl hinsichtlich der Typologie sozialer Systeme als auch hinsichtlich verschiedener Problembezüge (Funktionen) eine wichtige Position ein. Diese kontinuierliche Entwicklung der „Organisationsgesellschaft" erleichtert auch die Beobachtung der Funktionssysteme[45]. Allerdings würde der ausschließliche Blick auf Organisationen den Beobachter auch mit einer endlosen Reihe kleinteiliger Aktivitäten (Schuheinkauf, Investitionsentscheidung, Lernprogramm, Personaleinstellung, Wahl des Kanzlerkandidaten in der Partei x) konfrontieren. Die Gesellschaft und ihre Funktionssysteme würden damit aus dem Blick geraten.

---

45 Noch viel schwieriger ist zu erfassen, wann und wie die Familienmitglieder im Wirtschaftssystem (Einkaufsberatung) oder im politischen System (politischer Disput zwischen Eltern und Kindern) kommunizieren.

Für die *Beobachtung von (einzelnen) Funktionssystemen* bietet die Systemtheorie eine Reihe von Gesichtspunkten an, die die jeweilige Operationsweise der *funktionsbezogenen Kommunikation* zu kennzeichnen erlauben – unabhängig von dem sozialen System, in dem sie jeweils konkret erfolgt. Im Mittelpunkt stehen deshalb „generalisierte" Kommunikationsmedien und der (binäre) Code. Diese sowie ergänzende Kennzeichnungen sollen deutlich machen, wie die *kommunikative Anschlussfähigkeit* innerhalb einzelner gesellschaftsweit aufgestellter Funktionssysteme gesichert werden kann.

- *Problem* ist das alltagspraktische Pendant zur Funktion: es bezeichnet ein Defizit bzw. unerfülltes Erfordernis für die Gesellschaft – wie z.B. Knappheit (an Lebensmitteln); das Problem wird auch als „Kontingenzformel" bezeichnet, weil damit auch signalisiert wird, dass nach einer Problemlösung gefragt/gesucht wird – ohne dass sie gefunden werden muss.

- *Funktion* ist dann die Bezeichnung der Leistung, die als Problembearbeitung/-lösung angesehen wird: z.B. Lösung von Knappheitsproblemen durch Güterversorgung.

- *Leistung* bezeichnet das mögliche oder faktische Ergebnis einer Problemlösung (z.B. Bedürfnisbefriedigung).

- *Medium ist eine der Hauptkomponenten der Funktionssystembezeichnung. Es beschreibt die generalisierten Mittel des Kommunikationstransfers; sie sind meist lose gekoppelt und gerade deshalb oft in fest gekoppelter Form besonders gut beobachtbar: das Geld ist ein typisches generalisiertes Medium für wirtschaftsbezogene Kommunikationen und Entscheidungen; am besten zu beobachten ist es aber in Münzen, Geldscheinen oder Goldbarren etc.*
  Glaube, Recht, Macht, Geld, Wahrheit und Information sind die am häufigsten analysierten Medien, weil sie den größten Anteil gesellschaftsbezogener Kommunikation beinhalten.

- *Code ist das zweite Kernelement und direkt mir dem Medium verbunden. Besonders hervorzuheben ist der* <u>*binäre Charakter*</u> *der Codes*[46]*, durch den sichergestellt wird, dass die Annahme oder Ablehnung der Kommunikation beobachtbar wird. Zahlen: ja oder nein; ein Geschäft kommt zustande oder nicht.*

- *Programm* beschreibt ein Muster, das typisch für organisierte Sozialsysteme ist, denn es legt wichtige Kommunikationsbeteiligungen und

---

46 Beispiele sind: Recht/Unrecht, Macht haben/keine Macht haben (Regierung/Opposition), Zahlung/Nichtzahlung, Wahrheit/Unwahrheit, Information/Nicht-Information. Diese Unterscheidungen bestimmen die Anschlussfähigkeit und den Fortgang der Kommunikation in den jeweiligen Funktionssystemen.

Entscheidungsmodalitäten fest. Es kanalisiert und erleichtert damit die Kommunikation.

Die in systemtheoretischen Analysen und Diskursen besonders häufig thematisierten Funktionssysteme[47] deuten ihr relatives Gewicht in modernen Gesellschaften an. Die Liste ist allerdings sowohl von Luhmann als auch von Fachleuten der verschiedenen gesellschaftlichen Aufgabenfelder und Organisationen (wie z.B. medizinische Versorgung, Sozialarbeit) sowie zusätzlich hinsichtlich informeller Strukturen (wie z.B. Protestbewegungen) oder kleinteiliger Elemente (wie z.B. Familie, Moral, Werte) erweitert worden. Dabei ist nicht immer eindeutig zu klären, ob dafür tragfähige Medien und binäre Codes existieren – oder ob es sich um die Arbeitsteilung in verschiedenen sozialen Systemen handelt. In dem hier gewählten Beobachtungszusammenhang ist die Frage der Vollständigkeit der Funktionssystem-Unterscheidungen nicht von zentraler Bedeutung: zum einen handelt es sich grundsätzlich nicht um eine „abschließend vollständige" Liste; zum anderen stehen vor allem die Funktionssysteme im Mittelpunkt, die im Rahmen der Zukunftskommunikation besonders häufig beobachtet werden können.

Die folgende Übersicht über wichtige Funktionssysteme zeigt die „üblichen" und vereinfachenden Kennzeichnungen (z.B. Krause 2001, S. 43).

	Funktion	Leistung	Medium	Code	Programm
Religion	Kontingenz-ausschaltung	Diakonie	Glaube	Immanenz/ Transzendenz	Offenbarung, Heilige Schrift, Dogmatik
Recht	Ausschaltung der Kontingenz normativen Erwartens	Erwartungs-erleichterung, Konflikt-regulierung	Recht-sprechung	Recht/ Unrecht	Konditional-programme, Rechtsnormen, Gesetze

---

47 Luhmann selbst hat einige von ihnen ausführlich analysiert – mit Titeln wie: die Politik..., die Religion..., die Wissenschaft..., das Recht...., die Wirtschaft *der Gesellschaft*. Viele dieser Bücher wurden in Zusammenarbeit mit ExpertInnen aus diesen Themenfeldern geschrieben.

Erziehung	Selektion für Karrieren	Ermöglichung unwahrschein. licher Kommunikationen	Lebenslauf/Karriere)	besser lernen/ schlechter lernen, Platzierung/keine Platzierung	Bildung, Lehr-/ Lernpläne
Politik	Ermöglichung kollektiv bindender Entscheidungen	Umsetzung kollektiv bindender Entscheidungen	Macht	Macht haben/ keine Macht haben, Regierung/ Opposition	Regierungs-, Parteiprogramme; Budgets
Wirtschaft	Knappheitsminderung	Bedürfnisbefriedigung	Geld	Zahlung/ Nichtzahlung	Zweckprogramme; Budgets
Wissenschaft	Erzeugung neuen Wissens	Bereitstellung neuen Wissens	Wahrheit	Wahrheit/Unwahrheit	Theorie, Methoden
Medizin	Krankheitsbehandlung	Krankheitsbewältigung/ Heilung	Krankheit	Krankheit/ Gesundheit	Therapien
Massenmedien	Kommunikationsasymmetrisierung	Formung öffentlicher Meinung	„Information"	Information/ Nichtinformation	„Antizipierte" öffentliche Meinung
Zivilgesellschaft/ Protestbewegung	Gesellschaftliche Selbstalarmierung	Selbstorganisation	Angst/ Sorge	Dafür/dagegen sein	Bürgerinitiativen,NGO
Familie	Grundlegende Inklusion	Sozialisation	(Liebe)	Mitglied/ Nichtmitglied Zugehörig/ nicht zugehörig	Beziehungsgeschichten

Abb. 1: Funktionssysteme im Überblick

2.3.2 Funktionssysteme beispielhaft erläutert

a) Politisches System/öffentliche Verwaltung
Die Funktion des politischen Systems ist die Herstellung bindender Entscheidungen für alle anderen Funktionssysteme. Die Politik im engen Sinne (politische

Politik) legt dabei die Wertpräferenzen fest, die öffentliche Verwaltung setzt die Entscheidungen um. Insofern ist die wechselseitige Beobachtung und strukturelle Koppelung zwischen Politiksystem und allen anderen vergleichsweise umfangreich. Das Medium ist Macht; der Code ist Macht haben oder nicht (Regierung/Opposition). Zur Ausführung der Funktion werden Parteiprogramme, Regierungsprogramme und Budgets benutzt. Die besondere Bedeutung dieses Systems ergibt sich – zumindest für die demokratische Variante – aus der hochgradigen Inklusion der Bevölkerung. Es ist die Bevölkerung, die die Macht zuweist. Insofern hat die Zivilgesellschaft, in der sich Teile der Bevölkerung organisieren, ebenfalls ein besonderes Gewicht in der politischen Kommunikation.

b) Wirtschaftssystem

Die Funktion des Wirtschaftssystems ist die Bewältigung von Knappheitszuständen bei Gütern und Dienstleistungen. Die Leistung besteht in der Bedürfnisbefriedigung. Das Kommunikationsmedium ist Geld. Der binäre Code, der die Anschlussfähigkeit ermöglicht, ist Zahlen oder Nicht-Zahlen. Zur Ausführung der Funktion werden Produktions- und Finanzierungsprogramme genutzt.

c) Mediensystem

Bei den Massenmedien handelt es sich um ein Funktionssystem, das mit dem Medium öffentliche Information arbeitet; der Code ist Information/Nichtinformation, wobei neben der Geschwindigkeit (Aktualität) auch der investigative Neuigkeitswert von Bedeutung ist; in jedem Fall geht es um die Aufmerksamkeit der Informationsadressaten; die Leistung des Systems besteht u.a. in der Meinungsbildung, wobei der vorhandenen Asymmetrie der Informationsbestände Rechnung getragen werden muss. Zur Ausführung der Funktion werden Muster der öffentlichen Meinung(sbildung) zugrunde gelegt.

d) Rechtssystem

Die Funktion von Recht ist die Ausschaltung von Kontingenz hinsichtlich normativer Erwartungen. Die Leistung ist somit eine Stabilisierung von Erwartungen, die zugleich Konflikte vermeidet. Das Medium ist die Norm (durch Rechtsprechung realisiert), der Code Recht/Unrecht. Für die Ausführung der Funktion werden Gesetze und andere Regelwerke benutzt.

e) Wissenschaftssystem

Die Funktion von Wissenschaft ist die Erzeugung von neuem Wissen. Die Leistung besteht also in der Bereitstellung solchen Wissens. Das Medium ist die Wahrheit, der binäre Code ist wahr/falsch. Zur Ausführung der Funktion werden Theorien und Methoden genutzt.

f) Erziehungssystem

Die Funktion von Bildung ist die Vorbereitung und Auswahl für gesellschaftliche Rollen, Positionen und Karrieren. Die Leistung besteht in der Befähigung zu spezialistischer („unwahrscheinlicher") Kommunikation. Das Medium ist der Lebenslauf/die Karriere, der binäre Code ist lernen/einsetzbar vs. nicht lernen/ nicht einsetzbar. Zur Ausführung der Funktion werden Lehrpläne genutzt.

g) Religionssystem

Die Funktion von Religion ist die Ausschaltung von Kontingenz (Unvorhersehbarem). Die Diakonie (Seelsorge) wird i.d.R. als Leistung beschrieben. Das Medium ist der Glaube, der binäre Code Immanenz/Transzendenz[48]. Für die Ausführung der Funktion werden heilige Schriften (Dogmatik) verwendet.

h) Medizinsystem (Gesundheitssystem)

Das Medizinsystem hat die Funktion, Therapien für Krankheitsbefunde bereitzustellen. Die Leistung ist die Krankheitsbehandlung. Das Medium ist Krankheit, der Code ist geheilt/nicht geheilt (krank/gesund[49]). Zur Ausführung der Funktion werden Behandlungspläne, Therapien verwendet.

i) Zivilgesellschaft/Protestbewegung

Ob sich die Zivilgesellschaft als Funktionssystem beschreiben lässt ist umstritten, weil sie im Sinne von Bevölkerung eher als natürliche Umwelt der Funktionssysteme angesehen wird/werden kann. Außerdem wird dabei suggeriert, dass die Gesellschaft von außen beobachtet werden kann. Dies ist jedoch unmöglich. Häufig wird deshalb eine spezifische Organisationsform (Protestbewegung, Bürgerinitiative) als Bezugspunkt gewählt. Als Funktion wird dabei die gesellschaftliche Selbstalarmierung hervorgehoben. Das Medium ist Angst/Sorge; der binäre Code dafür sein/dagegen sein bzw. Angst haben/keine Angst haben.

j) Familie

Das Funktionssystem Familie hat im engeren Sinne die Funktion der Inklusion von Personen, wobei alle Arten und Inhalte von Kommunikation eingeschlossen sind. Insofern kann man es auch als System von Personen bezeichnen. Die Gesamtheit der Familien hat als Gesamtheit keine gesellschaftliche Funktion. Die Zuordnung eines Codes (Mann/Frau; Liebe/keine Liebe) ist umstritten – weil er ebenfalls familienspezifisch sein kann. Allgemein kann von zugehörig/nicht zugehörig gesprochen werden.

---

48 Eine Besonderheit dieses Funktionssystems liegt darin, dass es eine Unterscheidung (binären Code) ins Zentrum rückt, die auch in allen anderen Kommunikationen bedeutsam ist: die Bezeichnung eines bestimmten Sachverhaltes schließt immer auch etwas aus, das nicht bezeichnet wird.

49 Die Betonung auf Krankheit, der negativen Seite des binären Codes hat immer wieder zu Irritationen geführt. Konsequenterweise müsste man von einem Krankheitsbearbeitungssystem sprechen. Zu beachten ist dabei, dass es um die menschliche Physis und Psyche geht, also um eine strukturell gekoppelte natürliche Umwelt. Die Referenz auf Gesundheit würde die Beobachtungs- und Kommunikationsmöglichkeiten des Systems überfordern.

2.3.3 Funktionssysteme und Gesellschaft

Halten wir fest: a) Im Prozess der gesellschaftlichen Evolution haben sich verschiedene gesellschaftsweit wirkende Differenzierungsformen herausgebildet, die zu unterschiedlichen Zeiten in unterschiedlichen Regionen/Gesellschaften mehr oder weniger dominant sein können. b) In den modernen hoch komplexen Gesellschaften entwickeln *funktional* differenzierte Architekturen die höchste Leistungsfähigkeit, weil in einzelnen Funktionssystemen bestimmte aufgabenbezogene Kommunikationsmodi existieren. c) Dass dabei die Funktionen und nicht die Systemstrukturen in den Vordergrund gestellt werden, hat den Vorteil, dass unterschiedliche Architekturen mit gleichen Funktionen („funktionale Äquivalente") beobachtet werden können und im Vergleich ihre spezifische Leistungsfähigkeit zeigen. d) Die Funktionssysteme sind heterarchisch in der Gesellschaft angesiedelt, haben kein gemeinsames Zentrum. Sie bilden wechselseitig soziale Umwelten füreinander, auf die sie jeweils angewiesen sind.

Die vorrangig funktionale Differenzierung einer Gesellschaft führt zu einer Vielzahl von Folgeproblemen[50]. Einige wenige sollen hier kurz erläutert werden. Zunächst lässt sich feststellen, dass die Fortsetzung von Differenzierungsprozessen mit der Zunahme der Weltkomplexität ohne Grenzen ist: je mehr Resonanz auf die Umweltbeobachtung in den Kommunikationssystemen erfolgt, desto schneller sind sie überfordert – und „reagieren" (u.a.) durch interne Differenzierung, d.h. durch Steigerung der Binnenkomplexität. In der Politik werden immer mehr Politikfelder unterschieden, in der Wissenschaft werden neue Disziplinen geschaffen, die Medizin unterscheidet immer mehr Fachgebiete mit spezifischen Behandlungsmethoden etc. Dies bedeutet gleichzeitig, dass die Beobachtung der Systemumwelten immer breiter und vielfältiger wird – und damit in ihrer Relevanz für das beobachtende System immer weniger vorhersehbar (also „kontingent"). Aus dem Mangel an umweltbezogener Resonanz entstehen dann funktionsspezifische Gesellschaftsdeutungen, die selbstbezüglich und gleichzeitig grenzenlos sind – also „große *Erzählungen*": Nicht ohne Grund wird deshalb von der Ökonomisierung, der Verwissenschaftlichung oder der Medikalisierung (usw.) der Welt gesprochen. Wenn alle Gesellschaftsmitglieder als Fälle für die Psychiatrie beobachtet werden, lässt sich ihre Komplexität leichter beherrschen. Sie ist in dem Handbuch für psychiatrische Erkrankungen bzw. Diagnosen „abgebildet". Derartige Entwicklungen können auch als Ent-Differenzierung bezeichnet werden: z.B. „die ganze Welt ist ein Irrenhaus".

---

50 Die Folgeprobleme können modellhaft abstrakt bzw. theoretisch erörtert werden oder durch Beobachtung konkreter Beispiele erschlossen werden. Die folgende Darstellung legt den Schwerpunkt auf Letzteres.

Diese Beobachtung von Differenzierungsprozessen wird durch die Aussage zusammengefasst, dass die funktional spezifischen Kommunikationssysteme keine oder unzureichende interne „Stopp-Regeln" aufweisen[51] : mit Blick auf ihre Kommunikation – unter Nutzung einer spezifischen Mediums und entsprechendes Codes – *sind* sie „die" Gesellschaft. Für das o.a. Beispiel stellt sich sofort die Frage, wie dabei der Psychiater eingeordnet wird und wer für die Ernährung der „Irren" aufkommt. Einschränkungen der kommunikativen Expansion einzelner Funktionssysteme können sich nur aus der Wahrnehmung von Irritationsmöglichkeiten oder Grenzziehungen anderer Funktionssysteme – also in Form von „Resonanz" – ergeben. Dabei ist nicht nur die sachliche Vielfalt der Umweltbeobachtungen ein Problem, sondern auch die unterschiedliche Geschwindigkeit der kommunikativen Entwicklung und Entscheidungsfindung[52]. Dies führt immer wieder zu der Frage, ob es nicht einer gesellschaftsweiten – also zentralen – Steuerungsinstanz bedarf, um die einseitige Expansion einzelner Funktionssysteme zu beeinflussen bzw. zu begrenzen. Dabei wird implizit oder explizit auf das politische System verwiesen. Mit Blick auf die Entwicklung von – vor allem demokratischen – *Nationalstaaten* war und ist dies nicht unbegründet, da damit auch Vorstellungen einer gesellschaftlichen Einheit kommuniziert werden konnten. In den folgenden Ausführungen werden wir diese Überlegungen „vorsichtig" als „Balancierungsproblem" oder als „Modulationsproblem" beschreiben. Die Vielfalt interner Aufgabenfelder (Funktionssysteme) und externer Einflüsse schien in früheren Nationalstaatsentwicklungen zunächst noch überschaubar. Globale Verflechtungen der Funktionssysteme – vor allem der Wirtschaft – und die individuelle Mobilität/Migration der Bevölkerung ändern diese Randbedingungen jedoch. Vereinfacht kann man die Entwicklung dahingehend beschreiben, dass zunächst eine „Global Governance" (Weltgesellschaft, Weltstaat, Weltregierung etc.) für notwendig oder sogar für möglich angesehen wurde (UN und EU als Beispiele). Dies hat die Gestaltungsmöglichkeiten und damit die Bedeutung von Nationalstaaten zumindest relativiert. Inzwischen werden die Möglichkeiten von Global Governance skeptischer beurteilt. Es wird nun wieder stärker auf die nationalstaatlichen Gestaltungsmöglichkeiten geschaut. Dabei ist allerdings zu beachten, dass in vielen Weltregionen funktionierende Nationalstaaten noch nie entwickelt wurden oder nicht (mehr) bestehen – sogenannte „failed states". Ob sich dort je eine halbwegs geordnete Staatlichkeit entwickeln lässt, ist selbst nach vielen Jahrzehnten internatio-

---

51 Als Beispiel wird gern die Wissenschaft gewählt, indem gezeigt wird, dass praktisch kein Forschungsbericht endet, ohne darauf hinzuweisen, dass „weitere Forschungen notwendig sind".

52 Als aktuelles Beispiel kann die dynamische Ausbreitung Ebola-Epidemie (Gesundheitssystem) und die „mühsame" Entwicklung eines Impfstoffes (Wissenschaftssystem) beschrieben werden.

naler Entwicklungszusammenarbeit oft fraglich[53]. Dies gilt erst recht dann, wenn man eine leistungsfähige funktionale Differenzierung und zudem demokratische Strukturen erwartet. Dabei können es unterschiedliche Ursachen sein, die die diesbezüglichen Schwierigkeiten zum Dauerzustand werden lassen: Relikte aus der Kolonialzeit, interne Konflikte (z.B. ethnisch motivierte Bürgerkriege), Interventionen von außen: militärisch, wirtschaftlich etc., der „Ressourcen-Fluch", der den „guten Diktator" ermöglicht. Aber auch die (noch) bestehenden Nationalstaaten können angesichts geringer Größe durch die internen Differenzierungserfordernisse oder durch die Einbindung in Global Governance Projekte überfordert sein. Dann können z.B. einzelne Funktionssysteme dominant werden, andere in ihren Leistungsmöglichkeiten marginalisiert werden. Umgangssprachlich wird dabei von Staatsversagen oder Marktversagen gesprochen, was i.d.R. zu einer Neujustierung führt. Diese zeitweiligen „Gewichtsverschiebungen" sind durchaus üblich. Allerdings kann dies auch zu einer dauerhaften Marginalisierung der funktionalen Gesellschaftsdifferenzierung führen.

Diese Themen stehen zwar in solch allgemeiner Form nicht im Mittelpunkt der folgenden Analysen, vermitteln aber einen ergänzenden Einblick in das Problem der Entwicklung und dauerhaften „Balancierung" eines funktional differenzierten Gesellschaftssystems. Dies legt es nahe, die Mechanismen zu beschreiben, die die wechselseitigen Einflüsse und ggf. auch wechselseitige Begrenzungen von Funktionssystemen – also die mehrfach erwähnte „Balancierung" – möglich machen. Neben den „Irritationen", die im System durch Umweltbeobachtungen „Resonanz" auslösen können, sind dies insbesondere die Interpenetration, strukturelle Koppelung sowie die „Inklusion/Exklusion" von Personen. *Sie stellen in den folgenden Kapiteln die wichtigsten Objekte bei der Beobachtung von Zukunftskommunikation dar.*

2.4 Wechselbeziehungen zwischen Funktionssystemen: Strukturelle Koppelung, Interpenetration, Irritation, Resonanz, Zweitkodierung

Wir können noch einmal festhalten: Jedes in sich geschlossene (*autopoietische*) soziale System kann sich nur durch die Elemente (Kommunikationen) reproduzieren, aus denen es besteht. Dies gilt auch für gesellschaftliche Funktionssysteme. Sie kommunizieren über die Gesellschaft nur in ihrem systemspezifischen Medium und Code. Eingriffe von außen sind nur in dem

---

53 Auch Griechenland liefert Beispiele dafür – da es offensichtlich große Schwierigkeiten hat, eine leistungsfähige Finanzverwaltung aufzubauen.

Sinne möglich, dass die Kommunikation beendet wird, dass das System zerstört wird. In der vorrangig funktional differenzierten Gesellschaft gibt es weder einen Masterplan noch ein Entscheidungszentrum. Die Leistungsfähigkeit dieser Art von Gesellschaft lässt sich nur durch die wechselseitige Beobachtung und Justierung der Systeme sichern – also durch eine – wenn man so will „prekäre" – Balance. Die Voraussetzung dafür besteht darin, dass die Funktionssysteme auf Umweltbedingungen angewiesen sind, die ihre Existenz ermöglichen: ohne die Leistungen dieser System-Umwelten kann jedes einzelne System seine Leistung in der Gesellschaft nicht erbringen. Dies schließt nicht aus, dass die diesbezüglichen Beobachtungen und Kommunikationen „blinde Flecken" aufweisen, d.h. dass diese wechselseitige Abhängigkeit „übersehen" wird.

Wie schon mehrfach erwähnt sind dabei zwei Umweltbezüge von unabdingbarer Relevanz: einer ist der Materialitätskontext als *externe Umwelt*, die aus physikalischen und organischen Phänomenen besteht. Diese sind auch Grundlage für die zweite externe Umwelt: die psycho-physischen Systeme der Individuen: ohne deren Wahrnehmungs- und Artikulationsfähigkeit (z.B. von Sprache) wären Kommunikationen grundsätzlich nicht möglich – unabhängig von den jeweils betrachteten Funktionssystemen. In gleichem Sinne ist bemerkbar, dass Gedanken nicht ohne weiteres in die Kommunikation umgesetzt werden können. Kommunikation reagiert auf Kommunikation und nicht auf Gedanken oder Gefühlsausbrüche. In der Systemtheorie wird diese Wechselbeziehung als strukturelle Koppelung der sozialen Systeme mit ihrer externen Umwelt bezeichnet. Es handelt sich um eine existenzielle Voraussetzung, allerdings ohne die kommunikativen Prozesse grundlegend bestimmen zu können. Man kann dies auch so ausdrücken, dass strukturelle Koppelung und Selbstbestimmung der Systemkommunikation in einem „orthogonalen" Verhältnis zueinander stehen. Für die Koppelung von Kommunikation und psychischem System bzw. Bewusstseinssystem wird auch der Begriff Interpenetration verwendet: das System x kann nur existieren, wenn das System y existiert und umgekehrt. Ihre Veränderung/Entwicklung ist aufeinander abgestimmt – eine „Ko-Evolution".

Strukturelle Koppelungen lassen sich aber auch mit Blick auf die gesellschaftsinterne Umwelt – also zwischen Funktionssystemen – beobachten. Sie setzen externe Irritationen voraus, die intern mit der Eigenlogik des Systems verarbeitet werden. Beispielsweise kann eine wissenschaftliche Erklärung eine Theoriebestätigung im Wissenschaftsdiskurs bedeuten, zugleich aber auch eine politische Entscheidung beeinflussen. Wie das Beispiel zeigt, sind Irritationen und Resonanzen eher situative Umweltbeobachtungen, die ggf. in die systeminternen Kommunikationen einbezogen werden (können) oder auch nicht. Sie haben nicht zwingend einen nachhaltigen Einfluss auf die Art der systeminternen Kommunikationsmodalitäten.

Gleichwohl lassen sich auch dauerhafte Veränderungen in den Modalitäten beobachten. Sie entstehen vor allem bei nicht reziproken Beziehungen (fehlende *Wechselseitigkeit* der Irritation) zwischen den Funktionssystemen. In diesem Zusammenhang werden die Begriffe Nebenkodierung und Zweitkodierung genutzt – auch wenn sie von Luhmann nicht ausführlich entwickelt wurden. „Luhmann skizziert Nebencodes an dieser Stelle als Substitute des Erstcodes für den Fall dessen „Nichtfunktionierens", so dass "eine „Abhängigkeit solcher Erscheinungen von Funktionsmängeln des Haupt-Codes besteht". (Krönig 2007, S. 24).

Das Konzept des Nebencodes bleibt also unscharf und wird nicht systematisch für die verschiedenen Funktionssysteme entwickelt. Das Konzept der Zweitkodierung ist dagegen präziser gefasst. Er kann als Doppelung der Erstkodierung angesehen werden: neben „Macht haben – keine Macht haben" tritt „Regierung – Opposition". An die Stelle von „Wahrheit" als Wissenschaftsreferenz tritt „Reputation". Es gibt aber auch andere Beispiele, die eine Zweitkodierung als Übernahme von Codes anderer Funktionssysteme beinhaltet (Recht als Zweitkodierung von Politik). Da dies aber den Grundprinzipien der Architektur von Funktionssystemen widersprechen kann, ist es u.E. nicht immer überzeugend. Wichtiger ist die Beobachtung der internen Differenzierung von Funktionssystemen oder die Entstehung neuer Systeme.

Diese Fragen zur Theorieentwicklung müssen und können hier offen bleiben. Die dahinter stehenden Probleme werden uns in den folgenden Ausführungen weiter beschäftigen: wie beobachten, irritieren, beeinflussen (durch Stoppregeln u.ä.), verändern (durch Resonanzverstärkung gegenüber und in den Umweltsystemen), „kapern" sich Funktionssysteme wechselseitig? Dabei werden dann aber eher die konkreten Erscheinungsformen und medialen Kommunikationen wie Bestechung, Lobbyismus, hybride Organisationen, Personalrotation, Kooptation, Etikettenschwindel, selektive Wahrnehmung usw. in den Blick geraten.

Zusammenfassend kann man also davon ausgehen, dass die Funktionssysteme keineswegs als selbstbezügliche Parallelwelten anzusehen sind, die sich völlig unabhängig voneinander entwickeln. Im Vergleich zu der Vorstellung von einer zentralen Steuerung oder Koordination bleibt die notwendige und abgestimmte Funktionserfüllung einer funktional differenzierten Gesellschaft jedoch eine Herausforderung.

2.5 Inklusion und Exklusion: Individuen als *multiple* Kommunikationsadressen

2.5.1 Prinzipien

Gesellschaftliche Funktionssysteme sind Kommunikationssysteme, die sowohl Formen der Interaktion als auch der Organisation umfassen. Dies alles ließe sich nicht beobachten, wenn nicht Personen als Adressaten der Kommunikationen berücksichtigt würden. Soziale Systeme sind keine Container, auf die die Menschen verteilt werden. Im Unterschied zu den anderen Formen der gesellschaftlichen Differenzierung, die definitive Unterscheidungen bzw. Festlegungen zwischen dazugehörigen Personen und nicht dazugehörigen Personen vornehmen[54], können Bevölkerungsmitglieder grundsätzlich in allen Funktionssystemen als Personen an der Kommunikation teilnehmen. Dies wird als „Inklusion" bezeichnet, der die Prinzipien Freiheit und Gleichheit unterliegen. Dabei gelten im Prinzip die gleichen Bedingungen wie für die Funktionssysteme selbst. Personen sind – wie die Funktionssysteme – wechselseitig aufeinander angewiesen: Arbeitsteilung oder „organische Solidarität" (Durkheim) sind die entsprechenden Stichworte. Konkret sind aber oft auch Exklusionen mit Blick auf einzelne Funktionssysteme zu beobachten[55], die allerdings keine automatische Breitenwirkung bzw. Auswirkungen auf die Inklusion in andere Funktionssysteme haben müssen. Dies hängt u.a. von der relativen faktischen Bedeutung der Funktionssysteme ab: z.B. Zugang zu Menschenrechten via Rechtssystem; oder Zugang zu einem auskömmlichen Einkommen via Wirtschaftssystem. Von Bedeutung für die zuvor erörterte schwierige „Balancierung" des Funktionssystem-Ensembles ist hier vor allem die mögliche multiple Inklusion von Personen und damit eine potenzielle Koppelung von Kommunikationen – insbesondere in diversen Organisationen: Vorstand im Unternehmen + Parteimitglied + Mitglied in Fördervereinen für die Wissenschaft + Mitglied im Elternbeirat der Schule etc. Die Kommunikationen in den einzelnen Organisationen werden durch die jeweils anderen Mitgliedschaften beeinflusst. Derartige „Irritationen" sind allerdings weniger bedeutsam, wenn das relative Gewicht der Funktionssysteme sehr ungleich

---

54 Z.B. Clanmitglieder, Stadtbewohner (und Wanderarbeiter), Kastenangehörige (und „Unberührbare")

55 Befördert werden solche Exklusionen besonders durch *organisierte* Sozialsysteme mit ihrer selektiven Mitgliedschaft. Aber selbst innerhalb der Mitgliedschaft werden – in Form der Hierarchie – deutliche Unterschiede im Einkommen, Status, sozialer Sicherheit etc. festgelegt. Dass dies u.a. auch als Verletzung von Freiheits- und Gleichheitsgrundsätzen wahrgenommen wird, lässt sich der Kommunikation über „Diskriminierung" entnehmen: z.B. ungleicher Lohn für gleiche Arbeit.

verteilt ist (Verletzung des Gleichheitsprinzips) oder die Inklusion in ein dominantes Funktionssystem als Voraussetzung für die Inklusion in andere gilt (Verletzung des Freiheitsprinzips).

2.5.2 Inklusion in Funktionssysteme

In der modernen Gesellschaft findet Kommunikation – jenseits der Familien und Freundeskreise – überwiegend in Organisationen statt, die einerseits über die Mitgliedschaftsrolle und andererseits durch Medium und Code des jeweiligen Funktionssystems fokussiert werden. Dabei sind allerdings große Unterschiede in der Organisationsstruktur und damit in der Positions- und Aufgabenzuteilung möglich[56].

Die umfassendste und gleichartigste Inklusion stellt die Staatsbürgerschaft dar, die meist bereits mit der Geburt verankert ist. Damit sind v.a. Rechte und Pflichten verbunden, die den öffentlichen Sektor betreffen, das heißt das politisch-administrative System und damit eng gekoppelte Funktionssysteme (wie die Erziehung, das Recht). Durch die territoriale Basis dieser Inklusion – die nationalstaatlichen Grenzen (auch der EU) – sind weitere Inklusionsmöglichkeiten eröffnet, aber nicht selbstverständlich: ins Wirtschaftssystem, ins Medizinsystem, in ein Religionssystem, in das Mediensystem, in das Kunstsystem u.a. Besondere Beobachtung verdient dabei die Frage, wie die Inklusion oder Exklusion in das eine Funktionssystem die Inklusion oder Exklusion in ein anderes beeinflusst. Mit Blick auf den Lebenslauf der Gesellschaftsmitglieder wird meist die Bildung fokussiert, im Hinblick auf den guten oder schlechten Lebensstandard meist die Inklusion in das Wirtschaftssystem. Unter dem Gesichtspunkt der (mangelnden) Chancengleichheit wird inzwischen aber zunehmend auch die Familie thematisiert. Mit anderen Worten: vor allem die *Breite* der Inklusion oder Exklusion entscheidet über soziale Aufstiegschancen und soziale Ausgrenzung. Durch die multiple Inklusion kann die unterschiedliche Operationsweise der verschiedenen Funktionssysteme besser beobachtet und ggf. durch Kommunikationsbeteiligung beeinflusst werden. Da es aber – jenseits des Rechtssystems – in der Regel wenige Bereiche der Zwangsinklusion gibt, müssen Rechte und Pflichten, Vor- und Nachteile der Inklusion hinreichend wahrgenommen werden können. Dazu gehört eine aktive Kommunikation in verschiedenen sozialen Systemen und – pauschal ausgedrückt – in der Zivilgesellschaft. Sie wird auch darauf hinweisen (müssen),

---

56 Um es noch einmal zu betonen: eine Funktion legt keine spezifische Aufbau- und Ablauforganisation fest: es gibt viele sogenannte „funktionale Äquivalente": das wird vor allem durch internationale Vergleiche sichtbar.

dass ein „Rückzug ins Private" auf Dauer keine überzeugende Alternative zu einer breiten Inklusion darstellt.[57]

Um den „Stand der Dinge" in wenigen ausgewählten Hinsichten zu skizzieren, sei auf einige Daten (Deutschland 2015) hingewiesen: Bev. 81.3 Millionen.; Erwerbstätig: 43.2 Millionen; Arbeitslosenquote 4,7%; 15% armutsgefährdet; Gewerkschaftsmitglieder ca. 6 Millionen; Parteimitglieder ca. 1.25 Millionen (ca. 1.8% der beitrittsfähigen Bevölkerung); Abiturientenquote 51%; Vereinsmitgliedschaft(en) ca. 36%. Wie eine neue Übersicht (DIE ZEIT v. 12.5.2016) zeigt, ist der Trend überwiegend rückläufig: nur bei Fußballclubs, dem ADAC und den „sozialen" Medien gibt es Zuwächse. In einer Anmerkung wird darauf hingewiesen, dass beim Deutschen Schützenbund immer noch mehr Menschen organisiert sind, als in allen fünf großen politischen Parteien zusammen.

2.5.3 Die normative Perspektive

Die Skizze von Grundzügen der Systemtheorie Luhmanns soll zwei Anforderungen erfüllen: zum einen soll damit die Frage beantwortet werden, ob und wie die gegenwärtigen Kommunikationen in den Massenmedien – vor allem mit Bezug zur Zukunft – auf die Gesellschaft mit ihrer Komplexität und Kontingenz eingeht. Es geht also um die Breite oder Engführung der Beobachtungen. Zum anderen soll die potenzielle Zukunftsbezogenheit der Kommunikation *bewertet* werden. *Als Bewertungsrahmen und Leitbild wird die „funktional differenzierte Gesellschaft mit hohen Graden an Inklusion" zugrunde gelegt.* Den Hintergrund bilden die oben skizzierten Ausführungen Luhmanns zur Evolution der Gesellschaft (Weltgesellschaft). Über „die Zukunft" hat sich Luhmann wenig geäußert, weil sie als entscheidungsabhängig gilt und nicht voraussehbar (*kontingent*) ist. Dass sie ein Thema für die Kommunikation darstellt, hat er u.a. mit der Zurechnung von (potenziellen) Fehlentwicklungen oder Katastrophen als Risiko (systeminterne Zurechnung) und Gefahr (systemexterne Zurechnung) beschrieben. Aber auch diese Aspekte lassen sich in unsere Prüffrage einbinden, ob die funktional differenzierte Gesellschaft im Zeitraum +/-2050 eine Zukunft haben wird.

Neben der Beschreibung und kritischen Kommentierung von Zukunftskommunikationen ist im Rahmen der folgenden Kapitel demnach stets die Frage im Blick zu halten, durch welche gegenwärtigen und zukünftigen Kommunikationen und Entscheidungen dazu beigetragen werden kann, die gesellschaftliche Evolution „auf Kurs" zu halten: möglicherweise eher durch

---

57 Wie die Kommunikationen im Jahr 2015 gezeigt haben, ist manche „Idylle" schneller als erwartet zerstört worden. 2016 haben das vor allem die Briten erlebt: Brexit.

Risiko- und Gefahrenvermeidung als durch die Festlegung und Durchsetzung eines wie immer gearteten Wunschbildes einer „guten" – aber eben auch höchst unwahrscheinlichen – Gesellschaft.

2.6 Fazit: BeobachterInnen in Aktion

Einleitend wurde bereits darauf hingewiesen, dass die Art, wie wir Gesellschaft beobachten, von der Art der Unterscheidungen abhängt, die wir dabei machen: der Fokus liegt also auf einem spezifischen Sachverhalt, der seine Bedeutung allerdings erst durch das erhält, was nicht im Fokus ist. Dabei gibt es drei Beobachterpositionen:

2.6.1 Beobachtung erster Ordnung

Ein Beobachter erster Ordnung beobachtet innerhalb eines Kommunikationssystems, in dem er beteiligt ist. Er beobachtet die Kommunikationen. Dies lässt sich auch als Selbstbeobachtung bezeichnen. Er kann die System-Umwelt Differenz, die das System konstituiert, also nicht beobachten. Als beispielhafter Systemtypus für die Beobachtung erster Ordnung kann nach wie vor die Kommunikation unter anwesenden Personen (Interaktion, einfaches Sozialsystem) gelten: Familie, Freundeskreis, Nachbarschaft, Kabinettsrunde, KollegInnen-Team, Bürgerinitiative usw. Allerdings ist durch die (technischen) Verbreitungsmedien die Anwesenheit nicht notwendigerweise vorausgesetzt: Telefon, Videokonferenz, Fax, Internet können Kommunikationen (meist zwischen zwei Personen) transportieren. Die Möglichkeit, sich durch diesen Typus der Beobachtung die Welt zu erschließen, ist trotz aller internationaler Mobilität begrenzt und aufwändig – und wird im Folgenden auch nur am Rande berücksichtigt.

2.6.2 Beobachtung zweiter Ordnung

Die Beobachtung zweiter Ordnung beobachtet Kommunikationssysteme, und damit auch die Beobachter erster Ordnung, die an der Kommunikation beteiligt sind. Sie beginnt also mit der Anfangsunterscheidung von System und Umwelt, um näher zu erfassen, was und wie die Kommunikation verläuft. Dabei sind die Beobachter zweiter Ordnung keine Adressaten der Kommunikation (Mitteilung). *Für die folgende Analyse steht diese Beobachtungsform im Mittelpunkt.* Sie bezieht sich auf die Kommunikation über die Gesellschaft der Zukunft und beobachtet dabei die Kommunikation in der gegenwärtigen

Gesellschaft – vor allem im Funktionssystem der Massenmedien, aber auch der Politik und der Wissenschaft. Dies schließt organisierte Sozialsysteme (Fernsehsender, Hochschulen, politische Parteien etc.) mit ein, die in den Funktionssystemen oder an ihren Grenzen (zu anderen Funktionssystemen) angesiedelt sind (wissenschaftliche Politikberatung; Pressekonferenzen der Ministerien; Talkshows etc.).

2.6.3 Beobachtung dritter Ordnung (Wissenschaft)

Dieser Beobachtungstypus lässt sich als Reflexion bezeichnen, die sich auf die Möglichkeiten der Beobachtung zweiter Ordnung bezieht: was leistet die Fremdbeobachtung der Funktionssysteme; was sieht der Beobachter zweiter Ordnung, was sieht er nicht? Diese Form wird insofern in die folgenden Ausführungen einbezogen, als sie die Position und Kommentare des Autors repräsentiert. Dadurch können explizit – hier systemtheoretische – Beobachtungskategorien eingeführt werden, die die Beobachter der ersten und zweiten Ordnung gar nicht oder nicht explizit wahrnehmen – sogenannte „blinde Flecken".

Zusammenfassend kann man die Aufgabenstellung nun wie folgt beschreiben. Aus systemtheoretischer Position, d.h. aus dem Funktionssystem Wissenschaft heraus, wird die Zukunftskommunikation im Mediensystem – z.T. auch im Politischen System und im Wissenschaftssystem – beobachtet. Dabei geht es um die Entwicklungsperspektive der Gegenwartsgesellschaft mit Blick auf die GdZ. Als Beobachtungskategorien werden Muster der funktional differenzierten Gesellschaft und ihrer Balancierung sowie Modalitäten von Inklusion (Exklusion) der Bevölkerung verwendet. Es wird allerdings nicht erwartet oder gar vorausgesetzt, dass die dabei verwendeten Beobachtungsbegriffe auch die Semantik bzw. die Wortwahl in den beobachteten Kommunikationen prägen. Diese Zuschreibungen vorzunehmen, ist die Aufgabe des Autors stellvertretend für die Leserinnen und Leser – als Beobachter dritter Ordnung. Damit verbunden ist aber letztlich die Hoffnung, dass nach der „begleiteten Tour" die Leserinnen und Leser sich selbst auf ihre eigene Wanderung begeben (können), auf der sie die ihnen besonders wichtigen Zukunftskommunikationen in Augenschein nehmen und bewerten. Die nun folgende Wanderung soll vielfältige Anregungen dafür liefern.

Der jetzige Stand der Dinge kann auch so beschrieben werden, dass wir uns im Folgenden aus dem unmittelbaren Bereich theoretisch-basierter Anleitung entfernen: wir haben unsere Beobachtungsinstrumente ausgewählt/festgelegt, bewegen uns aber nun in einem *Gelände, das noch nicht vollständig kartografiert* ist. Dies veranlasst uns dazu, doch noch einmal zu prüfen, welche *Vorstellung von der zu erwartenden Landschaft* Luhmanns Gesellschaftsanalyse zu entnehmen ist. In dem Buch „Beobachtungen der Moderne" betont er einleitend, dass mit der gängigen Bezeichnung „Postmoderne" *die Gesellschaft das Vertrauen in ihre eigene Selbstschreibung verloren habe* und daher (zumindest bisher) in eine ungewisse Zukunft „evoluiert". Als wesentliches Element wird die stärkere Wahrnehmung von *Kontingenz* beschrieben, die weder Notwendigkeit noch Unmöglichkeit ausschließt. Da die Beobachtung der Gesellschaft nur von innen stattfinden kann, ist die Differenzierung zwischen Selbstwahrnehmung (System) und Fremdwahrnehmung (Systemumwelt) unumgänglich. Die damit erzeugten Widersprüchlichkeiten fasst er schließlich unter dem Begriff Risiko zusammen.

„Die moderne Gesellschaft erlebt ihre Zukunft in der Form des Risikos von Entscheidungen. Um dies formulieren zu können, muss man freilich den Begriff des Risikos zuschneiden...Ein Risiko ist ein Aspekt von Entscheidungen und Entscheidungen können nur in der Gegenwart getroffen werden...Risiko ist demnach eine Form für gegenwärtige Zukunftsbeschreibungen unter dem Gesichtspunkt, dass man sich im Hinblick auf Risiken für die eine oder die andere Alternative entscheiden kann." (1992, S. 141f.)

„Über die künftigen Gegenwarten wird die gesellschaftliche Evolution entscheiden, und vermutlich ist es diese Aussicht auf ein indisponibles Schicksal, das jene Hintergrundsorge nährt, die wir in der Risikowahrnehmung und -kommunikation nur recht vordergründig abarbeiten können. Wir gehören nicht mehr zu jenem Geschlecht der tragischen Helden, die, nachträglich jedenfalls, zu erfahren hatten, dass sie sich selbst ihr Schicksal bereitet hatten. Wir wissen es schon vorher" (ebd., S. 147).

Als Illustration und vielleicht auch als Ansporn, sich den Herausforderungen der Kontingenz in liberalen demokratischen Gesellschaften zu stellen, seien folgende Bemerkungen von Thomas Assheuer (DIE ZEIT vom 25.5.2016, S. 43) zitiert:

„...Und Trumps Versprechen? Sein Versprechen lautet, den gordischen Knoten der komplizierten Gegenwart zu zerschlagen, damit die Welt wieder so übersichtlich wird wie im Kalten Krieg. Das Land soll seine alte Stärke zurückgewinnen, und deshalb löst alles, was mit dem ´schwächlichen´ Liberalismus zu tun hat, bei ihm Übelkeit aus. Für Trump ist der Staat eine Firma und er deren Boss.....Ebenso gut könnte das westliche Modell, die historische Verbindung aus liberaler Demokratie und gezähmtem Kapitalismus, auch wieder zerbrechen...Die historische Tragik bestünde dann darin, dass liberale Gesellschaften von jener Globalisierung verschluckt werden, die sie selbst freigesetzt und an deren Regulierung sie kein Interesse gehabt hatten...An die Stelle des alten Liberalismus würde dann ein neofeudaler Maßnahmestaat treten.....Die Voraussetzung für dieser neue Form von Herrschaftsausübung wäre allerdings eine massive kulturelle Regression, genauer: die Selbstvulgarisierung des Bürgertums, die in Donald Trump ... bereits zu besichtigen ist. Niemand anders verkörpert so nahtlos die Einheit von Realkapitalismus und Medienkapitalismus, und keinem anderen könnte es – einmal ins Amt gewählt – gelingen, die Wirklichkeit so lange zu fiktionalisieren, bis sie als Mythos ihrer selbst erscheint und der Unterschied zwischen Wahrheit und Lüge verschwindet: Wie die Welt ist so soll sie auch sein..."

Diese Beobachtung aus Amerika ist besonders deshalb von Bedeutung, weil sie in zugespitzter Form Entwicklungen beschreibt, die auch in Europa stattfinden können.

Mit Blick auf das so beschriebene unübersichtliche Terrain gehen wir davon aus, dass Risiken für die GdZ unterschiedliche Größenordnungen haben – bis hin zur (Welt-)Gesellschaft. Das Format der funktionalen Differenzierung sowie die Inklusion der Bevölkerung sind deshalb zu den Kernfragen der Gesellschaftsentwicklung zu rechnen. Die Zukunftskommunikationen werden im Folgenden daraufhin untersucht, ob und wie sie diesen Kernfragen Beachtung schenken.

2.7 Beobachtungselemente im Überblick (ohne die theoretische Begründung darzustellen[58])

- *Jede Art der Weltbeobachtung wird durch den Blickwinkel der BeobachterInnen beeinflusst. Das gilt für alle sozialen Sachverhalte – und besonders für Zukunftsfragen.*

- *Die in diesem Buch beschriebenen Beobachtungen beziehen sich auf soziale Systeme, die durch kommunikative Verdichtungen und Grenzziehungen konstituiert sind. Grenzen beziehen sich auf dazugehörige und nicht dazugehörige Kommunikation. Dies ist zwingend erforderlich, weil die menschliche Aufnahmefähigkeit begrenzt ist.*

- *Über die Zukunft der Gesellschaft kann man nichts Definitives aussagen, aber man kann die zukunftsbezogene Kommunikation in der Gesellschaft der Gegenwart beobachten.*

- *Der weit überwiegende Teil dessen, was wir über die Welt (Gesellschaft) wissen, entnehmen wir den verschiedenen Massenmedien.*

- *Die Gesellschaftsentwicklung hat gezeigt, dass mit dem Anwachsen der Bevölkerung die Gesellschaft immer arbeitsteiliger organisiert werden muss, um zu überleben. In diesem Entwicklungsprozess tritt neben die regionalterritorialen und die hierarchischen Untergliederungen die funktionale, also*

---

58 Dieser Abschnitt ist vor allem für diejenigen LeserInnen gedacht, die Kap. 2 ganz oder teilweise übersprungen haben – wie es zu Beginn des Kapitels als Option beschrieben wurde.

problem- bzw. *aufgabenspezifische Differenzierung der Gesellschaft. Die Spezialisierung der Funktionssysteme lässt sich an ihren spezifischen Kommunikationsmedien und dichotomen Codes (Zahlen/Nicht-Zahlen, Wahrheit/Unwahrheit, Gesundheit/Krankheit etc.) aufweisen.*

– *Die leistungs- und überlebensfähige Gesellschaft der Zukunft – so lautet die Ausgangsthese – ist auf eine funktionale Differenzierung bzw. auf ein „halbwegs balanciertes" Ensemble von Systemen wie Politik, Wirtschaft, Wissenschaft, Medizin angewiesen.*

– *Diese Funktionssysteme sind aber nur dann hinreichend auf die Bedürfnisse und Interessen der Bevölkerung abzustimmen, wenn eine weitgehende Inklusion der Gesellschaftsmitglieder in diese Systeme erfolgt.*

– *Für die Beobachtung der Zukunftskommunikation stellt sich in diesem Buch also die Frage, ob der funktionalen Differenzierung und der Inklusion der Bevölkerung beim „Blick in die Zukunft" Rechnung getragen wird. Dafür werden Leistungsstärken und -schwächen der Funktionssysteme verglichen und in ihren wechselseitigen Beobachtungs- und Irritationsmöglichkeiten beschrieben: Resonanz, strukturelle Koppelung und „Kaperung" sind die dabei benutzten Beschreibungen.*

– *Schließlich wird der Beobachtungsfokus normativ gewendet: wenn die Gesellschaft der Zukunft durch funktionale Differenzierung und Inklusion ihre Leistungsfähigkeit sichern muss: wie lassen sich einseitige Beobachtungen, wechselseitige Abschottungen, aber auch „Unterwanderungen" der Funktionssysteme vermeiden? Und wie lässt sich ihre Zerstörung verhindern, so dass die früheren Strukturen wieder dominieren: als gigantische Zahl von Wagenburgen (Dominanz territorialer Differenzierung) oder als Rückkehr der Despoten (Dominanz hierarchischer Differenzierung).*

– *Gestaltungserfordernisse, die die Gesellschaft der Zukunft betreffen, sind komplex und kontingent. Viele Kommentatoren der gesellschaftlichen Zukunft nehmen von Gestaltungsinitiativen lieber Abstand: für sie ist „der Crash" bzw. die Katastrophe nicht nur erwartbar, sondern „die Lösung", weil vermeintlich nur dadurch ein gesellschaftlicher „Neustart" möglich ist.*

– *Wenn man einer solchen Rückzugsposition nicht folgt, muss man sich die Zukunftskommunikation in der Gesellschaft genauer und kritisch anschauen – einschließlich der „blinden Flecken", die die Darstellungen der Massenmedien aufweisen.*

Kapitel 3: Die Gesellschaft der Zukunft

Um im Bild der Gebirgswanderung zu bleiben: die Sichtung, Sortierung und Auswahl des mitzunehmendem Gepäcks ist abgeschlossen. Wir begeben uns auf die Suche nach der Zukunftskommunikation in der Gegenwart. Dabei steht die Beobachtung der Kommunikationen in den Massenmedien im Vordergrund. Die Ausführungen lassen sich als „begleitete Wanderung" verstehen. Sie sind aber zugleich eine Anregung zur eigenen Beobachtung im hier ausgewählten Terrain (Themenfelder). Zu wünschen ist letztlich, dass die LeserInnen in Zukunft mit den bereitgestellten Beobachtungsinstrumenten eigene Wanderungen in anderen Terrains unternehmen werden.

Die Gesellschaft der Zukunft (GdZ) ist in diesem Buch eine Projektion für die Mitte des Jahrhunderts – ein Zeitraum, in dem die heutigen Entscheidungsträger (30+) ihre Zukunftsgestaltung bilanzieren werden. Dazu wird auch die Frage gehören, welche gesellschaftliche Zukunft (ZdG) damit für die zweite Hälfte des Jahrhunderts eröffnet werden kann. Dabei wird unterstellt, dass diese Generation in der Mitte des 21. Jahrhunderts nicht nur den Status quo bilanziert, sondern ihn auch ins Verhältnis zu den eigenen Erwartungen und Absichten setzt.[59] Untersucht wird somit die Frage, wie in der gesellschaftlichen Kommunikation gegenwärtig mittelfristige Zukunftsthemen behandelt werden. Der Schwerpunkt liegt auf der deutschen Entwicklung – vor allem mit Blick auf die detaillierten Zukunftsvorstellungen. Dies ist unumgänglich, weil bereits global-regionale und kulturelle Variationen unterschiedliche Erwartungen nach sich ziehen. Zudem beinhaltet die Kommunikation über Zukunft vielfach auch einen Bezug auf Nicht-Zukunft (Gegenwart, Vergangenheit). Insofern macht es einen Unterschied, ob in China (geringe Rechtsstaatlichkeit) oder Griechenland (Wirtschaftsprobleme) oder Japan (Überalterung) über Zukunft kommuniziert wird.

Eine Einbindung ausländischer/internationaler Kommunikationen sowie die Berücksichtigung internationaler Entwicklungen sind gleichwohl möglich und notwendig, weil sie direkte oder indirekte Auswirkungen auf Deutschland haben. Der systemtheoretische Referenzrahmen (Funktionssysteme) erlaubt dafür eine breite Anwendung – auch wenn die Formen der Funktionserfüllung (in Politik, Wirtschaft, Erziehung, Recht usw.) erheblich variieren können.[60] So

---

59 Dies dürfte vor allem für die Kohorte gelten, die in vorangegangenen Jahren Kinder großgezogen haben, denn für sie ist die Perspektive „nach mir die Sintflut" eher unwahrscheinlich.

60 Wie erläutert wird dies in der Systemtheorie als „funktionale Äquivalente" bezeichnet. Mit dieser Perspektive von „form follows function" unterscheidet sich Luhmanns Position

sind beispielsweise Organisationsarrangements in verschiedenen Gesellschaften regelmäßig Gegenstand vergleichender Analysen – auf der Suche nach guten oder auch abschreckenden Beispielen. Diese Vielfalt von Bezugspunkten der Zukunftskommunikation und ihrer Beobachtung macht eine Auswahl erforderlich, die gleichwohl keine extreme Engführung beinhalten darf.

Im ersten Abschnitt wird deshalb erläutert und begründet, welche inhaltlichen Schwerpunkte ausgewählt wurden: drei oft als systemische „Mega-Trends"(APuZ 31-32/2015) bezeichnete Projektionen und drei bevölkerungsbezogene Entwicklungen. Zugleich wird die Gruppierung von Argumenten dargestellt und auf unterschiedliche SprecherInnen hingewiesen, deren Positionen bzw. Blickwinkel die Beobachtung und Kommentierung beeinflussen.

Im zweiten Abschnitt werden typische Kommunikationen der Massenmedien über die systemischen Megatrends – (wirtschaftliche, technische) Globalisierung, Umweltbelastung (Klimawandel) und Internet (Digitalisierung) zusammengefasst, wobei zunächst der themenspezifischen Darstellungslogik gefolgt wird; hier ist erneut zu betonen, dass damit kein umfassender Überblick gegeben wird bzw. werden kann: Die Kommunikationen stellen einen ständigen Strom dar; zudem werden die einzelnen Beobachtungen nur sehr knapp ausgeführt, meist auch ohne Quellenhinweise. Zahlen werden meist nur durch das Jahr der Kommunikation gekennzeichnet. Viele sind schon ein paar Monate später ersetzt. Die Themen selbst können jedoch täglich in diversen Medien aufgefunden werden.

Erst im zweiten Schritt wird dann geprüft, ob diese Kommunikationen etwas zu den Beobachtungsgesichtspunkten „funktionale Differenzierung und Inklusion/Exklusion in der GdZ" beitragen. Es wird gezeigt, dass dies häufig – wenn auch nur indirekt – der Fall ist.

Im gleichen Format erfolgt im dritten Abschnitt dann die Betrachtung der bevölkerungsbezogenen Trends: Demografische Entwicklung, Migration (Integration), Urbanisierung.

Im vierten Abschnitt erfolgt eine Zusammenfassung nebst tabellarischer Darstellung der Wechselbeziehungen zwischen den untersuchten Themen der Zukunftskommunikation. Sie zeigt anhand weniger Beispiele, dass in der Regel förderliche und hinderliche Effekte gleichzeitig aufgezeigt werden können. Dies ist angesichts der Komplexität der Sachzusammenhänge und der Blickwinkel nicht überraschend, macht aber Schlussfolgerungen bezüglich der Auswirkungen auf die GdZ – wie erwartet – schwierig. Die Tabelle kann von den LeserInnen genutzt werden, um eigene Beobachtungen zu ergänzen und zu sortieren.

---

markant vom Struktur-Funktionalismus amerikanischer Ausprägung (insbesondere Parsons).

3.1 Einführung in die Beobachtungsstrategie

Zwei Ausgangspunkte wurden schon festgelegt: 1. Zukunft ist stets ein Phänomen *gegenwärtiger* Zukunftsvorstellungen. Sie ist nicht voraussehbar, aber doch von *gegenwärtigen* Entscheidungen abhängig. 2. Was über die Zukunft der Gesellschaft (in diesem Sinne) gesagt wird bzw. was wir darüber erfahren, entnehmen wir weit überwiegend den Beobachtungen der Kommunikation – insbesondere – innerhalb des Mediensystems.

Damit ist eine grundsätzliche Komplikation verbunden: Das gesellschaftliche (Sub-)System der Massenmedien hat – wie oben gezeigt wurde – eine *spezifische Funktion, ein Kommunikationsmedium und einen Code,* die gemeinsam eine spezifische, *selektive Sicht auf die Gesellschaft* und ihre Zukunft zur Folge haben. Das Mediensystem ist allerdings in hohem Maße auf die Beobachtung aller anderen sozialen Systeme spezialisiert – zumindest solange es nicht von anderen Systemen (Politik, Wirtschaft, Religion etc.) „gekapert" ist. Im Mittelpunkt steht dabei das Knappheitsphänomen (Problem) *Aufmerksamkeit.* Gesteuert wird das Funktionssystem Massenmedien durch den Code *Information/Nichtinformation*[61]. Nicht selten entscheidet die Geschwindigkeit der Datenübermittlung, ob ein bezeichneter Sachverhalt Informationsqualitäten (Neuigkeitswert) hat. Luhmann (1996, S. 58ff.) listet als Bilanz seiner diesbezüglichen Recherchen v.a. die folgenden sogenannten „Selektoren" auf:

* Die Information muss neu sein. Bevorzugt werden Konflikte.

* Ein besonders wirksamer Aufmerksamkeitsfänger sind Quantitäten.

* Der lokale Bezug einer Information gibt Gewicht.

* Auch Normverstöße verdienen besondere Beachtung – besonders wenn ihnen moralische Bewertungen beigemischt werden.

* Es werden Zurechnungen auf Handeln (Handelnde; Personen) bevorzugt.

* Aktualität führt zur Konzentration auf Einzelfälle.

* Meinungsäußerungen können auch als Nachricht verbreitet werden.

Diese Übersicht zeigt bereits, dass nicht nur die Geschwindigkeit zählt – zumal die medial verfügbare permanente Selbstbeobachtung und -dokumentation der Gesellschaftsmitglieder (Internet) dieses Kriterium für die Massenmedien relativieren dürften. Die Auswahl wird aber immer häufiger zum Problem.

---

61 Die Anekdote „Raubmord in xxx, die BILD-Zeitung sprach als erste mit dem Toten" ist deshalb nicht abwegig: Sie fand Bestätigung bei der Berichterstattung über den Absturz der German-Wings-Maschine 2015. Ähnlich instruktiv ist die Beobachtung, dass selbst die öffentlich/rechtlichen Sender alle 5 Minuten die Einschaltquoten messen – u.a. um zu sehen, wann mit welchen Themen etc. sie die Aufmerksamkeit der ZuschauerInnen verlieren.

Der Neuigkeitswert einer Kommunikation und seiner durch Zeitungsauflagen, Einschaltquoten, Klicks etc. zugestandenen Beachtung kann auch von längerfristigen akribischen Recherchen abhängen[62]. Um Einseitigkeiten zu entgehen, werden in der folgenden Darstellung verschiedene Verbreitungsmedien und Formate berücksichtigt. Dazu gehören auch die Organisations-, Eigentums- und Finanzierungsmuster. Sie entscheiden häufig mit darüber, welche „blinden Flecken" trotz „Pressefreiheit" eine spezifische Berichterstattung aufweist. Um dies aber überhaupt wahrnehmen zu können, ist eine grundlegende Medien-Pluralität[63] wie in Deutschland erforderlich. Die Auswahl der Inhalte für die folgenden Kapitel erfolgt deshalb vor allem unter Berücksichtigung der kommunizierten *Vielfalt*: Die Themen werden dabei exemplarisch skizziert – ohne systematisch nach der Häufigkeit ihres Auftretens zu fragen. Auch der Maßstab der „Richtigkeit" hat wegen des Zukunftsbezugs der Themen (GdZ) keinen Einfluss auf ihre Auswahl. Allerdings sind hinzugefügte Begründungen von Bedeutung, weil sie eine Abgrenzung von schlichten Meinungsäußerungen ermöglichen.

Um das jeweilige Spektrum der Argumente möglichst breit zu entwickeln, werden z.T. auch andere Funktionssysteme – z.B. das Wissenschaftssystem, die Zivilgesellschaft u.a. – direkt oder indirekt in die erfasste Zukunftskommunikation einbezogen. „Zurückhaltend" sind Kommunikationen von Personen und Organisationen zu behandeln, die sich als Trend- oder gar Zukunfts*forscherInnen* beschreiben: Hier muss zumindest geprüft werden, ob ihre Kommunikationen anders zu betrachten sind als die des Mediensystems. Die Zukunft lässt sich – im Sinne des Wissenschaftssystems und ihres Codes (wahr-unwahr) – *nicht* erforschen (Rust 2009).

---

62 Wegen des wachsenden Aufwandes im heutigen Informations-, Meinungs-, Falschmeldungs- und Geheimhaltungs-„Universum" werden zunehmend Recherche-Verbünde gebildet (Beispiel „Panama"-Papers).

63 In Ländern (wie den USA) mit ausschließlich kommerziell betriebenen Massenmedien oder (wie in Russland) mit staatlicher Medienzensur fallen die diesbezüglichen Möglichkeiten anders aus. Allerdings ist dies für das in diesem Buch behandelte Thema (GdZ) nicht so gravierend wie bei aktuellen konfliktträchtigen Themen. So haben z.B. die neuesten Entwicklungen um die Flüchtlingsthematik – auch in Verbindung mit dem Internet – eine neue Situation geschaffen: beispielhaft etikettiert durch das Wort „Lügenpresse". Ob berechtigt oder nicht, rückt dies die grundsätzliche Selektivität der medialen Informations- und Meinungsdarstellung in den Fokus und damit auch die Unvermeidbarkeit von „blinden Flecken". Dies hat eine intensive Debatte über das Selbstverständnis der Medien ausgelöst.

3.1.1 Auswahl der Beobachtungsbereiche

Wie einleitend bereits erläutert wurde, kann gegenwärtig ein Anwachsen der Zukunftskommunikation beobachtet werden. Dazu tragen neue Konfliktlagen und Krisenszenarios bei. Vor allem aber wird die Weltkomplexität immer sichtbarer und damit zugleich die Dynamik und Unvorhersehbarkeit von Entwicklungen – also die gleichzeitige Beschleunigung vieler Vorgänge. Bestimmte Sachverhalte sind in der *Welt* – selbst wenn sie in einer bestimmten Gesellschaft nicht einmal in Betracht gezogen wurden. Stärker als früher dürften sich auch Beobachtungen von Grenzüberschreitungen – Überschreiten roter Linien, Kipp-Punkte („tipping points") – bemerkbar machen: z.B. hinsichtlich des globalen Bevölkerungswachstums. Wie kommt der Globus mit 10 Milliarden BewohnerInnen (ca. 2050) klar? Oder hinsichtlich des Klimawandels: Erwärmung um 2 Grad oder mehr? Der Umfang von Themen macht eine Auswahl erforderlich. Dabei sind zwei Aspekte zu berücksichtigen: Einerseits sollten die Themen sachlich und kommunikativ eine große Sichtbarkeit aufweisen und zugleich sollten sie sich als Beispiele für die *Art der Beobachtung* eignen, die dabei zur Anwendung kommt. Letzteres soll es den LeserInnen ermöglichen, auch andere Felder von Zukunftskommunikationen mit Hilfe der genutzten Beobachtungsinstrumente zu identifizieren, zu beschreiben, zu kommentieren und ggf. zu bewerten[64].

Unabhängig von den Schwerpunkten der Beobachtung ist für die Analyse der GdZ stets die Frage zu berücksichtigen, ob und in welcher Weise die Menschen, die Bevölkerung in die Zukunftsthemen einbezogen werden. Dies unterscheidet die hier gewählte sozialwissenschaftliche Perspektive von vielen naturwissenschaftlichen, technischen oder ökonomischen Zukunftsbildern. Für die Analyse werden sechs Schwerpunkte aktueller Zukunftskommunikation ausgewählt, von denen die ersten drei den *Rahmenthemen,* manchmal auch als „Groß- oder Megaprobleme des 21. Jahrhunderts" bezeichnet, also wichtigen Randbedingungen der Gesellschaftsentwicklung zugerechnet werden.

- **wirtschaftliche (technische) Globalisierung**
Aus systemtheoretischer Sicht sind hier insbesondere die Wechselbeziehungen zwischen dem auf die Weltebene hochgezonten Wirtschaftssystem und den anderen Funktionssystemen zu beobachten: Welche Qualität funktionaler Differenzierung wird die Welt-Wirtschaftgesellschaft in der Zukunft aufweisen (können)?

---

64 Dies kann sich auf einzelne Funktionssysteme beziehen – wie Medizin/Gesundheit, Kunst u.a. oder spezifische Herausforderungen wie die Wasserressourcen, das Leben auf dem Lande, der Terrorismus u.v.a.m.

- **Umweltprobleme/Klimawandel**
Aus systemtheoretischer Sicht handelt es sich um eine strukturell gekoppelte *externe* Umwelt, deren Eigenlogik besondere Beachtung in der Zukunftskommunikation findet.

- **Digitalisierung, Internet und andere Vernetzungen**
Aus systemtheoretischer Sicht handelt es sich um eine neue Verbreitungstechnologie für Daten, Informationen und Kommunikationen, die aber durch die Vielfalt und Heterogenität der Verflechtungen in die verschiedenen Funktionssysteme der Gesellschaft hinein ungewöhnliche Herausforderungen darstellen könnte.

Die weiteren drei Themen weisen einen unmittelbaren *Bevölkerungsbezug* auf und erlauben eine Anknüpfung an alle Typen von Sozialsystemen (mikrosozial, organisatorisch, gesellschaftsbezogen). Mit anderen Worten: Inklusionsfragen rücken in das Zentrum – mit den folgenden Beobachtungsfeldern:

- **demografischer Wandel**
Aus systemtheoretischer Sicht werden damit in quantitativer und qualitativer Hinsicht die Adressen bzw. AdressatInnen gesellschaftsinterner Kommunikation – und ihre Änderung über die Zeit – thematisiert.

- **Migration/Diversity/Integration**
Aus systemtheoretischer Sicht ist hier vor allem die Frage der Inklusion einwandernder Personen zu behandeln: Wie werden sie zu Adressaten gesellschaftlicher Kommunikation?

- **Urbanisierung**
Aus systemtheoretischer Sicht sind Städte der Zukunft, angesichts ihrer besonderen, wachstumsbezogenen Dynamik und Komplexität, ein regional gebündeltes Abbild von gesellschaftsbezogener funktionaler Differenzierung und damit auch der Inklusionsproblematik.

Bei allen ausgewählten Themenfeldern wird davon ausgegangen, dass viele der diesbezüglichen Einschätzungen und Entscheidungen die *Gesellschaft der Zukunft* (ca. 2040–2050) beeinflussen oder sogar prägen können. Die in den Medien behaupteten, erwarteten, gewünschten/ungewünschten Entwicklungen werden also daraufhin untersucht, ob sie Effekte für den anvisierten Zeitraum haben könnten und – zugespitzt – was sie für die Leistungsfähigkeit (Überlebensfähigkeit) einer funktional differenzierten Gesellschaft mit hohen Inklusionsquoten bedeuten (könnten).

3.1.2 Formate der Kommunikation

Die hinsichtlich der Zukunftskommunikation beobachteten Verbreitungsmedien und –formate sind – dem Gegenstand angepasst – häufig eher um-
fangreichere Kommunikationsbeiträge: Bücher, längere Zeitungsbeiträge,
Hintergrunds-Sendungen im Fernsehen, Internetkommentare und Dokumente etc.[65] Die Gliederung der Darstellung orientiert sich zunächst an den Kommunikations*inhalten*, das heißt an den sechs thematischen Schwerpunkten.
Die interne Sortierung erfolgt dann jeweils nach den *Formaten* des Inhalts:
von abstrakt/umfassend bis konkret/kleinteilig. Die Auswahl der Beispiele
soll vor allem die *Vielfalt* der Inhalte und Formate abdecken.

Die wichtigsten Formate sind:

- *„große (und kleine) Erzählungen[66]" – Narrative einschließlich der Rekonstruktion historischer Entwicklungen*
  Die gegenwärtigen Kommunikationen verknüpfen die Vergangenheit mit der
  Zukunft, indem sie ständig neue Vergangenheit herstellen. Je weiter der Rück-
  bezug reicht, desto langfristiger wird oft auch in die Zukunft „geschaut". Ein typisches Element sind die „großen", das heißt lange Zeiträume umspannenden
  Erzählungen (Narrationen). Sie stellen oft Vereinfachungen dar und umgehen
  detaillierte Begründungen. Rückwärts gewandt legitimieren oder delegitimie-
  ren sie die Entwicklung, zeigen falsche Entscheidungen und nicht eingetroffe-
  ne Voraussagen auf, um die offensichtliche Fortsetzung des Bewährten oder
  die zu erwartende Krise („Zeitenwende") zu thematisieren.

---

65 Kleinteilige Kommunikationen – wie Mails, Tweets, Posts u.ä. bleiben i.d.R. unberücksichtigt – da sie sich vor allem auf Aktualitäten und nicht auf Zukunft beziehen, sehr kurz und
oft unverständlich sind und teilweise nicht zu erkennen geben, wer dabei welche Informationen verwendet und verbreitet. Insofern sind die Bedingungen von anschlussfähiger
Kommunikation vielfach ungeklärt.

66 Der Begriff (große) Erzählung oder „Narration" (auch Narrative) wird inzwischen für ver-
schiedenste Kommunikationszusammenhänge verwendet. Selbst bei der Übermittlung
von Einzelinformationen, aber besonders bei allen Interpretations- und Erklärungsver-
suchen ist Sachgerechtigkeit und Authentizität kaum zu begründen. Der Fakten-Check,
das Schimpfwort Lügenpresse, die mediale Staatspropaganda usw. verstärken die Tendenz, alle medial vermittelten Kommunikationen als „Geschichten" im Sinne von „Legenden" zu kennzeichnen. Mit einem solchen Vorgehen besteht allerdings die Gefahr, dass die
vorhandenen Unterschiede „eingeebnet" würden. Das wäre für die folgende Analyse aber
schädlich, denn es erschwert eine differenzierte Analyse und kritische der Zukunftskommunikation. Deshalb werden hier verschiedene Darstellungsformen bewusst getrennt
bearbeitet.

- *Szenarien der Entwicklungstreiber (Hochrechnungen und Spekulationen)*
Kommunikationen über *Szenarien* sind meist enger geführt, haben häufig einen spezifischen Fokus, indem sie einzelne Entwicklungstreiber in den Mittelpunkt rücken. Gleichwohl sind auch komplexe *Szenarien* nicht ausgeschlossen – und sogar besonders instruktiv; sie signalisieren eine Kenntnis über wichtige Wirkungszusammenhänge. Im Unterschied zu eng geführten Hochrechnungen wird dabei häufig mit verschiedenen Annahmen gearbeitet, was zu einem Spektrum von Zukunftsmodellen führen kann. Dabei werden Datenbestände präsentiert und kommentiert, die häufig auch auf bisherige Entwicklungsindikatoren Bezug nehmen. Nicht selten werden damit explizit oder implizit auch große *Erzählungen* einbezogen, weil die Auswahl der Daten(reihen) einer Begründung bedarf. Trotz der Komplexität des Zukunftszugangs bleiben sie der Kontingenz des „möglich aber nicht sicher" ausgesetzt.

- *Zielsetzungen (zeitbezogen) und Dispositionen für die Zukunft (GdZ)*
Hiermit sind Zielprojektionen für die Gesellschaft der Zukunft gemeint: dabei geht es allerdings nicht immer um die hier hervorgehobene Zielprojektion (2040/50)[67]; möglich ist also ebenso das Thema „Die Welt 2025" u.ä. Mit den *Zielsetzungen* sind oft auch *Dispositionen* für die Zukunft verbunden, die auch konkrete *Entscheidungen* zum Gegenstand haben (können). Derartige Projekte beziehen sich i.d.R. auf eng definierte Handlungs- oder Entscheidungsfelder und sind teilweise direkt mit Jahreszahlen versehen[68]. Die darin enthaltene Kontingenz, oft auch als „Belastbarkeit der Aussage" bezeichnet, wird i.d.R. am schnellsten durch die Gegenwart sichtbar.

Diese Aufteilungen sind nicht immer trennscharf, dienen zunächst vor allem der Themensammlung bzw. -sortierung. Dies gilt auch für den Verweis auf markante Rollen der beteiligten Akteure – als Kommunikatoren, meist jenseits der „durchschnittlichen" Alltagsmenschen aus Familie, Freundeskreis und Nachbarschaft. Weit überwiegend sind sie in organisierten Sozialsystemen verankert, durch die ihre Rolle als Kommunikationsbeteiligte wesentlich (mit)bestimmt ist. Dabei können konkrete Personen durchaus mehrere der u.a. Rollen ausüben. Auch hierfür gilt, dass die Themensichtung ein möglichst breites Spektrum von Kommunikatoren-Rollen berücksichtigen und ggf. in ihren Besonderheiten beschreiben soll.

- JournalistInnen mit der zentralen Beobachterrolle (2. Ordnung) und Vermittlungsrolle, die gleichzeitig auch andere Kommunikatoren-Rollen innehaben können.

---

67 Z.B. Reduktion von CO2 Emissionen um xx Prozent im Vergleich zum Referenzjahr yy.
68 Z.B. Rückzahlungsplan für Kredite, die an Griechenland vergeben werden; PPPs mit einer dreißigjährigen Laufzeit; der Klimaschutzplan für Deutschland adressiert 2050.

- *Verantwortliche (Entscheidungsträger)*
Personen – meist Mitglieder in organisierten Sozialsystemen –, deren Kommunikationen insofern Beachtung finden, weil unterstellt wird, dass sie zukunftsbezogene Entscheidungen beeinflussen können.

- *ExpertInnen*
Personen – meist Mitglieder in Forschungs- und Beratungsorganisationen –, deren Erklärung von Sachzusammenhängen besondere Bedeutung beigemessen wird.

- *LobbyistInnen*
Personen, die im Interesse bzw. im Auftrag bestimmter Interessen(ten) in „fremden" Funktionssystemen und Organisationen die Kommunikationen zu beeinflussen versuchen.

- *Watchdogs*
Personen, die Beobachtungsfunktionen mit Bezug zu Systemen der sozialen Umwelt wahrnehmen. Dies kann förmlich organisiert sein, aber auch informell (spontan) entwickelt werden.

- *(Potenziell) Betroffene*
Personen, die aus erwarteten Zukunftsentwicklungen markante Folgen für sich und/oder ihre primär-sozialen Netze, oder auch für ihre Organisation ableiten: potenzielle Gewinner, potenzielle Verlierer.

- *Whistleblowers*
Personen, die über als „geheim" angesehene organisationsinterne Kommunikationen berichten: Dies kann anonym erfolgen, spontan oder auch gezielt arrangiert sein.

- *KabarettistInnen*
Personen, die sehr pointierte, oft kritische Positionen in spezifischen, „kurzweiligen" Formaten präsentieren.

- *ZweifelstreuerInnen*
Personen, die gezielt bestimmte, meist dominierende Kommunikationselemente (Daten, Thesen etc.) in Zweifel ziehen. Die Themen sind zwar meist vergangenheits- oder gegenwartsbezogen, können aber zukunftsbezogene Entwicklungen beeinflussen[69].

- *PropagandistInnen*
Personen, die spezifische, oft falsche Botschaften „aus Überzeugung" verbreiten. Sie appellieren vor allem an normative, moralische Einstellungen und

---

69 Typische Beispiele: „Rauchen ist nicht schädlich"; „Es gibt keinen Klimawandel".

Bewertungen. Auch hier können – ggf. sogar anonyme – Einzelpersonen oder spezialisierte Organisationen[70] agieren.

- *VerschwörungstheoretikerInnen*
Personen, die komplexe (meist falsche) Geschichten bewusst konstruieren. Sie sind vor allem an den kognitiven Dispositionen der Kommunikationsadressaten ausgerichtet.

- und ggf. weitere

Diese Rollen werden nicht systematisch beschrieben, sondern sind als Beispiele unterschiedlich (häufig) präsent. Sie prägen z.T. Art und Inhalt ihrer Kommunikationsbeteiligung. Vor allem die drei zuletzt beschriebenen Rollen werden durch die Tatsache befördert, dass man über die Zukunft nichts Präzises sagen kann. Sie füllen somit sogar Rollen aus, die schon eine sehr lange Tradition haben (vgl. z.B. Nostradamus).

3.1.3 Systemtheoretisch angeleitete Kommentierung (=Beobachtung 3. Ordnung)

Im zweiten Teil der Darstellung erfolgt dann jeweils die Kommentierung aus der systemtheoretischen Beobachterperspektive: einerseits wird die jeweilige Darstellung mit Blick auf ihre blinden Flecken (Selektivitäten) kommentiert, die u.a. durch die besondere Funktion des Mediensystems zu erklären sind; zum anderen werden die Folgewirkungen mit Blick auf die Gesellschaft der Zukunft (funktionale Differenzierung, Inklusion) skizziert. Dabei stehen bei den systemischen Trends (3.2) die Aspekte der funktionalen Differenzierung im Mittelpunkt, bei den bevölkerungsbezogenen Trends (3.3) sind es eher die Inklusionsmuster. Abstrakt ausgedrückt handelt es sich um eine Beobachtung 3. Ordnung, bei der nun das Mediensystem mit seinen Zukunftskommunikationen aus der systemtheoretisch begründeten Perspektive beobachtet wird.

Die Kommentierung enthält somit jeweils drei Aspekte:

Als Exkurs: das System der Massenmedien als Filter: Hierbei geht es um die Frage, welche Beobachtungsschwerpunkte oder Einseitigkeiten mit Blick auf das jeweilige Beobachtungsfeld (wie Klimawandel oder Migration etc.) zu beobachten bzw. zu erwarten sind.

---

70 Schon seit langem wird dafür der Begriff „Propagandakrieg" genutzt.

(a) Die impliziten und expliziten Bezüge zu der systemtheoretischen Argumentation: „Diagnose"
Zu untersuchen ist, ob die zukunftsbezogenen Kommunikationen systemtheoretischen Kategorien und Argumenten zuzuordnen sind – auch wenn sie
selbst dies nicht explizit zum Ausdruck bringen.

(b) Die Gestaltungsüberlegungen für die Gesellschaft der Zukunft: „Therapie"
Hierfür kommen die normativen Perspektiven zur Geltung: Mit welchen aktuellen Optionsbeschreibungen und -bewertungen wird die GdZ derart projiziert, dass sie durch eine „balancierte" funktionale Differenzierung und eine
hochgradige Inklusion der Bevölkerung in die Funktionssysteme gekennzeichnet ist? Dafür werden einerseits beispielhafte Kommunikationen dargestellt und andererseits die Chancen der Einflussnahme auf die Entwicklung
der GdZ – aus der Perspektive des Autors – kommentiert.

3.2 Systemische „Mega"-Trends

Die drei darzustellenden Trends gehören zu den sehr häufig erwähnten Zu-
kunftsbezügen. Sie sind nicht strikt voneinander abzugrenzen, sondern
weisen Überlappungen auf, die aber nicht in jeder diesbezüglichen Zukunftskommunikation zum Ausdruck kommen müssen. Besonders hervorzuheben
ist die aus der Vergangenheit abgeleitete Tendenz zur Globalisierung (Weltgesellschaft). Insofern kann man für alle drei Themen einen Bezug zu dem
Leitthema funktionale Analyse erwarten. Dies wird auch im Mittelpunkt der
Kommentierung der Trends stehen.

3.2.1 Wirtschaftliche (technische) Globalisierung

3.2.1.1 Trends

Die zentrale Rolle des Wirtschaftssystems in der Zukunftskommunikation ergibt sich einerseits aus seiner gegenwärtig großen bzw. dominanten Position
im Verhältnis zu anderen Funktionssystemen sowie durch die andauernde,
von der Digitalisierung beschleunigte Entwicklung zur Weltwirtschaft. Globalisierung ist ein Querschnittsphänomen[71], das zunehmend alle Bereiche der
Gesellschaft betrifft und die GdZ prägen wird. Aus der hier genutzten Beobachtungsperspektive geht es nicht mehr primär um die seit Jahrhunderten

---

71 Eine knappe Übersicht lässt sich der Dokumentation der Bundeszentrale für Politische
Bildung entnehmen (www.bpb.de/nachschlagen/zahlen-und-fakten/globalisierung). Die im
Folgenden zitierten Zahlen sind dieser Dokumentation entnommen.

existierenden Handelsströme zwischen Ländern und Kontinenten[72] oder die kolonialen Abhängigkeits- und Ausbeutungsverhältnisse, sondern um die Verselbständigung des Funktionssystems Wirtschaft gegenüber gesellschaftlichen und vor allem staatlichen Arrangements. Eine wesentliche Zäsur stellte dabei das Ende des Ost-West-Konflikts dar, nicht selten verbunden mit der Feststellung, dass der Kapitalismus gesiegt habe und das Ende der Geschichte zu erwarten sei (Fukuyama). Diese These hat sich gleichwohl als voreilig erwiesen: der evidente Megatrend der ökonomischen Globalisierung hat – angetrieben durch Freihandelszonen, Weltbank, WTO – vielfältige und dabei auch unerwartete Entwicklungen erzeugt, die eine differenziertere Beobachtung und Zukunftskommunikation zur Folge haben. Zunächst bleibt aber festzustellen, dass das Wachstum der Exporte weltweit höhere jährliche Raten aufweist als das Wachstum der Produktion. Die weltweite Außenhandelsquote stieg seit 1970 von 19% auf heute etwa 50% (in Deutschland waren es 2014 70,9%). Die jährlichen ausländischen Direktinvestitionen haben sich seit den 1970er Jahren bis heute etwa verfünfzigfacht. Zwischen 1990 und 2008 stieg die Gesamtzahl der Transnationalen Unternehmen von rund 35.000 auf 82.000. Parallel stieg die Zahl der Tochterunternehmen der TNU von 150.000 (1990) auf mehr als 800.000 (2008).

Wie wird das globalisierte (?) deutsche Wirtschaftssystem mit Blick auf die GdZ thematisiert? Bei der Beobachtung diesbezüglicher Zukunftskommunikationen wird im Folgenden die *Kennzeichnung „global" für Entwicklungen jenseits des EU-Rahmens* verwendet. Dies kann damit begründet werden, dass der Intra-EU-Handel etwa 2/3 des Handels aller Mitgliedsstaaten ausmacht. Deutsche Exporte gehen derzeit zu fast 60% in die EU, was zum dauerhaften Außenhandelsüberschuss beiträgt. Darüber hinaus ist zu berücksichtigen, dass die EU-Kommission vielfältige, sonst nationalstaatlich verankerte Regulierungs- und Kontrollkompetenzen besitzt. Dies schließt allerdings nicht aus, dass einige Globalisierungsprobleme auch innerhalb der EU auftreten.

- *„große (und kleine) Erzählungen" – Narrative einschließlich der Rekonstruktion historischer Entwicklungen*

Große zukunftsbezogene *Erzählungen* sind weit überwiegend auf die weltweite Ausdehnung des Wirtschaftsystems durch international aufgestellte Unternehmen bezogen – wobei oft ein Bezug zu Innovationen in der Technologie-Entwicklung hergestellt wird. Ein Fokus auf Deutschland in Kombination mit der globalen Wirtschaftsentwicklung ist wegen der Exportstärke – „Weltmarktführer" als Indikator – möglich: so beispielsweise mit Blick auf die

---

72 Besondere Beachtung finden derzeit die Planungen für eine Erneuerung der Seidenstraße durch China.

wachsenden Verflechtungen mit den sogenannten „Emerging Markets", und insbesondere mit China.

– Die wohl gewichtigste „große Erzählung" bezieht sich auf das Grundmuster und die maßgebliche Ideologie des gegenwärtigen Wirtschaftens: Wachstum. Die Zukunftsprobleme werden mit der Frage verbunden, ob und wie durch wen in den nächsten Jahrzehnten weltweit – und damit auch in Deutschland – das Wirtschaftswachstum gesichert werden kann. Dazu gehört die zunehmend „besorgte" Kommentierung der Entwicklung Chinas, das in den letzten Jahren der wichtigste Wachstumsmotor war. Deshalb wird für die Zukunft u.a. nach Alternativen in Asien, Afrika und Südamerika gesucht. Dabei wird nicht immer deutlich, in wessen Interesse diese Zielsetzungen formuliert werden: das der wachsenden Weltbevölkerung (verdreifacht seit 1950), der Hungernden[73], der Shareholder oder der wenigen Superreichen – denen 40% des Weltvermögens gehören? Implizit oder explizit wird diese Erzählung von der Überzeugung getragen, dass grenzenloses ökonomisches Wachstum notwendig ist, dass die Marktkräfte die optimale Koordination bzw. Steuerung garantieren[74] und dass alle Menschen davon profitieren.

– Diese beiden Elemente sind auch die Grundlage für die Expansion der wirtschaftsbezogenen Organisationsmuster und Entscheidungsprinzipien in alle Gesellschafts- bzw. Lebensbereiche hinein. Immer mehr gesellschaftliche Aktivitäten sollen zu Geschäftsmodellen werden, die Konsumenten mobilisieren können. Alles kann zur Ware werden und einen Preis erzielen: alle Interaktionen können somit dem Nutzenkalkül und dem Eigeninteresse unterworfen werden – einem Grundprinzip, das vielen Konzepten der *kapitalistischen Ökonomie* zugrunde liegt. Eine – nicht zuletzt auch in Deutschland – notwendige Begleiterscheinung ist die Forderung nach Abbau staatlicher Regeln und Grenzsetzungen. Deshalb werden diese Entwicklungen mit dem Begriff *Neoliberalismus* umschrieben. Zusammenfassend lässt sich diese Erzählung als Fortschreibung des Status quo in die GdZ typisieren, wobei die Möglichkeit grenzenlosen Wachstums allein schon wegen der globalen Bevölkerungszunahme unterstellt wird.

– Die „Gegenerzählung" stellt diese Grundannahmen in Frage: Wachstum ist nicht grenzenlos; schon jetzt seien die benutzten Indikatoren – wie das

---

73 Vgl. dazu die „durchwachsene" Bilanz der Millenniums-Ziele von 2000.

74 „Gefüttert" wird diese Erzählung nicht zuletzt durch ständig erneuerte Geschäftsideen, die Rezepte dafür verkaufen, dass man nicht „abgehängt" wird: „Wie sehen die Gewinner im Jahre 2020 aus? Wir sagen Ihnen, wie Sie dazu gehören können". Auf diesem Weg ist Wachstum ein sich selbst erzeugender Prozess – ggf. ganz ohne Interesse für das Ergebnis (Produkt/Dienstleistung) und seine gesellschaftlichen Wirkungen.

BIP – irreführend[75]; dies gelte besonders für die Zukunftsprojektionen. Generell sprächen auch die z.T. immer noch unbewältigten Krisen, insbesondere im Finanzsektor, gegen eine Beibehaltung des Kurses in der Zukunft. Die ständig verlängerten globalen Wertschöpfungsketten liefern zudem eklatante Beispiele für Ausbeutung und Menschenrechtsverletzungen. Entscheidend sei es, den Neoliberalismus und die kapitalistische Wirtschaftsweise bzw. die das Kapital bevorzugende Politik zu bremsen, damit in den nächsten Jahrzehnten eine *Gemeinwohlökonomie* (o.ä.) entwickelt werden könne. In Deutschland steht damit die „Rückkehr" zur „sozialen Marktwirtschaft" zur Diskussion. Einen weiteren Hintergrund der Argumentation stellt die Frage des Ressourcenverbrauchs dar. Dabei wird nicht nur das Anwachsen der Weltbevölkerung berücksichtigt. Es geht ebenso um die Tatsache, dass schon gegenwärtig die Ressourcen der Zukunft verbraucht werden: z.b. durch private und öffentliche Verschuldung bzw. Leben auf Kredit – nicht nur in Griechenland (!); z.b. durch den westlichen Lebensstandard, der nur für eine Weltbevölkerung von etwa 2–3 Milliarden möglich bzw. ökologisch erträglich ist, nicht aber für (aktuell) 7.4 und schon gar nicht für zukünftig 9–10 Milliarden Menschen [76]. Auch in diesem Zusammenhang ist die globale Ungleichheit in den Lebenschancen und im Lebensstandard ein Thema.

Ein immer wiederkehrendes Stichwort ist *„Nachhaltigkeit"*. Den zukünftigen Kindern und Enkeln soll ein bewohnbarer Globus hinterlassen werden (ZdG). Allerdings wird die Wirksamkeit des Konzeptes als Leitbild zunehmend in Frage gestellt: das Etikett „Öko" ist inzwischen für alle Wirtschaftsaktivitäten zu haben – für einen geringen Preis und ohne ernsthaften Wirkungsnachweis. Insofern lässt sich gerade an diesem schon ein halbes Jahrhundert erörterten und geforderten Prinzip ein weiteres Thema für große *Erzählungen* aufzeigen: die Unfähigkeit zu einer grundlegenden Änderung des Wirtschaftens: der globale *Crash* erscheint als die einzige Lösung. Erörtert werden deshalb die Zeitpunkte für das Überschreiten der roten Linien (tipping points) und die Folgen für die weitere Zukunft[77].

---

75 Dazu gehören die fehlenden Beschäftigungs-Effekte, die durch Produktivitätszuwächse aufgezehrt werden – oder auch die ungleiche Verteilung der Zugewinne u.v.a.m.

76 Einen Hinweis darauf gibt u.a. der Welterschöpfungstag, an dem die nachwachsenden natürlichen Ressourcen des ganzen Jahres bereits verbraucht sind: in 2015 war es der 13. August.

77 War früher das Öl die entscheidende Ressource, die die Handelsströme veranlasst hat, und um die tatsächlich Kriege geführt wurden, könnte sich nun die These bewahrheiten, dass die nächsten Kriege um Wasser, Sand oder Land geführt werden.

- Die Vermutung, dass der weltweite Kapitalismus am Ende sein könnte und mit ihm die Marktlogik, die Macht des privaten Kapitals sowie die internationalen Großkonzerne mit ihren Oligarchen bzw. Plutokraten, führt nicht automatisch zu entsprechend grundlegenden Alternativen für die Zukunft. Wie beispielsweise der Bezug zur Sozialdemokratie als „Hoffnungsträger" (Crouch 2012) zeigt, wird dabei häufig an frühere Konzepte angeknüpft. Da mit derartigen Konzepten meist auch eine stärkere Einflussnahme staatlicher Akteure in die Diskussion eingebracht wird, beziehen diese *Erzählungen* auch eine Staatskritik mit ein. Dabei wird der Staat – vor allem im internationalen Kontext – von verschiedenen Perspektiven kritisch gesehen: als dem Markt grundsätzlich in der Steuerungsfähigkeit unterlegen oder als ohnehin von den Wirtschaftsakteuren korrumpiert („gekapert")[78]. Als dritte Kraft werden dabei nicht selten die Technik und die Technokraten als potenzielle Problemlöser für zukünftige Krisen in Szene gesetzt: die Gesellschaft der Zukunft wird (mit Hilfe der Computer und Roboter) „smart" (schlau) genug sein, die anstehenden Probleme zu lösen. Das (Welt-)Wirtschaftssystem muss dafür nicht geändert werden: nach dem Prinzip von „the winner takes it all" werden allenfalls die Oligarchen ausgetauscht. Implizit wird hiermit ein weiteres inhaltliches Element großer *Erzählungen* sichtbar: die Anwendung von Prinzipien der Vorsorge bzw. Prävention[79] oder die Inkaufnahme von Risiken bzw. Schäden und (ggf.) anschließenden Reparaturversuchen. Ein typisches Entscheidungsmodell lässt sich folgendermaßen skizzieren:

Abb. 2: Entscheidungsmodell für Zukunftsmaßnahmen

	Präventionsmaßnahmen	Keine Präventionsmaßnahmen
Ereignis tritt ein	Schadensbegrenzung	Extreme Folgen/Kosten
Ereignis tritt nicht ein	Mittelverschwendung	Keine Kosten

Zusammenfassend ist festzuhalten, dass die großen *Erzählungen* zwischen grundlegenden Alternativen in der (globalen) Wirtschaftsentwicklung schwanken:

- Grenzenloses Wachstum vs. Grenzen des Wachstums
- Wachstum durch Erschließung immer neuer Weltregionen (als Märkte) und/oder Wachstum durch die Kommerzialisierung aller Lebenswelten

---

78 Im Hintergrund ist hierbei die Frage von Bedeutung, ob die Kombination Kapitalismus und Demokratie überhaupt zukunftsfähig ist – oder ob Singapur und China mit ihren autoritären Systemen nicht die „besseren", weil zukunftsfähigen Lösungen darstellen.
79 Hierzu gehören auch verschiedene Formen der ....Folgenabschätzung.

- Technologische Entwicklung als Teil der Problemlösung vs. als Teil des Problems
- Globalisierter Kapitalismus vs. Alternativen (z.B. Gemeinwohlökonomie)
- Wandlungsfähigkeit vs. Crash
- Prävention/Vorsorge vs. nachträgliche Reparatur (Beseitigung der Kollateralschäden)

Ein Gesamtbild der globalisierten Ökonomie in der GdZ wird dabei nicht formuliert. Dagegen sprechen die vielen Fehleinschätzungen der Vergangenheit und die mangelnde Relevanz kurzfristiger „Wasserstandsanzeigen". Markiert werden meist die grundlegenden Weichenstellungen, die das Bild der GdZ prägen könn(t)en.

- *Szenarien (Entwicklungstreiber und Hochrechnungen)*

Zwei Varianten der Zukunftskommunikation lassen sich hierbei beobachten:

(a) viele Beiträge fokussieren ausgewählte Aspekte der zukünftigen Entwicklung:

Ein zentrales Thema ist die Entwicklung der Finanzwirtschaft, die als Paradebeispiel für die Umsetzung der neoliberalen Wirtschaftsideologie fungiert. Mit der Typisierung als „1% Gesellschaft" mit dem Trend zur globalen „0,1% Gesellschaft" – d.h. zu weiterhin zunehmender globaler Reichtumskonzentration – werden die aktive Beteiligung der Politik und die gesellschaftlichen Folgen erörtert: z.B. entfesselte Finanzmärkte mit einer unangemessenen Betonung von Kapital-Renditen und ihre „Schonung" bei der Besteuerung[80]; die Rechtsregeln unterwandernden weltweit agierenden Banken (wie Goldman Sachs); „Parallelgesellschaften" der Konzerne (wie z.B. Black Rock) und der Superreichen (Multimilliardäre), die einer immer ärmeren Restgesellschaft gegenüberstehen. Beachtenswert ist, dass in der Kommunikation eine Verteidigung dieser Entwicklung kaum stattfindet[81]: man überlässt den Kritikern die Bühne und setzt die kritisierte Entscheidungspraxis fort. Dies gilt meist auch für die internationale Geldpolitik, deren Post-Krisen-Strategien derzeit genau beobachtet werden.

---

80 Neuerdings werden hierfür „herzzerreißende" Erzählungen präsentiert, durch die sich die Großkonzerne in Deutschland gegen eine Erbschaftssteuer wehren: sie schieben die Familienunternehmen vor und zelebrieren den Konflikt als die politische „Zerstörung der Familie".

81 Der Multi-Milliardär Soros bringt es auf den Punkt: die Reichtumskonzentration ist nicht gut/fair, aber „wir wären blöd, es zu ändern". Außerdem: die Anzahl der Multimilliardäre, denen die Hälfte des Weltvermögens gehört, schrumpft kontinuierlich; da muss sich auch ein Herr Soros anstrengen, weiterhin dazu zu gehören.

- Ein weiteres Thema betrifft den Umgang mit natürlichen Ressourcen: der internationale Verteilungs-Kampf um Öl, Wasser, Sand, seltene Erden usw. habe längst begonnen und wird die wirtschaftlichen Handlungsmöglichkeiten sowie ihre Beschränkungen in der GdZ stark beeinflussen.
- Auf der Linie der Technologieentwicklungen stehen die Effekte der Digitalisierung im Mittelpunkt. Die Kommunikationen variieren zwischen Segen: „endlich selbst fahrende Autos" und „ein 3D-Drucker, mit dem ich mein Haus selbst herstellen kann" – und Fluch: prekäre Beschäftigungsverhältnisse, Arbeit „on demand", große Arbeitsplatzverluste u.a.m (vgl. dazu Abschnitt 3.2.3). Den Haupttrend der Kommunikation bestimmt aber erkennbar die Aussage: „wir dürfen den Anschluss an die internationale Technologie- und Wirtschaftsentwicklung" nicht verlieren – so die Wirtschaft und die Bundesregierung auf der Industriemesse in Hannover (2016).
- Viele Ausführungen betreffen die Organisationsprinzipien des Wirtschaftens – insbesondere die Möglichkeiten einer stärkeren Regionalisierung, wie sie sich derzeit bei der Energieversorgung in Deutschland abzeichnet. Auch hierbei spielen die Technikentwicklungen eine wichtige Rolle – soweit sie die komparativen Vorteile der Produktionsauslagerung (in Billiglohnländer) deutlich reduzieren.
- Die Themen weisen vielfach auf die globalen Aspekte der Entwicklungsperspektiven hin, weil mit der Frage, was diese für Deutschland (GdZ) bedeuten, auch die Frage in den Blick gerät, welche Wirkungen dies auf andere Länder hat: der Exportüberschuss ist nur eines von vielen Beispielen.

(b) Der zweite Typus von Kommunikation fokussiert bestimmte Zeitpunkte in der Zukunft und *bündelt* dabei die verschiedenen Entwicklungstreiber.

Ein typisches, in unsere Zukunftsstruktur (GdZ) passendes Beispiel ist der neue Bericht des Club of Rome, die Prognose der Entwicklung bis 2052. Sie ist nicht zufällig „meinen Kindern und Enkeln" gewidmet. Der Bericht geht von einem notwendigen Systemwechsel für die GdZ aus und stellt dazu fünf Fragen: Ende des Kapitalismus? Ende des Wirtschaftswachstums? Ende der langsamen Demokratie? Ende der Eintracht zwischen den Generationen? Ende des stabilen Klimas? Im Vergleich zu dem Bericht von 1972 versucht sich dieser Bericht an einer Prognose für die Entwicklung der nächsten 40 Jahre. Dabei werden die entscheidenden Grenzüberschreitungen in die Zeit der GdZ verlegt: die dramatischen Folgen würden/können dann in der Folgezeit (ZdG) eintreten – wobei noch zwischen gesteuertem Niedergang und „durch die Natur ausgelöster Zusammenbruch" unterschieden wird. Die Faktoren sind Bevölkerungsentwicklung, Verbrauch (Zerstörung) natürlicher Ressourcen durch Wirtschaftswachstum und Konsumsteigerung. Beachtenswert ist deshalb die folgende Vermutung (Randers 2012, Online-Text, S. 90%):

„Der verengte Blick von Kapitalismus und Demokratie auf kurzfristige Erfolge führt dazu, dass weise Entscheidungen für das langfristige Wohlergehen nicht rechtzeitig getroffen werden."

–   Auch andere Kommunikationen versuchen, quantitative Beschreibungen zukünftiger Entwicklungen zu liefern; angesichts der Schwierigkeiten, die bereits bei der Auswahl und Erfassung der Indikatoren (Daten) entstehen[82], bleiben viele dieser Kommunikationen auf einen engeren zeitlichen Rahmen beschränkt oder müssen ggf. als Elemente der *Erzählungen* bzw. als normative Aussagen interpretiert werden. Es lassen sich auch hier pessimistische Perspektiven und optimistische Perspektiven unterscheiden. Die grundlegende Weltwirtschaftsarchitektur – mit der dominanten Rolle der weltweit agierenden Konzerne und der Schwäche nationaler und internationaler Regeln – wird dabei meist nicht in Frage gestellt. Eine Ausnahme bildet die Erörterung der Null Grenzkosten Ökonomie[83] , die sich vor allem auf digitale Produkte bezieht. Es ist kaum abzusehen, was es für die GdZ bedeutet, wenn sich deshalb die Auffassung breit durchsetzt, dass man für alle digitalen Produkte nichts zahlen sollte.

–   Insgesamt bleiben viele Prognosen unsicher und fraglich, selbst wenn sie sich nicht auf den relativ weit entfernten Zeitraum der GdZ beziehen. Die mangelnden Fähigkeiten, Wirtschaftskrisen und Finanzcrashs vorauszusagen, oder auch die Entwicklung der BRICS Staaten selbst kurzfristig halbwegs realistisch einzuschätzen, tragen zu der Skepsis bei. Im Hintergrund dieser Beobachtungen entwickelt sich auch eine Kritik und Krise der Wirtschaftswissenschaften bzw. der ökonomischen Theorie, die sich gern als Naturwissenschaft präsentiert[84]. Hinzu kommen grundsätzliche Argumente hinsichtlich der Unterschätzung von Zufallsphänomenen (Taleb 2013). Sogar die Entwicklung von Aktienkursen wird als Beispiel gewählt, obwohl gerade hierfür ein erhebliches Manipulationspotenzial der Großanleger besteht.

–   Einige Beiträge nehmen frühere Entwicklungsphasen (2020, 2030) in den Blick und behandeln das Thema weniger analytisch, sondern eher alltagsbezogen. Die globalisierte Ökonomie tritt dabei kaum in Erscheinung,

---

82 Es ist kein Zufall, dass an dem umstrittenen Indikator des BIP (GDP) festgehalten wird, denn er gewinnt normative Kraft – wie man seit Jahrzehnten bei den Wachstumszielen in China beobachten konnte. Im August 2015 wird festgestellt, dass die Verschuldung der öffentlichen Hände in China mehr als 280% des BIP beträgt.

83 Das bedeutet, dass bei der Erhöhung des Outputs (Stückzahlen) keine zusätzlichen Kosten entstehen.

84 Beachtenswert ist hierzu die Kritik vieler gegenwärtiger Ökonomie-Studenten, also einer Kohorte, die die GdZ mit gestalten wird. Sie fordern die ProfessorInnen auf, nicht weiter einseitig die „alten" Konzepte zu lehren. (Boyer-Vortrag im MPIG: Köln am 29.4.2015)

wohl aber spezifische Elemente der Technikentwicklung: So wird in einem Szenario für „Germany 2064" (Walker 2015) eine räumliche Trennung von Städtern (technikaffin) und „Freiländern" (benutzen nur Technik von vor 1980) beschrieben, die zwei „Parallelgesellschaften" konstituieren.

- *Zielsetzungen und Dispositionen für die Zukunft*

Diese Kommunikationen lassen sich teilweise als Folge der Prognoseschwierigkeiten ansehen und teilweise auf die „Ergebnisse" der Hochrechnungen beziehen. Sie setzen auf die verändernden Wirkungen zukunftsbezogener Entscheidungen bzw. formulieren Leitbilder und *Zielsetzungen* für die Zukunft. Dabei sind zwar erneut mittelfristige Zeiträume im Fokus, aber auch langfristige Wirkungen bleiben im Blick. Beachtenswert ist dabei die gleichzeitige Berücksichtigung vielfältiger Akteure. Während bei den bisher skizzierten Kommunikationen die systemischen Entwicklungen – mit den „big players" von Wirtschaft (und z.T. Politik) – im Mittelpunkt standen, geht es hierbei auch um ArbeitnehmerInnen, KonsumentInnen, Politik, Verwaltung im engen Sinne. Dies betrifft die zukünftige Sicherung von Einkommen, die eine akzeptable Lebensführung ermöglichen – sei es durch Erwerbseinkommen (Arbeitsplätze) oder Transferzahlungen verschiedener Art. Die Analyse der gegenwärtigen Einkommen wird zunehmend mit der Frage verknüpft, wie die Renten in der GdZ aussehen werden. Gegenwärtige *Zielsetzungen* versuchen, den vermuteten Defiziten – Altersarmut in großem Umfang – entgegen zu wirken, z.B. mit der Riester-Rente oder Alternativen. Relativ selten sind dabei die Steuereinnahmen, die Steuerhinterziehung und die Steuergerechtigkeit in die Diskussion einbezogen. Dies gilt besonders für die Besteuerung großer Vermögen(sübertragungen). Dass die Kommunikation von Skandalen – wie durch die Panama – Papers angestoßen –, nachhaltige Wirkungen erzeugt, ist bisher nicht beobachtbar. Mit Blick auf kurzfristige Wirkungen (z.B. Bundestagswahl 2017) geraten sie – wahrscheinlich vorübergehend – möglicherweise vermehrt in den Fokus medialer Kommunikation.

Abschreckende Beispiele werden gern mit Blick das Ausland beschrieben: Lohndumping (UK), Abstieg aus der Mittelschicht (USA) oder die Sklavenarbeit (Katar, Bangladesch) sowie die chinesischen Arbeitslager, in denen Millionen Menschen zum Nulltarif für den Weltmarkt produzieren. Insofern ist es nicht verwunderlich, wenn die positive Resonanz der Wirtschaft auf die Flüchtlingsströme nach Deutschland (2015) mit der Vermutung verbunden wird, dass hier eine Unterschichtung der Beschäftigungsstruktur in Deutschland versucht wird. Auf dem Arbeitsmarkt der Weltwirtschaft ist der „race to the bottom" für viele Kommentatoren noch lange nicht zu Ende[85]. Dies bedeu-

---

85 Viele Grundideen sind u.a. mit der Agenda 2010 in Deutschland eingeführt worden.

tet allerdings nicht, dass nicht auch „goldene Zeiten" für die GdZ – speziell in Deutschland – vorausgesagt werden (Rürup/Heilmann 2012).

Ein wichtiges Element in der „weiter wie bisher" Perspektive ist die Veränderung der Arbeitswelt – vor allem im Hinblick auf die „digitale Welt" als Kern der technologischen Entwicklung, in der Deutschland den Anschluss an den Weltmarkt zu verlieren droht. Manche Kommunikationen erwecken den Eindruck, dass die GdZ einem Desaster zusteuert, wenn die deutsche Automobilindustrie keine konkurrenzfähigen selbststeuernden Autos produziert. Damit wird zugleich von dem weltweiten Abgas-Skandal der Branche abgelenkt. Eher selten wird auf die Leistungsfähigkeit der differenzierten Wirtschaftstruktur in Deutschland, auch bei der Bewältigung von Krisen, hingewiesen: Vorteilhaft sei gewesen, dass man eine gut entwickelte mittelständische Industrie habe und sich nicht dem internationalen Dienstleistungs-Trend angeschlossen habe. Nun aber wird empfohlen, sich der Globalisierung mit dem Digitalisierungs-„Hype" anzuschließen. Für die GdZ und ihre Wirtschaft sei es heute vielmehr notwenig, Innovationen verschiedenster Art zu befördern.

Mit den *Zielsetzungen* gehen häufig aktuelle *konkrete Projekte* einher, die (erst) längerfristig wirken oder sogar explizit eine Laufzeit von 30 und mehr Jahren anvisieren. Noch stärker als bei den *Zielsetzungen* sind die meisten *Dispositionen* direkt oder indirekt an die *Kontinuitäts*perspektive geknüpft. Dies schließt im Einzelnen allerdings Kritik an der Verfestigung eines falschen Weges nicht aus.

– Im Sinne der *Fortsetzung des Bestehenden* auch in der Zukunft ist die Sicherung oder der Ausbau von privaten Eigentumsrechten von großer Bedeutung: dies betrifft Ressourcen wie Energieträger, Wasser, Land, sowie Patente, Gewinne/Erbschaften usw. Ein Leitkonflikt bleibt dabei die Staat vs. Markt Kontroverse. Sie wird bei Entscheidungen zur Energiewende (national), bei Fragen der Privatisierung und Re-Kommunalisierung (eher lokal/regional), bei TTIP und den Schiedsgerichten (international) usw. sichtbar. In moderater Form werden Interessengegensätze sowie Möglichkeiten ihrer Moderation erörtert – wozu Transparenz und gleiche Augenhöhe gehören[86]

– Privatisierung und Ökonomisierung stehen in breiter Weise, d.h. im Prinzip mit Blick auf alle gesellschaftlichen Handlungsfelder gleichsam ständig auf der Tagesordnung, wobei meist eine zumindest implizite Allianz zwischen Produzenten und Konsumenten unterstellt werden kann. Das Internet bietet dafür die perfekte Plattform. „Ich konsumiere, also bin ich." Für die kritische Kommentierung der Zukunftsperspektiven stellt sich die Frage, ob die politischen Akteure die wichtigsten Adressen für veränderte

---

86 Es ist deshalb nicht überraschend, dass sich die Kritik an TTIP vor allem an der Geheimhaltung von Themen und Zwischenergebnissen der Verhandlungen entzündet hat.

Dispositionen (Regeln mit Wirkung!) sein sollten – oder die Konsumenten.[87] Ein schon lange existierendes und dauerhaft umstrittenes Beispiel stellen die Projekte des ÖPP (Öffentlich-Private Partnerschaft; besser bekannt als PPP) – z.b. im Rahmen der Infrastrukturentwicklung dar, deren Laufzeiten meist 30 und mehr Jahre betragen. Trotz wiederholter Kritik der Rechnungshöfe an der „Plünderung der öffentlichen Kassen" ist PPP sehr beliebt, weil damit gesellschaftlichen Lasten zu einem großen Teil auf die GdZ übertragen werden (können).

– Langfristige Auswirkungen der wirtschaftsbezogenen *Dispositionen* auf die Gesellschaftsmitglieder spielen – abgesehen von den mehrfach erwähnten Arbeitsmarktentwicklungen incl. Einkommen und Alterssicherung – in den Kommunikationen eine geringe Rolle. Wiederholt gerät das Thema Technikfolgenabschätzung in den Blick – wie etwa am Beispiel des Fracking (Erdgasbohrungen) deutlich wird. Aber auch hier zeigt sich oft die mangelnde Basis für längerfristige Prognosen. Daher bilden am ehesten abschreckende Beispiele aus anderen Ländern Wirkung: USA, Kanada. Ähnliches gilt für Fukushima und die Atomindustrie. Die Kriterien der Nachhaltigkeit spielen bei diesbezüglichen *Dispositionen* eine Rolle, sind aber eher kleinteilig und können zudem leicht umgangen werden. Im Hinblick auf die Gesundheitsbelange bei diversen Klassen von Konsumgütern sind die Kommentierungen ebenfalls kontrovers: Geht es um die Gesundheit der Konsumenten oder die potenziellen Absatzeinbußen (Beispiel Glyphosat)? Die Kommunikationen zum Verbraucherschutz haben erheblich zugenommen, sind aber – erwartungsgemäß – überwiegend kurz- bis mittelfristiger Natur. Eine weitere Beobachtung betrifft die Belastungen am Arbeitsplatz – nicht zuletzt in international aufgestellten Unternehmen –, die zunehmend unter dem Stichwort „Burnout" thematisiert werden. Systematische *Dispositionen*, die dies für die Zukunft zu verhindern suchen, sind nicht zu beobachten.

– Explizite *Dispositionen zur Entwicklung von Weltwirtschaft* sind mit alldem nur sporadisch verknüpft – sieht man von der Suche nach neuen „emerging markets" – wobei zur Zeit Afrika im Fokus ist[88] und der Dynamik von An- und Verkauf global aufgestellter Firmen einmal ab. Dabei verlagerten sich die Entwicklungen bisher meist in andere Länder und wurden allenfalls bei „Groß-Skandalen" wie die Textilfirmen in Bangladesh – zumindest zeitweilig – zum Thema von „fair trade" u.ä. Auf der anderen Seite

---

87 Diese Frage lässt sich auch als ein Vergleich von Lobbywirkung (auf Politik) und Werbungseffekte (auf Konsumenten) umformulieren.
88 Ein neueres Beispiel ist ein weltweit agierender chinesischer Schuhkonzern, der inzwischen ein Werk in Afrika eröffnet hat, in dem er den Arbeitern nur 1/10 der in China üblichen Löhne zahlt.

gibt es auch bei der immer wieder kommunizierten Expansion der Internetfirmen wie Apple, Google, Amazon, Facebook etc. trotz vieler, teils alarmierender Diskussionen nur wenige *Dispositionen* zu berichten – wie z.B. beim Datenschutz, aber auch bei der Kritik an Steueroasen. In jüngster Zeit nehmen die Aufkäufe europäischer Firmen durch chinesische (oft noch staatsverbundene) Firmen zu – was mit Sorge beobachtet wird: Könnte in der GdZ die Steuerung der deutschen Wirtschaft aus China erfolgen? Dies alles zeigt ein Problem der Weltwirtschaft an: Die nationale bzw. europäische Beobachtungsfähigkeit oder gar Kontrolle von globalen Konzernen ist kaum möglich.[89] Als Ausnahme schien am ehesten der Banken- und Finanzsektor (Börsen) zu gelten. Dabei spielen die Finanzkrise/ Bankencrash seit 2008 und ihre „Bearbeitung" – überwiegend zu Lasten der SteuerzahlerInnen eine bedeutende Rolle. Eine stärkere Regulierung der Banken und Finanztransaktionen, ggf. die Zerschlagung von Banken – um einer Situation wie „too big to fail" in Zukunft zu entgehen – wurden zumindest erwogen. In vielen Fällen sind Gerichtsverfahren anhängig, die konkrete Personen in die Verantwortung ziehen. Ob für die GdZ eine neue Bankenwelt zu prognostizieren ist, bleibt dennoch ungewiss: die Lobbyeinflüsse (in Brüssel usw.) und die Beobachtung, dass viele Kritikpunkte an globalisierten Architekturen und Prozeduren bei näherer Recherche auch in Deutschland (Europa) vorzufinden sind (Steuerbetrug, Korruption etc.) spricht für die meisten Kommentatoren eher dagegen.

An dieser Stelle lässt sich ein Hinweis auf die Kommunikationen über die Europäische Union einfügen, obwohl bisher „global" als „jenseits der EU" erörtert wurde. Spätestens mit der Eurokrise, aber auch verbunden mit der Diskussion über die Finanzkrise, die Steueroasen und die z.T. dramatisch schlechte Beschäftigungslage in einigen Mitgliedsländern sowie *Szenarien* des Ausschlusses (Grexit) bzw. Austritts (Brexit) ist die Frage auf der Tagesordnung, ob die EU (noch) als eine wirtschaftsbezogene Einheit anzusehen ist. Selbst wenn man von anderen Konfliktfeldern, wie der Flüchtlingsproblematik, absieht, ist mit Blick auf die GdZ zu fragen, ob sie (noch) auf einen europäischen Zusammenhalt bzw. eine *europäische Gesellschaft* Bezug nehmen kann. Dies hat auch grundsätzliche Bedeutung für das Thema Globalisierung, weil die Zukunftskommunikationen in aller Regel davon ausgehen, dass nur ein Wirtschaftsraum Europa in der GdZ als leistungsfähiger Selbstversorger und als „global player" im internationalen Handel anerkannt sein wird.

---

89 Als aktuelles Beispiel mag der bisher erfolglose Versuch gelten, die rassistischen Hass-Botschaften in Facebook zu unterbinden. Inzwischen ist für 2018 (!) eine Änderung in Aussicht gestellt: neue gewinnbringende Geschäftsmodelle werden dagegen in wenigen Wochen installiert. Ein weiter zu beobachtender Fall ist die Forderung der EU-Kommission an Apple, Steuern in Höhe von 13 Milliarden € in Irland nachzuzahlen.

Zusammenfassend lässt sich feststellen, dass Kommunikationen zur Zukunft der (Welt-) Wirtschaft sehr vielfältige Themen beinhalten – und so quasi eine Bestätigung für ständige Komplexitäts-Zuwächse liefern. Eine explizite Referenz auf die GdZ ist eher selten, so dass die Frage in den Mittelpunkt rückt, wie sich kurzfristige *Dispositionen* und mittel- bis langfristige *Zielsetzungen* auf die GdZ auswirken könnten und wie der Prozess der weiteren Entwicklung beeinflusst werden kann. Dabei wird – wie erwartet – weit überwiegend von den bekannten (bisher üblichen) Mustern des Wirtschaftens ausgegangen. Dies gilt auch für Deutschland (im EU-Kontext), dessen Wirtschaftsstruktur mit ihren unterschiedlichen Betriebsgrößen als „gut aufgestellt" beschrieben wird. Sieht man von den großen Erzählungen – zu den Möglichkeiten des Postkapitalismus o. ä. – ab, so bleibt es eine besondere Herausforderung für Zukunftskommunikationen, ein Umlenken bzw. den Weg in eine andere Richtung zu beschreiben. Dabei wird dann am ehesten bei einzelnen Pfaden der technologischen Entwicklung angeknüpft – mit optimistischen und kritischen Bewertungen gleichermaßen. Unterstellt wird vorerst die langfristige Fortsetzung des global ausgerichteten Wachstumsprojektes.

Exkurs: Massenmedien beobachten die (globale) Wirtschaft

Bevor die systemtheoretisch angeleitete Beobachterperspektive bezüglich des (Welt-)Wirtschaftssystems eingenommen wird, ist kurz auf die Rolle der Massenmedien als Vermittler der Zukunftskommunikationen einzugehen. Für Deutschland zeigt sich dabei ein vergleichsweise heterogenes (pluralistisches) Bild. Dies betrifft zunächst die Vielfalt der Verbreitungsmedien, die die Zukunftskommunikation der Gesellschaft in durchaus unterschiedlicher Weise präsentieren und kommentieren: Bücher, Zeitschriften, Zeitungen, Radio, Fernsehen, Internet. Die Vielfalt wird durch die zumindest in Deutschland noch funktionierende Pressefreiheit – aber auch durch unterschiedliche Finanzierungsmodi (privat vs. öffentlich-rechtlich) – ermöglicht. Mit Ausnahmen im Internet lassen sich in der Regel auch die Kommunikatoren und ihre Interessenverflechtungen mit der Wirtschaft oder anderen Funktionssystemen bestimmen, so dass sich die Beobachtungsperspektiven (2. Ordnung) in ein Meinungsspektrum einordnen lassen. Dies gilt besonders dann, wenn es sich um „offizielle Verlautbarungen" (z.B. Pressemitteilungen) von einzelnen Akteuren (Personen, Organisatoren) handelt. Darüber hinaus kommen immer wieder die allgemeinen Filter der tagesaktuell berichtenden Medien zur Geltung: Neuigkeitswert, Alarmierungsqualität, Prominenz etc. – also zusammengefasst die Aufmerksamkeit gewinnenden Kommunikationen. Somit besteht ein großes Interesse an täglichen Prognosen zur Wirtschaftsentwicklung – auch wenn sie meist falsch sind. Die Rolle von Experten, Zuständigen, ggf. auch Lobbyisten, Watch-Organisationen oder

Whistleblowern („ein Insider packt aus") sind regelmäßige Bestandteile der Kommunikation, weil der Wirtschaftssektor für die Alltagssituation fast aller Gesellschaftsmitglieder große Bedeutung hat. Das Bild von der GdZ bleibt damit aber durchweg randständig und lückenhaft – selbst wenn einige Datenhochrechnungen kommuniziert werden. Nur die Aktualitäten und die nahe Zukunft haben den wirksamen Neuigkeits- und Alarmierungswert, um die Aufmerksamkeit des Publikums zu gewinnen.

Ein Beobachtungsfilter in der Medienlandschaft gegenüber privatwirtschaftlich agierenden Akteuren ist dort zu erwarten und zu beachten, wo sie sich vor allem über Werbung finanziert. Auch hier ist das Internet – vor allem mit seinen sogenannten „sozialen"[90] Medien am schwierigsten einzuordnen und zu bewerten. Aber dies wird ggf. bereits im Mediensystem durch die Konkurrenz untereinander aufgedeckt[91]. Generell wird man also vielfach einen Filter in der Beobachtung durch die bisher noch dominanten Massenmedien erwarten können, die die Interessen der (globalen) Wirtschaft schonen bzw. die Kapitalismuskritik dämpfen – aber eben nicht in allen medialen Formaten und nicht bei allen Themen. Mit anderen Worten: Auf die Geschichte über die in Südafrika erschossenen Minenarbeiter (2012) und die Rolle der BASF wird kein Medium verzichten. Nur wenige versuchen sich dagegen an einer Bilanz über weltweite Menschenrechtsverletzungen in der globalisierten Wirtschaft.

Darüber hinaus dürfen bei aller Betonung der medialen Weltdarstellung die Möglichkeiten der direkten (face-to-face) Kommunikation – vom Gespräch im Freundeskreis bis zur Teilnahme an Zukunftsforen und Bürgerinitiativen – nicht unbeachtet bleiben. Sie knüpfen zwar häufig auch an die mediale Kommunikation an, können aber auch unmittelbare persönliche Erfahrungen aus global aufgestellten Unternehmen bzw. transnationalen Arbeitsmärkten übermitteln.

3.2.1.2 Beobachtungskommentare
(Schwerpunkt funktionale Differenzierung)

(a) Diagnostische Elemente: die impliziten und expliziten Bezüge zu der systemtheoretischen Argumentation

Zunächst kann festgestellt werden, dass die Zukunftskommunikationen über die wirtschaftliche Globalisierung die allgemeinen Prämissen systemtheoretischer Analyse und Argumentation teilen: die Zunahme der (Welt-)*Komplexität* und der *Kontingenz* von Ereignissen. Sie machen präzise Aussagen über die

---

90 Was „sozial" hier zum Ausdruck bringen soll, bleibt unklar. Die These von der sukzessiven Entwicklung von Filter-Blasen der Kommunikation (Pariser 2012) ist nur eine der vielen kritischen Kommentierungen.

91 Vgl. den Bericht über Youtube im Spiegel Sept. 2015; inzwischen gibt es immerhin konkurrierende Produkte – wie z.B. Diaspora anstelle von Facebook.

Zukunft schwierig bis unmöglich: dies gilt sogar für kurz- und mittelfristige Perspektiven und erst recht für die GdZ. Zugleich wird damit die Bedeutung der *Beobachterperspektive* gestärkt: je weiter sich die Kommunikationen in die Zukunft vorwagen, desto variantenreicher sind die Blickwinkel. In einzelnen Aspekten kann dies aber von einer stark interessenbesetzten Kommunikation über gegenwärtige *Zielsetzungen* überlagert werden. Die Beschleunigung weltweiter Kommunikation hat daher eine widersprüchliche Folge gerade auch für den Wirtschaftsbezug: einerseits scheint die Zukunft immer schneller „heranzurauschen", andererseits wird es immer schwieriger einzuschätzen, was in einer längeren Zeitdistanz davon noch übrig bleiben wird. „Die wirtschaftliche Globalisierung wird zunehmen, aber es ist völlig unklar, was das bedeutet": so könnte man diese Sicht zusammenfassen. Können wir – trotz aller Kritik an den Außenhandelsüberschüssen – unsere weltweiten Exporte noch steigern? Müssen wir als Beschäftigte zwischen den Konzernniederlassungen in allen Erdteilen rotieren? Werden wir von amerikanischen Konzernen kontrolliert? Ist unsere Wirtschaft eine Dependance der chinesischen Staatswirtschaft? Zahlt in Deutschland noch ein Unternehmen Steuern? Gibt es noch Einkommensunterschiede – oder ist Deutschland ein Billiglohnland?

* Da das hier behandelte Zukunftsthema ein Funktionssystem (Wirtschaft) in den Mittelpunkt gerückt hat, ist es wenig überraschend, dass vielfältige Anknüpfungen an systemtheoretisch definierte Fragestellungen möglich sind. Da „Wachstum ohne Grenzen" auch für die Zukunft als dominierende Perspektive gilt, wird auch die fortgesetzte Globalisierung zumindest implizit unterstellt: Rohstoffe, Technologietransfer, Kapitalakkumulation, billige Arbeitskräfte und Konsumenten erfordern Wachstum von Konzernen und ihren Wertschöpfungsketten. Mit Blick auf die eher variationsreichen Unternehmensarchitekturen bedeutet dies u.a., dass auch der Mittelstand in der GdZ stärker als bisher in die globalen Märkte einbezogen wird. Die Kommunikation der beinahe täglichen „Wasserstände" zeigt gleichwohl die mangelnde Steuerbarkeit (*Kontingenz*) der Entwicklung auf.

* Zumindest implizit wird damit das Wirtschaftssystem als das alles dominierende *Funktionssystem* verhandelt. In der GdZ müssen sich, so ist der Gesamteindruck, noch mehr als gegenwärtig alle anderen *Funktionssysteme* in den Dienst der Wirtschaftsentwicklung stellen.

* Der Globalisierungstrend liefert aber auch Erzählungen über negative Folgen dieser Entwicklung: andere *Funktionssysteme* werden nicht hinreichend beobachtet und beachtet, führen selten zu *Resonanz; Stoppregeln* werden nicht anerkannt. Dadurch können sich im (Welt-)Wirtschaftssystem gefährliche Blasen entwickeln (Immobilienspekulation, Finanzmärkte u.a.). In der (Welt-)Gesellschaft entwickeln sich „Parallelstrukturen", die die *funktionale Differenzierung* auflösen (*Entdifferenzierung*) zugunsten einer hierarchischen

Differenzierung, an deren Spitze nicht mehr die Fürsten früherer Epochen sondern einzelne Politiker, Militärs, die Geldelite (Plutokraten) und/oder die Wirtschaftselite (Oligarchen) stehen. Sie haben implizit oder sogar explizit die Weltherrschaft zum Ziel, die z.T. als Menschheitsbeglückungs-Erzählung kommuniziert wird. Es ist deshalb nicht überraschend, dass zunehmend neben den anonymen Wirtschaftsarchitekturen auch die Persönlichkeitsprofile der Wirtschaftselite in den Blick geraten: das Stichwort „Psychopathen" (z.B. Dutton 2013) wird dabei häufig genutzt. Damit stellt sich auch die Frage, ob dies die „richtigen" Persönlichkeiten sind, die die globalisierte Wirtschaft in der GdZ managen sollten und können.

* Als konkurrierendes *Funktionssystem* steht das Politisch-Administrative System (PAS) im Mittelpunkt der Kommunikationen. Dabei wird das Ungleichgewicht zwischen Wirtschaftssystem und Politiksystem vor allem auf globaler (internationaler) Ebene kommentiert: hier ist letzteres – z.B. repräsentiert durch UNO, WTO, IWF, WB etc. aber auch durch die EU-Kommission – trotz wiederholt in Szene gesetzten „Aktionsplänen" meist erfolglos bei der *Beobachtung*, *Irritation* und *struktureller Koppelung* mit Bezug auf den globalen Kapitalismus. Ob dies eine Rückentwicklung der Globalisierung – mit mehr Gewicht der Nationalstaaten oder einzelner Regionen – bedeuten könnte, bleibt in der Kommunikation unklar, weil bei genauerem Hinsehen häufig die nationalen Politiksysteme durch „ihre" global agierenden Wirtschaftssysteme „gekapert" erscheinen. Zumindest zeigen die globalen Skandale, dass die lokalen oder nationalen Politik- und Verwaltungssysteme die Missachtung von Stoppregeln toleriert haben[92]. Dies gilt für die Aktivitäten in den Zielländern – mit Wirkungen auf Wirtschaftsstrukturen, Umwelt, Menschenrechte etc., als auch für die Entscheidungen über Warenverkehr – mit Waffen, Lebensmittelschwemme etc. aus den Heimatländern.

* Diese Beobachtungen lassen es plausibel erscheinen, dass ein großer Teil der Kommunikationen mit Bezug zur *funktionalen Differenzierung* dem Thema „Ökonomisierung von xyz" zugeordnet wird. Präziser müsste dies allerdings als Übernahme von *Medium und Code* bezeichnet werden – womit man sich mit der Kommunikation im Wirtschaftssystem befindet: *Zahlen oder Nicht-Zahlen*. Ökonomisierung heißt damit die Ausdehnung des ökonomischen Systems im gesellschaftlichen Kommunikationszusammenhang. Von besonderem Interesse sind dabei weniger die zunehmenden Fälle von politikbezogener Korruption sondern die *Funktionssysteme* Familie, Erziehung und Wissenschaft. Sie tragen in besonderem Maße zur Sozialisation der Gesellschaftsmitglieder und damit zu deren Kommunikationsfähigkeit bei. Insofern wird häufig kri-

---

92 Welche weit reichenden Konsequenzen der VW-Diesel-Skandal – u.a. mit Blick auf die Mitwisserschaft von Akteuren des politischen und administrativen Systems – noch haben könnte, wird erst die Zukunft zeigen.

tisch beobachtet und kommuniziert, wie die kommerziellen Wertmaßstäbe – homo oeconomicus und sein Egoismus, Wettbewerb und Rating-Skalen – in die Köpfe und Verhaltensweisen der Bevölkerung eindringen. Inzwischen beginnt dies mit der Einschulung. Noch mehr als heute wird man sich in der GdZ mit der Frage befassen müssen, wessen ökonomische Interessen bei diesen Entwicklungen im Spiel sind und wer die Protagonisten bezahlt. Dies gilt in besonderem Maße für die oft undurchsichtigen Kommunikationen im Internet. Dabei ist mit dem Projekt Big Data eine Alternative in Vorbereitung: Falls die o.a. Sozialisationsakteure nicht hinreichend den Konsum fördern, wird die *individuenzentrierte* Werbung deren Funktion übernehmen.

Unabhängig davon, wie die Käuflichkeit bestimmter Sachverhalte, Aktivitäten, Leistungen bewertet werden, ist der Mechanismus zu beobachten, der diese Expansion (Ökonomisierung ohne Stoppregeln) möglich macht: Die *Funktion* des Wirtschaftssystem ist die Knappheitsminderung, durch die Bedürfnisbefriedigung als Systemleistung. In einer Überflussgesellschaft wie in Deutschland wird ständig mehr Geld darauf verwendet, Bedürfnisse – also künstliche Knappheit – zu generieren. Dieser Prozess ist zugleich ein Element der wachsenden Zeitknappheit und ein typisches Sisyphus-Problem: die Konsum-Möglichkeiten wachsen stets schneller als die realisierten Konsumhandlungen[93]. Es ist also keine Überraschung, dass Burnout-Phänomene nicht nur als Folge beruflicher Belastung, sondern auch von Freizeitstress erörtert werden: gut also, dass es neue Produkte zu konsumieren gibt, mit denen man Konsumbelastungen mildern kann. Da diese Produkte nicht immer gesundheitsförderlich sind, gibt es neuen medizinischen Handlungsbedarf.

Stagnierende oder rückläufige Bevölkerungszahlen in der Zukunft der OECD-Staaten werden diese Tendenz bremsen. Insofern sind für die Wachstumsperspektive der globalen Wirtschaft die bisherigen oder neue „emerging markets" von Interesse: neueste Beispiele sind Iran und Kuba. Nach aktuellen Schätzungen werden in der Weltwirtschaft jährlich ca. 200 Mrd $ für Werbung ausgegeben – Tendenz steigend.

* Damit ist auch das Thema *„Inklusion"* tangiert. In der globalisierten Ökonomie (der GdZ) ist vor allem die *Inklusion* der Bevölkerung als Konsumenten von Belang – wie die neueste Entwicklung von Facebook zur Konsumplattform illustriert. Dies wird auch dahingehend kommentiert, dass andere Funktionssysteme für die Bevölkerung an Bedeutung verlieren: die Perspektive für die GdZ könnte dann heißen, „mehr Konsum sichern" statt „mehr Demokratie wagen". In der internationalen Perspektive stehen dagegen eher basale Themen auf der Tagesordnung. Es geht um die Ernährung der Weltbevölkerung von 10 Milliarden in den 2050er Jahren. Obwohl auch dazu verschiedene Op-

---

93 Nach dem Motto: „je schneller wir voranschritten, desto stärker entfernte sich unser Ziel".

tionen der Regionalisierung diskutiert und praktiziert werden, ist noch keine umfassende Perspektive für eine veränderte Rolle von Großkonzernen in Sicht: Bayer und Monsanto sind nur eines der aktuell diskutierten Beispiele.

* Ob und wie Menschen als Beschäftigte oder Ich-AGs inkludiert sind, ist für eine abgrenzbare Bevölkerung (z.B. in Deutschland) in der GdZ ökonomisch nicht zentral – wie die diversen Auslagerungen in Billiglohnländer oder die technikbasierte Rationalisierung zeigen. Prekäre Arbeitsverhältnisse haben kontinuierlich zugenommen. Insofern ist es nicht überraschend, dass für die GdZ ein „konditionsloses Bürgergeld" diskutiert wird, das die *Inklusion* als Konsumenten sichern soll – auch wenn es keine Inklusion in den Arbeitsmarkt mehr gibt.

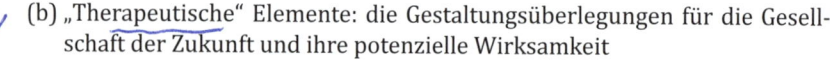

Zusammenfassend lässt sich feststellen, dass bei aller Vielfalt der Kommunikationen weit überwiegend die Fortsetzung der durch Wachstumsziele angetriebenen Globalisierung der Wirtschaft auch für die GdZ unterstellt wird. Dadurch gewinnen Kommunikationen an Bedeutung, die die Folgen im Sinne schwindender Irritationsfähigkeiten anderer Funktionssysteme – vor allem der Politik, aber auch der Wissenschaft – (meist kritisch) erörtern. Auch eine „Kaperung" wird nicht ausgeschlossen: die GdZ wäre dann das „Projekt" autoritärer „Masters of the Universe". Zumindest im Hintergrund der Kommunikationen wird die systemtheoretisch akzentuierte Ursache sichtbar: der Umgang mit der Kontingenz. Die fortgesetzte Globalisierung der Wirtschaft – so könnte man vorläufig schlussfolgern – befördert möglicherweise vor allem zwei „Strategien" gegen die Risiken der Kontingenz: die Stärkung von autoritären bzw. „populistischen" Politikstrukturen, die die „einfachen Lösungen" präsentieren oder die Perfektionierung individueller „Konsumblasen" und „Echokammern".

(b) „Therapeutische" Elemente: die Gestaltungsüberlegungen für die Gesellschaft der Zukunft und ihre potenzielle Wirksamkeit

* Die zumindest implizite Thematisierung des Mangels an bzw. des Rückbaus von funktionaler Differenzierung – z.B. durch neoliberale Deregulierung – wird nicht nur als Beobachtung kommuniziert, sondern teilweise auch kritisch bewertet. Dies kann als Ansatz für die Entwicklung von Gegenstrategien betrachtet werden. Dabei stehen zunächst Kommunikationen im Vordergrund, die sich auf globale Prozesse beziehen: auf Regeln des Wirtschaftens, den Versuch globaler Kontrolle und ihre Unwirksamkeit. Konkret geht es um die internationalen Gremien und Aktionspläne der Zukunft. Sie sollen die Wirtschaftsleistungen fördern und Missstände wie exzessive Kapitalakkumulation und globale Monopolbildung, Ressourcenverschwendung, Sklavenarbeit und Menschenhandel, Korruption und Ausbeutung, Manipulation und Verschleierung von Regelverletzungen bekämpfen. Zumindest implizit lässt sich dies als kontinuierliches Bemühen beschreiben, eine funktional differenzierte Architektur auch auf Ebene der Weltgesellschaft zu etablieren.

* Angesichts mangelnder Erfolgserwartungen in Zeiten der multilateralen Wirtschaftsarchitekturen betonen viele Kommentatoren eine notwenige Rückkehr zu nationalstaatlichen Arrangements, die u.a. eine bessere Balancierung der Funktionssysteme verspricht. Allerdings ist dafür die Rückführung internationaler „Fluchtmöglichkeiten" eine notwendige, aber keineswegs gewährleistete Voraussetzung. Gleichwohl erscheinen Strategien im nationalen Kontext als möglich. Dabei sind die Kommunikationen sowohl an die Wirtschaftsorganisationen als auch an die Politik- und Verwaltungsakteure gerichtet – u.a. mit Blick auf die Einflussmöglichkeiten von Lobbyisten in Berlin und Brüssel. Dies macht zugleich deutlich, dass es auch Status quo erhaltende Initiativen gibt, die z.B. einen weiteren Regelverzicht oder -abbau fordern. Dies wird u.a. unter dem Stichwort „überbordende Bürokratie" kommuniziert – wie zuletzt bei der Einführung des Mindestlohns.

* Die Entwicklungen in der EU liefern instruktive Beispiele (Brexit u.a.) dafür, dass diese Zukunftsoption faktisch eine komplizierte Neuordnung der Mehrebenen-Strukturen (von lokal bis global) darstellt. Das diesbezügliche, seit langem benutzte Stichwort „Glokalisierung" hat allerdings noch keine überzeugenden Zukunftsvisionen erzeugt. Zudem zeigt sich bei globalen Skandalgeschichten fast durchgängig die aktive Mitwirkung der nationalstaatlichen (hier: der deutschen) Akteure.

* Weit reichende Zukunfts*szenarien,* die grundlegende Alternativen für die GdZ suchen, setzen häufig auf radikal dezentrale und dekonzentrierte Wirtschaftsmuster, auf lokale oder regionale (Selbst-)Versorgung: Sie verlieren dabei aber leicht die Komplexität funktionaler Differenzierung aus dem Blick. Deshalb sind die Überlegungen häufig mit dem Stichwort „Postkapitalismus" verbunden: hierbei werden Kernmerkmale des gegenwärtigen Wirtschaftens in Frage gestellt: Monopolbildung, Kapitalkonzentration und –renditen, Race to the bottom bei Arbeitseinkommen; Parallelgesellschaft der Superreichen u.a.m. Ungeklärt bleibt oft die Frage, wie eine solche Veränderung in Gang gesetzt werden kann.

* In der Kommunikation über die veränderte Beziehung zwischen Wirtschaft und Politik werden auch zivilgesellschaftliche Akteure als Impulsgeber gesehen. Es handelt sich um Interessenorganisationen (Gewerkschaften, Verbraucherinstitute usw.), aber auch um Watch-Organisationen (einschließlich Whistleblowern) und Selbsthilfeorganisationen. Sie sind nicht nur „dritte Parteien" in der Beobachtung der Funktionssysteme sondern tragen zur Inklusion von verschiedenen Bevölkerungsgruppen bei. Dass sie zur Neujustierung von Wirtschaft und PAS beitragen können, ist weniger wahrscheinlich

als die Durchsetzung konkreter Projekte und Initiativen[94]. Eine substantielle Option liegt in der Konsumentenrolle der Bevölkerung. Viele Kommunikationen knüpfen hier an und verweisen auf den Boykott von Billigprodukten (Sklavenarbeit), weniger Fleischverzehr (Umwelt) oder Boykott von Ikea und Starbucks Coffee (Steuervermeidung). So wichtig die Initiativen sind, um die Themen in den Kommunikationsprozess einzubringen, die geringe Resonanz lässt derzeit nicht vermuten, dass die Wirtschaft in der GdZ dadurch nachhaltig beeinflusst sein wird. Denkbar ist allerdings, dass die Balancierung von Funktionssystemen stärker durch ihre wechselseitige und ggf. kritische Beobachtung anknüpfen kann: z.b. bei einer fortschreitenden Ökonomisierung des Gesundheitssystems, des Erziehungssystems oder des sozialen Sicherungssystems. Allgemein ausgedrückt wäre dies die Exklusion aus lebenswichtigen Funktionssystemen, weil die Inklusion in das Wirtschaftssystem fehlt (Arbeitslosigkeit) oder unzureichend ist (prekäre Beschäftigungsverhältnisse). Die kompensatorische Strategie der Politik, eher die Schulden in den öffentlichen Haushalten zu erhöhen als wirksame Einflüsse auf das Wirtschaftssystem auszuüben, wird – so ist der Tenor vieler Kommunikationen – die Inklusionsproblematik in der GdZ aber eher weiter verschärfen.

Dabei sind es auch der wahrgenommene Mangel an politischer Entschlossenheit[95] und die oft zu punktuell ansetzende Entscheidungsperspektive, die kritische Kommentierungen hervorrufen. Daher ist abschießend noch einmal auf die radikaleren Kommunikationen hinzuweisen: „der Crash ist die Lösung". Oder anders formuliert: erst nach einem Crash lässt sich die funktionale Differenzierung neu konfigurieren[96]. International vergleichend betrachtet ist diese Erwartung nicht gut begründet: es ist nicht voraussagbar, ob und welches Funktionssystem sich das Gesellschaftssystem nach dem Crash ggf. sogar vollständig „kapern" wird.

3.2.2 Umweltbelastung (Klimawandel)

Das Besondere der auf die natürliche Umwelt bezogenen Kommunikationen besteht darin, dass sie keinen direkten Bezug zu einem sozialen System aufweisen. Diese „externe" Umwelt kommuniziert nicht, sondern ist mit den Kommunikationssystemen der Gesellschaft strukturell gekoppelt – was aber oft erst wahrgenommen wird, wenn Veränderungen stattgefunden haben. Oder „dramatischer" ausgedrückt: Die Katastrophen in der Natur werden oft erst dann wahrgenommen und zum Thema gemacht, wenn sie die Gesell-

---

94 Occupy, Attac, Greenpeace usw. lassen sich als Beispiele lesen.
95 Die Botschaften lauten: „Es ist uns noch nie so gut gegangen" oder auch „*** ist alternativlos" (TINA).
96 In der Computerpraxis ist das üblich: Runterfahren des Systems und Neustart.

schaften und ihre Mitglieder unmittelbar betreffen. Angesichts der Dramatik der diesbezüglichen Zukunftskommunikation – z.B.: „richten wir unseren Planeten zugrunde?" – ist dieses Themensegment unverzichtbar, wenn es um die GdZ geht.

3.2.2.1 Trends

Nicht zuletzt die Entwicklung der Weltbevölkerung und der globalen Ökonomie mit der damit verbundenen Beschleunigung des Ressourcenverbrauchs verschiedener Art hat die Natur- und Umweltbelastung schon seit vielen Jahrzehnten sichtbar gemacht. Die Beobachtungen haben sukzessiv die verschiedenen natürlichen Medien (Luft, Wasser, Boden) sowie alle Arten von Flora und Fauna einbezogen. Der Umweltpolitik werden in Deutschland derzeit 82 Gesetze und 165 Verordnungen zugeordnet: sie kann als typische Querschnittspolitik gelten, weil alle Bereiche der Gesellschaft Natur- und Umweltbezüge aufweisen. Angesichts der Feststellung, dass wir (vorerst) nur den einen Globus haben, wird seit Jahrzehnten über Konzepte der Nachhaltigkeit kommuniziert. Erst die Diskussion über den Klimawandel hat jedoch endgültig sichtbar gemacht, dass wir „in einem Boot sitzen" und dass wir nach der Zerstörung unserer Lebensgrundlage hier und jetzt nicht einfach ein bisschen weiter ziehen können. Im vorangegangenen Abschnitt wurde bereits gezeigt, dass bei den Wirtschafts-*Szenarien* für die GdZ die Umwelt/Klima – Themen eine selbstverständliche Komponente darstellen. Dies hat mit der Berechenbarkeit bestimmter Entwicklungen zu tun – zumindest soweit sie auf Prozesse in der Natur eingehen. Gleichwohl wurde die Externalisierung der umweltbezogenen Kosten durch Produktion und Konsumption nicht wirksam unterbunden[97].

Dies schließt nicht aus, dass solche Entwicklungen als „Konstruktion von Ökofreaks" bezeichnet werden, oder dass die Chancen einer (potenziellen) Klimaänderung positiv bewertet werden. Beachtenswert ist in diesem Zusammenhang die Rolle der internationalen WissenschaftlerInnen-Community, vor allem des IPCC, und die Kritik an ihren Berichten bzw. Prognosen. Dennoch hat sich in der Debatte die Tendenz durchgesetzt, dass nicht mehr allein über Klima-Schutz – vor allem mit Blick auf die CO2 Emissionen – sondern bereits über die Anpassung an den Klimawandel kommuniziert wird. Deutlicher als

---

97 Halbentschlossene Versuche wie der Handel mit Verschmutzungsrechten (z.B. in der EU) sind gescheitert. In Deutschland wird noch immer für die Beibehaltung von Kohlekraftwerken gestritten. Obwohl die Umweltbelastung durch den Flugverkehr häufig kommentiert wird, werden ständig neue Anträge auf den Ausbau bundesdeutscher Flughäfen gestellt. Für die nächsten Jahrzehnte wird eine drastische Zunahme der Flugbewegungen erwartet. Das Kerosin wird im Unterschied zu anderen Treibstoffen nicht mit einer Steuer belegt.

z.B. bei der globalen Wirtschaft wird dabei auch explizit von „roten Linien" gesprochen, die es nicht zu überschreiten gilt. Offenbar ist dies – z.b. die Erwärmung der globalen Durchschnittstemperatur um 2 Grad Celsius (gegenüber
dem Referenzjahr 1980) – ein wichtiges Element zur Forcierung von zukunftsbezogenen Entscheidungen[98]. Dabei soll aber nicht übersehen werden,
dass die Kommunikation über Umweltprobleme (und ihre Zukunft) auch viele
kleinteilige und weniger umstrittene Elemente enthält. Allerdings macht dies
zugleich viele Widersprüchlichkeiten im Verhalten der Bevölkerung sichtbar:
einerseits wird die nächtliche Krötenwanderung geschützt; andererseits fliegt
man zu einer Klimakonferenz um den halben Globus.

Man kann dies zusammenfassend und abstrakt als ein typisches Mehre-
benen-Phänomen beschreiben, das sowohl Problementwicklungen betrifft als
auch die Reaktionen darauf. Bei der folgenden Darstellung von Zukunftskommunikationen zu diesem Thema werden erneut zunächst eher die globalen
Aspekte mit längerfristigem Zukunftsbezug und dann die konkreten Maßnahmen mit kürzerer Perspektive berücksichtigt.

- *„große (und kleine) Erzählungen" – Narrative einschließlich der Rekonstruktion historischer Entwicklungen*

Trotz der naturwissenschaftlichen Grundlagen und der in vielen Fällen zählbaren natürlichen Gegebenheiten (Waldflächen, Fischbestände, Artenviel-
falt, Feinstaubkonzentration in der Luft usw.) ist es eher überraschend, dass
auch hier große Erzählungen und Legenden zu beobachten sind. Sie betreffen
erwartungsgemäß diejenigen Sachverhalte, die massive Einflüsse auf bestehende ökonomische Interessen – hinsichtlich Produktion sowie hinsichtlich
Konsumption – erwarten lassen. Schon 1972 hat der Bericht für den Club of
Rome auf die Grenzen des Wachstums hingewiesen – und 40 Jahre später eine
eher kritische Bilanz gezogen. Die gegenwärtigen Kontroversen – so lässt sich
folgern – werden durch die zeitlich neueren und zunehmend sichtbaren *globalen* Wirkungen von Umwelt/Klima-Veränderungen befeuert.[99]

Auch wenn die „Zweifelstreuer" zum Thema Klimawandel weniger laut-
stark in Erscheinung zu treten scheinen[100] bleiben die großen Erzählungen

---

98 Vgl. u.a. die jüngsten Äußerungen von Obama in Alaska zum Arktis-Eis und Xi Jinping bei
seinem Versprechen, einen blauen Himmel über Peking für die Winterolympiade 2022
zu garantieren.

99 Es macht eben einen Unterschied, ob eine seltene Vogelart gerettet werden soll, ein
Fluss durch Gifteinleitungen zeitweilig verschmutzt wird, eine Region durch eine AKW
Havarie verstrahlt wird, oder die Polkappen schmelzen.

100 Teilweise wird der Unterschied zwischen Wetter und Klima benutzt, um Irritationen
hervorzurufen. Noch zum 11./12. Dezember 2015 hat die Zweifelstreuer-Organisation
EIKE zu einer großen Konferenz nach Essen eingeladen, um auch weiterhin die
„Panikindustrie" zu bekämpfen.

präsent. Dies betrifft zunehmend auch einzelne Spezialthemen (s.u.). Die Grundsatzkontroversen beziehen sich sowohl auf die Frage, ob es überhaupt einen Klimawandel gibt, als auch – vor allem – auf die Frage, ob er durch die menschlichen Eingriffe verursacht wird. Gibt es den „menschlichen Fußabdruck"? Kann deshalb vom Anthropozän gesprochen werden? Angesichts der Tatsache, dass sich immer mehr Regionen in Deutschland mit den Folgen des Klimawandels beschäftigen – wie u.a. das vom BMBF geförderte Verbundprojekt KLIMZUG (2009–14) zeigt – erscheint diese Diskussion irritierend. Allerdings belegen der Applaus der FDP in Thüringen für Überlegungen zur Aufhebung von städtischen Umweltzonen (im Sept. 2015) ebenso wie Bücher mit dem Titel „Die Entscheidung Klima oder Kapitalismus" (Klein 2015), dass die hintergründigen Legenden über Freiheit vs. politische Bevormundung, grenzenloses Wachstum vs. nachhaltiges Wirtschaften etc. dieses Feld der Zukunftskommunikation weiter beeinflussen.

Vor allem das Thema Klimawandel ist eng mit – z.T. extrem langfristigen – erdgeschichtlichen Analysen und Beschreibungen verknüpft. Allerdings lassen sich auch viele Auswirkungen früher menschlicher Intervention betrachten[101]. Die o.a. Erzählungen knüpfen deshalb überwiegend an grundlegende rückblickende Analysen an. Dies gilt aber auch für spezifische Episoden – wie z.b. den sauren Regen oder die Ozonproblematik (durch FCKW), Tschernobyl oder „Deepwater Horizont" (Explosion der Ölplattform im Golf von Mexiko am 22.4.2010). Sie werden in unterschiedliche Kommunikationen eingebunden. Einerseits wird z.B. gefordert, sorgsamer mit Chemikalien in der Natur umzugehen (z.B. Pestizide in der Landwirtschaft); andererseits wird die Reparaturfähigkeit der Natur durch die Menschheit betont. Dabei werden teilweise Diskussionen über mögliche Entwicklungen „of no return" angeknüpft: sind die Grundwasserschäden durch das Fracking in den USA reparabel? Kann die zunehmende Wüstenbildung (Desertifikation) durch die Natur selbst noch gebremst werden? Besondere Beachtung finden dann solche Sachverhalte, die weltweite Auswirkungen direkt (in der Luft, in den Ozeanen) oder indirekt (Hungersnöte in einzelnen Weltregionen, Klimaflüchtlinge) haben (können). Viele der kommentierten Themen machen es schwierig, die GdZ in Deutschland als davon nicht betroffene Region darzustellen.

Eine besondere Variante stellt der internationale Vergleich mit spezifischen, aber zeitversetzten Entwicklungsphasen dar. So wurde u.a. in China[102] auf die Industrialisierung in Europa hingewiesen, die in ihrer zeitlichen Entwicklung und umweltbezogenen „Sensibilität" durch die Kuznets-Kurve abgebildet wird. Die Quintessenz: wir machen – wie die Europäer in der Phase

---

101 Man beachte die Folgen der Abholzung im Altertum in Griechenland. Kanada hat u.a. aus dieser Geschichte gelernt: für jeden gefällten Baum muss ein neuer gepflanzt werden.
102 Eigene Interviews in China zwischen 2009 und 2014.

der Industrialisierung – noch 20 Jahre weiter wie bisher, dann stellt sich – mit wachsendem Pro-Kopf-Einkommen – die Umweltsensibilität von selber ein[103]. Wie diese Themen erörtert werden, hat nicht nur Konsequenzen für China, sondern für das Weltklima heute und in der GdZ. Sie zeigen zugleich ein zentrales Dilemma der globalisierten Klimaproblematik und ihrer gezielten Beeinflussung: Die Haupt-Verursacher sind häufig nicht die Haupt-Leidtragenden der Entwicklung. Es gilt nicht nur das Prinzip „nach mir die Sintflut" sondern „die Sintflut findet bei mir nicht statt". Der globale Blick auf die GdZ ist deshalb eher mit der Perspektive „wir können es schaffen" und nicht „wir werden es schaffen" verbunden. Ist nur noch die Klimakatastrophe „die Lösung" – oder zumindest die Voraussetzung für ein Umsteuern?

- *Szenarien (Entwicklungstreiber und Hochrechnungen)*

Szenarien spielen vor allem bei der Klima-Thematik eine zentrale Rolle. Dabei wird wegen einer Reihe von Unsicherheiten mit verschiedenen Modellen und Annahmen gearbeitet, so dass schließlich mehrere mögliche Entwicklungspfade zwischen „worst case" (z.B. 6 Grad Erderwärmung im Durchschnitt oder mehr) und „best case" (1,5 Grad oder weniger) beschrieben werden können. Die betrachteten Zeiträume entsprechen in etwa der GdZ und ihrer Zukunft (insgesamt bis Ende des Jahrhunderts). Als Entwicklungstreiber stehen dabei Emissionen im Mittelpunkt, die den sogenannten Treibhauseffekt, d.h. den Eintrag von entsprechenden Partikeln in die Luft, befördern – z.B. CO_2 oder auch Methan. Damit lässt sich zugleich näher bestimmen, wo die Konflikte mit einer auf die Nutzung fossiler Brennstoffe ausgerichteten Weltwirtschaft entstehen (können): bei der Autoindustrie und dem exzessiven Luftverkehr, bei Kohlekraftwerken und Flözbränden, aber auch bei der Rinderhaltung (Methan). Konflikte entstehen auch dort, wo kompensatorische Faktoren (z.B. Tropenwälder) verringert bzw. vernichtet werden. Besonders kontrovers, weil kaum vorhersehbar sind potenziell bedrohliche Einzelentwicklungen – sogenannte „tipping points" – mit Blick auf den Treibhauseffekt: das Auftauen des Permafrostbodens in Sibirien; die Erwärmung der Ozeane; oder mit Blick auf unmittelbare Folgen: z.B. der Anstieg des Meeresspiegels durch das Schmelzen der Polkappen oder durch Erölbohrungen in der Arktis.

Mit den *Szenarien* werden auch viele enger fokussierte Datensammlungen, Prognosen und Diskussionslinien angeregt: welchen Anteil unserer globalen Ressourcen haben wir schon verbraucht[104]? Hier lässt sich berechnen, wann

---

103 Inzwischen zeigen Smogwerte von Peking, Shanghai oder auch Neu Delhi, dass dieses Argument nicht trägt.
104 Darauf weist der Welt-Erschöpfungstag hin: Ab sofort leben wir von der Substanz, d.h. zu Lasten der GdZ.

Deutschland voll versiegelt ist, wenn die täglich Flächenvernutzung (derzeit um die 70ha) so weiter geht. Ähnliches gilt für die Abholzung des Regenwaldes oder den Wasserverbrauch für die Erzeugung von einem Kilo Rindfleisch[105]. Wie viele Menschen mit den westlichen Konsumstandards kann der Globus verkraften[106] ? Wann gibt es keine Fische mehr in den Weltmeeren, oder nur noch solche, deren Hauptnahrung Plastikmüll ist?. Wie viele Golfplätze werden wir uns in Zukunft noch leisten können? All diese zählbaren Sachverhalte können Anlass für weiterreichende zukunftsbezogenen Folgenabschätzungen sein: Welche Länder werden in welchem Maße von den Folgen des Klimawandels besonders negativ betroffen sein?[107]. Werden in Zukunft Kriege um die knapper werdenden Ressourcen geführt: vor allem um Wasser, Flächen für Landwirtschaft, Sand (für die Hochhäuser der Megacities), Nahrungsmittel?

Bei dem Versuch, diese Fragen zu beantworten, spielen *Hochrechnungen* eine wichtige Rolle. Sie sind hier vor allem für solche Aspekte von Interesse, die die Lebensmöglichkeiten der GdZ und ihrer Zukunft betreffen. Zu Grunde liegen zunächst die schon erwähnten Projektionen über Emissionswerte, Eisschmelze, Anstieg von Durchschnittstemperaturen, Anstieg des Meeresspiegels, Wüstenbildung etc. Näher am Alltag der GdZ in Deutschland sind Kommunikationen über Wetterereignisse – wie Starkregen, lange Trockenperioden, Stürme etc. – die schon heute beobachtet, aber für die GdZ in größerem Ausmaß prognostiziert werden. Dabei sind auch Wirkungsketten zu beachten. Temporäre Trockenheit (Wassermangel) wird mit immer tieferen Bohrungen beantwortet, was aber den Grundwasser-Spiegel weiter absenkt und zur irreparablen Austrocknung der Böden führt. Damit werden Beobachtungen stärker auf die lokalen und regionalen Ursachen von Umwelt- und Klimaproblemen gerichtet: in welchem Maße wird die GdZ an den gesundheitsschädlichen Emissionen in ihren Großstädten leiden: sind Verhältnisse wie schon heute in Peking, Neu Delhi oder Mexico Stadt zu erwarten: wie löst Stuttgart das schon jetzt zu beobachtende Feinstaub- und Stickoxyd-Problem?

---

105 Kabarettisten drücken das angesichts der startenden Grillsaison ganz plastisch aus: mit diesen Fleischstücken auf dem Grill vernichtest du einen bezifferbaren Teil deiner Zukunft. Die Reaktion ist auch erwartbar: so wurden die Grünen – quasi als Ökodiktatoren – dafür kritisiert, dass sie für einen fleischlosen Tag pro Woche in den Kantinen geworben haben.

106 Meist wird darauf hingewiesen, dass wir 2,5 (oder mehr) Erden brauchten, um allen Menschen den westlichen Konsum-Standard zu ermöglichen; trotzdem wird mit diesem Standard in der ganzen Welt geworben – was sogar Flüchtlingsströme auslöst.

107 Alle Szenarien zeigen, dass es v. a. die südliche Hemisphäre sein wird. Der Strom der Klima-Flüchtlinge wird danach von Süd nach Nord verlaufen. Selbst Kanzlerin Merkel hat im Juni 2016 auf diese bald zu erwartenden Flüchtlingsbewegungen hingewiesen.

- *Zielsetzungen und Dispositionen für die Zukunft*

Zielsetzungen und konkrete Entscheidungen mit Zukunftsbezug sind häufiger zu erwarten, wenn die Prognosen relativ sicher erscheinen und – vor allem – wenn bestimmte Effekte schon hier und heute zu beobachten sind und in ihren Konsequenzen für die Gesellschaft dargestellt werden (können): als typisches Format kann die Aussage gelten, dass laut Bundesumweltamt in Deutschland 47.000 vorzeitige Todesfälle durch überhöhte Feinstaubkonzentration in den Städten verursacht werden; oder: die WHO geht von weltweit 3 Millionen Toten aus, die jährlich an der Luftverschmutzung sterben.

Es geht deshalb um den Versuch, für viele dieser heute beobachtbaren Umweltbelastungen „rote Linien" zu definieren, die nicht überschritten werden sollten – wie die Begrenzung auf 2 Grad globale Erdwärmung in der zweiten Hälfte des Jahrhunderts und lokal durchschnittlich maximal 20 Mikrogramm Feinstaub pro Kubikmeter Luft. Deutlich höhere Werte, die vorhanden oder zu erwarten sind, werden teils als Kontrollproblem, teils als Versagen zuständiger Akteure oder sogar als Klima-Katastrophe interpretiert[108]. Flankiert werden die auf Grenzwerte bezogenen Ziele durch Maßnahmen, die die „von Menschen gemachten" Ursachen kompensieren (Renaturierung) oder begrenzbar erscheinen lassen: Emissionen von fossilen Brennstoffen, Chemie in der industrialisierten Landwirtschaft, Energieverbrauch, Fleischkonsum u.a.m. Allgemein ausgedrückt geht es um veränderte, ökologisch verantwortbare Produktions- und Konsumstile, die sich in der GdZ durchgesetzt haben sollten, und/oder um die Hoffnung auf technische und biochemische Innovationen: z.B. energieeffiziente Maschinen, erneuerbare Energien (Solarpanels u.a.), CO_2 fressendes -Plankton(?). Selbst langfristige *Zielsetzungen* wie z.B. im projektierten Klimaschutzgesetz 2050 des Bundes bleiben keineswegs unwidersprochen, weil rasch sichtbar wird, dass die Umsetzung schon heute beginnen sollte. Manchmal werden sie als Spinnerei von Ökofreaks abgetan oder es wird auf Rebound – Effekte hingewiesen: würde man den Zielen folgen, so würde das Gegenteil der beabsichtigten Wirkung erreicht[109]. Besonders häufig dürfte die Meinung vorherrschen, dass man individuell keinen wirksamen Beitrag leisten kann, weil es andere Personen, Organisationen, Gesellschaften auch nicht tun.

Viele *Zielsetzungen* werden pauschal als Schutzmaßnahmen beschrieben und erörtert, wobei hier dem Klimaschutz – mit Blick auf die GdZ besondere Aufmerksamkeit geschenkt wurde. Dies bedeutet allerdings nicht, dass der Naturschutz nicht ebenfalls entsprechende Beachtung verdient: als neueres

---

108 So ließen die sich 2015 häufenden Appelle lesen, die Klimakonferenz in Paris nicht scheitern zu lassen.

109 Ein oft genutztes Beispiel sind die Energie-Sparbirnen, die faktisch oder vermeintlich dazu führen, dass man die Dauer der Lichtnutzung gar nicht mehr kontrolliert.

Beispiel lässt sich das Bienensterben erwähnen, das erhebliche Auswirkungen auf die Nahrungsmittelproduktion haben kann[110]. In zunehmendem Maße werden aber auch Anpassungsmaßnahmen auf die Liste der Zielvorgaben gesetzt: „Adaptation" ergänzt „Mitigation". Dies betrifft z.b. die Städteplanung mit Blick auf Belüftungskorridore – zur Vermeidung von Hitzeinseln. Es geht aber auch um den zukünftig erhöhten Bedarf an Katastrophenschutz-Kapazitäten z.b. bei Überflutungen, die auch durch neue Rückhaltebecken etc. nicht vermieden werden können.

Die vorangegangen Beobachtungen und insbesondere die *Zielsetzungen* haben bereits deutlich gemacht, dass es sich bei den Themen Natur, Wetter, Klima um typische Mehrebenenprobleme handelt. *Dispositionen* stehen also auf allen Entscheidungsebenen der Weltgesellschaft – angefangen von der UN bis zu den privaten Haushalten in X-Stadt/Deutschland auf der Tagesordnung. Noch dominieren Anstrengungen zum Umwelt- und Klima-Schutz:

- Kann der Handel mit Verschmutzungsrechten international wirksam gestaltet werden[111]?
- Wird die Energiewende mit ihrem Fokus auf erneuerbare Energien in Deutschland erfolgreich verlaufen und ein Vorbild für andere Länder sein?
- Ist der partizipativ erstellte Klimaschutz-Plan NRW (2015), als „Auftrag" des Klimaschutzgesetzes NRW ein wirksames Mittel für die Diffusion von verändertem Verhalten in den gesellschaftlichen Alltag?

Die in 2015 verabschiedeten Ziele der UNO Agenda 2030 zeigen die starke Betonung der Nachhaltigkeitsziele sowie die enge Verflechtung mit der Vorstellung von weltwirtschaftlicher Entwicklung. Die Überzeugungskraft dieser überwiegend nicht neuen Themen und praktischen Initiativen ist offenbar nicht sehr groß. Überlegungen zur Gestaltung und Festlegung von Anpassungsmaßnahmen laufen deshalb parallel:

* Im Dezember 2008 beschloss die deutsche Regierung die Deutsche Anpassungsstrategie (DAS). Dabei wird vor allem das Konzept der „Vulnerabilität" benutzt, um die (regional) unterschiedlichen Gefährdungen abzuschätzen[112].

---

110 Wenn aus China darüber berichtet wird, dass die Blütenbestäubung von Menschen mit Q-tips (oder ähnlichen Hilfsmitteln) durchgeführt werden muss, ist dies keine Bagatelle für die GdZ.

111 Ist möglicherweise die in dem Buch „Macht" (Duve 2016) beschriebene Variante erwägenswert? Es beschreibt, wie im Jahr 2031 Verschmutzungsguthaben auf Einzelpersonen verteilt werden: man hat u.a. die Wahl zwischen einer Fernreise und einer Grillparty – oder man muss anderen Personen ihre Verschmutzungsgutscheine abkaufen.

112 Nach Studien des Potsdam Instituts für Klimaforschung (2005) ist Deutschland insbesondere im Hinblick auf Wasser, Skitourismus und Gesundheit „vulnerabel".

Die EU-Kommission zog 2009 mit einem Weißbuch zur Anpassung an den Klimawandel nach[113].

* Die Gutachten des IPCC weisen auf die Faktoren hin, die Anpassungsprobleme definieren: wie stark ist eine Region dem Klimawandel ausgesetzt, welche Folgen hat dies, wie groß ist die Bewältigungskapazität (Resilienz)?

* Konkrete Maßnahmen werden auf den Prüfstand gestellt: das Konzept der „wassersensiblen" Stadt (z.b. Duisburg) beinhaltet die Suche nach Parkplätzen als potenziellen Überschwemmungsgebieten für die Bewältigung von Starkregen-Überflutungen – wie sie im Frühsommer 2016 bundesweit zu beobachten waren.

* Machen grüne Schneisen im Stadtgebiet Sinn, wenn sie den zunehmenden Stürmen zum Opfer zu fallen drohen?

Die Kommunikationen zeigen das Spektrum von gegenwärtigen *Dispositionen*, die über die Vulnerabilität und die Anpassungsfähigkeit der GdZ (mit-)entscheiden.

Zusammenfassend lässt sich feststellen, dass sich die mit naturwissenschaftlichen Methoden messbare, insgesamt etwas konkreter „berechenbare" Zukunft in einer stärkeren Reflexion der Situation in der GdZ und ihrer Zukunft niederschlägt. Die thematische Vielfalt, der instruktive Rückblick auf die Vergangenheit und die umfassende Betroffenheit der Gesellschaftsmitglieder, die schon erste Wirkungen der Klimaveränderungen wahrnehmen[114], fördert eine breite Beteiligung an der Kommunikation wie an praktischen Handlungen.[115].

Exkurs: Massenmedien beobachten den Klimawandel

Wie im vorangegangenen Abschnitt bereits beschrieben, spielen Umweltthemen auch bei der Beobachtung der (welt)wirtschaftlichen Entwicklung eine wichtige

---

113 Am 16. April 2013 wurde von der EU Kommission eine EU-Strategie zur Anpassung an den Klimawandel vorgestellt. Sie verfolgt drei Ziele: die Förderung von Anpassungsmaßnahmen in den Mitgliedsländern, die Verbreiterung der Wissensbasis über den Klimawandel zur fundierten Entscheidungsfindung und die Integration von Anpassungsbedürfnissen in EU-Politikfelder wie der Gemeinsamen Agrarpolitik. (Wikipedia: abgerufen am 12.9.2015)

114 Es ist nicht unüblich, bestimmte Personengruppen hinsichtlich ihrer alltäglichen Beobachtungen/Erfahrungen zu befragen: z.B. die Winzer.

115 Dies schließt einen Widerspruch in der gegenwärtigen Situationsbeurteilung nicht aus: Umweltfragen werden für wichtig gehalten – aber im direkten Vergleich mit anderen aktuellen Risiken stehen Arbeitslosigkeit, Armut, Kriminalität u.a. deutlich im Vordergrund.

Rolle. Allerdings betrifft dies nicht nur bremsende, sondern auch antreibende Wirkungen. Insofern kann es unterschiedliche Erzählungen geben – je nach dem, ob diese aus der Perspektive von Atomwirtschaft oder von Windkraft-Wirtschaft erfolgen. Die Selektivität der medialen Darstellung könnte dabei ggf. aus der Sicht des einen oder anderen Wirtschaftszweiges erfolgen, wäre aber nicht unbedingt durch einen Konflikt Ökonomie vs. Ökologie geprägt. Oder anders ausgedrückt: es wird über Risiken und Chancen kommuniziert.

Im Hinblick auf die Umwelt/Klima-Thematik – als externe Umwelt, die nicht kommuniziert – ist das Spektrum der stellvertretenden Beobachter und Sprecher besonders groß, weil alle Gesellschaftsmitglieder betroffen sind. Insbesondere der Klimawandel zeigt, dass es schwierig ist, die eigene Lebensregion als nicht betroffen oder nicht gefährdet zu beschreiben. Zudem lassen sich für viele Sachverhalte auch mit Blick auf die GdZ relativ präzise Informationen kommunizieren. Eine besondere Rolle spielen deshalb in der medialen Kommunikation die Experten aus Wissenschaft und Forschung, die zudem ein sehr hohes Maß an Internationalisierung aufweisen. Dies liegt nahe, weil die Naturbeobachtungen den ganzen Globus umfassen (müssen). Insofern sind kontroverse Kommunikationen vor allem wissenschaftsintern verankert – ggf. forciert durch Stakeholder, Lobbyisten und Zweifelstreuern. Gleichwohl ist die Position der Wissenschaft – für die ja der Streit um richtige Antworten konstitutiv ist – relativ einheitlich.

Eine weitere Besonderheit ist die Rolle von zivilgesellschaftlichen Akteuren (NGOs, Umweltverbände). Unabhängig von der aktuell krisenhaften Zuspitzung der Umwelt/Klima Thematik haben diese Personen(Gruppen) schon immer für die nicht-sprechende Natur gesprochen[116]. Die Erhaltung der natürlichen Umwelt als Lebensraum für Menschen und Flora/Fauna ist ein kaum widersprochener Grundsatz[117]. Hinsichtlich der medialen Darstellung spricht also vieles dafür, dass die Kommunikationen zum Umwelt/Klima-Thema eher wenig gefiltert werden können – vor allem, wenn sie sich auf kaum widerlegbare Beobachtungen und Messwerte beziehen. „Meinungen" sind hierbei kaum kommunikativ anschlussfähig. Allerdings bleibt zu beachten, dass auch hier (z.B.) Aufmerksamkeit erzeugende Katastrophen größere Berücksichtung finden als (z.B.) kleine alltägliche Fortschritte oder Rückschritte hinsichtlich eines nachhaltigen Lebensstils.

Im Vergleich zu der Zukunft der Wirtschaft ist beim Thema Umwelt/Klima der Fokus auf die GdZ sichtbarer. Verankert ist dies u.a. in dem häufigen Hinweis

---

116 Deshalb ist es auch nicht verwunderlich, dass in Bevölkerungsbefragungen diesen Gruppen das höchste Vertrauen in Umweltfragen entgegengebracht wird: ihnen geht es weder um das nächste lukrative Geschäft mit dem Umweltschutz noch um die Mehrheit bei der nächsten Parlamentswahl.

117 Dies gilt auch dann, wenn einige Superreiche sich faktische oder vermeintliche Refugien (intangible Inseln, Raketensilos u.ä.) sichern – oder, wie in SF-Filmen, schon Plätze auf einem künstlichen Planeten gebucht haben.

auf Kinder und Enkelkinder, die u.U. nicht behebbaren Mängeln – z.B. der Was-
serknappheit – ausgesetzt sind. Dagegen ist es eher irrelevant, ob die Enkelkin-
der noch SUVs fahren wollen oder ihr iPhone in der Brille tragen werden. „Blinde
Flecken" in der medialen Darstellung des Themas sind allenfalls in einzelnen
interessengeleiteten Medien oder in „Echokammern" im Internet zu finden. Die
breite Betroffenheit der Gesellschaft lässt eine durchweg selektive Kommunika-
tion nicht zu.

3.2.2.2 Beobachtungskommentare
(Schwerpunkt funktionale Differenzierung)

(a) Diagnostische Elemente: die impliziten und expliziten Bezüge zu der sys-
    temtheoretischen Argumentation

Kommunikationen, die eine explizite systemtheoretische Beobachtungsperspektive aufweisen, sind auch mit Blick auf Umwelt-/Klimathemen selten; es
lassen sich aber auch hier implizite Bezüge erkennen. Das Bewusstsein von
der (externen) strukturellen Koppelung des Gesellschaftssystems mit der natürlichen Umwelt hat sich breit durchgesetzt. Dabei werden übergreifende
Einsichten übermittelt: dass es sich um ein Öko-*System* handelt, in dem beachtenswerte, aber eben oft auch *kontingente* Wechselwirkungen bestehen; dass
viele Ressourcen des Planeten Erde endlich sind, so dass ein übermäßiger Verbrauch – nicht zuletzt durch das weitere globale Bevölkerungswachstum – zu
Lasten der GdZ geht; dass (v.a.) die Klimaproblematik und ihre Folgen *globale*
Zukunftsthemen sind, die von einzelnen Gesellschaften nicht allein bewältigt
werden können.

* Beobachtet wird auch die Tatsache, dass diese strukturelle Koppelung direkt oder indirekt die Physis der Menschen betrifft: systemtheoretisch ausgedrückt spielt die *Interpenetration* von Individuen und sozialen Systemen eine
bedeutsame Rolle. Die Rückwirkungen des Klimawandels auf die Menschen
werden deutlicher kommuniziert als die „Entgleisungen" des kapitalistischen
Wirtschaftssystems im Hinblick auf Menschenrechtsverletzungen. Den Hintergrund bildet die Tatsache, dass (auch in Deutschland) ein großer Teil der
Kommunikation durch gegenwärtiges individuelles Erleben angestoßen wird.
Es ist also nicht überraschend, dass viele darauf basierende zukunftsbezogene
Impulse in der Bevölkerung/Zivilgesellschaft entwickelt werden. Für einige
Kommunikationsbeteiligte erscheint das so bedrohlich, dass sie schon eine
Ökodiktatur voraussagen. Diese Argumentation verkennt aber, dass es dafür
eine zentrale (z.B. politische) Adresse geben müsste. In einer – zumindest in
wesentlichen Elementen noch existierenden – funktional differenzierten Ge-
sellschaft ist dies aber nicht der Fall.

* Viele Kommunikationen verweisen darauf, dass die natürliche Umwelt ein Beobachtungsbereich ist, mit dem sich jedes gesellschaftliche Funktionssystem – nach Maßgabe der je spezifischen Kommunikationslogik – befassen sollte. Die Verwendung einheitlicher Begriffe – wie „Nachhaltigkeit" – ist dabei aber keine Garantie für ein einheitliches Verständnis, wenn der Sinnzusammenhang unterschiedlich ist. Insofern ist man auch bei diesem Themenfeld auf eine Beobachtung der Wechselbeziehungen („Balancen") zwischen den Funktionssystemen angewiesen – und stößt auf mehr oder weniger defizitäre Beobachtungsmuster, Irritationen, strukturelle Koppelungen oder sogar partielle „Kaperungen".

* Am sichtbarsten wird die funktionale Differenzierung an der Bedeutung, die dem Wissenschaftssystem eingeräumt wird. Dies gilt vor allem für die Klimathematik[118]. Dabei geht es um überwiegend naturwissenschaftlich begründete *Wahrheits*fragen im Hinblick auf Ursachen, Erscheinungsformen und Folgen des Klimawandels. Das Irritationspotenzial des Wissenschaftssystems ist hier vergleichsweise hoch. Daher kann man Reaktionen in allen anderen Funktionssystemen erwarten, besonders sichtbar allerdings auch hier die Verarbeitung im Wirtschaftssystem[119], im politischen System[120] und im Mediensystem[121], seltener im Rechtssystem und im Erziehungssystem. Die je spezifischen Reaktionen sind dabei sowohl auf die Beobachtung des Wissenschaftssystems als auch auf die Beobachtung der Beobachtung des Wis-

---

118 Auch wenn das Spektrum der Themen vom Schutz von Flora und Fauna über die Nutzung natürlicher Ressourcen bis zu veganem Essen etc. reicht, ist die Bedeutung von Klima verändernden Eingriffen und ihren Folgen von besonderer Relevanz für die Zukunft der Weltgesellschaft.

119 Die Reaktion ist doppelgleisig: Einerseits wird versucht, durch neue Technologien (Stichwort: Energie-Effizienz) Probleme zu lösen. Andererseits werden neue Chancen definiert (Stichwort: Merlot-Anbau demnächst auch in Dänemark). In jedem Fall geht es um Geschäfte, die Zahlungen erwarten lassen.

120 Die Politik ist insofern besonders involviert, weil sie stärker als andere Funktionssysteme das Gemeinwohl bzw. die Interessen der Bevölkerung im Auge haben muss. Insofern ist es eher verwunderlich, dass sie immer wieder Entscheidungen verzögert, die andere Funktionssysteme beeinträchtigen könnten. Eine typische Strategie lautet: die Wissenschaft soll erst einmal weiter – präziser – forschen. Die Sicherheit der Forschungsergebnisse wächst mit der zeitlichen Nähe zu bestimmten Ereignissen. Eine Erdbebenvoraussage ist am besten, wenn es erste Schockwellen gibt. Insofern ist nachvollziehbar, dass manche Beobachter davon sprechen, dass (nur!) die Krise, der Crash oder die Katastrophe „die Lösung" wären: erst dann wird entschieden – wenn möglicherweise auch bereits aussichtslos – gehandelt.

121 Hier haben, wie üblich, eher die aktuellen Folgen (Stürme, Starkregen, Hitzeperioden) hohe Aufmerksamkeit – im Vergleich zu den Langfristprognosen des IPCC.

senschaftssystems durch andere Funktionssysteme[122] bezogen. Versucht man hierfür eine Verallgemeinerung zu formulieren, so kann man davon sprechen, dass die Klimawandel-Thematik ein geeignetes Beobachtungsfeld ist, um die relative Position der Funktionssysteme zueinander zu beschreiben. Dies gilt wiederum besonders für die Beziehungen (Irritationen, Koppelungen) zwischen Politik und Wirtschaft.

* Mit Blick auf die *Globalität* des Problems ist auch ein internationaler Vergleich von Interesse – z.b. Deutschland, USA, China. Er zeigt, dass das PAS in Deutschland (z.T. auch die EU insgesamt) in dieser Thematik deutlich aktiver und durchsetzungsfähiger ist als in anderen Ländern. Dazu trägt u.a. das in Europa stärker verankerte Vorsorgeprinzip bei. Gegenüber der nachträglichen Regulierung von Schäden, die aus dem Prinzip „erst mal machen und dann die Folgen beobachten" ist die Vorsorgestrategie besonders dann im Vorteil, wenn die Schäden irreparabel sind/wären. Dies ist bei einigen Umwelt/Klima-Entwicklungen der Fall.

Die Erwartung einer zunehmenden Betroffenheit der Weltgesellschaft in der Zukunft ist allerdings in zweierlei Hinsicht zu relativieren: 1. es gibt regionale Unterschiede, so dass die Folgen des Klimawandels regional und zeitlich ungleich verteilt sind[123]. Bedeutsamer ist 2. aber wohl die Existenz von „Parallelgesellschaften" der Superreichen (ca. 1% der Weltbevölkerung), die sich nicht nur in zunehmendem Maße der Beobachtung und Irritation bzw. der strukturellen Koppelung mit Politik, Recht, Medien entziehen (können), sondern auch den Einflüssen des Klimawandels. Entgegen der üblichen Unterstellung sitzt die Weltbevölkerung auch in der GdZ höchstwahrscheinlich nicht wirklich „in einem Boot".

Zusammenfassend lässt sich feststellen, dass die Kommunikation von Umwelt/Klima-Veränderungen ansatzweise in den verschiedenen Funktionssystemen – wenn auch ungleichgewichtig – zu beobachten ist. Die besondere Bedeutung des Wissenschaftssystems ist erkennbar; die Zweifelstreuer verlieren an Bedeutung, weil hierbei „Natur-Gesetze" zur Debatte stehen, die

---

122 Das Beispiel VW und der Dieselmotor-Skandal liest sich dann so: im Verhältnis zum Wissenschaftssystem wird der Klimawandel nicht geleugnet, sondern – sogar in den USA – signalisiert: durch saubere Motoren tun wir etwas dagegen. Im Verhältnis zu Politik und Rechtssystem werden Vorschriften missachtet, Messwerte gefälscht und durch gezielte Lobbyarbeit eine Verschärfung von Abgasnormen – aus ökonomischen Interessen – verhindert.

123 Manche Regionen – zu denen wahrscheinlich auch Europa/Deutschland zählen – werden u.U. stärker von den Sekundärfolgen (Wanderungsbewegungen, Krieg um Wasser u.ä.) betroffen sein als von den Primärfolgen. Für 2050 erwartet die UNO 350 Millionen Klimaflüchtlinge weltweit. (Prognose von 2015).

nicht beliebig verhandelbar sind. Dadurch gewinnt auch der Blick auf die GdZ deutlich mehr Konturen als z.B. bei der (Welt)Wirtschaftsthematik. Einige der schon heute beobachtbaren Phänomene werden weiter bestehen und sich ggf. verstärken, andere werden langsam sichtbarer werden[124], einige sind noch für gravierende Überraschungen gut. In jedem Fall wird die GdZ nicht nur die Primärfolgen des Klimawandels erleben, sondern wegen der Globalität vieler Phänomene auch die Sekundärfolgen. Zu den Ambivalenzen der Entwicklung tragen auch inkonsistente zivilgesellschaftliche Handlungsweisen bei: für Greenpeace spenden, aber mit dem Geländewagen (SUV) durch die Innenstädte brausen.

(b) „Therapeutische" Elemente: die Gestaltungsüberlegungen für die Gesellschaft der Zukunft und ihre potenzielle Wirksamkeit

* Obwohl die diagnosebezogenen Kommunikationen neben den spezifischen Bobachtungen des Umwelt/Klima-Themas durch einzelne Funktionssysteme teilweise auch die allgemeinen Beziehungen zwischen den Funktionssystemen berücksichtigen, bleiben die „Therapie-Vorschläge" eher auf begrenzte Effekte bezogen. Dies gilt natürlich nur dann, wenn nicht „die Katastrophe" als Lösung erörtert wird. Es gibt seit vielen Jahrzehnten konkrete Überlegungen zur Nachhaltigkeit im Umgang mit den natürlichen Ressourcen – was sowohl ihren Verbrauch als auch ihre Beeinflussung betrifft. Selbst die Fokussierung auf die Luft (-verschmutzung) und den Klimawandel konnte ihre wirksame Beeinflussung durch die Weltgesellschaft nur selten überzeugend unter Beweis stellen. Eine Therapie, die nicht zugleich bei den Hintergründen der (unzureichend) funktional differenzierten Gesellschaft ansetzt – so die Quintessenz der systemtheoretisch ausgerichteten Beobachtung – wird für die GdZ keine Verbesserung sondern eine Verschlechterung der Klima-/Umwelt-Bedingungen bedeuten[125]. Ein Kernproblem bleiben die Widersprüche von Entscheidungsträgern – die z.B. mit weißen Tüchern vor dem Auto-Auspuff werben und gleichzeitig die Abgaswerte zu manipulieren erlauben – oder Konsumenten – die z.B. auf Fleischverzehr verzichten, aber die Pestizide in der Landwirtschaft ignorieren.

* Indirekt tragen die gegenwärtigen Kommunikationen diesem Fazit bereits Rechnung, indem zunehmend auf Anpassungsmaßnahmen an den nicht aufzuhaltenden Natur- und Klimawandel umgestellt wird. Allerdings wiederholt sich hierbei wahrscheinlich das Problem, dass die wichtigsten Verursacher

---

124 Hier wird dann gern das Beispiel vom Frosch erzählt, der gar nicht merkt, dass die Temperatur seines Wassers langsam aber kontinuierlich steigt – bis er verbrüht ist.

125 Konkret: solange es nicht gelingt, die Kosten für Naturverbrauch/Klimaschädigung in die Produktionskosten von Gütern und Serviceleistungen zu internalisieren, wird sich die bisherige Entwicklung fortsetzen.

eher geringere Anpassungskosten haben. Zugleich sind sie oft wenig bereit, kompensatorisch Finanzhilfen für Dritte zu leisten. Dies wäre aber als „Therapie" insofern bedeutsam, als dadurch Sekundärfolgen wie Flüchtlingsströme oder Kriege um Ressourcen eingeschränkt werden könnten. An diesbezüglichen Kampagnen ist kein Mangel, doch eine wirksame Problembegrenzung ist für die GdZ nicht erkennbar. Möglicherweise versprechen diverse Reparaturarbeiten hohe Gewinne. „Global Governance" ist weiterhin auch in der Klimathematik ein uneingelöstes Versprechen. Die Beschlüsse von Paris 2015 werden erneut als Testfall interpretiert: Es geht um ihre Ratifizierung[126], die Spezifikation konkreter Ziele (mit Zeitbezug), die Durchführung und ihre internationale Kontrolle. Dieses „Projekt" ist insofern besonders beachtenswert, weil hierbei (erstmals) eine breite Inklusion der Mitglieder der (Welt-)Gesellschaft bzw. der UN-Mitgliedsstaaten besteht: wenn es an diesem Punkt nicht gelingt, das Ensemble von Funktionssystemen der auf globaler Ebene hinreichend auf die Klimaschutzziele auszurichten, bleiben die Chancen für die Entwicklung der GdZ eher kritisch zu beurteilen.

3.2.3 Internet (Digitalisierung)

Das Internet ist ein technikbasiertes Netzwerk, das eine neue Verbreitungstechnologie für „Kommunikation" bereitstellt. Da bei unserer Zukunftsbeobachtung ein spezifischer, systemtheoretischer *Kommunikations*begriff verwendet wird, ist mit Blick auf die digitale Welt zunächst von Datentransfers (eine endlose Kette von 0/1 Ziffern) zu sprechen. Die Software (Digitalisierung) lässt sich in verschiedenen Funktionssystemen zur Anwendung bringen bzw. bündeln – also in den Massenmedien, in der Wirtschaft, in der Politik, in der Wissenschaft usw. Dabei ist es zwar gut begründet, aber stets auch zu prüfen, ob die Beobachtung der (Welt-)Gesellschaft im Sinne der kommunikativen Erreichbarkeit von Personen mit der Entwicklung des Internets verknüpft werden kann. Zudem muss eine grundsätzliche Komplikation in Kauf genommen werden: das Internet ist ein Transportmittel für Zukunftskommunikation und zugleich auch Gegenstand der Beobachtung[127].

---

126 Mit der auf dem G20 Gipfel in Hangzhou (2016) mitgeteilten Ratifizierung durch China und die USA ist ein wichtiger Schritt erfolgt, auch wenn die notwendige Quote von 55% damit noch nicht erreicht ist.

127 Dies erschwert die Beobachtung dritter Ordnung. Hilfreich ist deshalb die Selbstbeobachtung des Funktionssystems der Massenmedien – auch mit Blick auf die Internetentwicklung: ein gutes Beispiel für das Medium Fernsehen ist die Sendung Zapp.

3.2.3.1 Trends

Das Internet ist seinen ursprünglichen Zwecken für Wissenschaft und Militär davongelaufen. Die Digitalisierung aller Typen von bisher verwendeten Verbreitungstechnologien hat deren Verknüpfung ermöglicht bzw. erleichtert. Entscheidend für die Dynamik der Entwicklung waren die Miniaturisierung der elektronischen Komponenten und damit u.a. das Anwachsen der Speicherkapazitäten und der Arbeitsgeschwindigkeiten. Dies ermöglichte schließlich die Mobilität der technischen Komponenten. Es ist nicht übertrieben, wenn das iPhone heute als „ambulantes Rechenzentrum der 1970er Jahre" bezeichnet wird. Die hohen Kapazitäten erlaubten auch die Entwicklung sehr leistungsfähiger Programmiersprachen, die sich immer mehr von Maschinen-Code und Assembler entfernten und komplexe Multitasking-Aufgaben mit hohen Geschwindigkeiten zu erledigen erlauben. Diese Geschwindigkeiten ermöglichen die Übertragung über lange Distanzen, so dass das Internet neben den bestehenden Telefon- und Fax-Netzen als weltweite Verbreitungstechnologie etabliert wurde. Die Zahl der Netz-TeilnehmerInnen wächst kontinuierlich – weltweit sind es gegenwärtig annähernd 3 Milliarden Nutzer. Bald wird die Zahl der Telefonanschlüsse (ca. 4 Milliarden) erreicht werden – und dies mit erheblich mehr Varianten der Datenübermittlung.

Für die GdZ wird eine fast flächendeckende Versorgung mit Netzanschlüssen unterstellt. Außerdem erlaubt die Digitalisierung die Verknüpfung des Internet mit vielfältigen, ebenfalls digital gesteuerten Prozessen: Versorgungsnetze (z.B. Energie), Intra-Netze in Organisationen, Navigationssysteme im Flugverkehr, Schifffahrt und Automobilverkehr u.v.a.m. Nicht zufällig wird von einer Datenautobahn gesprochen, auf der verschiedene Daten über unterschiedliche, redundante Wege zwischen beliebig weit entfernten Adressen transportiert werden können. Obwohl es dabei um virtuelle Objekte geht, ist ein Vergleich zwischen Internet und Straßennetz sinnvoll, denn beide Netze lassen eine Vielzahl von Transportmitteln und Ladungen auf unendlich vielen Transportwegen zu. Insofern kann man zunächst davon sprechen, dass die Netze eine neutrale Plattform darstellen, dass sie damit sogar einem öffentlichen Gut ähneln, von dem niemand ausgeschlossen ist und das von vielen Akteuren gleichzeitig genutzt werden kann – wobei letzteres vor allem für das Internet zutrifft. Die Erstellung der Netze und ihre Nutzung verursachen allerdings erhebliche Kosten bzw. verbrauchen Ressourcen – insbesondere Energie. Insofern ist eine Entwicklung zu einem Wirtschaftsgut zu erwarten, dessen Angebot-Nachfrage Relation i.d.R. über den Preis geregelt wird. Dabei spielen auch konkurrierende Nutzungen eine wichtige Rolle: lässt man Panzer oder Road-Trains (Australien) über die Autobahn fahren, dann ist der Pkw-Verkehr erheblich gestört; in Deutschland zahlen LKWs eine Autobahn-Maut, in anderen Ländern gilt dies für alle Autobahnnutzer; Fahrzeuge mit schädlichen Emissionen dürfen in bestimmte Umwelt-Zonen der Städte nicht hineinfahren usw.

Der Vergleich dient dem Zweck aufzuzeigen, dass das Netz – hier nun exemplarisch das Internet – zunächst nur eine technische Plattform darstellt. Insofern kann es nicht verwundern, wenn vielfältige, z.T. auch widersprüchliche Projektionen und Erwartungen damit verbunden sind. So treten z.B. entgegen den ursprünglichen Erwartungen hinsichtlich einer neuen – und zudem noch kostenlosen – Bewegungs- „Freiheit" des Individuums inzwischen immer häufiger komplexe Kontrollmuster und Hierarchisierung in Erscheinung. Eine der entscheidenden Fragen für die GdZ lautet somit, ob die Offenheit der Plattformnutzung bestehen bleiben wird[128]. Dies unterstellend sind durch die Digitalisierung, d.h. die numerischer Darstellung immer weiterer (analoger) Prozesse wie Sehen, Hören, Sprechen, Fühlen etc. der *Fantasie* zur Anwendung und zur Vernetzung der Daten keine Grenzen gesetzt. Es geht also um nicht mehr oder weniger als um die „Digitalisierung der Welt". Dass dabei die (Welt-) Wirtschaft als Produzentin und Nutzerin der verwendeten Technologien eine zentrale Rolle spielt, ist ebenso sichtbar wie der Einfluss auf die „Kommunikation" im System der Massenmedien. Die Überschneidungen mit den Themen von Abschn. 3.2.1 sind also nicht zu übersehen. Dabei ist allerdings zu berücksichtigen, dass die Digitalisierung und das Internet auch Entwicklungen befördern, die letztlich zu einer Bremse für die Weltwirtschaft und sogar zu einem Kollaps der Weltgesellschaft werden können. Die Kommunikationen spiegeln zunehmend diese Ambivalenz der Entwicklungsoptionen wider.

- *„große (und kleine) Erzählungen" – Narrative einschließlich der Rekonstruktion historischer Entwicklungen*

Nicht zuletzt die Dynamik der Entwicklung der Digitalisierung und Vernetzung der Welt regt zu Spekulationen über die Zukunft an. Konkrete Zeitbezüge sind allerdings dabei eher selten: Realentwicklungen können selbst „gewagte" Prognosen rasch überholen. Dies ist u.a. die Folge extrem hoher spekulativer Börsengewinne und entsprechender Investitionen in diesem Wirtschaftssegment. Die breite (mobile) Verfügbarkeit der Technologie ermöglicht unüberschaubare Initiativen zu ihrer Nutzung und Weiterentwicklung. Die großen Erzählungen sind trotz der sichtbaren Vielfalt der Bezüge mit der pauschalen Frage nach Vorteilen und Nachteilen, Chancen und Risiken, Weltrettung und Desaster verbunden. Im Mittelpunkt steht häufig die Mensch – Maschine – Konkurrenz. Dabei wird bilanziert, dass sich der Fokus immer mehr von

---

128 Dieses Problem gilt auch für andere Netze, wie z.B. das Stromnetz, wo Netzbetreiber nicht gleichzeitig Netznutzer (z.B. Stromerzeuger) sein sollten.

der Handwerks- über die Dienstleistungsgesellschaft zur Wissensgesellschaft verlagert hat: und damit letztlich zur künstlichen Intelligenz.

- In sehr allgemeiner Weise geht es um die Verteidigung oder „Überwindung" menschlicher Werte und Standards: der Kampf zwischen Maschinen-Anbetern bzw. Propheten des Maschinenzeitalters und ihren Kritikern. Werden intelligente Maschinen die „Masters of the Universe" in der GdZ sein? Gibt es dann überhaupt noch eine Gesellschaft, die nicht zuletzt durch die Möglichkeiten und Grenzen menschlicher Beobachtungs- und Kommunikationsfähigkeit bestimmt ist? Protagonisten wie Kurzweil terminieren die Mensch-Maschine Singularität schon lange vor der GdZ: Weil die Menschen „eigenwillig" sind, müssen sie durch das Netz und seine digitalen Agenten kontrolliert werden[129] : die Börsen sind nur der Anfang. Immer mehr „bots" werden das Internet bevölkern, so dass zunehmend unklar bleibt, wer hier Daten transportiert. Und schließlich: Im Kopf implantierte Chips machen den besseren Menschen aus und erzeugen in Zukunft die bessere Welt. Die Kontroversen lassen sich auch durch die Gegenüberstellung von digitaler/virtueller und analoger/realer Welt beschreiben. Für die GdZ gibt es dabei den „tröstlichen" Hinweis, dass man auch in Zukunft nicht von Nahrungsmittel-Bildern satt werden wird.
- Einen wichtigen Bezugspunkt für große Erzählungen liefert der umfassende Netzcharakter. Die Ambivalenz liegt hier in der umfassenden informatorischen Erreichbarkeit einerseits und den potenziell katastrophalen Auswirkungen von Netzzusammenbrüchen andererseits. Dabei werden sowohl ungewollte technische Defekte oder Naturereignisse (Erdbeben u.a.) als auch absichtsvolle Sabotage durch Hacker etc. thematisiert. In der Gegenwart sind bereits solche Beispiele von Einbrüchen in Datennetze (Stromnetze, Krankenhäuser, der Bundestag u.v.a.m.) bekannt[130]. Für die GdZ geht es vor allem darum, ob diese Risiken beherrscht werden können: Cybersicherheit. Dieses Thema gibt auch neue Anstöße für große Erzählungen über Freiheit, Kontrolle, Monopol, Zwangsmaßnahmen und Dominanz, Aufklärung, Propaganda, Manipulation u.a.m. Dies betrifft sowohl die Rolle autoritärer Staatsstrukturen, großer multinationaler Konzerne als auch von Massenmedien – vor allem aber die Situation, in der diese Merkmale in Kombination auftreten. Insofern entzünden sich Kontroversen an der Rolle von NSA, CIA, BND und anderer weltweit operierender

---

129 Inzwischen beschäftigen sich KI-Spezialisten mit der Frage, ob einer zukünftigen Superintelligenz eine Stoppregel einprogrammiert werden kann, die z.B. besagt: du sollst keinem Menschen schaden (Bostrom 2014).

130 Kürzlich (August 2016) hat das Thema besondere öffentliche Aufmerksamkeit erzeugt, weil der Bundesinnenminister die neue Zivilschutzstrategie (u.a. Notvorräte in bundesdeutschen Haushalten) damit begründet hat.

Geheimdienste: zugespitzt zur Frage, wie die Cyberkriege in der Zukunft aussehen werden[131]. Ebenso wird die globale Rolle von Google, Amazon, Youtube etc. beobachtet, die inzwischen von Multi-Milliardären gesteuert werden. Zunehmend betrifft die Debatte auch die massenhafte Verbreitung von kriminellen Praktiken einzelner Personen im Internet – sowie die Leichtfertigkeit, mit der die meisten Internet-NutzerInnen mit diesen Sachverhalten umgehen.

Historische Bezüge sind wegen der neuen (digitalen) Qualitäten der Entwicklung eher selten.

Am ehesten wird ein Bezug zu anderen Verbreitungstechnologien hergestellt – vor allem zum Buch(druck). Er hat mit der durch ihn geschaffenen Möglichkeit, bestimme Kommunikationsinhalte gleichzeitig an verschiedenen Orten in großer Zahl zur Verfügung zu haben, einen starken Schub in Umfang und Geschwindigkeit gesellschaftlicher Kommunikation erzeugt. Das Internet bzw. die Digitalisierung übertrifft diesen früheren Entwicklungsschub bei weitem. So ist das Fazit diesbezüglicher Kommentare zu lesen.

- *Szenarien (Entwicklungstreiber und Hochrechnungen)*

Wie schon an anderen Beispielen aufgezeigt sind die *Szenarien* für einzelne Entwicklungstreiber z.T. auch Bestandteil großer Erzählungen. Löst man diesen Zusammenhang auf, so stellt sich die Frage nach dem relativen Gewicht einzelner bzw. spezifischer Antriebskräfte. Angesichts der Vielfalt von Faktoren ist bei der Digitalisierung eine Akzentsetzung schwierig. Dies gilt vor allem für das Verhältnis von Angebot und Nachfrage: für die Technikentwicklung einerseits und die sie anfeuernden Nutzung der Verbreitungstechnologie (insbesondere mobile Geräte und das Netz) andererseits. Es gibt gute Gründe, letzteres derzeit und für die GdZ als das prägende Element anzusehen. In jedem Fall wird von einem (weltweit) kontinuierlichen *Wachstum* von Geräten sowie übermittelten und gespeicherten Daten ausgegangen. Dies ist die Folge der schon jetzt unüberschaubaren Möglichkeiten ihrer softwaregesteuerten Nutzung. Die Vielfalt lässt sich dadurch zum Ausdruck bringen, dass alle gesellschaftlichen Segmente davon Gebrauch machen (können) und vom Datentransfer im Netz beeinflusst werden. Oder anders ausgedrückt: mehr als mit jeder anderen Übermittlungstechnologie wird das Internet zum Abbild der schlechten und der guten Seiten der (Welt-)Gesellschaft. Die Bewertungen einzelner Aspekte (*Szenarien*) sind nicht selten voller Widersprüche, aber dabei nuancierter als bei den großen Erzählungen.

---

131 Es ist also nicht überraschend, dass bereits jetzt die Polizei, die Geheimdienste und die Bundeswehr neue Kapazitäten schaffen, die der Abwehr von Cyberattacken dienen sollen.

- Die Bedeutung der Digitalisierung für die Güterproduktion wurde schon mehrfach kommentiert: die Schöpferische Zerstörung (Schumpeter) wird vor allem die Zahl der Arbeitsplätze drastisch reduzieren und/oder entwerten – zu schlecht bezahlter Lückenfüllung. Schätzungen gehen davon aus, dass bis 2030 bis zur Hälfte der jetzt existierenden Arbeitsplätze in Deutschland entfallen könnten. Dabei sind die vielen Start-ups, die sich weiteren Digitalisierungsaufgaben widmen, schon mit einkalkuliert. Die Frage nach den zukünftigen Domänen menschlicher Erwerbsarbeit kann z.b. mit Blick auf Wissensarbeit und personbezogene Dienstleistungen nicht überzeugen, wenn sich die Entwicklung an der Logik des technisch Machbaren ausrichtet. Ein zunehmender Teil der Kommunikation bezieht sich nämlich auf die „Industrie 4.0" oder das „Internet der Dinge" – was letztlich eine Verknüpfung von Digitalem und Analogem beinhaltet. Dies gibt Anlässe für kritische Bewertungen technischer Zustände, ihrer Problemlösungsfähigkeit oder ihrer (ggf.) unerwünschten Folgen. Ein aktuelles Beispiel ist das sich selbst steuernde Auto[132], mit dem aber auch veränderte Produktionsprozesse verbunden werden. Gefragt wird u.a., ob die Bevölkerung überhaupt auf das Steuern des Autos verzichten will, ob das Auto von Hackern manipuliert werden kann, wer für die Unfälle haftet, ob ein Auto dann ein Fahrverbot erhält? Ähnlich kann gefragt werden, ob es sinnvoll ist, dass der Kühlschrank (falls es den dann noch gibt) in der GdZ das Bier selber beim Supermarkt (falls es den dann noch gibt) bestellt – u.v.a.m. Für diesbezügliche Zukunftsthemen ist zu entscheiden, ob die Digitalisierung, das Internet, die Super-KI „die (angestrebte!) Lösung" für eine „gute" GdZ sein wird (Keen 2015).
- Mindestens ebenso große Beachtung findet die Perspektive des Konsums, vor allem in der Verknüpfung von Online-Handel und Werbung. Die Szenarien für die GdZ sind deutlich: die Konsumenten werden nachhaltig manipuliert, indem ihnen permanent gezeigt wird, was sie als nächstes konsumieren wollen (zu konsumieren haben?). Die Werbezuschnitte werden individualisiert – auf der Basis einer gigantischen Datensammlung über Konsumentscheidungen und ihre Auswertung. Das Stichwort heißt Big Data. Die individualisierten Kommunikations- und Konsum-Blasen („bubbles") sind in Vorbereitung. In der GdZ dürften sie perfekt funktionieren, d.h. sie könnten sich in digital gesteuerte Konsum-Singularitäten auflösen. „Sie sehen, wissen, hören alles" (Hofstätter 2014): die Sammlung von Daten beziehen sich nicht nur auf konsumbezogene Entscheidungen, sondern auf jegliche Arten von Kommunikation und Handlungen. Dies

---

132 Diese Diskussion hat Vorläufer – z.B. hinsichtlich Piloten und Autopiloten im Flugzeug. Hier stellt sich die Frage, ob die Bevölkerung auch mit Flugzeugen fliegen wird, die keine Piloten mehr an Bord haben.

erleichtert auch den Geheimdiensten, den internationalen Verbrecher-syndikaten und Terroristengruppen, den Whistleblowern, den Steuerhin-terziehern, den Hackern und Netzsaboteuren ebenso wie gegenwärtig den Schlepperbanden (usw.) ihre Tätigkeit[133]. Es ist daher nicht überraschend, wenn die Gatekeeper für die Netznutzung (wie Google, Facebook etc.) zu den großen, auch finanziellen Gewinnern dieser Entwicklung gehören. Für allzu viele Akteure ist der Netzzugang bereits gegenwärtig unabdingbar[134].

– Nicht nur veränderte sondern auch neue Qualitäten ergeben sich durch die wachsende Zahl von individuellen Netznutzern – vor allem mit ihrer *aktiven Rolle* in den netzbasierten Informationsaustausch. Sie sind nicht nur bewusst adressierte Empfänger, sondern selbst Sender von vielfälti-gen Inhalten (Texte (Blogs), Sprache, Bilder, Videos, Musik etc.) und mit z.T. sehr großen Reichweiten: von den begrenzten E-Mail-Netzen inner-halb großer Organisationen bis zu den sogenannten sozialen Netzen mit hunderten Millionen von Adressaten. Damit stellen sie zunehmend ein digitales Abbild der Gesellschaft dar – mit seinen Transparenz ermögli-chenden, prosozialen ebenso wie seinen asozialen bis kriminellen Erschei-nungsformen. Diese Funktion der Netzkommunikation wird in der GdZ nur dann Bestand haben, wenn es gelingt, allgemeine Nutzungs-Prinzipi-en[135] zu etablieren – sei es durch Regelvorgaben oder durch Wettbewerb. Letzteres setzt allerdings voraus, dass die schon stattfindende globale Mo-nopolbildung der „digitalen masters of the universe" – insbesondere von Google – gebremst wird.

– Jenseits dieser *Szenarien*, die die Zunahme weltweiter Datenverbin-dungen – also die Steigerung der Weltkomplexität – behandeln, gibt es zunehmend Kommunikationen darüber, was die digital unterlegte Weltge-sellschaft mit den einzelnen Menschen, ihren Nutzern macht. Dabei wird häufig zwischen den „digital natives" und älteren Bevölkerungsgruppen unterschieden, weil die erstgenannten quasi von Jugend, heute bereits vom Kleinkindalter an, mit den informationstechnischen Geräten umzu-gehen lernen. Die Digitalisierung hat Aktivitäten diverser Art – z.B. auch die Computerspiele, selbst gedrehte Videos – in die Geräte verlagert, die

---

133 Das mühsame Profiling der Kriminalpolizei wird in der GdZ nicht mehr erforderlich sein.

134 Filme wie „Democracy – im Rausch der Daten" zeigen nicht nur den Monopolisierungs-prozess, sondern auch die Ignoranz der Nutzer von vermeidlich kostenlosen Online-Diensten: „es ist halt so bequem".

135 Frühe Versuche sind kläglich gescheitert. Dadurch entwickeln sich – unterstützt durch die Anonymität der NutzerInnen – rechtsfreie Räume der Datenmanipulation, Verleum-dung, Gewaltandrohung, etc. Es ist nicht zu erwarten, dass die staatliche Bekämpfung von Cyberkriminalität ohne weitere Datensammlung und –auswertung erfolgen wird. Damit wäre ein immer wieder gelobter Grundsatz – freie Nutzung, Selbstorganisation der NutzerInnen – kaum mehr möglich.

Miniaturisierung ermöglicht die mobile Nutzung. Insgesamt führt dies nicht selten zu einem permanenten *Anstoß* zur Gerätenutzung – und sei es nur eine angeforderte Like-Dislike Rückmeldung. Dies wird durch die kommerziellen Interessen an hohen Nutzungs- und Rückmeldezahlen gefördert. Inzwischen wird darüber Buch geführt, wie viel Zeit die DurchschnittsnutzerInnen mit dem iPhone, iPad oder Notebook „verbringen": nach Schlaf und Erwerbsarbeit das drittgrößte tägliche Zeitkontingent – von ca. 5 Stunden. Wird man sich in der GdZ überhaupt noch davon lösen können? Die Häufung von Unfällen, die durch (verbotene!) Handynutzung beim Autofahren verursacht werden, lässt zunehmend Zweifel aufkommen: sie haben bereits zu einer Verschärfung des angedrohten Strafmaßes geführt. Nach „Zusammenstößen" mit Straßenbahnen wird erwogen, für die „Head-down-Generation" (iPhone-Nutzer) Warnlichter in den Asphalt einzusetzen. Seit das Onlinespiel Pokemon Go auf dem Markt ist, gilt dies in verschärfter Form.

– Als Konsequenz gibt es nicht nur Experimente über zeitweiligen Verzicht auf die Handy-Nutzung, sondern auch Therapien gegen Spielsucht und andere Abhängigkeitsformen. Mit anderen Worten: neben die unüberschaubare Zahl von Ratgebern über die erfolgreiche Internetnutzung tritt eine Vielzahl von Anleitungen zur angemessenen „Dosierung"[136]. Ein weiteres Element ist die Art der „Kommunikation" – z.B. mit Kurztexten (Twitter) oder nur Like-Dislike Reaktionen. Zuspitzend wird deshalb die Frage erörtert, welche Gehirnentwicklung, Sprach- und Verhaltensrepertoires Kleinkinder nicht mehr aufweisen, wenn sie schon früh die Handynutzung einüben. Ein nachträgliches Lernen scheint schwierig zu sein – vor allem wenn in der GdZ die Eltern „digital natives" waren und es selbst nicht gelernt haben[137]. Wie weit wird in der GdZ die „digitale Demenz" (Spitzer) verbreitet sein? Dies könnte auch einen unerwarteten Effekt haben: das Ende der Smartphone-Aera, weil die nächste Generation nicht mehr in der Lage ist, interessante Nutzungen zu programmieren.

– Neben diesen grundlegenden Sozialisationswirkungen in frühen Entwicklungsphasen wird die Frage nach den allgemeinen Verhaltenseffekten und Orientierungen der Netznutzungen gestellt. Beides zusammen kann als großes gesellschaftliches Experiment beschrieben werden, dessen Ausgang ungewiss ist[138]. Als wichtiges Thema kann die Tendenz zur

---

136 Eine differenzierte Beobachtung und Anleitung liefern Diefenbach/Ullrich (2016).

137 Es sind deshalb Empfehlungen nicht selten, die Nutzung der Geräte nicht vor dem 10. Lebensjahr zu beginnen – also erst, nachdem sich das Gehirn entsprechend „organisiert" hat.

138 Bleibt man beim Vergleich mit dem Straßennetz, so sieht man Parallelen: wie hätte man vor Beginn das Projekt der Auto-Mobilität bewertet, wenn man gewusst hätte, wie viele Millionen Todesopfer, Behinderte und Verletzte diese Innovation fordern wird. Nach ge-

narzisstischen Gesellschaft (Maaz 2014) angesehen werden. Die Selbst-darstellungsinteressen – perfekt durch das „Selfie" zum Ausdruck ge-bracht – scheinen grenzenlos zu sein. Ob man dabei von Singularisierung und Selbstbespiegelungsblase („Echo-Kammern") sprechen kann, wird sich vielleicht erst in der GdZ zeigen; es könnte auch ein aktueller Hype sein, der sich irgendwann selbst erschöpft: als „Elternkram".

- Die technologischen Kapazitäten erlauben jede Art singulärer Selbstdar-stellung – und das täglich und für die „Ewigkeit" gespeichert. Dies schließt aber Fremddarstellungen im Sinne von Beobachtungen zweiter Ordnung nicht aus. Dies gilt zunächst für individuelle Kommunikation über die All-tags-Beobachtungen. Nachdem das Internet als Verbreitungstechnologie immer mehr in den Mittelpunkt trat, wurde schon über den Niedergang anderer Technologien wie Bücher, Zeitungen, TV etc. diskutiert. Allerdings wurden dabei Inhalte und Technologien nicht hinreichend getrennt. In-sofern ist mit der massenhaften Nutzung von iPhones nicht entschieden, ob nur Kurzmitteilungen oder Fotos von den letzten Shopping-Ergebnis-sen oder nackten Körperteilen von Interesse sind. Das Netz transportiert ebenso Berichte, die ursprünglich für das Fernsehen gemacht wurden, di-gitale Bibliotheken oder Zeitungsartikel in unterschiedlichem Umfang[139]. Der „digitale Kiosk" ist nur ein Beispiel. Dabei wird erneut eine Grund-problematik der Netznutzung in den Blick gerückt. Sollen und können alle Netzinhalte kostenlos verfügbar sein? Und ist es akzeptabel, wenn die Kos-ten durch mitlaufende Werbung gedeckt werden? Welchen Einfluss haben dann die Werbeagenturen etc.? Wie werden die Daten gegen ihre unwis-senden und leichtfertigen „Lieferanten" verwendet?

Hochrechnungen sind vor allem in technischen Dimensionen üblich: Übertra-gungsgeschwindigkeit im Netz, W-Lan Abdeckung in öffentlichen Bereichen, Anzahl der Anschlüsse (Internet-Nutzer) und ihre Geräte (iPhones, Tablets, PC/Notebook usw), Speicherkapazität (cloud), Energieverbrauch. Soweit die Technologie bekannt ist, wird – mit Ausnahme von PCs – weiteres Wachstum in den nächsten Jahren und Jahrzehnten vorausgesagt. Ob sich weitere Mi-niaturisierungen (Uhr, Brille, Ohrring?) durchsetzen wird, bleibt offen. Es ist weder ein neuer Hype noch eine Abkehr von digitalen Gerätschaften ausge-schlossen. Viele eher spezifische Hochrechnungen werden mit den großen Erzählungen und den Trends verknüpft. Die Entwicklung der „sozialen" Netze wird mit den Inhalten und der Intensität der Datenerfassung und -verwertung (Big Data) verknüpft sein. Die Überwachungstools gehen mit polizeilichen, ge-

---

genwärtigen Schätzungen sind es weltweit im Jahr 1,24 Millionen, für 2030 werden pro Jahr 3,6 Millionen Verkehrstote erwartet.

139 Das Instrument dafür sind die Apps, die nicht nur das System der Massenmedien son-dern auch der Medizin, der Religion oder der Wissenschaft transportieren.

heimdienstlichen oder Konsum steuernden Aktivitäten einher. Viele Entwicklungen werden vom Grad der Offenheit oder der Monopolisierung sowie von der Vulnerabilität und den Sicherheitsstandards der Netznutzungen abhängen. Ein großer Crash durch Hacker-Angriffe – z.b. auf die Luftverkehrüberwachung, die Energieversorgung oder auf Krankenhäuser – könnte ggf. das ganze Konzept in Frage stellen – und z.b. die Rückkehr zu kleinen (Inhouse-) Lösungen befördern. Auch in dieser Hinsicht ist das Netz mit all seinen Nutzungen ein Beispiel für die Komplexität und Kontingenz (Zufälligkeit) der Entwicklung zur GdZ.

- *Zielsetzungen und Dispositionen für die Zukunft*

Vor dem Hintergrund der zuvor beschriebenen Kommunikationen sind die *Zielsetzungen* durch den Versuch gekennzeichnet, die Vorteile der Digitalisierung, einer weltweiten und zeitsynchronen Verbreitung von Daten, für weitere Entwicklungen in der GdZ zu nutzen und dabei Risiken oder Fehlentwicklungen zu vermeiden. Beispielsweise:

- flächendeckende Erreichbarkeit und gleichberechtigter Netzzugang für alle – aber ohne die grenzenlose kommerzielle Datensammlung und –verwendung;
- Monopolbildung bremsen, Wettbewerb fördern, Missbrauch unterbinden;
- die Vielfalt der Tools und ihre Nutzung ermöglichen, ohne eine psychische Abhängigkeit zu erzeugen (Internet-Junkies);
- Vernetzungen erleichtern, ohne Hackerangriffe zuzulassen;
- Beobachtungs- und Kontrollmöglichkeiten über das Netz nutzen ohne einen Polizeistaat zu etablieren;
- die Freiheit des Informationsaustauschs fördern (Netzneutralität), ohne Propaganda, Manipulation und Extremisten-Hetze zuzulassen u.a.m.
- Trotz der Dynamik der Entwicklung wird versucht, *Dispositionen* zu treffen, die zumindest mittelfristige Wirkungen auf die GdZ haben werden. Sie betreffen u.a. die zuvor beschriebenen *Zielsetzungen*. Sie gehen von Providern der verschiedenen Dienste aus, von NutzerInnen und von politisch-administrativen Akteuren. Die Impulse zielen dabei nicht unbedingt in die gleiche Richtung. Die Internetkonzerne versuchen ihre Dominanz zu erweitern – wie zuletzt durch die Gründung von der Holding Alphabet eindrucksvoll in Szene gesetzt: und das zunehmend auch in Feldern der Weltwirtschaft, die weit von der Netzentwicklung entfernt sind. Die Politikakteure sind um Sicherheitsfragen bemüht, versuchen den Datenschutz irgendwie aufrecht zu erhalten, nutzen die neuen Kommunikationskanäle zur Verbesserung von Bürgerinformation und –beteiligung, fördern Programme, die den Umgang mit dem Internet sachgerecht vermitteln sollen – u.v.a.m.

- Präzisere Erwartungen für die nächsten Entwicklungsphasen bestehen einerseits in der Umgestaltung bestehender Produkte – wie z.b. das selbst fahrende Auto, einschließlich veränderter Produktionsprozesse: Automaten, Roboter, 3D-Drucker und insgesamt das Internet der Dinge. Für die Einschätzung der Zukunftsfähigkeit ist allerdings die Beobachtung beachtenswert, dass die Akzeptanz der Bevölkerung wenig Berücksichtigung findet. Dabei ist gerade diese Verbreitungstechnologie in der Lage, dies zu arrangieren. Beachtet man beispielsweise, wie lange in Duisburg (Fraunhofer-Gesellschaft) schon das Inhaus-Zentrum mit automatischem Wohnhaus, Krankenhaus, Büro etc. als Prototyp existiert, dann muss eine Entwicklungsprognose weiterhin als schwierig gelten.

Zusammenfassend ist noch einmal die enge Verzahnung dieses Beobachtungsbereiches mit der Weltwirtschaft hervorzuheben. Das Internet und seine Nutzungen werden überwiegend von global agierenden US-amerikanischen Konzernen gesteuert, was z.B. eine Durchsetzung deutscher/europäischer Rechtsgrundsätze erschwert. Die Feststellung, dass mit dem Internet viele Bausteine der Weltgesellschaft abgebildet werden, macht es plausibel, die Chancen und Risiken der Weltentwicklung gespiegelt zu bekommen – jedoch mit unterschiedlichen relativen Gewichten. Systemtheoretisch ausgedrückt gibt es kein Funktionssystem, das nicht direkt oder zumindest indirekt von der Entwicklung digitaler Architekturen betroffen wäre. Ebenso lässt sich feststellen, dass alle SprecherInnen-Rollen im Netz vertreten sind: von den Experten über die Lobbyisten, Whistleblower und Zweifelstreuer bis zu den Stammtischbesuchern, Hasspredigern und Kriminellen. Es ist also nicht unbegründet, mit der Digitalisierung alle Entwicklungs*szenarien* zwischen Katastrophe und Zukunftshoffnung zu finden. Die Technikvisionen stellen dabei die Extrempositionen dar. Wenn beispielsweise darüber nachgedacht wird, ob man die künstliche Mega-Intelligenz der Zukunft programmtechnisch veranlassen kann, das menschliche Existenzrecht zu achten, macht dies eine Einschätzung der Situation in der GdZ äußerst schwierig bzw. spekulativ. Dies gilt nicht weniger für das Gegenteil: was würde ein Totalausfall der digitalen Welt für die GdZ bedeuten? Sogar stärker als bei den zuvor beschriebenen Entwicklungstrends ist mit Blick auf das Internet die Frage von Bedeutung, ob die deutsche/europäische Gesellschaft der Gegenwart überhaupt noch Einfluss auf die digitalisierte (Welt-)Gesellschaft der Zukunft nehmen kann[140].

---

140 So lassen sich die Kommunikationen verstehen, die ein „europäisches Internet" fordern.

Exkurs: Massenmedien beobachten die Digitalisierung und die Internetentwicklung

Wenn die Massenmedien die Digitalisierung und insbesondere das Internet als Datenerzeugungs- und Verbreitungsmaschine beobachten, dann beobachten sie immer häufiger auch sich selbst (Beobachtung dritter Ordnung). Insofern kann ein Filter für die Zukunftskommunikation darin bestehen, dass mehr oder weniger von den neuen Netzwerken und ihren Kommunikationsinhalten Gebrauch gemacht wird. Angesichts der inzwischen entwickelten großen Überlappung zwischen „traditionellen" Verbreitungstechnologien und dem Internet bestehen die größten Differenzen und ggf. Konflikte bei der Gesellschaftsbeobachtung mit den individuellen Nutzern bzw. mit einer Zivilgesellschaft, in der jede individuelle Meinungsäußerung die gleiche Beachtung beansprucht wie die mühsam recherchierten Reportagen der Medienprofis. Insofern ist es nicht ausgeschlossen, dass „traditionelle Medien" blinde Flecken bei der Beobachtung und Kommentierung des Internet – als einem Konkurrenzprodukt – aufweisen[141]. Das Stichwort „Lügenpresse" ist hierfür ein – wenn auch extrem formulierter – Indikator. Dies ist möglicherweise ein Grund dafür, dass die individuellen Äußerungen (Tweets, Blogs, Youtube-Videos) inzwischen teilweise in die Berichterstattung der Massenmedien eingebunden werden[142]. Dies gilt der medialen Vermittlungslogik entsprechend am ehesten für die Alarm- und Skandalgeschichten – wie z.B. die sexuellen Übergriffe nach den Ereignissen in Köln (Silvesternacht). Schwierig bleibt dabei allerdings der Umgang mit Lügengeschichten oder Rechtsverstößen, die wegen der Anonymität der Nutzer nicht verfolgt werden können. Noch komplizierter wird es, wenn die „Kommunikationen" nur noch von Maschinen (Algorithmen, „bots") erzeugt werden.

3.2.3.2 Beobachtungskommentare (Schwerpunkt funktionale Differenzierung)

(a) Diagnostische Elemente: die impliziten und expliziten Bezüge zu der systemtheoretischen Argumentation

* Auch die Zukunftskommunikationen zum Thema Internet/Digitalisierung lassen nur indirekte Hinweise zu den systemtheoretisch angeleiteten Beobachtungsschwerpunkten erkennen. Zudem wird die GdZ in Deutschland im Internet eher selten betrachtet: die Dynamik und Reichweite der Themen veranlassen zu einer Betonung von *gegenwärtigen* Entwicklungen mit (ggf.)

---

141 Dies befördert auch die wechselseitige Beobachtung und ggf. Kritik (Kommentar im Spiegel 12/2015).
142 Dies ist allerdings kein völlig neues Stilmittel sondern setzt nur Leserbriefe (Zeitung) und TED Umfragen (TV) mit anderen Mitteln fort.

übergreifenden Wirkungen. Im Vergleich zu den bisher behandelten Themen der Zukunftskommunikation – Globalisierung eines Funktionssystems und ihre Folgen sowie die breite strukturelle Koppelung verschiedener Systeme an die natürliche Umwelt – bedeutet das Thema Internet für die systemtheoretisch angeleitete Spurensuche eine weitere Steigerung der Komplikationen. Schon die hohe Zahl der zuvor erwähnten Kommunikationsinhalte belegt die große Unübersichtlichkeit des Beobachtungsfeldes. Einerseits kann man von einer Erweiterung des Funktionssystems Massenmedien sprechen. Andererseits befördert aber die Digitalisierung eine zumindest diffuse Koppelung der Funktionssysteme untereinander. Papsdorf (2013, S. 228) beschreibt die Komplikation folgendermaßen:

> „Der Differenzierung des Internets kommt man also nicht näher, indem der Internetkommunikation klassische Differenzierungsmodi „übergestülpt" werden. Im Folgenden wird deshalb vorgeschlagen, den Prozess – analog zur Mediatisierungsthese – als eine selektive Verdoppelung der gesellschaftlichen Strukturierungsmuster des Offline-Bereichs zu konzipieren. Damit einher geht die Idee, dass Strukturen und damit immer auch Inhalte des Offline-Bereichs durch den Mediatisierungsprozess zu (großen) Teilen die Entwicklung des Internets prägen. Diese Verbindung führt aber unweigerlich dazu, dass die Internetkommunikation die Offline-Sphäre ebenso prägt. Ausgehend von diesem Doppelprozess wird hier die Annahme vertreten, dass die Entwicklung des Internets in zwei Phasen eingeteilt werden kann. Zunächst duplizieren sich im Web bekannte Kommunikationszusammenhänge und – inhalte, danach lassen sich vermehrt internetgenuine Inhalte und Strukturen finden. Mit beiden Phasen ist eine spezifische Art von Rückwirkungen auf die Gesellschaft, also die Offline-Kommunikation, verbunden."

Diese Unterscheidung lässt sich mit Blick auf die Zukunftskommunikationen durch die Themenkombination Digitalisierung und Internet abbilden. Für die Kommentierung aus systemtheoretisch angeleiteter Beobachtungsperspektive wird zunächst das Thema Internet in den Mittelpunkt zu gerückt. Hierbei geht es um die Frage, ob und in welcher Weise das Internet die funktionale Differenzierung der (Welt-)Gesellschaft reproduziert.

* Das Internet als neue „Verbreitungstechnologie" ergänzt zunächst die schon seit langem bestehenden Optionen – Schriftstücke, Telefon, Briefpost, Fax, Fernsehen etc. Dadurch können das inhaltliche Anwendungsspektrum, die Reichweite der Informationsverteilung und die Geschwindigkeit gesteigert werden. In diesem – quasi neutralen – Sinne erweitert und erleichtert das Netz die Kommunikation – in Abhängigkeit von den Nutzungsinteressen der TeilnehmerInnen. Aus systemtheoretischer Beobachtungsperspektive gilt dies allerdings nur dann, wenn ein gemeinsamer Sinnhorizont das Verstehen der Mitteilungen erlaubt. Insofern ist es plausibel, dass die Nutzung dieser Technologie in Funktionssystemen begonnen hat, die sie für ihre Funktions-

erfüllung in rasch erkennbarer Weise wirksam nutzen konnten. Grundsätzlich galt dies zunächst für die moderne Organisationsgesellschaft – mit ihrem wachsenden Entscheidungsbedarf. Deshalb ließ sich eine besonders dynamische Entwicklung im Wissenschaftssystem, im System des regulierenden/kontrollierenden Staates (PAS), in der sich weltweit ausdehnenden Wirtschaft sowie im System der Massenmedien beobachten. Letzteres war dabei eine Art Beschleuniger für die sich entwickelnde Vorstellung von einer Weltgesellschaft. Damit rücken auch die Wechselwirkungen zwischen den Funktionssystemen in den Blick: ihre wechselseitige Beobachtung wird durch die Zunahme verfügbarer Daten erleichtert, die Resonanz oder das „Kapern" mit Blick auf andere soziale Systeme wird beeinflusst.

* Die wachsende Verfügbarkeit von Daten lässt allerdings die Grenzen der Funktionssysteme zu ihrer Umwelt vielfach verschwimmen. Bei genauerer Prüfung sind Transaktionen im Internet reine Datenübermittlungen, die ggf. gar nicht gelesen und erst recht nicht „verstanden" werden. Besonders die neuen, auf der digitalen Technologie aufsetzenden Netzarchitekturen – die sogenannten sozialen Medien – in Verbindung mit den massenhaft verbreiteten transportablen Geräten (iPhone etc.) – schaffen neue Formate des Datenaustausches: Facebook, Twitter, Instagram, Whatsapp, Chatrooms, Youtube, Darkrooms, Apps etc. Nicht nur der private, sondern auch der öffentliche Raum wird auf diesem Wege zunehmend und weltweit durch digitalen Austausch besetzt. Dies kennzeichnet die zweite Seite der Entwicklung, bei der die gesellschaftliche Differenzierung nicht einfach gedoppelt, sondern umgestaltet wird. Auf diese Prozesse, ihre Weiterentwicklung und ihre zu erwartenden Folgen beziehen sich die Zukunftskommunikationen vor allem.

* Obwohl diese Entwicklung noch keineswegs abgeschlossen ist, wird darauf verwiesen, dass die Zahl der *Mitteilungen* so drastisch zunimmt und weiter zunehmen wird, dass man von einer massiven Überlastung ausgehen muss. Dies bedeutet, dass die *Kommunikation im systemtheoretischen Sinne* – und insbesondere die Zukunftskommunikation – gleichzeitig eher *abnehmen* wird. Selfies sind das typische Beispiel für die zunehmende Selbstdarstellung; eine Antwort mit „likes" oder „dislikes" sind ebenso wie die vernetzten Internetspiele keine Kommunikation, die die (Welt-)Gesellschaft konstituiert. Es ist eher das Gegenteil – wie einige der Zukunfts*szenarien* betonen: „granulare" Gesellschaft, die Gesellschaft der „Singularitäten", die „narzisstische Gesellschaft", die Genese von „Parallelgesellschaften" usw. Nicht selten wird dabei auch auf die Aussage von McLuhan hingewiesen: „das Medium ist die Botschaft". Stärker als bei anderen Verbreitungstechnologien könnte der ständig „präsente" Apparat mehr Einfluss auf die Gesellschaftsmitglieder ausüben als die transportierten Inhalte[143].

---

143 Wie schon erwähnt ist das Spektrum der Themen inzwischen sehr breit: vom Einfluss auf die Gehirnentwicklung, Konzentrationsstörungen, Lese- und Schreibfähigkeit,

* Je mehr wir die Welt(-Gesellschaft) durch die Brille des Mediensystems sehen, desto komplexer und diffuser wird dieses Bild vor allem durch die sogenannten sozialen Medien: jede Person baut sein ganz individuelles Weltbild auf, selbst ein Stammtisch ist dagegen ein „großes" Kollektiv; jede Meinung ist gleich viel wert; Informationen sind nicht überprüfbar – was auch für die wachsende Bilderflut gilt; die Sender geben sich oft nicht zu erkennen, kapern fremde IP-Adressen oder wollen ohnehin nur werbewirksam angeklickt[144] werden; eine Rückkoppelung mit dem Wissenschaftssystem – was z.B. für den investigativen Journalismus gilt/galt – findet dabei immer weniger statt[145]. Die „klassischen" Medien werden u.a. als „Lügenpresse" oder Diener elitärer Interessen verhandelt.

* Die Bündelungsfunktion in der Meinungsbildung, die jenseits der Aufmerksamkeitssicherung durch aktuelle Informationen auch zu den Leistungsmerkmalen der bisherigen pluralistischen Medienlandschaft gehört, wird als zunehmend bedroht angesehen. Der Austausch geschieht häufig in begrenzten Zirkeln, in denen abweichende Positionen nicht zu Wort kommen. Die „klassischen" Medien knüpfen teilweise daran an: Nutzung von Vor-Ort-Berichten, Online-Versionen von Zeitungen und Fernsehen etc; Kommentarfunktion für Leser/User, auch im Radio. Andererseits versuchen sie, durch die Einführung von Bezahlsperren ihr Urheberrecht und ihr Einkommen zu sichern. Während die „klassischen" Medien zumindest Ansätze zu einer Qualitätskontrolle und Selbstbegrenzung aufweisen, dürften sich große Teile des „Netzes der Zukunft" zu einer grenzenlosen und unkontrollierbaren Informations- und Selbstdarstellungs-, aber auch Manipulations- und Diffamierungsplattform entwickeln.

* Diese Entwicklung wird auch angetrieben durch Einwirkungen des ökonomischen und des politisch-administrativen Funktionssystems (Google, Facebook; NSA, BND, Vorratsdatenspeicherung, Staatspropaganda usw.). Eine Zuordnung dieses Datenaustausches zum Mediensystem wird in Zukunft immer schwieriger werden. Damit wird es trotz gigantischer Daten- und Informationsbestände kaum mehr möglich sein, sich ein Bild von „der" Gesellschaft zu machen. Begrenzungen durch andere Funktionssysteme (wie z.B. Recht/Justiz) sind nicht erkennbar oder zumindest nicht durchsetzbar. Die Inklusion

---

Suchtsyndromen bis zur Veränderung des alltäglichen Zeitbudgets, der permanenten Erreichbarkeit und den Auswirkungen auf die Face-to-Face-Kommunikation.

144 Stellt sich die Frage für die GdZ: Was bedeuten 1 Milliarde Klicks, wenn auf die angedockte Werbung nicht durch Käufe reagiert wird?

145 Charakteristisch war die von Kameras erfasste Episode bei den Pegida Demonstrationen (2015): eine junge Frau wird darauf aufmerksam gemacht, dass in Dresden nur 0,2% Muslime wohnen: wieso das den Untergang des „christlichen Abendlandes" befördern würde? Sie sagt, die 0,2% – das sehe sie nicht so.

einer so großen Zahl von Personen könnte eine „Expansionsbremse" allenfalls bei einer breit angelegten Nutzungsverweigerung erwarten lassen. Autoren wie Welzer (2016) raten inzwischen sogar dazu, das iPhone wegzuwerfen. Dafür, dass eine solche Reaktion eintreten könnte, gibt es trotz einiger diesbezüglicher Zukunftskommunikationen über die unerwünschten Nebenwirkungen (vor allem) für die „digital natives", bisher keine Anhaltspunkte. Zudem wird immer mehr in Frage gestellt, ob damit ein unerwünschtes „Tracking" usw. verhindert werden kann[146].

* Viele Zukunftskommunikationen rücken die *Technik* der Digitalisierung ehemals analoger Vorgänge in den Fokus – als eine neue Stufe der Informations- oder gar Wissensgesellschaft, in der die Produktionsprozesse und die Produkte dramatisch verändert werden: vom 3D Drucker in jedem Haushalt über den Pflegeroboter bis zur Vernetzung aller „Dinge" miteinander – die alle im Prinzip keine Menschen mehr benötigen. Die Euphorie über neue Produkte und Geschäftsmodelle wird flankiert durch kritische Kommentare zur drohenden Exklusion der Bevölkerung hinsichtlich der Erwerbstätigkeit bei gleichzeitigem „Zwang" zum Dauerkonsum. Mit Blick auf das PAS und das Rechtssystem steht die mangelnde Reaktion auf diesbezügliche Entscheidungen und Zukunftsperspektiven der „Digital-Wirtschaft" auf der Diskussions-Agenda. Letztlich geht es dabei um die Inklusion der Bevölkerung in das PAS der GdZ. Einerseits gibt es eine Öffnung zu öffentlichen Informationsbeständen (Informationsfreiheitsgesetze u.ä.), andererseits werden diese neuen Rechte wie im Wirtschaftssystem zu *individuellen* (Konsum-) Ansprüchen an das PAS umgedeutet[147]. Die Einsicht in die komplizierten kommunikativen Mechanismen der Meinungs*bildung, Mehrheitsbildung* bzw. der *Gemeinwohl*sicherung schwindet. Darüber hinaus setzen sich auch in anderen Funktionssystemen[148] Zählverfahren für bestimmte Bewertungsmuster in Anlehnung an die „sozialen" Netzwerke durch: je mehr „likes" desto bedeutsamer die Kommunikation. Die Basis der Bewertung bleibt nicht nur unklar, sondern kann einseitig oder sogar diskriminierend sein.

---

146 Ein akribisches Überprüfen von Kleidungsstücken wird in Zukunft wohl unerlässlich sein.

147 So beklagten sich tausende Online-Kommentatoren zu der Trassenführung von neuen Stromleitungen in Norddeutschland darüber, dass sie keine *individuelle* Rückmeldung von der zuständigen Planungsbehörde erhalten haben.

148 Im Wissenschaftssystem setzen sich ähnliche Zählverfahren (Ranking etc.) durch: je mehr „likes" (hier: Zitationen), desto gewichtiger die wissenschaftliche Erkenntnis (!?). Je höher die Universitätsaktivitäten in der Google Suchliste angesiedelt sind, desto größer das Prestige. In den Schulen werden LehrerInnen bewertet: trauen sie sich demnächst nicht mehr, schlechte Noten zu vergeben, weil sie sonst mit einem Shitstorm rechnen müssen?

* Neben den Kommentaren zur Entwicklung einzelner Funktionssysteme und der Inklusion der Bevölkerung finden jene Sachverhalte besondere Beachtung, die es für möglich erscheinen lassen, dass sich mit der digitalen Vernetzung „aller Mitteilungen und aller Dinge" die funktionale Differenzierung gänzlich auflösen lässt. Wie einige Botschaften aus dem Silicon Valley erkennen lassen, könnte dies u.U. in eine autokratisch-technophile Gesellschaft der Zukunft führen: The winner gets it all; Monopole sind gut, Wettbewerb schlecht; Politik und Rechtsstaatlichkeit gehören abgeschafft; wer sich nicht ständig beobachten lassen will, hat etwas zu verbergen; usw. Die „Masters of the Universe", die in dem Buch „Der Circle" keineswegs als unrealistische Utopie beschrieben werden, wissen am besten, was für die Gesellschaft und jeden Einzelmenschen – mit seinem digitalen Profil – am besten ist[149]. Die Inklusion der Weltbevölkerung wäre damit perfekt (=alle im Netz unterwegs), vielleicht aber auch nur perfekt manipuliert. Damit könnte sich die Ausgangsidee der Netzentwicklung – zur freien gleichberechtigten Entfaltung der Individuen beizutragen – in ihr Gegenteil verkehren.

(b) „Therapeutische" Elemente: die Gestaltungsüberlegungen für die Gesellschaft der Zukunft und ihre potenzielle Wirksamkeit

* Mit der Betonung der Gestaltungsüberlegungen werden die Ausgangslagen und *Zielsetzungen* in Deutschland stärker beachtet als im globalen Diskurs zum Internet. Der weitaus größte Anteil der Kommunikationen folgt dabei nicht den extremen Erzählungen des Netzzusammenbruches, der Singularität, der digitalen Demenz oder der Flucht vor dem „Circle" durch Selbstmord. Es wird von einem Schwarmverhalten ausgegangen, das den aktuellen Trend fortsetzt – zumal viele konkrete Warnungen in der deutschen wie der Welt-Bevölkerung offenbar wenig Beachtung finden. Dies schließt aber nicht aus, dass konkrete Maßnahmen vorgeschlagen werden, die die Nutzung des Internet auf individueller Ebene, auf primär-sozialer Ebene, in erweiterten Netzen, Organisationen oder in Funktionssystemen sicherer machen oder einschränken wollen. In diesem Rahmen erscheint das Internet dann (wieder) in der Konzeption früherer Entwicklungsphasen: als Autobahn, die in vielfältiger, aber auch dosierter Form genutzt wird. Allerdings wird dabei nun stärker betont, dass dies *in* der Gesellschaft und nicht außerhalb – im quasi virtuellen Parallel-Universum – erfolgen muss.

Indirekt wird damit auf die Gefahr einer erweiterten Schieflage im Verhältnis der Funktionssysteme untereinander Bezug genommen: das „Kapern" anderer Funktionssysteme mit Hilfe des Internets: Spionage, Sabotage, Pro-

---

149 Bei dieser Formulierung sollte nicht übersehen werden, dass diese Zukunftskommunikation zwar teilweise schon Gegenwart ist, dass aber Europa als Hoffnungsträger für das Bemühen gilt, die Entwicklung umzulenken.

paganda, Manipulation sind die Prozesse, die dafür beeinflusst bzw. begrenzt werden müssten. Die Gefährdung der Inklusion der Bevölkerung wird selten kommentiert – obwohl auch in Deutschland individuelles Mobbing oder ein „Aufheizen" von Konflikten zwischen Bevölkerungsgruppen immer häufiger stattfindet[150]. Bei alledem zeigen sich besondere Schwierigkeiten, die der Globalität des Internet geschuldet sind. Ein Rückbau auf kleinere Größenordnungen kommunikativer Erreichbarkeit gerät dadurch in den Blick. Das Besondere ist dabei – im Vergleich zur wirtschaftlichen Globalisierung –, dass die Weltbevölkerung die Entwicklung stark beeinflussen kann: beispielsweise durch schlichtes Verzichten auf noch mehr Apps oder einfaches Abschalten bestimmter Programme oder Geräte. Welche Maßnahmen in dieser Hinsicht wirklich wirksam werden könnten, bleibt aber oft unklar – zumindest wenn man nicht weiß, was ein ausgeschaltetes Handy[151], ein Fernseher, der Kühlschrank, eine Barbi-Puppe oder die eigenen Schuhe trotzdem an Daten – und an wen – übermitteln. Wenn eine solche Entwicklung nicht unterbunden werden kann, wird das Internet in der GdZ nicht mehr in dem bisher beschriebenen Sinne die gesellschaftliche Kommunikation befördern: der *Daten*austausch wird wahrscheinlich sogar überwiegend durch Maschinen durchgeführt. In dem Szenario des Romans „Germany 2064" wird deshalb eine Parallelgesellschaft gegründet, in der nur die Kommunikationstechnik von vor 1980 zugelassen ist: die Freiländer.

* Betrachtet man einen der bedeutendsten Antreiber dieser Entwicklungsperspektive, die digitale *Technik, die Robotik, die Künstliche Intelligenz (KI)*, so gilt sie – zunächst einmal als Domäne des wirtschaftlich-technischen Systems – als nicht zu stoppen: „die weltweite Konkurrenz lässt das nicht zu". Die Auswirkungen auf die GdZ konzentrieren sich daher v.a. auf die zu erwartenden Arbeitsplatzverluste: sie werden an bestehenden Beispielen hochgerechnet: Fotoindustrie, automatische Fertigung, 3D-Drucker etc. Eine breite Inklusion der Bevölkerung in den Arbeitsmarkt des Wirtschaftssystems ist in der GdZ auch in Deutschland nicht zu erwarten. Die *Szenarien* zur Kompensation verlagern das Problem dann allerdings auf die Zivilgesellschaft und das PAS[152]:

---

150 Ein Lehrstück könnte die Brexit-Debatte in Großbritannien darstellen: es wird zu beobachten sein, ob und wie die über diese Frage gespaltene Gesellschaft (incl. Politiksystem) wieder zusammenwachsen kann.

151 Häufig wird empfohlen, zumindest den Akku auszubauen.

152 Eine instruktive Darstellung lieferte eine Sendung über Roboter im Fernsehsender 3Sat am 23.10.2015: es wird eine Studie zitiert, die einen Verlust von 18 Millionen Arbeitsplätzen bis ca. 2030 prognostiziert; der interviewte Experte aus der Roboterbranche weist darauf hin, dass in den nächsten 10 bis 20 Jahren 100.000 Arbeitsplätze in seiner Branche entstehen könnten – zumindest wenn man in der Weltmarkt-Konkurrenz bestehen könne (also zu Lasten der Jobs in anderen Ländern). *Die Verlust-Gewinn Diskrepanz wird in der Sendung nicht thematisiert.*

Selbsthilfe, bürgerschaftliches Engagement, Mitwirkung an der Bürgerkommune – im „Tausch" gegen staatlich garantiertes „Bürgergeld"[153]. Wenig Beachtung findet dabei die Frage, ob das PAS zu solchen Entscheidungen und ihrer Umsetzung überhaupt noch fähig sein wird. Auch die Folgen einer solchen „Problembearbeitung" für die Inklusion der Bevölkerungsmitglieder in andere Funktionssysteme (Politik, Erziehung, Wissenschaft, Religion) bleiben weitgehend undiskutiert. Insgesamt zeigt sich durchweg Ratlosigkeit bei dem Versuch, die für die GdZ förderliche Internetarchitektur zu definieren.

3.2.4 Fazit: Funktionale Differenzierung und Inklusion als Einflussfaktoren auf dem Weg zur GdZ

Aussagen über die Gesellschaft werden in dem hier gewählten Beobachtungsansatz auf die Kommunikation in verschiedenen Formaten sozialer Systeme bezogen. Die Zukunft der Gesellschaft tritt daher als Zukunftskommunikation in Erscheinung. Im Mittelpunkt steht dabei die Frage, inwieweit Beobachtungen in ausgewählten Themenfeldern (Megatrends) Aussagen über die Art der funktionalen Differenzierung und die Inklusion der Bevölkerung in die Funktionssysteme zulassen. Beide Beobachtungsgegenstände sind die Ergebnisse der Evolution gesellschaftlicher Differenzierung hin zu *funktional* spezialisierten Subsystemen. Sie stellt eine Antwort auf die Herausforderung durch gesteigerte Komplexität und Kontingenz dar: nachweisbar, aber weder selbstverständlich noch unumkehrbar. Die historische Rekonstruktion dieser gesellschaftlichen Evolution und die vergleichenden Analysen der Gesellschaften/Staaten zeigen die Bedingungen systematischer und situativer Art, die diese evolutionäre Entwicklung befördert oder auch behindert haben. Gleiches gilt für die gegenwartsbezogene Beobachtung von Rückschritten, Komplikationen und Zukunftsoptionen. Eine enge Fokussierung auf Deutschland (EU) war mit Blick auf die drei Themenschwerpunkte nicht möglich, weil viele Interdependenzen in der (Welt-)Gesellschaft in den Massenmedien erörtert werden. Die deutsche GdZ ist somit nicht als „Insellage" kommunizierbar: das wurde nicht zuletzt durch die Beobachtung der gegenwärtigen Krisenkommunikation deutlich. Allerdings: sobald gegenwärtig erforderliche Weichenstellungen für die Zukunftsgestaltung thematisiert werden, rückt die konkrete Ausgangslage in Deutschland stärker in den Blick.

Die Beobachtungen zukunftsbezogener Kommunikation – so lautet das Zwischenfazit für die drei bisher behandelten Themenfelder – ergeben zumindest implizit Hinweise zu systemtheoretisch angeleiteten Fragen nach dem

---

153 Die Einführung einer solchen Sozialleistung wird z.B. in Finnland und in der Schweiz diskutiert.

Stand von funktionaler Differenzierung und ihrer Bedeutung für die GdZ. Wenig überraschend ist dabei, dass einzelne Aspekte der Entwicklung und der GdZ im Mittelpunkt stehen. Das große „Gesamtbild" der GdZ entsteht daher allenfalls durch Vereinfachung oder Spekulationen mit Sciencefiction-Charakter. Konkret: Die Frage, wie die *Gesellschaft* der Zukunft aussehen könnte, wird auf viele Einzelelemente heruntergebrochen. Dies wird der Komplexität und Kontingenz der Weltgesellschaft mit ihren Herausforderungen und Entwicklungsmöglichkeiten nur unzureichend gerecht. Die Möglichkeiten, die in einer systematischen Beobachtung und zusammenfassenden Bilanzierung funktionaler Differenzierung und darauf bezogener Inklusion bestehen, werden somit nicht hinreichend genutzt. Und dennoch: die vielen Einzelkommunikationen zeigen die Möglichkeiten einer solchen Beobachtungsstrategie und lassen zudem zu, dass durch die Verknüpfung der einzelnen Beobachtungen (Mosaiksteine) ein beachtenswertes Niveau an Komplexität der Zukunftskommunikation belegt werden kann.

Insgesamt wird eine Vielzahl von Schwierigkeiten bei der Aufrechterhaltung und zukünftigen Verankerung funktionaler Differenzierung und der damit verbundenen Inklusionsperspektive diagnostiziert. Im Mittelpunkt steht auch für die GdZ das Verhältnis von Politik und Wirtschaft. Dabei wird immer wieder gezeigt, dass sich diesbezügliche Probleme nicht auf die Zustände in der EU oder in der Welt-Gesellschaft abwälzen lassen. Die wechselseitige Resonanz ebenso wie die Missachtung von Stoppregeln findet auch in Deutschland statt. Mit den einseitigen Gewichtsverlagerungen („Kaperung") kann ein Verlust von Leistungs- und Entwicklungsfähigkeit zukünftiger Gesellschaften einhergehen. Im Extremfall ist es eine Frage des Überlebens in der GdZ. Auch die „therapeutischen" Argumente – z.B. „xxx ist die Lösung" müssen auf ihre Wirkungsmöglichkeiten hin geprüft werden.

Die vorangegangene Analyse hat in exemplarischer Weise drei Themen der Zukunftskommunikation herausgearbeitet, die zumindest implizit die Risiken darstellen, denen die funktionale Differenzierung der Gesellschaft und die Inklusion in Zukunft ausgesetzt sind. Vereinfacht ausgedrückt kann man sagen, dass 1. das Thema Globalisierung von Wirtschaftssystemen die Erosion der funktionalen Differenzierung befördert – sei es durch Auswanderung ins Ausland, Expansion durch „Kaperung" anderer Funktionssysteme, Entwicklung gesellschaftsinterner Parallelstrukturen u.a.m.; dass 2. das Thema Klimawandel als Beispiel für die Folgen von 1. angesehen werden kann – sowohl was die Entstehung als auch die Unfähigkeit zur Problembearbeitung betrifft; und dass 3. die Digitalisierung und Netzentwicklung mit ihren Inklusionschancen derzeit mindestens ebenso viel Potenziale zur Problemverschärfung als zur Problemlösung zeigen; dies betrifft die mikrosoziale, organisatorische und (welt-)gesellschaftsbezogene Ebene der Kommunikation. Soweit – eher selten – der Zeitbezug der GdZ explizit in den Blick gerät, handelt es sich meist um eine Art von Hochrechnung, Extrapolation oder Fortschreibung einzelner gegenwärtiger Trends[154].

Einen Schwerpunkt vieler Diskurse stellt die Ökonomisierung dar, d.h. die Dominanz des Wirtschaftssystems gegenüber allen anderen Funktionssystemen. Konkret: immer mehr Kommunikationen folgen dessen binärem Code: Zahlen oder Nicht-Zahlen entscheidet über die Anschlussfähigkeit. Die Globalisierung ist ein Antreiber dieser Entwicklung, weil sie die Irritationen oder gar die interne Entwicklung von Stoppregeln auf der Grundlage der Beobachtung anderer Funktionssysteme erschwert. Im Hinblick auf die *Zukunft* wird die Argumentation teilweise extrem zugespitzt: z.B. die Begrenzung des Klimawandels ist nur durch Aufgabe des kapitalistischen globalisierten Wirtschaftssystems möglich. Selbst im nationalstaatlichen Rahmen, der in Deutschland trotz EU-Einbindung noch in vielen Bereichen wirksam ist, können Wissenschaft, Religion, Politik, Medien etc. etc. offenbar – seit nunmehr 40 Jahren – das Wirtschaftssystem nicht in einer Weise „irritieren", um eine substantielle und nachhaltige Kursänderung (z.b. Emissionsbegrenzung) zu bewirken. Wirtschaft, Politik und Wissenschaft beobachten sich nur noch in geringem Maße gegenseitig kritisch. Die Ökonomisierung vereint sie auch in der Zukunftskommunikation mit Blick auf die Zielsetzung Wachstum und Beschäftigung – obwohl selbst dieser Sachzusammenhang eher fragwürdig ist. Dies lässt es plausibel erscheinen, dass einer „global governance" – hier im Sinne einer Weltklima-Politik – wenige Chancen für die Begrenzung der Weltwirtschaft eingeräumt werden.

Dies gilt vor allem dann, wenn man das dritte Thema einbezieht: das Internet bzw. die Digitalisierung. Die diesbezügliche Zukunftskommunikation betont vor allem die erheblichen Beschäftigungsverluste durch die Technikentwicklung – insbesondere das „Internet der Dinge". Eine Inklusion der Bevölkerung in das Wirtschaftssystem ist zunehmend in Frage gestellt: für die GdZ werden weniger als die Hälfte der gegenwärtig vorhandenen Arbeitsplätze (ca. 20 statt 43 Millionen) prognostiziert. Die Schere zwischen arm und reich öffnet sich immer weiter und verstärkt die Entwicklung von Parallelstrukturen. Aber nicht nur das: eine Gesellschaft als Kommunikationszusammenhang steht zur Disposition. Im Gegensatz zur angestrebten und auch behaupteten kommunikativen Vernetzung oder gar Verdichtung führt das Internet offenbar (auch) zur Singularisierung und zur Verstärkung der personzentrierten Autopoiesis (Selbstbezüglichkeit). Gesellschaftsfördern-

---

154 Sie erlauben gleichwohl bewertende Kommentare und Vorschläge zur Beeinflussung ungewünschter Entwicklungen. Insofern stellen sie auch die prinzipielle Nützlichkeit der gewählten Beobachtungsperspektive unter Beweis.

de Kommunikation und psychisches System werden strukturell entkoppelt: schon wird eine „sprachlose Gesellschaft" angekündigt.

Zentriert auf die Beobachtungsakzente lässt sich das Ergebnis folgendermaßen zuspitzen:

a. Der Trend zur Schwächung von funktionaler Differenzierung führt zu einer Reihe von Problemen, die in der Gegenwartsdiagnose wie in der Zukunftskommunikation beobachtbar sind.
b. Eine wechselseitige Resonanz und die notwendige strukturelle Koppelung der Funktionssysteme erfolgt nicht hinreichend.
c. Bereits bei den drei hier betrachteten systemischen Entwicklungsprozessen lassen sich neue „Komplikationen" bei der Inklusion der Bevölkerung beobachten.
d. Die Zukunftskommunikation enthält ansatzweise/implizit Hinweise, dass die Gestaltung der funktionalen Differenzierung wichtige Beiträge zur Entwicklungs- und Überlebensfähigkeit der Gesellschaft der Zukunft liefern kann.
e. Wenn ein Bezug zur GdZ hergestellt wird, bleibt die Fortschreibung des Bestehenden dominant: die Rolle internationaler Konzerne wird noch dominanter, der Klimawandel ist nicht nachhaltig zu stoppen, so dass Anpassungsstrategien für die GdZ erforderlich sind; die Digitalisierung und das Internet werden die gesellschaftliche Realität noch mehr bestimmen als heute und damit die Abhängigkeit von den neuen „Masters of the Universe". Die Übersicht über das Spektrum der Argumente zeigt aber auch, dass mit Blick auf *einzelne* Trends über mögliche andere Entwicklungen und notwendige Weichenstellungen kommuniziert wird. Sie lassen sich aber nicht zu einer Vorstellung von einer gegenüber heute deutlich umgestalteten GdZ verdichten. Diese Fragestellungen werden deshalb später (Kap.4) wieder aufgegriffen.

3.3. Bevölkerungsbezogene („Mega"-) Trends

Nachdem bisher vor allem die Kommunikation zu wichtigen Aspekten der gesellschaftlichen Makrostrukturen beobachtet wurde – wobei die Inklusion der Personen eher am Rande der Betrachtung blieb –, sollen nun die Individuen (=Personen als Adressaten der Kommunikation) in den Mittelpunkt gerückt werden. Was lässt sich über die Zukunft der Bevölkerungsentwicklung sagen? Auch hier bleibt es zwar notwendig, die Makrostrukturen – z.B. des Nationalstaates/der Staatsangehörigkeit – als Rahmenbedingungen zu beobachten, doch sind viele Akzente der Kommunikation konkreter verankert. Sie geben weit weniger Anlass für große Erzählungen über fantastische oder desaströse Zukünfte der Gesellschaft. Dies gilt allerdings nur dann, wenn man die grundlegende „Beschaffenheit" der Menschen als nicht beliebig veränderbar ansieht. Oder anders ausgedrückt: wie die Zukunft der Menschen unter dem Kommando einer digitalen Super-Intelligenz aussehen wird, ist hier nicht Gegenstand der Zukunftsdiskussion.

3.3.1 Demografische Entwicklung

In ähnlicher Weise wie bei dem Umweltthema sind die Bevölkerung und ihre Entwicklung als ein besonderes Phänomen der strukturellen Koppelung der Gesellschaft mit ihrer *externen* Umwelt (Interpenetration) zu bezeichnen. Sie lassen sich nicht einfach „wegkommunizieren": die Menschen, um die es u.a. in der GdZ geht, sind überwiegend „schon da". Im Gegensatz zur Natur können sie allerdings für sich sprechen. Insofern geht es im Folgenden sowohl um die Menschen als auch um die gesellschaftliche Kommunikation über ihre Zukunftsperspektiven.

3.3.1.1 Trends

Die in Deutschland lebende Bevölkerung, 2016: 82,2 Millionen, wird in den nächsten Jahrzehnten kontinuierlich schrumpfen: 2016 wird ein Minussaldo von Geburten- und Sterbefällen von 188.000 erwartet[155]. Durch anhaltend geringe Geburtenraten (ca. 1.4 Kinder pro gebärfähiger Frau) und durch steigende Lebenserwartungen wird sich die Relation zwischen den Altersgruppen stark verschieben. Die Gruppe der (potenziell) Erwerbstätigen wird geringer sein als die Gruppe der Nicht-Erwerbstätigen. Die darauf reagierenden Kommunikationen beziehen sich sowohl auf diverse Rechenmodelle, auf die Folgenanpassung sowie auf Kompensationsmöglichkeiten – z.B. durch Migration.

- *„große (und kleine) Erzählungen" – Narrative einschließlich der Rekonstruktion historischer Entwicklungen*

Große Erzählungen sind, wie zu erwarten, an bestimmte Hochrechnungen (s.u.) geknüpft, die zwar als relativ sicher gelten, aber nicht wirklich sicher sind – wie auch die *Szenarien* zeigen (s.u.). Allerdings sind die großen Erzählungen nicht von der Präzision der Daten abhängig: oft erscheinen grobe Trendaussagen zunächst als ausreichend.

– Die wichtigste Erzählung bezieht sich auf die Weltbevölkerung der Zukunft. Nach aktuellen UN-Prognosen werden 2050 9,2 Milliarden Menschen auf

---

155 Diese Zahlen berücksichtigen nicht die Einwanderung.

der Erde leben – 2,5 Milliarden mehr als heute. Die jüngste Anhebung der Prognose wird mit der steigenden Lebenserwartung begründet. Die „Dramatik" dieser Kommunikation ergibt sich zunächst vor allem aus dem Bezug zur globalen Ressourcen-Lage – insbesondere Land, seltene Rohstoffe, Wasser, Nahrungsmittel. Um den Kollaps zu vermeiden, muss der Lebensstil weltweit geändert werden. Dabei kommt die Umwelt/Klima-Thematik erneut ins Spiel. Neben den Zahlen zur Bevölkerungsentwicklung sind auch die Proportionen von Belang: der weltweit zunehmende Anteil älterer Menschen – u.a. auch in China in der 2. Hälfte des Jhd. Zugleich wird es Regionen geben, wie Subsahara-Afrika, in denen weit mehr als die Hälfte der Bevölkerung unter 15 Jahre alt ist.

– Auch bei demografiebezogenen Kommunikationen ist die Technik (Wissenschaft) von Bedeutung: die Erzählung vom ewigen Leben mit ewiger Jugend. Zu fragen bleibt dabei, ob das nicht nur die Träume der Geldeliten sind – während die Normalbevölkerung schon froh wäre, wenn sie 2050 noch mit einer basalen Gesundheitsversorgung rechnen kann.

– Mit Blick auf die Bevölkerungsentwicklung in Deutschland kann man nicht auf große Erzählungen hinweisen, allenfalls auf „alarmierende" Einzelbotschaften, die an konkrete Hochrechnungen anknüpfen: „die Deutschen sterben aus"; die Altersarmut in der GdZ wird erheblich sein, d.h. wir verbrauchen heute die Ressourcen der zukünftigen Generationen; die Alten bestimmen die GdZ: ein Konflikt zwischen den Generationen ist unausweichlich; unsere Wirtschaft bricht zusammen: fehlende Arbeitskräfte u.a.m.

Historische Entwicklungen dienen dabei zum Vergleich – z.B. hinsichtlich der Alterspyramide und ihrer Veränderung. Die Einflussfaktoren und die Folgen können ggf. auch aus internationalen Vergleichen abgeleitet werden: Säuglingssterblichkeit vs. Bildungsgrad der Frauen; Einkindpolitik in China; Überalterung in Japan. Sie prägen aber nicht die Zukunftskommunikation in Deutschland.

● *Szenarien (Entwicklungstreiber und Hochrechnungen)*

Die *Szenarien* für Deutschland behandeln die zu erwartenden gesellschaftlichen Auswirkungen des demografischen Wandels – wobei meist ausgewählte Entwicklungstreiber im Vordergrund stehen. Dabei kommen allerdings auch Zeitperspektiven ins Spiel, die nicht bis in die GdZ (2050) reichen.

– Eine typische Statistik zeigt folgende Hochrechnung: von 2010 bis 2050 schrumpft die Bevölkerung in Deutschland von 81,8 auf 73,6 Millionen. Der Anteil der unter 20jährigen sinkt von 18,4 auf 15,6%, der der 20–59-Jährigen von 55,3 auf 45,5 – während der der 60+ Gruppe von 26,3 auf 38,9% steigt.

- Die Betrachtung der absoluten Bevölkerungszahlen, d.h. der Bevölkerungsschwund, wird häufig mit der räumlichen Verteilung in Verbindung gebracht. Dabei steht der ggf. erforderliche Rückbau von Stadtquartieren und die Entleerung des ländlichen Raums im Mittelpunkt. Ein wichtiges Element ist dabei die Versorgungsinfrastruktur, die reduziert und den veränderten demografischen Mustern angepasst werden muss.
- Im Hinblick auf die Wirtschaft geht es einerseits um die Reduktion der Zahl erwerbsfähiger Personen – welche Branchen und Regionen sind betroffen? Andererseits geht es um die Veränderung der Bedarfssituation der Bevölkerung, die u.a. durch veränderte Konsumentscheidungen zum Ausdruck kommt, die wiederum von der allgemeinen Einkommenslage abhängen wird.
- Die Einkommenslage der älteren Generation ist unter dem Stichwort der zu erwartenden Altersarmut in der GdZ ein eigenes Thema, weil es schon heute politisch-administrative Herausforderungen beinhaltet. Ein weiterer Fokus liegt bei den geringen Kinderzahlen, die in naher Zukunft einen Rückbau der Infrastruktur – von den Entbindungsstationen bis zu den Schulkapazitäten – zur Folge haben könnten. Gewichtiger sind dabei aber auch die weitergehenden mikrosozialen Folgen: Singlehaushalte nehmen zu, Patchwork-Familien nehmen zu, Altsein ohne Unterstützung von Kindern oder ein Enkel und vier Großeltern (Personen) wird häufiger. Schätzungen über die Haushaltsgrößen in Deutschland (Statistisches. Bundesamt 2011) gehen davon aus, dass der Anteil der Single-Haushalte (derzeit 37,2%) bis 2030 auf 41% gestiegen sein wird; rechnet man die 37% Zweipersonen-Haushalte hinzu, so werden nur 22% der Haushalte aus drei und mehr Personen bestehen. In den Stadtstaaten sind es sogar 52%+32% gegenüber 16% Mehrpersonen-Haushalten.
- Die Zunahme der Hochaltrigen sowie die Erhöhung des Mutterschafts-Alters[156] u.a. führen immer wieder zu Verschiebungen der konkreten (fallbezogenen) Altersgruppen-Verteilung[157]. Wie müssen die mikro-sozialen Netze in der GdZ aussehen, um ihre Funktionen der sozialen Inklusion weiterhin zu erfüllen?
- Besonderes Gewicht haben auch die erforderlichen Dienstleistungen für ältere Menschen: die Zahl der Pflegedürftigen wird von heute 2.5 bis 2030 auf 3,4 Millionen und bis 2060 auf 4.5 Millionen ansteigen (Statistisches Bundesamt 2015); durch die längere Lebenserwartung wird ggf. auch die Dauer der Pflegebedürftigkeit deutlich verlängert.

---

156 Zuletzt angetrieben durch den Vorschlag zum „social freezing".

157 Früher wurde mit Blick auf diese Aspekte des Lebenszyklus über die „Sandwich-Generation" gesprochen; in der GdZ geht es dann wohl eher um einen „Trippel-Burger".

Für die Kommunikationen über die demografische Entwicklung sind die Zahlenreihen praktikabler und weniger zufallsbehaftet als in anderen Themenfeldern. Aber selbst bei den Basiszahlen – Bestand; Nettoreproduktionsrate – kann nicht alles als sicher gelten. So könnte z.b. der medizinische Fortschritt die Lebenserwartung sprunghaft drastisch erhöhen; zunehmende Armut könnte dagegenwirken: „wer arm ist, stirbt früher". Deutlich schwieriger sind alle Hochrechnungen und Szenarien dort, wo es um die Folgewirkungen in einzelnen gesellschaftlichen Handlungsfeldern geht, denn hier gibt es ggf. zusätzliche oder sogar bisher unbekannte Einflussfaktoren[158]. Mit anderen Worten: kaum ein behaupteter Trend bleibt unwidersprochen.

- „Das Institut für Arbeitsmarkt- und Berufsforschung (IAB) sagt einen bundesweiten Engpass bei technischen Berufen schon im Jahr 2030 voraus, sollten sich die gegenwärtigen Trends fortsetzen. Ein Überangebot dagegen werde es unter dieser Voraussetzung bei kaufmännischen Dienstleistungs- und bei lehrenden Berufen, bei Kaufleuten im Warenhandel sowie bei rechts- und wirtschaftswissenschaftlichen Berufen geben, erklärte das IAB in Nürnberg. Die demografische Entwicklung und die Wirtschaftsstruktur in den Regionen gäben dabei die Richtung für die künftige Entwicklung des Arbeitskräfteangebots und -bedarfs vor." (IAB 2015) Die technologische Entwicklung mit ihren Arbeitsplatz-Effekten ist dabei allerdings wohl nicht hinreichend berücksichtigt.
- Neben den Zahlen, die die Erwerbstätigkeit betreffen, stoßen auch Hochrechnungen hinsichtlich des Konsumbedarfs – vom Wohnraum über die Gesundheitsdienstleistungen bis zu den Nahrungsmitteln – auf Interesse. Hier ergeben sich vor allem Verschiebungen. Allerdings steht dies unter dem Vorbehalt von Produktinnovation, Preisentwicklungen, verfügbarem Einkommen und Einkaufsverhalten (online?)– die alles grundlegend verändern könnten.
- Der Hinweis auf die oft unterstellte „Fortsetzung der Trends" steht also unter Vorbehalt. Dies gilt für die Demografie vor allem mit Blick auf die Migration in Deutschland (Europa) (s.u.).

- *Zielsetzungen und Dispositionen für die Zukunft*

Ansatzpunkte liefern hierfür wiederum die Bestandszahlen und ihre Projektionen als auch die damit verbundenen *Szenarien*. Die meisten Kommunikationen richten sich – eher kurz- bis mittelfristig – auf Maßnahmen, die diese Zahlen beeinflussen (könnten): Verlängerung der Erwerbstätigkeit, Einkommensentwicklung, Zuwanderung, veränderte Maßstäbe für berufliche Qualifikation, Regionale Verteilungsstrategien usw. Das Bild der GdZ bleibt dabei

---

158 Beispielhaft ist die Diskussion über die Zunahme übergewichtiger Menschen: Wird dies ihre Lebenserwartung verändern?

eine Sammlung von einzelnen Risiken (wie psychische Gesundheit, soziale Isolation, Armut, unbezahlbarer Wohnraum), die die Generation der jetzt 30jährigen (+/-) in die Gesellschaft der Zukunft „mitnehmen" müsste. *Zielsetzungen für* die GdZ in *Dispositionen* umzusetzen ist schwierig. Andererseits wären ad-hoc Reaktionen *in* der GdZ häufig wegen ihrer zeitversetzten Wirkungen ebenfalls wenig erfolgversprechend. Selbst die Migration (hier: Zuwanderung) scheint für die inzwischen üblich zu werdende „Steuerung auf Sicht" wenig wirksam (s.u.). Mit anderen Worten: wenn man schon im Wasser steht, kommt man meist nicht mehr „vor die Welle". Insofern ist die Kommunikation über *Dispositionen* am ehesten mit Risikoabschätzungen verknüpft. Dies erfordert eine kontinuierliche Beobachtung – wie hinsichtlich der Einkommensentwicklung und der sozialen Sicherung: wie lassen sich Weichen stellen, um zukünftige Risiken zu mildern? Ein typisches Beispiel ist die Rister-Rente. Angesichts schrumpfender Anteile von sozialversicherungspflichtigen Jobs und geringerer Erwerbsquoten in der Zukunft ist sie wie die Erhöhung des Renteneintrittsalters und die Intensivierung der Schulausbildung und Qualifizierung der Jugendlichen eine flankierende Maßnahme. Ein Teil der Kommunikation richtet sich auch auf die Bereitschaft, eine Familie zu gründen, indem die finanzielle Unterstützung (Kindergeld) und die Betreuungsinfrastruktur ausgebaut werden (Anspruch auf Kita-Platz). Ideell und finanziell gefördert werden auch neue Wohnformen, die die Unterstützung in den kleinen sozialen Netzen den demografischen Entwicklungen anpassen: „mehrere Generationen unter einem Dach".

Zusammenfassend kann festhalten werden, dass die demografiebezogenen Kommunikationen – solange sie eng anhand der Bestandszahlen und ihrer Fortschreibung für Deutschland geführt werden – auf die Situation der GdZ Bezug nehmen können. Im Hinblick auf die Auswirkungen der prognostizierten Zahlen auf die Gesellschaft bleiben gleichwohl große Unsicherheiten und ggf. auch Widersprüche. Dies betrifft individuelle Dispositionen (die ausgebrannte Generation?) ebenso wie die mikrosozialen Netze (die Singlegesellschaft?) und die Rahmenstrukturen der Wirtschafts- und Sozialsysteme (prekäre Beschäftigungsverhältnisse, Altersarmut?). Insofern bleiben auch die Versuche, mit *Zielsetzungen* und *Dispositionen* hier und heute auf die GdZ gestaltend Einfluss zu nehmen, unsicher und kontrovers.

Dramatische Szenarios spielen vor allem dann eine größere Rolle, wenn die *globale* Bevölkerungsentwicklung betrachtet wird. Sie bezieht sich u.a. auf Versorgungsfragen vor dem Hintergrund schon jetzt nicht erreichter Millenniumsziele (2000), auf Klimawirkungen und ggf. auf eine Zunahme der weltweiten Migration.

Exkurs: Massenmedien beobachten die demografische Entwicklung

Das Thema Demografie gehört nicht zu den wichtigsten Zukunftskommunikationen in den Massenmedien. Sie überschreiten am ehesten dann die Aufmerksamkeitsschwelle eines breiteren Publikums, wenn einzelne Szenarios – wie die befürchtete Altersarmut – vermeintlich oder faktisch schon jetzt zu Entscheidungen veranlassen. Aufmerksamkeit erzeugen auch Konflikte – z.B. zwischen den Babyboomern, die die Ressourcen der nachfolgenden Kohorten (Generation Y u.a.) verbrauchen. Auch die unterschiedlichen Interessenpositionen von jungen Familien und Alten gehören dazu – was u.a. in der Diskussion über ein Familienwahlrecht zum Ausdruck kommt. Dies kann auch einen Bias der Berichterstattung zur Folge haben, weil die jungen Altersgruppen kaum noch die „klassischen" Medien (Zeitung, Fernsehen) nutzen. In den Medien treten neben Demografie –„Experten" auch Interessenvertreter in Erscheinung, die schon jetzt Auswirkungen der demografischen Entwicklung beschreiben. Dies gilt beispielsweise für die Kommunikation über die Auswirkungen auf regionale Arbeitsmärkte, in denen z.T. schon jetzt die Jungerwachsenen als Träger der Wirtschaftsentwicklung hin zur GdZ fehlen. Hier zeigt sich z.T. erneut der Medien – Wirtschafts-Konnex. An dieser Stelle besteht der „Blinde Fleck" der medialen Beobachtung in der Betonung von Wirtschaftsinteressen an Fachkräften – obwohl es auch um die Lebensbedingungen der Menschen (Inklusion) und ihre primär-sozialen Netze geht.

Eine möglicherweise bedeutsamere Filterfunktion besteht bei der Beobachtung der Bevölkerungsentwicklung als Bestandteil der Nutzung von Verbreitungstechnologien und den damit transportierten Inhalten: eine sich selbst bespiegelnde Singularitäten-Generation wäre für viele der derzeit üblichen medialen Kommunikationen nicht (mehr) erreichbar. Insofern ist die Beobachtung der medialen Kommunikationsbeteiligung verschiedener Bevölkerungsgruppen ein wichtiger Filter für entsprechende zukunftsbezogene Themen. Am Ende könnte auch eine grundlegende Trennung des Mediensystems – eines für die Jungen und eines für die Alten – die GdZ prägen[159].

---

159 Dazu passt die Einlassung des EU-Kommissars Oettinger in einer Veranstaltung in Essen (Politisches Form Ruhr am 4. 4. 2016), der einerseits für eine Digitalisierungsoffensive in der EU wirbt, den Eltern aber zugleich empfiehlt, ihren Kindern ein Zeitungsabo zum Geburtstag zu schenken.

3.3.1.2 Beobachtungskommentar (Schwerpunkt Inklusion)

(a) Diagnostische Elemente: die impliziten und expliziten Bezüge zu der systemtheoretischen Argumentation

* Ähnlich wie bei den bisher untersuchten Trends sind bei dem Thema Demografie vor allem *implizite* Bezüge zur systemtheoretischen Argumentation zu finden. Deutlicher sichtbar sind allerdings die verschiedenen Ebenen sozialer Systembildung. Der Blick auf die Bevölkerung rückt zumindest *zunächst* die *Bestände an Personen* in den Fokus, die strukturell mit den Funktionssystemen gekoppelt sind (Interpenetration). Dabei wird zunächst auch die räumliche Differenzierung deutlich markiert: als Grenzziehung für Personen, die dazugehören und die nicht dazugehören (z.B. Familien, StadtbewohnerInnen, StaatsbürgerInnen). Die Weltbevölkerung als Gesamtheit der natürlichen (menschlichen) Umwelt der Funktionssysteme zu betrachten, bleibt dabei – aus vielen Gründen – eine Randerscheinung. Das globale Wachstum (auf 9–10 Milliarden) spielt gleichwohl eine Rolle, wie auch die regionalen Unterschiede von Wachstum und Schrumpfung und die Auswirkungen auf Wanderungsbewegungen usw. Viele Kommunikationen fokussieren die mit den quantitativen Unterschieden und den zu erwartenden Veränderungen verbundenen Kontroversen und Konflikte, in die auch Deutschland eingebunden ist: Menschenrechte, „westliche Werte", Ressourcenverteilung, Migration u.a. Diese Vielfalt legt es nahe, das Thema Demografie auf die auf Deutschland bezogenen Kommunikationen zu konzentrieren.

* Dabei wird sichtbar, dass die Bevölkerungsentwicklung eine Vielzahl von Referenzen auf die ausdifferenzierten Funktionssysteme der Gesellschaft aufweist. Mit anderen Worten: Die Inklusion wird zumindest indirekt zum wesentlichen Element der Zukunftskommunikation. Einerseits werden die zahlenmäßigen Veränderungen der verschiedenen Bevölkerungsgruppen und ihre Verflechtung beobachtet: Wie entwickelt sich die Altersschichtung? Kann die zunehmende Pflegebedürftigkeit bewältigt werden, wenn die Kinderzahl weiter abnimmt? Werden die Alten durch ihre Luxusreisen u.ä. die Ressourcen der nachfolgenden Generationen verzehrt haben? Andererseits wird bei den Funktionssystemen angesetzt: Wie kommt das Erziehungssystem mit der abnehmenden Kinderzahl zurecht? Wird die Wirtschaft in der GdZ durch Fachkräftemangel abstürzen? Sind die traditionellen Massenmedien am Ende, wenn die „Digital Natives" das Sagen haben? Was passiert mit dem Politiksystem, wenn sich die jüngeren Generationen nicht für die Gestaltung des Gesellschaftssystems interessieren?

* Die zukunftsbezogenen Kommunikationen behandeln auch die Frage, *wie* die Funktionssysteme die Menschen inkludieren: was machen sie mit ihnen? Man denke an die Diskussion über Inklusion behinderter Kinder im Erziehungs-

system oder der Kampagne „Wir lassen kein Kind zurück" (NRW); es geht um „worklife-balance" und gegen ständige Erreichbarkeit, um Wirtschaftsethik oder social compact, um Burnout, Klassenmedizin, die Kluft zwischen Armen und Reichen usw. Diese Ambivalenzen werden oft als Kontrast von bevölkerungsbezogener Gemeinwohlorientierung und der Durchsetzung von funktionalen Spezialinteressen beschrieben.

* Die mediale Darstellung der *gesellschaftlichen* Herausforderung erfolgt vor allem über das Stichwort „Integration"; oder auch: was geschieht mit den Menschen, die aus allen Systemen exkludiert werden? Andererseits gilt es zu beobachten, wie die Funktionssysteme die primär-sozialen Netze beeinflussen. Da in den Funktionssystemen die Kommunikation überwiegend im Rahmen *organisierter* Sozialsysteme stattfindet, geht es also auch um das Verhältnis von sekundären (organisierten) zu primären (einfachen) Sozialsystemen: oder praktisch ausgedrückt: wie gehen Organisationen mit den Menschen, mit den Familien um?

(b) „Therapeutische" Elemente: die Gestaltungsüberlegungen für die Gesellschaft der Zukunft und ihre potenzielle Wirksamkeit

* Die zuvor beschriebenen „diagnostischen" Aspekte der demografischen Entwicklung haben gezeigt, dass sie ein wichtiger Bezugspunkt der Zukunftskommunikation sind, und dass sie ein extrem komplexes Bild ergeben – weit differenzierter, als die üblichen Datenreihen des quantitativen Bevölkerungsbestandes in der GdZ sichtbar werden lassen. Zugespitzt ausgedrückt handelt es sich um die *Vielfalt der Individuen* in Relation zu überschaubaren gesellschaftlichen Architekturen – eben den Funktionssystemen. Oder anders formuliert: Die vermeintlich zuverlässigen Angaben über die Zahl und die altersmäßige Zusammensetzung der deutschen Bevölkerung sind allenfalls die Folie, auf der Lebenssituationen und Gesellschaftsarchitekturen in der GdZ projiziert werden (können).

* Die Diskurse über „Therapien" setzen i.d.R. nicht direkt bei den Quantitäten an. Dafür müsste erörtert werden, ob eine bestimmte Bevölkerungszahl (mit der verbunden Bevölkerungsdichte) für die GdZ erstrebenswert ist und warum eine Alters-*Pyramide* in Zukunft besser ist, als andere Verteilungsmuster von Altersgruppen. Dies müsste dann zu entsprechenden Anreizen für höhere Geburtenraten, ggf. für bessere Vereinbarung von Familie und Beruf oder für Zuwanderung junger Menschen führen. Tatsächlich werden die Anforderungen an die Demografie der GdZ aber von den Funktionssystemen her gedacht: besonders sichtbar mit den Projektionen des zukünftigen Arbeitskräftebedarfs für das Wirtschaftssystem. Zugespitzt kann man sagen, dass die Eigenlogik dieses Systems (incl. Wachstum, Globalisierung etc.) auch die *Zielsetzungen* für die GdZ dominiert. Insofern sind Erhöhung des Rentenalters,

Arbeitskräftemobilität in der EU ebenso wie Konzepte zur Einwanderungspolitik typische Perspektiven. Im Hinblick auf die Politik wird erörtert, wie eine einseitige Berücksichtigung der Interessen älterer Menschen begrenzt werden kann[160]. Dabei wird aber auch die Interdependenz der Funktionssysteme angesprochen, denn die Lebens-Mittel der Älteren (Renten etc.) hängen u.a. von einer leistungsfähigen Wirtschaft ab. Ob die schon jetzt prognostizierten Einbußen im Alterseinkommen in der GdZ kompensiert sein werden, ist bestenfalls unklar.

* Trotz der Vielzahl von Kommunikationen zur zukünftigen Demografie in Deutschland, wird der Komplexität und Kontingenz im Verhältnis von Entwicklungen der Funktionssysteme und der Inklusion der Bevölkerung nur in geringem Maße Rechnung getragen. Dies gilt vor allem dann, wenn andere, aber grundlegende Entwicklungen unberücksichtigt bleiben: wie z.B. die Entwicklung der (Digital-)Technik und die zu erwartende Migration.

* Mit der Bezugnahme auf die Weltgesellschaft bzw. die Weltbevölkerung kommen weitere Herausforderungen auf die GdZ zu. Globale Entwicklungen wie das Bevölkerungswachstum und die damit einhergehende Ressourcenverknappung und der Notwendigkeit, die Lebens-Mittel zu teilen[161] sowie die Flüchtlingsbewegungen etc. signalisieren die Notwendigkeit „vor die Welle"[162] der Entwicklung zu kommen – es sei denn man bleibt bei der Auffassung, dass auch hier der „Crash" die Lösung für die GdZ ist.

3.3.2 Migration und Integration

Migration war und ist eine grundlegende Begleiterscheinung in der Entwicklung der Weltgesellschaft – und vor allem auch in Deutschland. In diesem Zusammenhang wird u.a. auf die Folgen des 2. Weltkrieges, auf Arbeitskräftebewegungen (Gastarbeiter), auf die Wiedervereinigung, auf Migration innerhalb der EU und AsylbewerberInnen aus Krisengebieten hingewiesen. Als wichtigste Ursachen können Bevölkerungswachstum, ökonomische und ökologische Katastrophen sowie alle Arten von Konflikten mit Gewaltanwendungen gelten. Durch den Blick auf die Weltgesellschaft wird zunehmend der Umfang und die Gleichzeitigkeit diverser Bewegungen sichtbar – sowie die

---

160 Das Prinzip „eine Person eine Wahl-Stimme" kann zu starken Ungleichgewichten der Inklusion führen. Das Stichwort heißt Gerontokratie.

161 Diese Begriffsfassung ist von der im Internet üblichen Aussage, „ich teile etwas", zu unterscheiden, die nichts „abgibt". Die Flüchtlingsströme zeigen ein ganz anderes Bild und sie sind erst der Anfang einer weltweiten Umverteilung von Ressourcen.

162 So lautet das instruktive mediale Stichwort für das, was der Bundesregierung und der EU Kommission derzeit nicht gelingt: sie rennt hinter den „überraschenden" (?) Ereignissen hinterher.

Kommunikation über die diesbezüglichen Notwendigkeiten in der Zukunft. Zwar haben 147 von 193 UN-Mitgliedern die Flüchtlingskonvention (von 1951) unterzeichnet, doch in der Praxis wird damit sehr unterschiedlich verfahren – wie man zuletzt selbst in der EU studieren konnte.

3.3.2.1 Trends

2014 lebten 8,2 Millionen Ausländer in Deutschland; die Zahl der Asylanträge hat um 50% gegenüber dem Vorjahr zugenommen: 60% der Zuwanderer kommen aus EU-Ländern (Arbeitnehmer-Freizügigkeit). Motive, Sprachen, Qualifikation sowie religiöser und kultureller Hintergrund sind sehr heterogen. Die gegenwärtigen Entwicklungen (2015) gehen weit über die bisherigen Erfahrungen hinaus. Insofern sind *Szenarien* – wie die des Statistischen Bundesamtes, nach denen die Zahl der potenziellen Arbeitskräfte von 45 Millionen (2011) auf 36 Millionen (2030) sinken könnte – immer weniger bedeutsam. Die Zuwanderung wird weiter ansteigen – auch wenn die Zahlen nicht konstant so hoch wie 2015, mit mehr als einer Million Asylsuchender, liegen werden. Dabei ist nicht die Migration das Problem: Transportmittel und Schleuser gibt es genug. Das zentrale Thema für die Zukunftskommunikation ist die *Integration* in die deutsche/europäische *Gesellschaft*[163]. Deshalb verknüpft das Thema Migration – z.b. im Vergleich zum Thema Demografie – in der Zukunftskommunikation häufiger Beobachtungen aus Deutschland und der Weltgesellschaft. .

- *„große (und kleine) Erzählungen"* – *Narrative einschließlich der Rekonstruktion historischer Entwicklungen*

Die dynamische Entwicklung im Jahr 2015 und die Projektionen für die nächste Zukunft machen es derzeit schwierig, über „große" Erzählungen zu entscheiden. Vielfältige Erzählungen sind in den Medien unterwegs, deren Bedeutung für die Zukunftskommunikation noch nicht abzuschätzen ist.

- „Die" Megaerzählung ist die Angst vor den/dem Fremden – die bewusst „geschürt" oder verringert werden kann.
- Globale Migration wird in Verbindung mit globaler Wirtschaft, globaler Armut und Klimawandel zur großen Erzählung, der meist die Vermutung zugrunde liegt, dass internationale Konfliktlösungen und Kooperation nicht wirksam sind und auch nicht sein werden. Die Weltgesellschaft der Zukunft wird keine Welt*gesellschaft* mehr sein, denn sie ist in unzählige Parallelgesellschaften aufgelöst, die um das Überleben kämpfen. Die Fronten knüpfen v.a. an diejenigen natürlichen Ressourcen an, in die Multimilliar-

---

163 Die Aussage: „wir haben Arbeitskräfte (Gastarbeiter) gerufen und es kamen Menschen (sogar mit ihren Angehörigen)" ist hinreichend bekannt.

däre und internationale Konzerne heute investieren: Wasser, Land, Sand, Rohstoffe, Autarke Wohninseln in den Weltmeeren und in ausgemusterten Raketensilos – u.a.m.

- Als große Erzählung lässt sich auch die Darstellung von Migrationsursachen bzw. -motiven bezeichnen. Dies erfolgt unter moralischen, rechtlichen, politischen und ökonomischen Bewertungsgesichtspunkten, die nach „legitim/legal oder nicht" eingestuft werden. Dies führt dann zur Unterstützung akzeptabler Gründe (Kriegsfolgen; Umweltfolgen) und zur Kritik nicht akzeptabler Gründe (wirtschaftliche Interessen, besseres Leben). Dies beinhaltet häufig auch Kommunikationen über die Entstehung der Ursachen und die diesbezügliche Schuldfrage: wer ist an den Kriegen, kulturellen Konflikten oder an der desolaten Wirtschaftlage in einzelnen Ländern schuld? Weil dadurch die weit verbreitete Mitschuld vieler Akteure oder Staaten sichtbar wird/würde, gerät diese Frage in den Erzählungen oft wieder in den Hintergrund. Insofern werden Erzählungen über die *Wanderungen* in der Weltgesellschaft – aus welchen Gründen auch immer – in den Mittelpunkt gerückt. Worauf muss sich die GdZ einstellen?
- Viele Erzählungen sind an einzelne (vermutete) Wirkungen der Migration auf die (deutsche) Gesellschaft geknüpft – mit positiven und auch mit negativen Konnotationen: „Deutschland ist kein Einwanderungsland", „Migration innerhalb der EU ist schon genug"; es droht eine Überfremdung oder gar der „Untergang des christlichen Abendlandes", „man nimmt uns Arbeitsplätze weg"; „Deutschland ist nicht das Sozialamt der Welt", „die Kriminalitätsraten steigen stetig an" u.a.m. Dagegen wird argumentiert: wir brauchen mehr Arbeits-(Fach-) Kräfte[164], mehr Kinder, müssen das Entvölkern von ländlichen Regionen verhindern etc.
- Eher „neutrale" Kommunikationen verweisen darauf, dass Deutschland bereits eine kosmopolitische Gesellschaft ist, dass die berufliche Mobilität ebenso wie die auf Ausbildung (insbesondere) in den Universitäten bezogene Mobilität auch der deutschen Bevölkerung grenzenlos ist – ganz zu schweigen von den internationalen Touristenströmen von und nach Deutschland[165].
- Stärker als bisher dringt die Tatsache in die Diskurse, dass es sich bei dem Thema um eine Angelegenheit (auch) der EU handelt, so dass große Erzählungen auch auf die Kündigung des Schengen-Abkommens und sogar auf die Auflösung der EU Bezug nehmen.

---

164 Eine typische – wenngleich keineswegs unwidersprochene – Feststellung lautet z.B., dass Deutschland in näherer Zukunft eine Netto-Zuwanderung von 500 Tausend Arbeitskräften p.a. benötigt.

165 Allein für das Oktoberfest 2015 wurden in München 6 Millionen Gäste erwartet. Allerdings wird dieser Mitteilung gern hinzugefügt: wir lieben die Gäste – vor allem, weil sie nach kurzer Zeit wieder abreisen.

Historische Bezüge werden in den Kommunikationen immer wieder hergestellt: teilweise z.T. mit optimistischer, Mut machender Perspektive – „wir schaffen das", denn wir haben schon viele solcher Migrationsphasen bewältigt – , teilweise aber auch mit Schreckensvorstellungen von Bürgerkriegen und ihren nie endenden Fluchtbewegungen. Dies betrifft sowohl die Darstellung der Migrationsgründe als auch die Folgen für die schrumpfenden oder wachsenden Gesellschaften. Für Deutschland wird zwar immer wieder auf die vielen diesbezüglichen Erfahrungen hingewiesen, in den Kommunikationen werden jedoch nicht immer die unterschiedlichen Konfigurationen deutlich gemacht, die sich nicht zuletzt in den jeweiligen Integrationsprozessen widerspiegeln – wenn sie denn zustande kommen. Unklar bleibt also, ob die Erfahrungen der Vergangenheit Leitideen für die GdZ sein können.

- *Szenarien (Entwicklungstreiber und Hochrechnungen)*
Das Verhältnis von Migration und Integration im Rahmen der gesellschaftlichen Entwicklung und der zukünftigen Verfasstheit von Gesellschaft steht hier im Mittelpunkt der Kommunikationen. Wie bei allen anderen Themenfeldern wird bei den *Szenarien* ein höheres Maß an Wechselwirkungen berücksichtigt. Dadurch werden die Themen vielfältiger, d.h. gleichzeitig auf verschiedene gesellschaftliche Sektoren (Funktionssysteme) bezogen. Ein Bezug zur GdZ ist möglich, weil viele Prozesse (wechselseitiger) Anpassung einen hohen Zeitbedarf haben[166], also oft erst langfristig Wirkungen zeigen.

- Ein großer Teil der *Szenarien* bezieht sich auf die bisherigen Erfahrungen mit Migration und Integration mit vielen gelungenen, aber auch mit vielen Negativbeispielen – insbesondere von Parallelstrukturen, z.T. mit kriminellen Milieus. Dies führt zu Fragen nach dem Grad der erforderlichen Anpassung (Assimilation) der MigrantInnen einerseits und der akzeptablen Vielfalt innerhalb einer Gesellschaft andererseits. Hierbei wird u.a. auch die Frage erörtert, welche Bedeutung die andauernde Behauptung hatte, Deutschland sei kein Einwanderungsland sowie das Fehlen eines Einwanderungsgesetzes.
- Nach den Erfahrungen mit den „Gastarbeitern" wird die Tatsache, dass die MigrantInnen nicht nur privates sondern auch gesellschaftsbezogenes „Gepäck" mitbringen, in den Kommunikationen sichtbarer gemacht. Selbst wenn die Migrationsursachen gleich sein mögen, kann das „Gepäck" unterschiedlich bewertet werden. Mit den Aspekten der Erwerbstätigkeit sind Arbeitskräftemangel, aber auch Angst vor Konkurrenz und/oder weitere Absenkung der Entlohnungsstandards verbunden. Eine besondere Bedeutung hat zuletzt die Religionszugehörigkeit gewonnen, wobei mit Blick auf

---

166 Nicht selten wird dies als Frage der Generationen gesehen: erst die zweite oder dritte Generation der Einwanderungskohorte ist in der Gesellschaft „angekommen"(?).

Fanatismus und Extremismus Ängste verstärkt wurden. Allerdings geht es auch um die generelle Frage, wie weit die Religion in andere Lebensbereiche der Gesellschaft eingreift – wie z.B. die Rollen und Rechte von Frauen. Eine besondere Verknüpfung stellen die *Szenarien* (deshalb) mit der Entwicklung der politischen Orientierungen her. Pegida, das Erstarken von Parteien am rechten Rand (AfD) – europaweit – spielen eine wichtige Rolle: sind die Neonazis in der GdZ an der Macht?

– Die Beobachtung der großen Flüchtlingsströme aus den Kriegsgebieten hat andere Bewegungen in den Hintergrund gedrängt: die Binnenmigration innerhalb der EU, zwischen Stadt und Land; die Zunahme transnationaler Arbeitsmärkte; Mobilität von Studierenden; die Steuerflüchtlinge; die Touristenströme; die möglichen oder sogar wahrscheinlichen Klimaflüchtlinge der Zukunft. Sie tragen aber auch zu Diskursen bei, wie offen oder geschlossen eine GdZ in der Weltgesellschaft sein soll, sein kann und sein wird.

– *Hochrechnungen* als Bestandteile der *Szenarien* knüpfen einerseits an den allgemeinen Daten zur demografischen Entwicklung an, werden dann aber auch mit den vorhandenen und erwarteten Bevölkerungsbewegungen verknüpft. Dabei zeigt sich erneut der Einfluss des Wirtschaftssystems, das den zukünftigen Arbeitskräftebedarf thematisiert – allerdings auf der Grundlage gegenwärtigen (globalen) Wirtschaftens. Die GdZ gerät damit nicht wirklich in den Blick. Eine weitere Hochrechnung betrifft die zukünftige Zusammensetzung der Bevölkerung in einzelnen Regionen sowie auf Deutschland insgesamt bezogen. Dabei werden unterschiedliche Gesichtspunkte (Herkunftsregion, Ethnie, Sprache, Religionszugehörigkeit etc.) berücksichtigt. Aus nachvollziehbaren Gründen wird dabei von gegenwärtigen Trends und Entwicklungen der nahen Zukunft ausgegangen. Anderes verbleibt im Bereich von Spekulationen und großen Erzählungen – zumal sich der Eindruck verstärkt, dass die Situation jedes Jahr neu zu definieren ist.

● *Zielsetzungen und Dispositionen für die Zukunft*

Gegenwärtig sind *Zielsetzungen* hinsichtlich der Gestaltung der GdZ – so zeigen die neuesten Ereignisse – kaum Gegenstand der Zukunftkommunikationen. Aus der Beobachtung aktueller Herausforderungen durch AsylbewerberInnen und der dabei zu berücksichtigenden Erfahrungen der Vergangenheit sind allenfalls kurzfristige Dispositionen auf der Tagesordnung. Art und Umfang von Migration und die damit einhergehenden Folgen sind stark zufallsabhängig. Dennoch ist nicht zu übersehen, dass an verschiedenen, z.T. gravierenden Herausforderungen „gearbeitet" wird, d.h. dass die Komplexität und Kontingenz in diesem Kommunikationsfeld besonders sichtbar wird.

- Viele *Zielsetzungen* thematisieren die Ursachen und Verantwortlichkeiten der Migration auf internationaler Ebene, z.B. mit Blick auf Bürgerkriege und „failed states". Dabei steht die Frage im Mittelpunkt, wie man die Ursachen in einer Weise beeinflussen kann, dass die Folgen gar nicht erst eintreten: Beispiele sind Syrien, Irak, Afghanistan. Dazu ist eine breite internationale Kooperation erforderlich. Für die EU gilt dies bereits bei der aktuellen Folgenbewältigung, z.b. im Sinne von Aufnahme-Quoten als Herausforderung – ggf. sogar mit Blick auf die „Zerstörung" oder die „Rettung" des europäischen Projektes.

- Nicht ganz aus dem Auge verloren sind die Natur- und Klimakatastrophen, die möglichen Vermeidungsstrategien und die potenzielle Folgenbearbeitung im Sinne von Strategien der Katastrophenbewältigung.

- Konkretere *Dispositionen* beziehen sich auf den Prozess akuter Krisenintervention – wie z.b. Aufnahmeverfahren für AsylbewerberInnen, regionale Verteilung, Unterbringungskapazitäten, Beginn von Integrationskursen und Spracherwerb u.v.a.m. Hierzu wird hervorgehoben, dass viele Entwicklungen schon vorherzusehen waren und dass es keine hinreichenden Vorsorgemaßnahmen gab[167]. Zu den diesbezüglichen Lehren gehört auch, dass die Bevölkerung auf derartige Entwicklungen und ihre Auswirkungen im gesellschaftlichen Alltag vorzubereiten ist: Auf dem Weg zur Multikulti-Gesellschaft und gegen Fremdenfeindlichkeit. Dazu gehören auch die Absichten, die rechtlichen Grundlagen für Asylgewährung, Migration und Integration zu überprüfen und ggf. zu verändern – z.B. durch das neue Integrationsgesetz. Ziel ist es v.a., alte Fehler oder Unterlassungen nicht zu wiederholen und das Erstarken des Rechtspopulismus und darauf basierender Parteien zu verhindern. Dies wird durch nicht zu vermeidende Konflikte zwischen MigrantInnengruppen sowie zwischen MigrantInnen und der ortsansässigen Bevölkerung erschwert.

Die Reichweite derartiger Entscheidungen ist kaum einzuschätzen. Die „Vordringlichkeit des Befristeten" legt nahe, dass viele Entscheidungen zunächst eine kurzfristige Perspektive haben – sich aber auch langfristig als wirksam und wichtig erweisen (können). Exemplarisch seien folgende Sachverhalte erwähnt:

- Die Schaffung von Kapazitäten für die Erstaufnahme von Flüchtlingen und die Verbesserung der Entscheidungsroutinen.
- Entscheidungen über die regionale und quartiersbezogene Verteilung von Flüchtlingen, um Ghetto-Bildung in Städten zu vermeiden – oder auch zur Besiedlung des ländlichen Raumes.

---

167 Griechenland und Italien wurden – so heißt es dazu – mit den Problemen alleingelassen.

- Der Dialog mit der Bevölkerung, um Ausschreitungen – wie brennende Flüchtlingsheime – zu verhindern.
- Die Würdigung und Unterstützung der zivilgesellschaftlichen Aktivitäten („Willkommenskultur") – ohne die der „Crash" schon eingetreten wäre; dazu gehört auch die aktive Beteiligung von Personen mit Migrationshintergrund, die schon länger in Deutschland leben.
- Die zügige Einbindung der Migrantenkinder in die Schulen als wichtiger Baustein für die Integration der Familien – nicht nur wegen der deutschen Sprache. Sprachkurse und Einführungskurse („Integrationskurse") in die deutschen Gesellschaftsstrukturen und Alltagsmuster[168]. Dies kann mittelfristig die Fragen klären helfen, welche Rahmenbedingen für die gesellschaftliche Integration zu beachten sind: von Prinzipien, die im Grundgesetz verankert sind – z.B. dass auch für Frauen und Kinder Menschenrechte gelten – bis zur Tatsache, dass man Verwaltungsbeamten kein Geld zusteckt, wenn sie ihre Aufgabe sachgerecht erledigt haben[169].
- Die Entscheidung für die Einbindung von Personen mit Migrationshintergrund in diverse Organisationen aus dem öffentlichen, dem privatwirtschaftlichen und dem gemeinnützigen Sektor. Das Stichwort lautet organisationsbezogenes „Diversity Management"[170]. Damit treffen Zuwanderer in vielen Handlungsfeldern der Gesellschaft bereits auf Personen mit Integrationserfahrungen und mit entsprechenden Sprachkompetenzen.
- Ein wachsender Umfang von Forschungen, die nicht nur die aktuellen Entwicklungen begleiten, sondern auch die Defizite der Vergangenheit sichtbar machen[171].

Zusammenfassend zeigt sich am Beispiel von Migration und Integration die Schwierigkeit, einen gesellschaftlichen Kommunikationszusammenhang herzustellen. Rhetorik – aus welcher Perspektive auch immer – und Realität fallen oft weit auseinander. Dies ist u.a. eine Folge der Vielfalt von Bevölkerungsbewegungen in der modernen (=mobilen) Gesellschaft. Der gegenwärtige Fo-

---

168 Chinesische Touristen können (in China) inzwischen Kurse über „angemessenes" Alltags-Verhalten in Deutschland buchen. Warum – so wird gefragt – soll Ähnliches nicht auch für Migranten erwogen werden?

169 Damit kann der Bildung von Parallelstrukturen entgegengewirkt werden, in denen Migranten versuchen, den Gesellschaftsmodus, vor dem sie geflohen sind, in Deutschland zu reproduzieren. Dies gilt auch für die ethnischen oder religiösen Konflikte, die u.a. in Flüchtlingslagern beobachtet werden.

170 Ein für deutsche Behörden neueres, in den USA lange übliches Prinzip lautet „representative administration".

171 So zeigt 2016 eine Studie der Uni Münster, dass 47% der befragten „Türkeistämmigen" die Befolgung der Islam-Gebote für wichtiger halten als die Geltung deutscher Gesetze. Die Hälfte ist der Ansicht, dass es nur „eine wahre Religion" gibt. Die Säkularisierung lässt offenbar häufig noch immer auf sich warten.

kus auf die syrischen Kriegsflüchtlinge verdeckt das viel breitere Spektrum: Land-Stadt-Bewegung, erwerbs- und freizeitbezogene Mobilität, Touristenimporte – und viele unbewältigte Spezialentwicklungen in der Vergangenheit. Die wachsende Zahl von Einflussfaktoren macht deutlich, warum nicht zu erwarten ist, dass die Ziele in kurzer Zeit zu erreichen sind, und schon gar nicht, dass sich eine GdZ mit einem hohen Niveau an Inklusion unterschiedlicher Bevölkerungsgruppen „einfach so" ergeben wird.

Exkurs: Massenmedien beobachten die Migration

Die Ereignisse der letzten Monate (2015/2016) zeigen, dass sich die aktuellen Flüchtlingsbewegungen in Europa für eine Dramatisierung und zudem für eine Erzählung von Einzelschicksalen eignen – womit hohe Aufmerksamkeit erzeugt wird. Da im Rahmen der so genannten Willkommenskultur viele Menschen engagiert sind, werden vielfältige Beobachtungen in den Massenmedien transportiert. Das gilt – besonders mit Blick auf das Internet (Facebook u.a.) – auch mit Blick auf geäußerte Sorgen/Ängste, Falschinformationen, Hasstiraden, Morddrohungen usw. Auch wenn die „traditionellen" Massenmedien von einigen Gruppen als „Lügenpresse" bezeichnet werden, gibt es vielfältige Wege, die unterschiedlichen Beobachtungen und Auffassungen ins Gespräch zu bringen.

Darüber hinaus ist zu beachten, dass die modernen Verbreitungstechnologien auch sehr spezifische Entwicklungen befördern können: beispielsweise die Hinweise auf Aufnahmebereitschaft (z.B. Deutschland; Frau Merkel), die die Ströme anwachsen lässt; oder auch die Kommunikation über Fluchtwege, die die Arbeit der Schleuser erleichtert. Aber auch die Tatsache, dass die MigrantenInnen durch heimatbezogene Mediennutzung ihr Alltagsleben mit Heimatbezug fortsetzen und nur wenig Information über ihre neue „Heimat" (Deutschland) aufnehmen. Die kommunikativ vermittelte Weltgesellschaft stellt nur ein Kommunikationspotenzial dar, das aber eine selektive Nutzung ganz offenbar nicht ausschließt.

Der „blinde Fleck" der medialen Beobachtung zeigt sich u.a. darin, dass andere Migrationsthemen ausgeklammert werden und andere Problemfelder schnell in Vergessenheit geraten. Teilweise ist auch eine Selektivität hinsichtlich der wohlwollenden und kritischen Bevölkerungsstimmen zu beobachten, denen mal viel und mal wenig Gehör verschafft wird.

3.3.2.2 Beobachtungskommentar (Schwerpunkt Inklusion)

In Verbindung mit dem Thema Demografie bilden Migration und Integration den *Kern der Inklusionsproblematik moderner Gesellschaften*. Mit anderen Worten: hier dringt die systemtheoretische Beobachtungsperspektive zum Kern der GdZ vor.

Die Einwanderung von „Gastarbeitern" in den 1960er und ff Jahren hat zwanzig Jahre später zu der Feststellung geführt: „wir haben Arbeitskräfte gerufen und es kamen Menschen". Dies belegt die Schwierigkeit, Inklusion in ein spezifisches Funktionssystem zu organisieren – ohne dies auch für andere Funktionssysteme zu ermöglichen und ohne eine Verankerung in primärsozialen Netzwerken zu erlauben bzw. zu erleichtern.[172]. Die Kommunikationen zu diesem Thema zeigen immer häufiger die Kontingenz und die Langfristigkeit dieser Herausforderungen: es geht letztlich um die Frage, ob die GdZ noch einen breiten kommunikativen Zusammenhang aufweisen oder in eine Vielzahl von Parallelstrukturen zerfallen sein wird. Kommunikative Anschlussfähigkeit – Mitteilung, Information, Verstehen – würde zum Zufallsprodukt.

(a) Diagnostische Elemente: die impliziten und expliziten Bezüge zu der systemtheoretischen Argumentation

* Die aktuelle, z.T. durch Hochrechnungen beeinflusste Zukunftskommunikation thematisiert die zuvor beschriebene Ambivalenz. Einerseits wird eine Einwanderung für notwendig gehalten, um das Wirtschaftssystem mit Arbeitskräften auszustatten. Andererseits werden dadurch die Bedingungen des Alltagslebens verändert und belastet (Vielfalt). Dies gilt auch für die anderen Funktionssysteme, wie das politische System oder das Bildungssystem, die ggf. mit weiterer Subsystembildung reagieren. Dieser Schwerpunkt der Problematik besteht vor allem deshalb, weil die Arbeitskräftemobilität innerhalb der EU garantiert und somit zu einer alltäglichen Angelegenheit geworden ist – auch wenn Deutschland sich durch Sonderregelungen immer wieder einen Zeitaufschub erstritten hat.

* In der diesbezüglichen Zukunftskommunikation wird u.a. das kosmopolitische Europa angekündigt. Allerdings bleibt dies ein Problem, weil die Kopplung der Funktionssysteme in den Mitgliedsländern der EU nicht einheitlich ausfällt: nicht alle Funktionssysteme sind in der Gemeinschaftspolitik verankert. Die Beispiele sind vielfältig: Außen- und Sicherheitspolitik, Euro-/ Finanzkrise, die wechselseitige Anerkennung von Bildungsabschlüssen, die Kontroversen über das Herkunftslandprinzip im Rahmen der Verabschiedung der europäischen Dienstleistungsrichtlinie – und jetzt vor allem die unterschiedlichen Reaktionen auf die Flüchtlingsströme, mit der Entscheidung einiger Mitgliedsstaaten, überhaupt keine Flüchtlinge und vor allem keine Moslems aufzunehmen.

---

172 Der Familiennachzug ist eine der Reaktionen auf dieses Dilemma. Zum Vergleich sei auf die Situation der Wanderarbeiter in China hingewiesen, denen die Integration in die Stadtgesellschaft lange verwehrt war.

* Diese Kommunikationen werden oft argumentativ zugespitzt, weil die Zuwanderung aus humanitären oder politischen Gründen nicht einmal überzeugend durch den Bedarf eines Funktionssystems, der Wirtschaft, begründbar ist. Konkret: welcher Anteil der MigrantInnen tatsächlich in den Arbeitsmarkt integriert werden kann, bleibt zunächst eine offene Frage. Diese Entwicklung fördert eine weitere Heterogenisierung der Integrationsprobleme und ist zunächst in der Alltagswelt der Bevölkerung wirksam: als mangelnde primär-soziale Kommunikationsfähigkeit (z.b. Sprachbarrieren), Konkurrenz um Wohnraum und gemeinschaftliche Ressourcen, religionsbezogene Konflikte u.a.m. Es ist bezeichnend, dass diese Herausforderungen für die *Gestaltung* einer „bunten" Gesellschaft erst im Rahmen der neuesten Entwicklungen, d.h. mit der drastischen quantitativen Zunahme der Probleme, eine zentrale Rolle in der diesbezüglichen Zukunftskommunikation spielt. Ohne die Bedeutung bisheriger Maßnahmen zu unterschätzen, wird erst jetzt eine ernsthafte Diagnose der Inklusionsprobleme in eine funktional differenzierte Gesellschaft gestellt. In einer anderen Terminologie kann man auch davon sprechen, dass Menschen mit sehr unterschiedlichen Weltbildern aufeinandertreffen. Insofern ist es nicht überraschend, dass die „Weltbildfrage" zur Rekonstruktion der „FDGO", d.h. der Menschen- und Grundrechte der deutschen Verfassung oder auch des „christlichen Abendlandes" auf der Tagesordnung steht[173]. Der systemtheoretisch angeregte Beobachter wird dies als Frage nach der Akzeptanz einer funktional differenzierten Gesellschaft umformulieren, in der nicht die Religionsführer „das letzte Wort" haben. Einfache Antworten sind dafür nicht verfügbar, einseitige nicht wünschenswert.

* Die Zukunftskommunikation ist daher mit drei *Szenarien* einer zukünftigen Gesellschaft befasst: (a) integrierte Heterogenität, (b) Rückfall in Parallelstrukturen oder (c) autokratische Systeme. Dabei werden auch internationale Erfahrungen diskutiert, zumal die gegenwärtigen Flüchtlingsbewegungen erneut deutlich gemacht haben, dass auch die Europäisierung der 28 Mitgliedsstaaten auf der Tagesordnung steht: welches Maß an Einheitlichkeit ist erforderlich? Gibt es wirklich eine Wertegemeinschaft? Werden demnächst die Grenzzäune zwischen den europäischen Staaten wieder errichtet? Ist Europa letztlich doch nur eine Mehrebenenarchitektur für die wirtschaftsbezogenen Funktionssysteme („gemeinsamer Markt"), die eine Ökonomisierung und die ökonomische Globalisierung fördert? Mit anderen Worten: die Inklusion in *verschiedene* Funktionssysteme wird zunehmend als „eigentliche" Herausforderung wahrgenommen. Die Antworten darauf überzeugen (noch)

---

173 Das Tragen von Kopftüchern in der Schule oder das Verweigern eines Handschlages („nicht mit einer Frau") , das Schlagen von Kindern oder ihre Zwangsverheiratung usw. erscheinen dabei als bedauerliche Einzelfälle; sie sind aber nicht ohne Auswirkungen auf das gesellschaftsinterne Kommunikations-„Klima" insgesamt.

nicht – vor allem, weil sie (noch) keine Langfristperspektive für die Integration erkennen lassen.

(b) „Therapeutische" Elemente: die Gestaltungsüberlegungen für die Gesellschaft der Zukunft und ihre potenzielle Wirksamkeit

* Die Darstellung der diagnostischen Kommunikationen hat bereits die vielen Ansatzpunkte für die systemtheoretisch angeleitete Beobachtung erkennen lassen. Dies trifft auch für „therapeutische" Erörterungen zu. Allgemein ausgedrückt sind Herausforderungen der Migration und die Probleme der MigrantInnen eindrückliche Belege sowohl für die aktuell dramatische Belastung der Systeme als auch rückblickend für die Folgen einer fehlenden Inklusion aus früherer Zeit. Die diesbezüglichen Beobachtungen sind deshalb nicht überraschend: während im politischen System noch über die Unterbringungs-Finanzierung gestritten wird und die Wissenschaften Forschungsprojekte zu Integrationsproblemen starten, sind Teile der Bevölkerung, die die Situation z.T. alltagsnah beobachten, aktiv dabei, Hilfen zu organisieren oder entsprechende Selbsthilfeorganisationen zu unterstützen. Für die Gesellschaft der Zukunft lässt sich erwarten, dass bei mangelnder Inklusionsleistung durch die Funktionssysteme die gesellschaftliche Überlebensfähigkeit in großem Maße von der Selbstorganisation der Bevölkerung abhängen wird[174]. Allerdings zeigen die vielen praktischen Beispiele, dass es dabei meist erst einmal um Alltäglichkeiten handelt: von der Toilettenbenutzung bis zum Verhalten in öffentlichen Verkehrsmitteln, vom Umgang mit Frauen bis zu dem Verhalten bei Behördenkontakten. Jenseits der offiziellen Angebote, wie der Integrationskurse etc., ist häufig eine alltagsnahe Begleitung erforderlich, die vor allem von der engagierten Zivilgesellschaft geleistet wird[175].

* Für die GdZ bleibt damit die Inklusion in die Funktionssysteme gleichwohl erforderlich – wobei diese Anforderung für die Bevölkerung insgesamt und nicht nur für zugewanderte Gruppen gilt. Ansätze sind in vielen Bereichen vorhanden: mehr Transparenz und Dialog im PAS wie durch das Informationsfreiheitsgesetz; die Öffnung von Parteidialogen auch mit Nichtmitgliedern etc.; Beförderung von Bildungs- und Qualifikationschancen im Erziehungssystem; Akzeptanz von Pluralität im Religionssystem; Anpassung des Wirtschaftssystems an die Bevölkerungsentwicklungen.

---

174 Als instruktives Beispiel für diesbezügliche Reflexionen und Diskussionen können die Schriften und Initiativen von Harald Welzer – Stiftung FuturZwei – gelten.

175 Wenn man beachtet, dass dies oft grundlegende Sozialisationsaufgaben von Familie, Kita und Schule sind, dann zeigt sich die große Bedeutung einer raschen Inklusion in das Erziehungssystem.

* Noch relativ am Anfang ist dabei die Verständigung über Grundprinzipien mit *durchgängiger* Geltung: der Verweis auf das Grundgesetz ist hierbei zunächst zumindest ein Platzhalter. Die gelebte Verfassung muss die Freiheiten der Bevölkerung mit den gesellschaftlichen Verbindlichkeiten (Standards) verknüpfen. Die durch Zuwanderung erhöhte Heterogenität macht diese Aufgabe für die GdZ zweifellos schwieriger. Die notwendige Akzeptanz seitens der MigrantInnen, dass man nicht in EIN Funktionssystem (z.b. die Wirtschaft) sondern in eine funktional differenzierte Gesellschaft einwandert[176], würde/ wird durch kontinuierliche Anstrengungen um eine Inklusion möglichst vieler Menschen in viele Funktionssysteme erleichtert. Konkret bedeutet das vor allem, an der funktionssystemspezifischen Kommunikation beteiligt zu sein.

3.3.3 Urbanisierung

Urbanisierung ist u.a. eine Folge der Bevölkerungsentwicklung und der Migration. Mit 74% der Bevölkerung in urbanen Verdichtungsräumen ist Deutschland schon weitgehend urbanisiert (z.b. im Vergleich zu China mit ca. 47%); gleichwohl wird es auch hier weitere Verschiebungen geben.

3.3.3.1 Trends

„Eng mit der Urbanisierung verbunden sind folgende Prozesse, die nacheinander oder auch gleichzeitig auftreten können:
* Entstehung und Wachstum sozialer Netze sowie Produktivitätszuwachs (Urban Scaling)
* Umverteilung von Bevölkerung und Beschäftigung zwischen Kernstadt und Umland (Suburbanisierung)
* Entstädterung, also Bevölkerungs- und Beschäftigungsabnahme (Desurbanisierung)
* Erneute Urbanisierung nach erfolgter Entstädterung (Reurbanisierung)
* Gründung von Trabantenstädten und Satellitenstädten
* Austausch statusniedriger durch statushöhere Bevölkerung (Gentrifizierung)
* Entstehung geschlossener bewachter Wohnkomplexe (Gated Community)
* Veränderung der Lebensweisen (Multilokalität, Transmigration, Singularisierung)
* Typisch für die neueste Zeit ist das Nebeneinander von raschen Auf- und Abwertungsprozessen verschiedener stadträumlicher Lagen." („Urbanisierung": Wikipedia vom 22.3.2015)

„Laut einer Vorhersage von UN-Habitat werden 2030 beinahe zwei Drittel aller Menschen in den Städten dieser Erde leben. Nicht zuletzt wegen ihrer Bevölkerungsdichte sind sie schon jetzt Dreh- und Angelpunkte der Entwicklung

---

176 Damit soll nicht bestritten werden, dass der „Einstieg" über das Wirtschaftssystem sinnvoll ist, weil von dort an andere Systeme angeknüpft werden kann.

der Menschheit". In den Entwicklungsländern soll sich die Zahl der Stadtbewohner in 15 Jahren verdoppeln: die für all dies verbrauchte Fläche soll sich weltweit verdreifachen; die Städte der Zukunft werden geschätzte 80% des Welt-BIP erwirtschaften (BMZ-Info 3/2014).

Auch in Deutschland werden verschiedene Prozesse gleichzeitig stattfinden – wobei Demografie (z.b. Landflucht der Jungen) und Migration (in die „bunten" Städte) sowie Infrastruktur(defizite) und Suche nach Suffizienz oder gutem Leben wichtige Rollen spielen.

- *„große (und kleine) Erzählungen" – Narrative einschließlich der Rekonstruktion historischer Entwicklungen*

Prozesse der Urbanisierung sind eher kein Thema für große Erzählungen. Von Bedeutung ist allenfalls die Größenordnung – im Sinne der Bevölkerungszahlen – die zu Schreckensbildern oder zur erstrebenswerten Entwicklungsdynamik stilisiert werden. Ein wichtiger Ankerpunkt sind die Mega-Cities (10 Millionen + Einwohner). Weltweit wird ihre Zahl wachsen; ihr Wachstum wird schneller verlaufen als bisher und sie werden wahrscheinlich auch immer größer – womit die Probleme ihres Managements zunehmen. Dies ist die Basis von Erzählungen über die Weltgesellschaft der Zukunft mit 9–10 Milliarden Menschen. Für Deutschland bieten sich solche Erzählungen nicht an. Hier wird zwar auch von Wachstum ausgegangen, aber dies nur mit Blick auf einige wenige Großstädte oder auf spezielle Aspekte, wie beispielsweise die Verkehrsentwicklung. Allenfalls die Kehrseite dieser Entwicklung kann dramatisiert werden: die Entleerung ländlicher und ggf. auch kleinstädtischer Räume.

Historische Entwicklungen haben insofern Bedeutung, weil sie nicht nur kommunikativ sondern auch in Realität beobachtet werden können. Die Geschichte der Verstädterung bis hin zu den neuesten Entwicklungen von Mega-Cities kann vor allem auch international vergleichend genutzt werden. Dies liefert Vorbilder dafür, wie eine (städtische) Gesellschaft in Zukunft leben könnte und will[177].

- *Szenarien (Entwicklungstreiber und Hochrechnungen)*

Den *Szenarien* liegen gegenwärtige Erfahrungen und kurz- bis mittelfristige Prognosen der Bevölkerungsentwicklung sowie der Binnenmigration zu Grunde, die aber – wie oben gezeigt – kaum Aussagen zur GdZ beinhalten (können). Daher wird an bestehende Herausforderungen angeknüpft, die sich ggf. durch das Wachstum der Städte in der Zukunft noch verstärken werden.

---

177 Es kann daher nicht überraschen, wenn z.B. chinesische Entscheidungsträger versuchen, die Slumbildung – wie in den Mega-Cities Südamerikas – zu vermeiden und sich das Ruhrgebiet als Muster einer multizentrischen Agglomeration anschauen.

- Ein Rahmenthema ist der Flächenverbrauch, der durch veränderte Wohnformen und die Ansiedlung immer größerer Einkaufszentren verstärkt wird; das Stichwort für die Kommunikation lautet: Flächenversiegelung. Zugleich wird dabei die Frage der Umweltbelastung und der Anpassung an den Klimawandel erörtert: gibt es genug Grünzonen in der Stadt, die Hitzestaus etc. vermeiden; gibt es Wasserrückhaltebecken für die Bewältigung von Starkregenereignissen etc.?
- Das Thema Wohnraum knüpft hier unmittelbar an: wie viel Fläche muss dafür zusätzlich ausgewiesen werden, wie viele Lücken könnten im Rahmen des Häuserbestandes aufgefüllt werden? Dabei ist die Kostenfrage besonders virulent: wird in der GdZ genug bezahlbarer/mietbarer Wohnraum verfügbar sein – oder nehmen die Luxuswohnungen ggf. als leer stehende Spekulationsobjekte weiter zu[178]? Insofern stehen die Themen „Gentrifizierung von Stadtquartieren" und sozialer Wohnungsbau weit oben auf der Liste diskutierter Probleme[179].
- Zur Frage der Durchmischung gehört auch die Einbindung von Handel und Gewerbe in die Stadtzentren sowie die öffentliche Infrastruktur (Versorgungseinrichtungen u.a.). Hier steht die Befürchtung im Raum, in Zukunft würde es immer mehr zur Verödung der Innenstädte kommen – v.a. wenn immer mehr Konsum online abgewickelt wird. Werden Innenstädte in der GdZ zur reinen Partymeile?
- Urbanisierung nimmt u.a. deshalb zu, weil in Städten in der Regel zu Recht größere Erwerbschancen vermutet werden; anderenfalls kommt es zur Verelendung ganzer Städte (z.B. Detroit) oder zumindest einiger Stadtteile. Im schlimmsten Fall werden sie zu „No-go-Areas" mit hoher Kriminalitätsintensität etc. Insofern ist die Bedeutung der Städte in der GdZ abhängig von der speziellen (lokalen) aber auch der generellen Entwicklung der Wirtschaft.
- An gegenwärtig schon sichtbare Probleme knüpft das Thema (Auto-) Verkehr in der Stadt der Zukunft an. Die Themen Mobilität und Umweltbelastung (Feinstaub, Stickoxyde) stehen im Mittelpunkt. Insofern könnte die Urbanisierung eine deutliche Wende im Individualverkehr bedeuten: die Stichworte heißen Fahrradstadt, öffentlicher Transport (diverser Art), E-Autos oder Car-Sharing. Diese Themen gewinnen ihr Gewicht nicht nur durch den vermuteten Verkehrskollaps – sondern auch durch die uner-

---

178 Dies kann derzeit u.a. in London beobachtet werden. Hier werden bereits Wohnungen unterirdisch erbaut. In München gelten kaum mehr als 2% der Wohnungen als für Durchschnittsverdiener bezahlbar!
179 Die Diskussionen über das Konzept „Soziale Stadt" sind bereits aus der Mode geraten.

trägliche Umweltbelastung[180]. Sie könnte die Stadt der GdZ komplett zu einer „No-go-Area" machen – jedenfalls nicht ohne Atemmaske.
- Zu den Verkehrsproblemen tragen auch die wachsenden Tourismus-Ströme bei. Ein (temporäres saisonales) Ausbleiben der Ströme kann aber auch Geisterquartiere hinterlassen. Venedig liefert schon jetzt ein Beispiel dafür: 2030 – so die Projektion – wird die Bevölkerung die Stadt komplett verlassen haben. Dagegen werden die gigantischen Kreuzfahrtschiffe Tausende Touristen in die Stadt „spülen"[181]. Ob sich dieser Trend durch die Besichtigungsmöglichkeiten mit Hilfe von „Virtual reality" – Filmen bremsen lässt, bleibt fraglich. Das Thema Videokonferenzen oder Geschäftsreisen (?) kann als Beispiel dienen.

Die Liste bereichsspezifischer *Szenarien* ließe sich noch fortsetzen. Sie zeigen insgesamt, dass die Städte in der GdZ noch mehr als schon heute die Dynamik und Lebensmöglichkeiten der Gesellschaft ebenso wie ihre Schattenseiten in verdichteter Form sichtbar machen werden.

Abgesehen von der Bevölkerungsentwicklung und dem Trend zur Landflucht – vor allem der jüngeren Altersgruppen – lassen sich kaum längerfristige Voraussagen machen. Dennoch werden Prognosen für bestimmte Segmente der öffentlichen Infrastruktur – zumindest mittelfristig – ins Gespräch gebracht: Energiebedarf, Wasser, Abwasser- und Müllentsorgung; Kita, Schulen, Krankenhäuser, Pflegeeinrichtungen, Sportstätten, Freizeit- und Kultureinrichtungen, Bodenampeln für Smombies u.a.m.

- *Zielsetzungen und Dispositionen für die Zukunft*

Die *Zielsetzungen* knüpfen an verschiedene Entwicklungs*szenarien* an: dies betrifft die Verfolgung bestimmter Fortschrittsideen und die Vermeidung von Negativentwicklungen und Krisen. In einigen Zukunftskommunikationen wird deutlich, dass die Städte ihre Koordinationsfunktion für diverse Alltagsaufgaben und Zukunftsentwürfe weiter ausdehnen werden. Dies gilt selbst für Handlungsfelder, für die sie keine prioritären Zuständigkeiten besitzen. Als Beispiele werden genannt:

- Sicherung vergleichbarer Lebensverhältnisse und (dabei) Vermeidung von großen Disparitäten zwischen Einwohnergruppen und von räumlicher Segregation.

---

180 Die Zukunft kann man u.a. schon jetzt in Peking betrachten: kaum zu sagen, wie viel Zeit man vom Hotel zum Flughafen benötigt – falls das Autofahren wegen Smogalarm nicht völlig verboten ist. Dabei stellen die Neuzulassungen von privaten Pkw schon jetzt nur einen Bruchteil der diesbezüglichen Anträge dar. Inzwischen ist dies sogar ein Manko für die heiratswilligen Männer der Mittelschicht: ohne Auto, mit dem man auch fahren darf!, sind die Heiratschancen eher gering.
181 Inzwischen werden ähnliche Diskussionen über Berlin-Mitte geführt.

- Bekämpfung aller Arten von Vandalismus, Kriminalität etc.
- Erhaltung und Ausbau der städtischen Infrastruktur; ggf. mit einem größeren Anteil lokaler/regionaler Selbstversorgung (z.B. Energie, Wasser, Nahrungsmittel).
- Klimaschutz (Emissionsreduktion) durch Reduktion des Autoverkehrs und Klimawandel-Anpassung (Hitze, Starkregen, Sturm etc.)[182]. Dazu gehören auch (vorsorglich) Katastrophenschutz-Kapazitäten.
- Um die Städte trotz weiteren Einwohner-Wachstums zukunftsfähig zu machen, bedarf es nicht nur umfangreicher Ressourcen, sondern auch eines „langen Atems". Insofern kann man beobachten, dass schon jetzt *Dispositionen* getroffen, konkrete Projekte verankert werden, die erst mittel- bis langfristig die Städte prägen werden. Maßnahmen zur Vermeidung von Gentrifizierung – z.B. durch Spekulations-Bremsen, Mietpreisbremsen und sozialen Wohnungsbau – gehören ebenso dazu wie Maßnahmen zur Bewältigung des Klimawandels sowie die Beachtung einer veränderten Alterspyramide, höhere Lebenserwartungen mit veränderten Krankheits-Profilen (z.B. Demenz) u.v.a.m. Indirekt geht es dabei auch um den öffentlichen Ressourcenbedarf der Zukunft. Schon jetzt zeichnen sich Anforderungen an die Städte ab, die weit mehr Ressourcen verlangen, als derzeit verfügbar sind. Die vieljährige Sparpolitik wird aufgegeben werden (müssen) – zumindest wenn die Städte als lokale Träger öffentlicher Aufgaben weiterhin ca. 80% aller Gesetze auszuführen haben[183]. In der Kritik stehen – vor allem wegen der z.T. exorbitanten Verschuldung[184] – auch zunehmend Bauprojekte, die als Verschwendung öffentlicher Mittel angesehen werden – oder ein „finanzielles Fass ohne Boden" darstellen (Stuttgart 21; BER u.a.).

Zusammenfassend lässt sich feststellen, dass die Beobachtung und Kommentierung der Urbanisierung meist nicht in die GdZ hineinreicht. Die Themen sind kurz- und mittelfristig fokussiert. Es ist also naheliegend, dass die Kommunikationsbeteiligung breit gestreut ist: von den Experten bis zu protestierenden Betroffenen. Dabei ist auch zu erkennen, dass neben den bevölkerungsbezogenen viele andere Entwicklungen und Gestaltungsentscheidungen in der Kommunikation präsent sind: die Stadt wird damit zu einem Mikrokosmos, der viele Merkmale mit der GdZ teilen oder sogar repräsentieren wird.

---

182 Es gibt bereits viele Wettbewerbe zu den Leitbildern autoarme Stadt, urbane Gartenkultur, Low Carbon City usw.

183 Aktuelle Themen mit Zukunftsbezug sind: Kita-Ausstattung – einschließlich fairer Bezahlung; Sanierung von Schulen, Erneuerung von Straßen und Brücken usw.

184 Viele Städte stehen in Deutschland unter Finanzaufsicht: in NRW sind es z.B. 47 von 271.

Exkurs: Massenmedien beobachten die Urbanisierung

Allenfalls einzelne Facetten der Urbanisierung erreichen in den Massenmedien hohe Aufmerksamkeitsschwellen: Verknappung bezahlbaren Wohnraums, Verkehrsprobleme, Smog, Lärm, Hundekot auf den Gehwegen, Demos, Randale und Kriminalität (derzeit v.a. Wohnungseinbrüche) usw. können zu öffentlichen Protesten führen und erzeugen damit zusätzliche kommunikative Resonanz. Hier können auch am ehesten blinde Flecken entstehen, weil einzelne Akteure ein Interesse daran haben können, bestimmte Themen nicht öffentlich zu machen. Allerdings dürften diese Lücken rasch durch Infos in den „sozialen" Netzen geschlossen werden. Gleiches gilt auch für Berichte über Events, die nicht für alle Gruppen von Stadtbewohnern von Interesse sind: die selektive Darstellung einzelner Medien – z.B. mit Blick auf Altersgruppen – wird i.d.R. durch die Vielfalt der Medien kompensiert.

In einzelnen Fällen können aber auch konkrete Beispiele guter Praxis der Stadtentwicklung (Begrünung, Fahrrad-Stadt, Baumaßnahmen, soziale Projekte usw.) erwähnt werden. Dramatische Geschichten liefern dagegen ausländische Beispiele mit rapidem Bevölkerungswachstum und seiner urbanen Konzentration, mit Chaos und Armuts-/Reichtumskontrasten. Dabei wird die Vulnerabilität (Verletzlichkeit) für die Zukunft meist kritisch kommentiert. Parallelen zu Deutschland werden aber eher nicht gezogen. Insofern kann man von einer wenig aufgeregten und nicht vorrangig zukunftsbezogenen Kommunikation sprechen. Ob und wie sich dies im Zuge der sich verstärkenden Migration – z.B. mit zunehmender Konkurrenz um bezahlbaren Wohnraum und andere basale Ressourcen – ändern wird, ist noch nicht abzusehen.

3.3.3.2 Beobachtungskommentar (Schwerpunkt Inklusion)

(a) Diagnostische Elemente: die impliziten und expliziten Bezüge zu der systemtheoretischen Argumentation

* Die grobe territoriale Zuordnung von Menschen zu einer Gesellschaft hat zunächst einen virtuellen Charakter – definiert (z.B.) durch einen Pass. Lässt man hier einmal die Lager/Ghettos o. ä. außer Betracht, dann rückt die gesellschaftsinterne Verteilung der Bevölkerung in den Blick. Sie beeinflusst noch immer in starkem Maße die kommunikativen Konstitutionsbedingungen der Gesellschaft. Die Zukunftskommunikation zieht dies zwar teilweise durch den Verweis auf das Internet in Zweifel, doch ungeachtet dessen bleibt die territoriale Aufteilung und Abgrenzung ein wichtiges Thema für Funktionssystemgestaltung und Inklusion. Die Antreiber für Zukunftsentwicklungen sind allerdings – vor allem international vergleichend betrachtet – sehr unterschiedlich. Während in Entwicklungs- und Schwellenländern noch großer Urbanisierungsbedarf festgestellt wird, stehen in hoch verdichteten

Regionen – wie z.B. in Deutschland – Fragen der Umgestaltung, infolge der demografischen Entwicklung sogar ein Rückbau von Wohngebieten und ihrer Infrastruktur auf der Tagesordnung. Vergleichbare Fragen ergeben sich für die Folgen der Migration: wie kann das „räumlich-soziale" Zusammenleben von Bevölkerungsgruppen mit unterschiedlichem Background und verschiedenen Weltbildern und Lebensperspektiven gewährleistet werden? Dabei sind die Unterschiede keineswegs auf die Migrationsfolgen beschränkt: Schwaben in Berlin oder Umsiedler vom Land in die Stadt – oder umgekehrt, wie von Zeh (2016) beschrieben – können ebenso Anpassungsschwierigkeiten erfahren.

* Darüber hinaus sind Folgen des Klimawandels[185], der Technik- und Wirtschaftentwicklung, der lokalen und regionalen Mobilität usw. zu berücksichtigen. Die Stadt der Zukunft wird nicht selten als eine solche konzipiert, die nicht mehr wie bisher auf den Autoverkehr zugeschnitten sein kann. Dabei wird nicht nur auf die Smog- bzw. Feinstaubbelastungen[186] Bezug genommen, die sich durch Elektromobilität einschränken lassen, sondern auf eine Verkehrsdichte, die den Stillstand erreicht hat. Die Zukunftskommunikationen befassen sich daher überwiegend mit autoarmen Stadtstrukturen.

* Diese wenigen Beispiele liefern eine Begründung dafür, dass und warum die Städte (und andere kleinere territoriale Einheiten) kontinuierlich mehr Koordinationsfunktionen hinsichtlich der verschiedenen Aspekte des Alltagslebens der Bevölkerung übernehmen (werden). Die urbanen Räume bestimmen in der GdZ maßgeblich die Qualität der funktionalen Differenzierung: hier werden die „großen" Regelwerke und Aktionspläne in ihren Wechselwirkungen sichtbar und müssen durch koordinierte Umsetzung (Implementation) die Alltagswelt der Bevölkerung mit gestalten. Hier wird erkennbar werden, in welchem Maße die Inklusion in die Funktionssysteme gelingen kann und/oder wie stark primär-soziale Netze ergänzend, korrigierend oder kompensierend aktiv werden müssen. Exklusion – so zeigen die neuen Protestbewegungen erneut – ist vor allem lokal sichtbar und führt u.a. zur Kritik an „abgehobenen" politischen (u.a.) Eliten.

(b) „Therapeutische" Elemente: die Gestaltungsüberlegungen für die Gesellschaft der Zukunft und ihre potenzielle Wirksamkeit

* Die GdZ wird vor allem in urbanen Räumen kommunizieren. Dies gilt auch für Deutschland, wenngleich die Entwicklung von und zu Mega-Cities primär

---

185 So zeigen kleinteilige Studien zum Klimawandel, dass in größeren Städten (z.B. auch im Ruhrgebiet) Hitzeinseln gerade dort zu beobachten sind, wo Krankenhäuser, Altenheime etc. angesiedelt sind – also besonders vulnerable Menschen leben.
186 Nicht nur in Neu Delhi und anderen asiatischen Mega-Cities, sondern auch in Paris, wurden bereits zeitweilig Fahrverbote verhängt.

in anderen Weltregionen zu beobachten sein wird. Alle in den bisherigen Kapiteln beschriebenen Trends, seien sie systembezogen oder bevölkerungsbezogen, lassen ihre Wirkungen bzw. Spuren in den Städten erkennen. Die bisher dargestellten „Therapien" betreffen also meist auch die Urbanisierung. Deshalb setzen viele „Therapien" für eine lebensfähige und lebenswerte Stadt an spezifischen, vor allem auch technischen Problemen wie Wohnraum, Versorgungs-Infrastruktur, Verkehr, Arbeit, Kultur, Freizeitgestaltung etc. an.

* Dabei sind die Ballungsräume zugleich auch der Ort kommunikativer Verdichtung, so dass Inklusion und Exklusion bezogen auf die Funktionssysteme deutlich beobachtbar sind. Die besonderen therapeutischen Anforderungen richten sich deshalb auf die Koordination von Vielfalt und Dynamik. Stärker als dies für nationale oder transnationale Einheiten erkennbar ist, erfolgt auf dieser Ebene auch die wechselseitige Beobachtung, Irritation und ggf. Justierung der Funktionssysteme, können sich die Akteure auf gleicher Augenhöhe begegnen[187]. Die GdZ sollte – aus dieser Perspektive betrachtet – den urbanen Räumen also eher mehr als weniger Handlungsspielräume gewähren. Vor allem im Hinblick auf die Inklusion tragen sie die Hauptlast.

3.3.4 Fazit: Inklusion und Funktionale Differenzierung als Einflussfaktoren auf dem Weg zur GdZ

Die gesellschaftliche Kommunikation zu den drei bevölkerungsbezogenen Themen erlaubt einige grundsätzliche Feststellungen. Sie bestätigen zunächst einmal die Notwendigkeit, neben der (kritischen) Beobachtung von Trends der funktionalen Differenzierung auch die Bedingungen für eine wirkungsvolle Inklusion zu kommentieren. Gegenüber einer anders akzentuierten globalen Bevölkerungsentwicklung steht in Deutschland die Erörterung der Schrumpfung und damit vor allem der veränderten Altersverteilung der Bevölkerung im Mittelpunkt[188]. Flankiert wird dies durch gewollte, ungewollte oder zufällige Entwicklungen, wie die Migration. In der Gesamtbetrachtung führt dies schon jetzt und erst recht in der GdZ zu einer größeren Vielfalt von einfachen und organisierten sozialen Systemen.

---

187 Die kommunikativen Verdichtungsmöglichkeiten hängen von der grundlegenden Architektur ab. Hier zeigt sich das Prinzip der Kommunalen Selbstverwaltung (in Deutschland), ggf. ergänzt durch Experimentierklauseln, als produktive Grundlage. Beispiele wie Frankreich, die Türkei, China, Indonesien u.v.a. zeigen, wie mühsam und konfliktreich ein Prozess der politisch-administrativen Dezentralisierung sein kann.
188 Dies hält eine grundlegende Beobachtung bereit: obwohl das Thema seit mehreren Jahrzehnten erörtert wird, ist bisher wenig geschehen. Dies lässt erwarten, dass auch die Kommunikationen über den Klimawandel nicht zu rechtzeitigen Gegenmaßnahmen führen werden.

Auf globaler oder nationalstaatlicher Ebene ist die Vielfalt vor allem ein statistisches Datum; erst auf lokaler oder regionaler Ebene werden daraus Herausforderungen der kommunikationsbasierten Gesellschaftsgestaltung. Dies führt zu der Frage, wie diese in den Funktionssystemen abgearbeitet werden (können). Die zuvor, insbesondere in Abschnitt 3.2.1, beschriebene Dominanz des Wirtschaftssystems führt auch hier zu einer Vorrangigkeit der diesbezüglichen Kommunikationen: zu viele, zu wenige, zu alte, falsch qualifizierte, nicht mehr „eingliederungsfähige" Arbeitsaspiranten. Eine grundlegende Abkehr von der betrieblichen Privatisierung der Erwerbstätigkeit mit Tendenzen zur „Ich-AG", nun mit Internetbezug, ist nicht erwartbar, solange die Agenda 2010 in hohem Ansehen steht.[189] Die Schaffung eines zweiten oder dritten Arbeitsmarktes, der alle Menschen als Beschäftigte in eine Art erweitertes Wirtschaftssystem integriert, ist nicht erkennbar. Allerdings lassen sich für die Zukunft mehr Zwischenformen und Teillösungen erwarten: beispielsweise Re-Kommunalisierung ehemals öffentlicher Aufgaben (Stichwort: Daseinsvorsorge), genossenschaftliche, ehrenamtliche (selbstorganisierte) Arbeitsleistungen, Tauschringe – oder einfach „do-it yourself" mit Nachbarschaftshilfe. Es dürfte sich dabei meist um die wenig profitträchtigen, manchmal sogar die unlösbaren Aufgaben („wicket problems") handeln. Die Diskussion über das „Bürgergeld" bzw. Grundeinkommen könnte dieser Debatte neue Impulse geben. Wenn es stimmt, dass ca. 80% der deutschen Bevölkerung trotz Grundeinkommen würden arbeiten wollen, dann könnte die Zahl der Menschen zunehmen, die an ihrer Arbeit ein inhaltliches – vielleicht sogar gemeinwohlorientiertes – Interesse haben.

Wenn auch deutlich nachrangig, so sind auch viele andere Funktionssysteme mit ihren Möglichkeiten und Schwierigkeiten der breiten Bevölkerungsinklusion Gegenstand der Zukunftskommunikation. Gebündelt wird dies in der Perspektive der Urbanisierung, bei der auch die Wechselwirkungen in den Blick geraten. Im Verhältnis zu den Megatrends ist bei den bevölkerungsbezogenen Entwicklungen die Langfristperspektive eher der Rahmen, „große Erzählungen" eher selten, die kurz- und mittelfristigen Erfordernisse und Effekte stehen im Mittelpunkt.

---

189 Allerdings ist nicht ausgeschlossen, dass die anhaltenden Proteste in Frankreich gegen eine ähnliche Reforminitiative auch Auswirkungen auf Deutschland hat. Eine ganz andere (neue) Variante formuliert die Satire („die Anstalt" im ZDF vom 31.3.2015): in der Gesellschaft der Zukunft werden sich die Roboter/Computer unterhalten und feststellen, dass sie zu bestimmten Arbeiten keine Lust haben: dafür wollen sie lieber Menschen rekrutieren.

3.4 Zusammenfassung

Bleibt man im Bild der begleiteten Wanderung, dann ist jetzt das Ziel erreicht. Man beginnt, die eingesammelten Gegenstände zu sichten und auszubreiten. Die Herausforderung ist nun, den Verwandten und Bekannten nahezubringen, dass sie sich nicht einfach die Dinge heraussuchen, die ihnen gefallen und alles andere als Müll entsorgen. Es geht darum, sich ein Gesamtbild des durchwanderten Territoriums zu machen. Versuchen wir also einen Überblick.

Kann man über *die* Gesellschaft kommunizieren, wenn die Kommunikation erst die Gesellschaft konstituiert? Wohl kaum, wenn man zudem berücksichtigt, dass die Beobachtungsperspektiven sehr unterschiedlich sein können. Als ein menschlicher Beobachter (dritter Ordnung) dessen, was „die Medien" beobachten (2. Ordnung) und kommunizieren, konnte dies immer wieder gezeigt werden: die Wahl des Beobachtungsgegenstandes führt zur Erfassung von vielen Gegenwartsdiagnosen und Zukunftskommunikationen, die aber jeweils bereichsspezifisch, kontrovers oder disparat sein können. Dies gilt offenbar selbst für die natürliche Umwelt (Klima), die mit der Gesellschaft strukturell gekoppelt ist und deren kommunikative Behandlung in besonderem Maße an wissenschaftliche (wahrheitsbasierte) Kommunikation anschließen kann. Die Bezugnahme auf wenige ausgewählte spezifische Themenfelder hat somit gezeigt, dass deren Eigenlogiken die Gestaltung und Leistungsfähigkeit verschiedener Funktionssysteme mitbestimmen sowie deren (Un)Möglichkeit der Inklusion bestimmter Bevölkerungsgruppen beeinflussen. Breit angelegte Zukunftskommunikationen sind meist noch unübersichtlicher. Oder anders formuliert: am ehesten führen reduktionistische, z.B. technikbezogene Beobachtungen zu Prognosen – aber sie sagen wenig über den Gesellschaftszusammenhang aus. Je mehr auf die verschiedenen Funktionssysteme und ihre Interdependenzen Bezug genommen wird, desto komplexer zeigt sich die Beschreibung der aktuellen Situation und desto kontingenter erscheint das, was in einer Gesellschaft der Zukunft möglich oder wahrscheinlich ist.

Schauen wir noch einmal auf einige Kontingenzen, die in den von den Medien vermittelten Kommunikationen sichtbar werden:

– Im Hinblick auf die grundlegende Differenzierung der Gesellschaft wird implizit von Deutschland als einer funktional differenzierten Gesellschaft mit hoher Binnenkomplexität ausgegangen; mit Blick auf die Zukunft werden aber auch Risiken beschrieben, die z.B. eine Dominanz der Hierarchisierung beinhalten könnte – zuletzt verknüpft mit dem Erstarken des Rechtspopulismus in Deutschland, Europa, USA.

– Die Abhängigkeit der Gesellschaftsentwicklung von der natürlichen Umwelt (Klima) wird deutlich wahrgenommen. Eine grundlegende Abhilfe

wird nicht erwartet, so dass die GdZ mit primären und sekundären Folgen konfrontiert werden wird.
- Die Wechselbeziehung zwischen den Funktionssystemen Wirtschaft und Politik steht im Vordergrund wahrgenommener Konflikte. Die Fortsetzung der Globalisierung wird als wichtigster Grund für die Erwartung angesehen, dass sich in der GdZ die Dominanz des Wirtschaftssystems weiter verstärken wird. Dabei wird einerseits die Rolle der Konsumenten hervorgehoben und andererseits die Beobachtung, dass die Politik immer häufiger – trotz Bedenken – der Logik und den Interessen der Ökonomie und insbesondere der großen Konzerne nachgibt. Ein zentraler Antrieb dafür ist und bleibt die Wachstumsideologie.
- Das größte unkalkulierbare Risiko für die GdZ geht von der Digitalisierung und insbesondere der netzbasierten Kommunikation aus: sie stellt ein Experiment mit globalem Ausmaß und extrem schneller Entwicklung dar. Das Spektrum der Krisenszenarios reicht von der Totalkontrolle der Kommunikation über die Auflösung des gesellschaftlichen Zusammenhangs in Blasen/"Echokammern" bis zur digitalen Demenz und zu verbreiteten Suchtphänomenen. Durch die weltweite Entwicklung mit unterschiedlichen Geschwindigkeiten kann punktuell schon heute die Zukunft beobachtet werden – und zu Einflussversuchen führen. Unter Beachtung der Tatsache, dass vor allem die junge Generation zur Beschleunigung dieser Entwicklung beiträgt, kann man hier in besonders ausgeprägter Form davon sprechen, dass sie sich „ihre" GdZ selbst gestaltet. Schon heute spitzt sich die zukunftsbezogene Frage zu, ob es gelingen kann, die produktiven Aspekte dieser Entwicklung zu erhalten, ohne die destruktiven in Kauf nehmen zu müssen. Die dabei genutzten historischen Vergleiche – z.B. „Ängste gab es auch beim Bau der Eisenbahn" – sind bestenfalls irreführend.
- Die Inklusion/Exklusion in der GdZ hängt von vielen Entwicklungstrends ab: Demografie, Migration und Urbanisierung stellen Herausforderungen dar, scheinen aber auch in ihren Wirkungen beeinflussbar. Auch hier ist die Digitalisierung die große Unbekannte: von der Mensch-Maschine-Singularität bis zum massiven Verlust von Arbeitsplätzen. Stopp-Regeln sind nicht zu erkennen und nicht zu erwarten: „wenn wir es nicht machen, machen es die anderen" lautet das Mantra. Den Kern des *Gesellschafts*bezuges betrifft die Frage, ob sich in diesem Entwicklungsprozess die *Organisations*gesellschaft sukzessive auflöst. Die Bedeutung der Inklusion ist von Organisationsmitgliedschaften in den Funktionssystemen geprägt, weil hier Einfluss auf Entscheidungen möglich ist. Wenn die „Inklusion" vor allem darin besteht, ein Video von einer Frau, die sich in ihrem Auto eine Maske aufsetzt (Rekord!: 26 Millionen Klicks), anzuschauen, steuert die *Gesellschaft* der Zukunft – als *Kommunikationszusammenhang* – auf ihr Ende zu.

Eine typische, immer wiederkehrende Frage der Kommentatoren dieser Kommunikation lautet deshalb „ Und wie weiter? Wie mit erkennbaren Problemen umgehen? Kann man Zukunft überhaupt irgendwie gestalten?" usw.

Hier könnte man begründet mit dem Kabarettisten Winfried Schmickler antworten: „ich weiß es doch auch nicht". Aus der systemtheoretischen Perspektive betrachtet, kann er es auch nicht wissen. Dies ist die Kehrseite der gesellschaftlichen Modernisierung im Sinne der funktionalen Differenzierung: funktionsspezifische Optionssteigerungen werden vor allem durch Abgrenzung von anderen Kommunikations- und Entscheidungslogiken ermöglicht. Eine Gesamtsicht auf die Gesellschaft ist dadurch immer weniger möglich, eine kontrollierte zielgerichtete Steuerung also „hoch unwahrscheinlich". Als erwartete, erhoffte oder befürchtete Alternativen sind derzeit meist Rückwärtsentwicklungen in der Debatte: Dominanz eines Funktionssystems mit Zentralisierungs-/Hierarchisierungstendenz – z.b. der starke Staat (China)[190], religiöser Fundamentalismus (IS)[191], Ökonomisierung ohne Grenzen durch die Masters of the Universe: Wallstreet oder Silicon Valley[192]. Die Alternative – Rückkehr zur kleinteiligen Clanstruktur (weltweit) – ist wegen der weiter wachsenden Weltbevölkerung zu recht kaum erwogen.

Eine radikale, historisch belegbare Perspektive formuliert Nassehi in seiner neuesten Publikation „Die letzte Stunde der Wahrheit" (2015, 76%): „ Der Krieg scheint der einzige Faktor zu sein, dem es historisch gelungen ist, jene gesamtgesellschaftliche Perspektive zu erzeugen, die durch funktionale gesellschaftliche Differenzierung ausgeschlossen ist". Er verweist dabei auch auf die Formulierung von Carl Schmitt – „souverän ist, wer über den Ausnahmezustand verfügt"[193] –, die diesem Applaus sowohl von den Rechtsradikalen als auch von den Linksradikalen eingebracht hat.

Den Hintergrund dieser Situation beleuchtet Nassehi durch die Beobachtung, dass eine Kommunikation – z.B. in einem bestimmten Funktionssystem – stets mit vielen, die Situation ändernden Gegenkommunikationen im gleichen, aber vor allem in anderen Funktionssystemen, zu rechnen habe[194].

---

190 Der neue (13.) Fünfjahresplan deutet immerhin an, dass man sich auf den Weg zu einer besser balancierten funktionalen Differenzierung machen will: Kontingenzen nicht ausgeschlossen. Dies könnte ein interessantes Beobachtungsprojekt für die nächsten Jahre darstellen – vorausgesetzt, die Zielsetzung ist ernst gemeint.

191 Was würde passieren, wenn man dem IS keine Waffen, iPhones und Lebensmittel mehr verkauft?

192 Vielleicht folgt die nächste Generation Welzers Vorschlag und wirft die iPhones weg.

193 Assoziationen mit den Entwicklungen in der Türkei erscheinen naheliegend.

194 Dies ist leicht nachvollziehbar, wenn man als Beispiel die Lobbyarbeit betrachtet, die sich auf politische Entscheidungen (Regulierungen) richtet – und dabei die wenigen Ministerialbeamten mit der Vielzahl von juristischen Ratgebern vergleicht. Die wachsende Zahl von Beraterverträgen hat bereits zur Kritik von Rechnungshöfen geführt.

Dies wurde mit Blick auf die sechs ausgewählten Zukunftsthemen ausführlich in den vorangegangenen Textabschnitten beschrieben. Nassehi wendet sich nun speziell den Koppelungsversuchen zwischen den Funktionssystemen zu und wählt dafür drei Beispiele für deren Misslingen: 1.) die individuelle Einhaltung von „überzeugenden" Handlungsvorschriften – z.B. für einen umweltschonenden Lebensstil; 2.) konservative Appelle an kulturelle Homogenität; und 3.) „linke" Forderungen nach einer konzertierten globalen Wirtschaftskontrolle. Das Grundmuster für diese Beispiele der Gesellschaftsintegration und ihr *Scheitern* beschreibt er als verteilte Intelligenz, die zu Übersetzungsprozessen zwingt bzw. Übersetzungsprobleme verursacht. Er weist aber auch darauf hin, dass dabei unter Umständen dann eine grundlegende Bereitschaft zu kommunikativen Anschlüssen entsteht, „wenn man an sich erlebt, dass auch andere Perspektiven *Perspektiven* sind."[195] *Dies deckt sich mit der von uns praktizierten Beobachtungsstrategie.* Nassehi nimmt dabei allerdings nur wenig Bezug auf die Inklusion. Erst die breite Inklusion von Menschen als Kommunikationsadressaten schafft eine solche Situation. Zudem lässt sich mit Blick auf die strukturelle Koppelung von Menschen und sozialen Systemen die Frage der territorialen und funktionsübergreifenden Gültigkeit von Menschenrechten als Ansatz für die „Übersetzungen" zwischen Logiken der verschiedenen Funktionssysteme nutzen – ungeachtet vieler diesbezüglicher Rückschläge.

Nassehis Diagnose der gegenwärtigen Schwierigkeiten von „kompakter" Gesellschaftsbeschreibung lässt sich, wie wir gezeigt haben, insbesondere für die medialen Kommunikationen bestätigen, die zumindest teilweise versuchen, die verschiedenen Perspektiven aufeinander zu beziehen bzw. miteinander zu vergleichen. Allerdings ist die auch bei Nassehi dominierende Gegenüberstellung von Politik und Wirtschaft zwar üblich, berücksichtigt aber u.E. nicht hinreichend die Wechselwirkungen mit anderen Funktionssystemen. Sein Übersetzungskonzept sieht vor, „Perspektiven zunächst auf Augenhöhe zu platzieren und paradoxe, sich neutralisierende und bloß eindimensionale Folgen wenigstens in den Blick zu nehmen." Damit wird betont, dass die Perspektivität der Kommunikation erkennbar gemacht werden sollte und nicht als Wahrheit mit grundsätzlichem Geltungsanspruch präsentiert werden kann. Dies gilt – wie in den vorangegangenen Abschnitten dieses Kapitels beschrieben wurde – für Zukunftskommunikationen in besonderem Maße.

---

195 Dies deckt sich mit Erfahrungen bei der Gestaltung von Mediationsverfahren. Als einen Bereich, in dem eine solche Perspektiven-Verknüpfung ansatzweise gelungen ist, nennt Nassehi die (Wirtschafts-)Ethik. Ob die konkreten Kommunikationen dies bestätigen, ist aber wohl eher in Zweifel zu ziehen.

Selbst wenn man der Position von Nassehi folgt und die Möglichkeit einer umfassenden Gesellschaftskonzeption und ihrer gezielten Steuerung hinterfragt, spricht nichts dagegen, Anhaltspunkte für die Beobachtung und Bewertung der zukünftigen Entwicklungsmöglichkeiten zu formulieren[196]. Dabei ist das begrifflich-theoretische Potenzial der Systemtheorie weiterhin in breiter Weise zu nutzen. Die folgenden Ausführungen gehen deshalb von mehreren Ansatzpunkten aus:

- die funktionale Differenzierung ist auch weiterhin eine zentrale Bedingung einer leistungsfähigen Gesellschaft (der Zukunft); die Optionen, die zu drastischen Reduktionen führen – bis hin zum Krieg – sind nicht zukunftsfähig und nicht wünschenswert;
- die funktionale Differenzierung ist nur bestandsfähig, wenn zwischen den Funktionssystemen strukturelle Koppelungen im Sinne von wechselseitigen Beobachtungen, Resonanzen, Irritationen und ggf. auch Stoppregeln stattfinden (können);
- neben der Ebene der (Welt-)Gesellschaft sind auch organisierte Sozialsysteme und einfache Sozialsysteme sowie die Personen (als Kommunikationsadressen) zu beobachten und zu beachten;
- die Inklusion der Personen in möglichst viele Funktionssysteme ist von Vorteil, um die Konfrontation und ggf. Adaption von Perspektiven zu ermöglichen/erleichtern: sowohl die klassische Rollentheorie („role-set") als auch die neueste Hirnforschung (Spiegelneuronen) liefert Ansatzpunkte und Begründungen dafür;
- im Rahmen der grundlegenden Unübersichtlichkeit (Komplexität, Kontingenz) ist es gleichzeitig von Bedeutung, die Position (Rolle) und Interessen der Kommunikatoren zu markieren (Beobachtung 2. und 3. Ordnung);
- die Inklusion wird nie vollständig sein, die Funktionssysteme nie alle Bereiche gesellschaftlicher (Zukunfts-)Kommunikation einschließen: insofern sind stets auch Grassroots – Entwicklungen individueller und (selbst)organisierter Art zu beobachten;
- es kann u. E. davon ausgegangen werden, dass es für alle erörterten oder vorgeschlagenen, systembezogenen Gestaltungsvarianten Beispiele gibt; es geht also nicht darum, die Gesellschaft der Zukunft diskursiv zu erfinden, sondern vorhandene Beobachtungen bzw. Zukunftskommunikationen systematisch

---

196 An der Kernthematik seines Buches, also vor allem an der Kritik von Schematisierungen der Gesellschaftskonzepte ausgerichtet, bleiben seine Gestaltungsvorschläge vage: z.B. ein Parlament der Funktionen oder Logiken, ein Parlament der Intelligenzen – also eine sachliche Repräsentation unterschiedlicher gesellschaftlicher Logiken. Hier könne man – so die Erwartung – beobachten „was passiert, wenn unterschiedliche Problemlösungskompetenzen aufeinandertreffen". Mit Blick auf die von uns beschriebene Beobachtung der sechs Themenfelder kann man festhalten, dass dies bereits stattfindet.

zu ordnen und erkannte Entwicklungsimpulse entweder zu stärken oder zu schwächen.

Die Konturen der Gesellschaft der Zukunft lassen sich in dem Maße beeinflussen, wie es gelingt, Konsequenzen aus den o.a. Beobachtungen zu ziehen oder nicht.

Übersicht über die Wechselwirkungen der untersuchten Zukunftstrends (folgende Seite):

Die hier aufgeführten, als exemplarisch anzusehenden Beispiele zeigen, dass in allen untersuchten Themenfeldern wechselseitige Einflüsse beobachtet und beschrieben werden und dass sie meist nicht nur positiv oder nur negativ sind. Dies belegt erneut die Kontingenz des Themenfeldes – obwohl es sich nur auf sechs Schwerpunkte stützt – sowie die Notwendigkeit der Folgenkommentierung und -bewertung: Jeder Versuch einer Weichenstellung für die GdZ erfordert ggf. ein mühevolles Austarieren.

Abb. 3: Wechselwirkungen von Entwicklungstrends

Wird beeinflusst / Beeinflusst	Globalisierung	Klimawandel	Internet	Demografie (Deutschl.)	Migration	Urbanisierung
Globalisierung		(-) keine Emissionskontrolle; Fracking (+) Klimaschutztechnologien, Windräder	(-) Konsumkontrolle; individ. Bubble (+) Erweiterte Nutzung, Weltgesellschaft	(-) Burnout, Altersarmut (+) Wirtschaftsmigranten	(-) Armutsflüchtlinge Steuerflüchtlinge (+) Wirtschaftsmigranten, Bildungsmigranten	(-) Touristenströme (+) Smart City – Technologie
Klimawandel	(-) Kampf um Ressourcen: Wasser, Land; Sand (+) Technikentwicklung, Umbau-Ökonomie		(-) Systemzusammenbruch (+) Globaler Infoaustausch, Warnsysteme	(-) mehr Erkrankungen, Infrastruktur-Belastung (+) Migration; mehr Geburten	(-) Klimaflüchtlinge (+) Klimaflüchtlinge	(-) Küstenstädte bedroht (+) Wachstumsbremse für Megacities
Internet	(-) Spionage, Sabotage, zentrale Kontrolle (+) globale Vernetzung, Onlinehandel	(-) Energiebedarf; Elektronikschrott (+) Kontroll- und Warnsysteme (Apps)		(-) digitale Demenz (+) Gesundheitsmonitoring, Info-Zugänge	(-) Schlepperbanden, Falschinformation, Propaganda aus Herkunftsländern (+) Touristeninfos; Bildungsmi-Gration	(-) Head-down im Verkehr; Sabotaganfälligkeit; (+) Verkehrsregulierung Internet der Dinge
Demografie (Deutschl.)	(-) Arbeitskräftemangel, Nachfrage-Rückgang (+) Produkt-Erweiterungen; Dienstleistungen	(-) Luxusreisen; Kreuzfahrten (+) Konsum-Rückgang, weniger Ressourcenverbrauch	(-) Dominanz junger Nutzer; digitale Demenz (+) Erreichbarkeit von Angehörigen		(-) Migration unerwünscht (+) Migration gewünscht	(-) soziale Konflikte (+) junge Bevölkerung. in Städten konzentriert (Dynamik)
Migration	(-) ökonomische Überlastung, Konsumniveau zu hoch; Prekariat (+) Wirtschaftsmigranten, Touristen	(-) Ressourcenverbrauch nimmt zu; Flugreisen (+) Ressourcenverbrauch nimmt ab	(-) Destabilisierung politischer Systeme (+)Vielfalt, Vernetzung, Info-Austausch	(-) Heterogenität der Lebensstile; Parallelstrukturen (+) Zuwanderung, Altersverteilung		(-) Überlastung, soziale Konflikte (+) neue Impulse
Urbanisierung	(-) Armutsinseln, Konflikte, Proteste (Occupy) (+) Produktion u. Konsum steigen; Events	(-) Emissionen, Ressourcenverbrauch, keine Selbstversorgung (+) Low carbon city	(-) Systemanfälligkeit der Netze (+) Internet der Dinge	(-) geringe Kinderzahl, ungesundes Leben (+) Infrastruktur vhd.	(-) Parallelstrukturen, No-go (+) Innovation, kulturelle Vielfalt	

Kapitel 4:
Herausforderungen für das politische System und die Zivilgesellschaft bei der Gestaltung der Gesellschaft der Zukunft

Im vorangegangenen Kapitel wurde anhand der sechs ausgewählten The-
menfelder („Großprobleme des 21. Jahrhunderts") zunächst gezeigt, dass jede
thematische Engführung der massenmedialen Zukunftskommunikation das
Komplexitätsniveau der Gesellschaft – und erst recht das der Weltgesellschaft –
in einer Weise unterschätzt, die i.d.R. zu krassen Fehleinschätzungen über Zu-
kunftsentwicklungen führen muss. Mit Blick auf die Themenfelder wurden
verschiedene Muster der Zukunftskommunikation zunächst beschrieben und
dann kommentiert. Dabei wurde deutlich, dass ein großer Anteil der diagnosti-
schen Aspekte – was wird die GdZ charakterisieren? – und der therapeutischen
Aspekte – wie können Entwicklungen befördert oder verhindert werden? – auf
die systemtheoretisch empfohlenen Beobachtungsgesichtspunkte bezogen
werden kann. Zwar wurden die Sachverhalte eher selten mit den systemtheo-
retischen Begriffen – multiple gesellschaftlichen Funktionssysteme und ihre
Wechselbeziehungen einerseits und Inklusion andererseits – beschrieben, doch
ließen sich viele Kommunikationen diesen Beobachtungsperspektiven und -ka-
tegorien zuordnen.

Es lässt sich also bilanzieren, dass die funktional differenzierte Gesellschaft
mit weitgehender Inklusion der Bevölkerung ein geeigneter, hinreichend kom-
plexer Beobachtungs- und Bewertungsrahmen für die Kommunikationen über
die GdZ ist.[197]

Strikter formuliert: die Gesellschaft der Zukunft und ihre Zukunft hängen
aus dieser Perspektive[198] davon ab, ob es gelingt, (a) die Wechselbeziehungen
der Funktionssysteme zu modulieren – mit teils strikter, teils nur lockerer Kop-
pelung, (b) dabei die Inklusionserfordernisse zu beachten – unter Berücksich-

---

197 Nota bene: Es wurde auch deutlich, dass nur ein geringer Teil der Kommunikationen
   tatsächlich in den Zeitraum (ca. 2040–2050) vorgreift. Gleichwohl signalisieren auch
   andere Zeitbezüge, dass die GdZ gegenüber heute erhebliche Veränderungen aufweisen
   wird.

198 Nota bene (erneut): Es handelt sich hierbei nicht um die einzige oder gar einzig richtige
   Beobachtungsperspektive. Ihre Plausibilität ergibt sich aus der Möglichkeit, kontingente
   bzw. chaotische Kommunikationselemente in einen Sinnzusammenhang zu bringen und
   diesen thematisierbar zu machen.

tung der menschlichen Natur und der Menschenrechte sowie der (strukturell gekoppelten) natürlichen Umwelt – und (c) den Trend zur Globalisierung davon abhängig zu machen, dass die Balancierung zwischen den Funktionssystemen dadurch nicht grundlegend gefährdet wird.

Im nächsten Schritt wird nun eine stärker bewertende bzw. „normative" Komponente eingeführt. Es geht nicht mehr nur um die Beschreibung und Sortierung der Kommunikationen, sondern um die Bewertung der darin enthaltenen möglichen Weichenstellungen für die GdZ.

Im Bild der Wanderung ausgedrückt: Wir sortieren die mitgebrachten Gegenstände neu und fragen, was sie über die Bodenbeschaffenheit, Wasserqualität, Flora usw. aussagen.

Allgemein ausgedrückt: Welche beobachtbaren Entwicklungen führen von den Referenzmustern der Gesellschaftsgestaltung weg; welche Alternativen sind geeignet, die hier in den Mittelpunkt gerückten Ziele produktiv zu verfolgen? Es geht also auch weiterhin nicht um ein normatives Modell von der GdZ, das von der Systemtheorie entwickelt und vorgeschlagen wird. Es geht wie bisher um die in der Gesellschaft von heute verfügbaren (medialen) Kommunikationen, die die GdZ betreffen. Dabei müssen für einzelne Themen ggf. ergänzende bzw. vertiefende Recherchen vorgenommen werden. Allerdings wird nun – aus der Sicht des Autors – sehr viel strikter über die Entwicklungsoptionen geurteilt: Können sie das Referenzmuster der Gesellschaft befördern oder zerstören – und zu welcher GdZ könnten/werden sie führen? Die LeserInnen müssen mehr als bisher für sich entscheiden, ob sie den Argumenten folgen wollen – und was dies ggf. auch für sie persönlich bedeutet.

Dass die folgenden Kommentierungen von Entwicklungsperspektiven zur GdZ nicht zu weltweit einheitlichen Mustern führen, wurde bereits mehrfach begründet: Die Komplexität und die Kontingenz der Kommunikationen – u.a. durch die Selbstbezüglichkeit (Autopoiesis) der Systeme – lässt dies nicht erwarten, außer vielleicht im Rahmen von Katastrophen, Kriegen oder der Machtübernahme durch eine Künstliche Superintelligenz. Die systemtheoretisch begründete Fokussierung von gesellschaftlichen Funktionssystemen hat neben der Vermeidung dieser Einseitigkeiten und Engführungen noch einen weiteren Vorteil: Sie betont die Funktionen, legt damit aber nicht spezifische Erwartungen an die Formen ihrer Ausgestaltung fest. Es gibt hinreichend viele funktionale Äquivalente für die Bausteine der Gesellschaftsgestaltung: Schulsysteme, Politikarchitekturen, Religionsausübung, Medizinische Versorgung usw. lassen sich sehr unterschiedlich organisieren – ohne dass ihre Leistungsfähigkeit stark variieren muss. Dies schließt Koppelungen trotz Vielfalt ebenso wenig aus wie den Versuch, von guten Beispielen (sogar international) zu lernen oder schlechte Beispiele (auch inter-

national) zu vermeiden[199]. In beiden Fällen liegt der Vorteil darin, dass sie keine Fiktionen bzw. Denkmodelle darstellen, sondern real besichtigt/beobachtet/ verglichen werden (können).

Um die folgende Darstellung grundlegender Optionen für eine bewusste Gesellschaftsentwicklung überschaubar zu halten, muss erneut eine Akzentsetzung erfolgen: Gegenstand und inhaltlicher Bezugspunkt sind auszuwählen. Als Beobachtungsschwerpunkte werden Politik und Zivilgesellschaft gewählt, die über ihre Inklusionskapazitäten eng miteinander gekoppelt sind. Zu fragen ist v.a.: Kann die GdZ mit Blick auf ihre Zukunft, d.h. für die 2. Hälfte des Jahrhunderts, noch auf eine Politik setzen, die das Gemeinwohl als Referenz benutzt und für eine breite Inklusion der Bevölkerung sorgt?

Im ersten Abschnitt wird der zuvor beschriebene Perspektivenwechsel eingeleitet, in dem zunächst die einzelnen Funktionssysteme die Gliederung der Beobachtungen bestimmen[200]; zu fragen ist, wie sie sich wohl entwickeln werden, wenn sie nicht beobachtet, irritiert und ggf. durch externe Stoppregeln beeinflusst werden (können). Wie sähe eine GdZ aus, in der einzelne Funktionssysteme ungebremst expandieren, d.h. ihr Kommunikationsmedium und ihren Code breit durchsetzen oder ggf. sogar die Weltgesellschaft „kapern"? Die zweite Frage richtet sich dann an die Beobachtungsfähigkeiten und Irritationsmöglichkeiten der Systemumwelten: Wie lässt sich die Dominanz einzelner Funktionssystem bremsen und eine dynamische Balance erhalten bzw. entwickeln? Wer kann in welcher Weise dazu beitragen?

Der Abschnitt endet mit einem kurzen Blick auf den EU-Kontext, ohne dessen Berücksichtigung die vorangegangenen Beobachtungen nicht hinreichend bewertet werden können. Zugleich wird gezeigt, wie der beschlossene Brexit aus der hier gewählten Perspektive zu interpretieren ist.

Im zweiten Abschnitt werden zunächst dem Politisch-Administrativen System (PAS) konkrete Aufgaben bei der Beobachtung und Beeinflussung von Zukunftsvorstellungen und Weichenstellungen zugewiesen. Bevor ähnliche Argumente dann auch mit Blick auf die Zivilgesellschaft vorgetragen werden, wird ein Exkurs eingefügt: das Thema „Institutionen-Vertrauen" bzw." Trust in Government". Es kann als wichtiger Filter zwischen Politik und Zivilgesellschaft angesehen werden – und ist ggf. ein eigenständiges Gestaltungsfeld. Bei all dem kann es nicht darum gehen, eine schöne Zukunftswelt zu entwerfen. Es geht vielmehr darum, zu klären, was in der Entwicklung auf dem Weg zur GdZ derzeit – vor dem Hintergrund der normativen Zielsetzungen (balancierte Funktionssysteme

---

199 Das Leitbild „Good Governance" kann hier als anspruchsvolles (!) Beispiel dienen: Voice and Accountability; Political Stability and Absence of Violence; Government Effectiveness; Regulatory Quality; Rule of Law; Control of Corruption.

200 Im Bild der Wanderung: wir betrachten nun den Wald, das Gestein, die Gewässer, die Pflanzen etc. im Einzelnen und in Wechselwirkungen untereinander.

und Inklusion) – zu kritisieren ist und welche Alternativen dafür bestehen bzw. wie diese unterstützt werden können.
Der dritte Abschnitt fasst die Ergebnisse des Kapitels zusammen.

4.1 Die Ausgangslage in den ausgewählten Funktionssystemen

Die vorangegangene Darstellung der Kommunikationen mit Zukunftsbezug hat aktuelle Hochrechnungen, Weichenstellungen und konkrete *Dispositionen* – manchmal sogar „Beschreibungen" *der* Gesellschaft der Zukunft geliefert, so dass einige Trends und Tendenzen eine Kommentierung aus der Sicht des Referenzmodells „Gesellschaft der Zukunft" ermöglicht haben. Nun wird die Perspektive dahingehend geändert, dass nicht mehr die sechs Themen, sondern die einzelnen Funktionssysteme die Beobachtungen strukturieren. Obwohl sie bisher sehr unterschiedlich häufig in den Zukunftskommunikationen auftraten, werden sie nun quasi gleichberechtigt nebeneinandergestellt. Zudem wird stärker als bisher die *gegenwärtige* Lage – mit Blick auf die Entwicklung zur GdZ – kommentiert. Dabei ist erneut eine Konzentration auf Deutschland (in der EU) unumgänglich, weil es um das *Ensemble* vieler beobachtbarer Sachverhalte geht, für die es, auch weltweit, keine vollständigen Doppelungen gibt.

Da in diesem Zusammenhang viele kritische Kommunikationen zusammengetragen werden, ist vorab zu betonen, dass sich weder die beschriebene Ausgangslage in Deutschland – international vergleichend betrachtet – besonders dramatisch darstellt, noch dass die Handlungsmöglichkeiten besonders skeptisch beurteilt werden (müssen).

Im Hinblick auf die ausgewählten Funktionssysteme werden zwei Fragen zur Entwicklungsperspektive erörtert:

(a) *Wie wird die GdZ aussehen, wenn sich existierende Muster und Trends der Entwicklung unverändert fortsetzen?* („Kurs halten, denn Deutschland ist es nie so gut gegangen wie jetzt"). Hierfür wird die Eigenlogik jedes betrachteten Funktionssystems in den Mittelpunkt gerückt. Angesichts der oft fehlenden Stoppregeln gehört dazu vor allem die Frage nach der System-Expansion und deren Wirkungen auf andere Funktionssysteme, aber ggf. auch die *verstärkenden* Einflüsse durch die Systemumwelt.

(b) *Wichtige Weichenstellungen, um die Balancierung von Funktionssystemen zu befördern*:

Hierbei werden Irritationen und Einflüsse, Warnzeichen und Stoppschilder beobachtet, die von anderen Funktionssystemen übermittelt werden (können). Aber auch Muster und Strategien der Selbstreflexion und Selbstbe-schränkung, selbst veranlasste Stoppregeln, sind zu beachten.

Abgeschlossen werden diese Systembeschreibungen durch eine zusam-menfassende Kommentierung aus der hier eingenommenen Beobachter-perspektive – also bezüglich der Intersystem-Beziehungen (Balance?) und bezüglich der Inklusion der Bevölkerung.

4.1.1 Massenmedien

Halten wir noch einmal fest: Bei den Massenmedien handelt es sich um ein Funktionssystem, das mit dem Medium öffentliche Information arbeitet; Der Code ist Information/Nichtinformation, wobei neben der Geschwindigkeit (Aktualität) auch der investigative Neuigkeitswert von Bedeutung ist; in jedem Fall geht es um die Aufmerksamkeit der InformationsadressatInnen; die Leistung des Systems besteht auch in der Meinungsbildung, wobei der vorhandenen Asymmetrie der Informationsbestände bei den Adressaten Rechnung getragen werden muss. Zur Ausführung der Funktion werden Muster der öffentlichen Meinung zugrunde gelegt.

(a) Wie wird die Gesellschaft der Zukunft aussehen, wenn nichts nachhaltig geändert wird?

Das Mediensystem ist in Deutschland breit aufgestellt – sowohl mit Blick auf die Eigentumsrechte als auch mit Blick auf die genutzten Verbreitungstech-nologien und die Themenvielfalt. Im Grundsatz ist die Funktionserfüllung durch die im GG (Art. 5) verankerte Pressefreiheit gewährleistet. Dass dies nicht selbstverständlich ist, lässt sich weltweit vielerorts beobachten. Die Zu-gänglichkeit für die Bevölkerung (Inklusion) ist im Prinzip gegeben. Neueste Zahlen belegen, dass durchschnittlich die Hälfte der Tageszeit durch Nutzung diverser Medien bzw. technischer Kommunikationsmittel „verbraucht" wird. Der „homo digitalis" ist schon Realität. Umstritten ist in letzter Zeit die Frage, ob die Gesellschaftsbeobachtung durch die Medien die vielfältigen Perspek-tiven und Interessen der Gesellschaftsmitglieder angemessen berücksichtigt. Dazu gehört auch die Frage: Wie steht es um die Resonanz mit Blick auf alle anderen Funktionssysteme?

* Wie die meisten Funktionssysteme ist das Mediensystem durch starke Ex-pansionstendenzen gekennzeichnet. Als deren Hauptursache kann die Ent-wicklung zur Weltgesellschaft angesehen werden: Nicht zuletzt durch die Technikentwicklung kann die kommunikative Erreichbarkeit von Menschen auf dem Globus immer weiter ausgedehnt werden. Damit wächst ständig der Umfang der Informationen, die sich potenziell als Kommunikationsinhalte

auch für die Massenmedien eignen. Dies wird zusätzlich angetrieben durch die internationale Mobilität, die auch ein wachsendes „persönliches" Interesse der Bevölkerung an Informationen „aus aller Welt" befördert.

* Der Umfang der potenziellen Informationen erschwert den Überblick, die Auswahl und ggf. auch die Verifizierung der beschriebenen Sachverhalte. Dies befördert zwei Trends: einerseits das Anwachsen und die Bevorzugung von nun weltweit erfassten „Alarm"-Meldungen („breaking news"), nicht selten unter Missachtung der Sorgfaltspflicht hinsichtlich der Recherche; und andererseits die Einflussnahme auf andere Funktionssysteme durch die Disposition des knappen Gutes „Aufmerksamkeit". Mit anderen Worten: die Kommunikationen und Entscheidungen anderer Funktionssysteme sind quasi nicht existent, wenn sie nicht in den Medien präsentiert werden. Medien können dadurch einen exklusiven Zugang zu politischen, wirtschaftlichen, wissenschaftlichen, medizinischen Informationen und Akteuren u.s.w. gewinnen. Sie „expandieren" durch ihre enge Koppelung mit anderen Funktionssystemen – was ihnen zuletzt u.a. den pauschalen Vorwurf der „Lügenpresse" bzw. der „Eliten-Medien" eingebracht hat[201]. Allerdings birgt die sehr enge Koppelung mit der Politik und der Wirtschaft oft auch die Gefahr, von diesen Systemen massiv beeinflusst oder gekapert zu werden.

* Einen besonderen Schub erhält die Medienexpansion durch die Digitalisierung und das Internet. Einerseits werden bisherige Übermittlungstechnologien ersetzt und ergänzt, andererseits sieht sich das Mediensystem mit Kommunikationsbeteiligten konfrontiert, die das Format und die Inhalte beeinflussen. Diese Kommunikationsbeteiligung ist nicht neu: früher hieß es „ich will auch ins Fernsehen", „ ich mache was mit Medien", heute wird von „Selbstdarstellungs-Sucht" (Narzissmus) und Voyeurismus gesprochen. Die Ambivalenz wird zunehmend sichtbar: die mediale Weltbeobachtung wird immer lückenloser – was aber auch zu einem Risiko werden kann: die Suche/ Sucht nach Anerkennung durch „Likes" sowie die Bedrohung durch „Shitstorms", „Shamestorms" und Mobbing, die zur psychischen Katastrophe bei den Betroffenen führen kann.

* Was „breaking news" sind, die die Aufmerksamkeit erregen, wird zunehmend beliebig: ein Video, auf dem ein Gefangener vom IS geköpft wird, ein Erdbeben in einem dicht besiedelten Gebiet, ein Foto von Heidi Klum auf irgendeinem roten Teppich, oder ein Videoclip, in dem Otto xyz eine Flasche Rotwein auf der Toilette sitzend in einem Zug austrinkt. Beachtenswert ist diese Entwicklung vor allem deshalb, weil sie mit Generationsunterschieden

---

201 Dabei bleibt aber festzuhalten, dass Medienkritik schon solange existiert wie es Medien gibt. Allerdings war sie meist auf ausgewählte Produkte bezogen und an sachbezogenen Überzeugungen ausgerichtet: beispielsweise linke vs. rechte Zeitungen u.ä.

verknüpft ist. Es ist also nicht sicher, dass die Jugend von heute in der GdZ noch „traditionelle" Medien nutzen wird – vor allem, wenn man dafür auch noch bezahlen soll.

* In jüngster Zeit werden die neuen Medienformate auch von den anderen Funktionssystemen genutzt, um „authentische", nicht von lästigen Fragen der Journalisten gestörte Botschaften zu übermitteln. Dies könnte zu einem neuen Muster der Koppelung oder gar des „Kaperns" des Mediensystems führen, wie es aus autoritären Staaten bekannt ist – ohne eine Pressezensur einzuführen[202].

* Weiter kompliziert wird die Situation durch Mitteilungen im Netz, die anonym erfolgen oder durch „bots" (derzeit 60.000 am Tag?) erzeugt werden. Die diskutierten Folgen sind Orientierungslosigkeit, die digital erzeugte Singularität (Info-Blasen) oder die Bildung von digitalen Weltbilder-Subkulturen, die sich ggf. gegenseitig als Lügner oder Verschwörungstheoretiker bezeichnen. Mit der Ansammlung von Singularitäten, als Meer von Meinungen, fehlt die für die Gesellschaft notwendige kommunikative Anschlussfähigkeit[203]. Konsequent fortgesetzt kann dieser Trend sowohl zu einer – nicht zuletzt von den Netz-„Masters" und ihren ökonomischen Interessen beförderten – Kaperung des Gesellschaftssystems führen, in der die analogen Formen der Kommunikation suspendiert sind, als auch zu einer Auflösung des Funktionssystems, weil es seine Funktion, selektive Aufmerksamkeit in der Gesellschaft zu erzeugen oder gar zur Meinungsbildung beizutragen, nicht mehr erfüllt.

(b) Wichtige Weichenstellungen, um die Balancierung von Funktionssystemen zu befördern.

* Auch hier ist zunächst ein Blick auf die Verbreitungstechnologie – nun explizit auf das Internet – notwendig. Die Expansion medial vermittelter Botschaften wird in starkem Maße von den Netzbetreibern beeinflusst. Die Diskussionen über Netzneutralität oder die Schaffung eines europäischen Netzes ist ein Hinweis auf diesen Sachverhalt. Insofern liegt es nahe, Erfahrungen aus anderen Versorgungsnetzen (wie Stromnetzen) zu nutzen: z.B. durch eine strikte Trennung von Netzbetreibern und Netznutzern, wobei erstere auch für die Standards der Netznutzung, z.B. Sicherheit, Verhinderung von Missbrauch,

---

202 So unterschiedliche Beobachtungen, wie die EM-Fernsehübertragung direkt von der UEFA, oder auch der Ausschluss der Medien von AfD-Veranstaltungen, haben für Irritationen gesorgt.

203 In dieses Bild passen die aktuellen Bemühungen von Google, E-Mails durch ein Computerprogramm beantworten zu lassen. Allerdings enthält dieses Szenario auch eine Chance: in der GdZ könnten sich die Smartphones völlig selbständig miteinander „unterhalten", während die Menschen wieder ganz analog bzw. face to face miteinander kommunizieren. Wäre dies dann das Ende der Werbung als Geschäftsgrundlage?

verantwortlich gemacht werden können. Aufsichtsbehörden, analog zur Bundesnetzagentur, können ergänzende Kontrollfunktionen wahrnehmen – z.b. mit Blick auf die Tendenz zur Monopolisierung der Datensammlung (BigData). Die Sicherung von Wettbewerb wird als wichtige Voraussetzung dafür angesehen, dass „zivilisierte" Formen der Netznutzung die Oberhand behalten.

* Um die Funktionen des Mediensystems zu sichern, wird weiterhin auf Pluralität der Verbreitungstechnologien als auch der inhaltlichen Formate gesetzt. Beide Aspekte bedingen sich wechselseitig, denn nicht alle Arten von Themen und Informationen lassen sich mit einer der Techniken wirksam übermitteln. Insofern ist es beachtenswert, wenn die bisher dominierenden Träger medialer Informationsvermittlung auch in neuen Technologien und Formaten präsent sind. Andere Technologien sollten gleichwohl weiter unterstützt werden.

* Die Vielfalt der institutionellen Arrangements (privat)wirtschaftlich, öffentlich-rechtlich, informell wird auch für die GdZ für notwendig angesehen. Ebenso ist die Forderung nach Demokratisierung des Netzes nach wie vor in der Diskussion. Angesichts der zunehmenden Kommerzialisierung des internetbasierten Mediensystems (persönliche Daten=Werbung) und der Zunahme von Gratis-Informationen werden Rechercheverbünde gebildet, durch die Kosten eingespart werden, um dem investigativen Journalismus eine Zukunft zu erhalten.

* Trotz des ungebrochenen Runs auf die neuesten Nachrichten sind Formen der *Selbstreflexion* erkennbar, die diesen Trend abbremsen könnten: Debatten über journalistische Präsenz und Tätigkeiten (Recherchen), über verbreitete Bilder und Etiketten – z.B. bei GermanWings Absturz, bei den Flüchtlingsbewegungen, den Attentaten in Paris oder der Silvesternacht in Köln – u.v.a.m. Aber nicht nur die „Überschwemmungsphänomene", sondern auch die nicht weiter verfolgten Themen sind dabei im Blick. Die Kontinuität der Beobachtung und der Nachfragen sind gefragt. Dies alles lässt sich als Versuch lesen, Unterschiede in Qualität und Glaubwürdigkeit medialer Kommunikation – trotz der Datenüberflutung durch das Internet – auch für die GdZ zu erhalten.

4.1.2 Wirtschaft

Halten wir noch einmal fest: Die Funktion des Wirtschaftssystem ist die Bewältigung von Knappheitszuständen bei Gütern und Dienstleistungen. Die Leistung besteht in der Bedürfnisbefriedigung. Das Kommunikationsmedium ist Geld, der binäre Code, der die Anschlussfähigkeit ermöglicht, ist Zahlen oder Nicht-Zahlen. Zur Ausführung der Funktion werden Produktions- und Finanzierungsprogramme genutzt.

(a) Wie wird die Gesellschaft der Zukunft aussehen, wenn sich existierende Muster und Trends der Entwicklung des Funktionssystems unverändert fortsetzen?

Das Wirtschaftssystem in Deutschland ist gut aufgestellt, wozu eine hohe Binnendifferenzierung – Branchen, Betriebsgrößen, Organisationsformen – gehört. Die Inklusion der Bevölkerung (Beschäftigungsquote) ist zwar rein quantitativ relativ hoch, doch hat sich die Gemeinwohlorientierung kontinuierlich verschlechtert: die Zahl prekärer Beschäftigungsverhältnisse, die Spreizung von Erwerbseinkommen und vor allem die Ungleichverteilung von Vermögen nehmen zu. Im Hintergrund stehen nicht zuletzt die Möglichkeiten der internationalen „Auslagerung" von Produktion und Vermögen, die zugleich die wechselseitige Beeinflussung aller Funktionssysteme erschwert – oder durch Lobbyismus, Korruption etc. einseitig werden lässt. In der Folge beginnt sich ein bisher üblicher Trend aufzulösen: die Inklusion in das Wirtschaftssystem führt nicht mehr zur Inklusion in andere Funktionssysteme, sondern kann mit der Exklusion aus ihnen einhergehen[204].

* Die Eigenlogik des Wirtschaftssystems ist weiterhin auf Wachstum ausgerichtet. Dies bedeutet für die GdZ vor allem noch mehr Konsum von vielfach überflüssigen Gütern[205] zu immer geringeren Preisen. Der „Bremseffekt" durch den zu erwartenden Bevölkerungsschwund wird teilweise durch den Nachholbedarf von MigrantInnen ausgeglichen. Angetrieben wird die Entwicklung zudem durch eine zunehmende Individualisierung von Werbung und Produktdesign – was vor allem durch das Internet ermöglicht wird: „Google weiß schon, was Du als nächstes kaufen wirst – bevor Du überhaupt darüber nachgedacht hast."

* Zu dem Konsumtrend trägt weiterhin die fortschreitende Globalisierung bei, die sich zur Kostendämpfung in bisher wenig beachteten Maße internationaler Sklavenwirtschaft bedient – in der industriellen Produktion ebenso wie in der Landwirtschaft. Die Mischung von Betriebsgrößen hat in Deutschland diese Entwicklung teilweise gebremst. Inzwischen werden aber vermehrt kleine und mittelständische Unternehmen vom Globalisierungssog erfasst. Eine zentrale Rolle in dieser Entwicklung werden weiterhin die wenig kontrollierte globale Finanzwirtschaft, die global aufgestellten Konzerne und die Digita-

---

204 Aus den USA werden schon seit langem solche Beispiele berichtet: selbst mit mehreren Jobs kommen die Familien „nicht über die Runde", können am gesellschaftlichen Leben nicht teilnehmen. Deutsche Arbeitgeberverbände warnen inzwischen davor, den MigrantInnen die gleichen Beschäftigungsbedingungen und Löhne zu gewähren, wie der „einheimischen" Bevölkerung.

205 Inzwischen werden Gegenstände in Haushalten gezählt und mit vergangenen Jahrhunderten verglichen: dabei ist innerhalb von 3 Jahrhunderten von einer Steigerung um das 20- bis 25-fache die Rede.

lisierung spielen. Gleichzeitig werden sich die Erwerbsmöglichkeiten ständig verschieben. In der Gesamtbilanz muss aber wohl von einer deutlichen Verringerung ausgegangen werden[206]. Dies wird nicht nur die ökonomische, sondern infolgedessen auch die gesellschaftliche Exklusion großer Bevölkerungsteile einleiten.

* Diese Entwicklungen sind zugleich eine Voraussetzung für die Erweiterung der Einflussmöglichkeiten („Irritationskapazitäten") auf andere Funktionssysteme – besonders aber auf die Politik, die viele Entwicklungen durch Deregulierung und durch Subventionen befördert (hat). Die Ausdehnung des Wirkungsbereiches der Wirtschaft bezieht sich nicht nur auf die Politik, sondern auch auf andere Funktionssysteme wie das Wissenschaftssystem – in ihren naturwissenschaftlich-technischen Segmenten – und auf die Medizin. Indem auch dort das Medium Geld (Zahlen, Nicht-Zahlen) an Bedeutung gewinnt, werden diese Systeme teilweise ein *Bestandteil* des Wirtschaftssystems. Daran ändert auch die Tatsache nichts, dass die Organisationen ggf. weiterhin Parlament, Ministerium, Universität, Krankenhaus u.a. heißen. Die GdZ wird durch diese weitere Expansion gekennzeichnet sein. Die Formen werden unterschiedlich sein – von der Korruption in Einzelfällen, der Privatisierung öffentlicher Aufgaben[207] über die enge Koppelung von Wirtschaft und anderen Funktionssystemen bis hin zur Auflösung anderer Funktionssysteme durch Kaperung.

(b) Wichtige Weichenstellungen, um die Balancierung von Funktionssystemen zu befördern.

* Die Diffundierung des ökonomischen Codes in andere Funktionssysteme wird in breiter Weise kritisch beobachtet und kommentiert, besonders bei den eng gekoppelten Beziehungen – z.B. mit Technikentwicklung, Pharmaforschung, politisch veranlassten Subventionen (Atomindustrie; Autoindustrie/Abwrackprämie) – aber meist nicht in wirksame Entscheidungen umgesetzt. Dies dürfte solange – und auch für die GdZ – gelten, wie die Wachstums – Ziele nicht reduziert oder umgedeutet werden – z.B. zum qualitativen Wachstum[208]. Bisher ist auch nicht zu erkennen, dass die Konsumenten ernsthaft gegensteuern – trotz „fair trade" und „carsharing".

---

206 Neueste Prognosen sprechen von etwa 50% Reduktion bis 2040 – auf dann nur noch 18 Millionen Arbeitsplätze in Deutschland.

207 Zunehmend wird auch die Lücke erkennbar, die die Reduktion des sozialen Wohnungsbaus hinterlassen hat: auch in deutschen Großstädten (wie exemplarisch in London) werden bezahlbare Wohnungen zur Seltenheit.

208 Ansätze dafür sind – wie bereits gezeigt – vorhanden: Vergleiche zusammenfassend: APuZ (2012): Wohlstand ohne Wachstum? Oder APuZ (2015) Kapitalismus und Alternativen.

* Stoppregeln für das Wirtschaftssystem ergeben sich am ehesten durch die Koppelung mit der natürlichen Umwelt[209] – zumindest solange es keine extraterristische Alternative gibt. Wenn man die Kommunikationen nach der Umweltkonferenz in Paris (Dez. 2015) beobachtet[210], dann bleiben die Chancen von politischen Stoppregeln aber eher gering – obwohl die Dokumente inzwischen weitgehend unterzeichnet sind[211]. Immerhin zeigt die intensivierte Debatte, dass viele Ressourcen, die die GdZ benötigt, schon in der Gegenwart verbraucht sein werden/könnten, und dass die Folgen in der Weltgesellschaft in großer Breite zu beobachten sein werden.

* Eine andere, zumindest potenzielle Begrenzung stellen die in der Wirtschaft tätigen Menschen dar. Einzelne Aussteiger und Whistleblower reichen hierfür aber nicht aus. Dass sich ein erheblicher Teil der Bevölkerung bewusst aus dem Wirtschaftssystem exkludiert, ist – gerade wegen der zu erwartenden Arbeitsplatzverluste – auch für die GdZ höchst unwahrscheinlich. Allerdings könnte eine Ökonomie der Zukunft, die weit überwiegend aus Ich-AGs besteht, neue Bedingungen für die Beziehungen zu anderen Funktionssystemen schaffen. Da sie aber weitgehend auf der Nutzung des Internet basieren würde, müsste dafür die Dominanz der Großkonzerne aus dem Silicon Valley aufgehoben werden – ein unrealistisches Szenario.

* Allerdings kommen vielerlei, meist begrenzte Initiativen gegen den Trend in Gang. Dies betrifft unterschiedliche Organisationsformen und Produktionsprozesse[212] sowie den Versuch, auch in globalisierten Märkten nicht gegen deutsche Rechtsvorschriften zu verstoßen. Beispiele sind u.a. Fair Trade, Repair Shops, Recycling Strategien, Low-Carbon Produktion, Sharing Economy, Tauschringe, lokale Produktionsgenossenschaften, Produkte ohne eingebaute

---

209 So ist es nicht überraschend, dass sich kurz nach dem Umwelt-Gipfel in Paris erste Branchen (z.B. Stahlindustrie) mit Kritik an der Politik zu Wort gemeldet haben.

210 Die Zweifelstreuer sind zurück; im VW-Skandal saß die Regierung und Verwaltung (Kraftfahrtbundesamt) offenbar mit im Boot; die Dreckschleudern Kohlekraftwerke erhalten „Bereitschaftshonorare" in Milliarden –Höhe; die Entsorgung der Atomkraftwerke muss wahrscheinlich in großem Maß aus Steuermitteln bezahlt werden u.a.m. Ein deutsches Klimaschutzgesetz – selbst mit der Referenz auf 2050 (!) ist noch immer nicht in „trockenen Tüchern".

211 Ein internes Stoppsignal könnte zumindest die karbonbasierte Wirtschaft einschränken: z.B. wenn große Fonds oder Versicherungsgesellschaften ihr Kapital aus den entsprechenden Unternehmen zurückziehen. Die Expansion des Wirtschaftssystems muss dies aber nicht zwingend beeinträchtigen.

212 Zumindest symbolträchtig ist der Auftritt des Trigema-Chefs in Talkshows – als Beispiel guter Praxis: er produziert in Deutschland, zahlt gute Löhne und auch seine Steuern.

Funktionszeit-Begrenzung, internationale Sicherheits-Standards für Produktionsprozess und Produkte u.v.a.m.[213]

* Kartellgesetzgebung gegen die Entwicklung marktbeherrschender Konzerne, Wettbewerbsförderung, Förderung gewerkschaftlicher Beteiligungsmöglichkeiten, Watchorganisationen (von Lobbycontrol bis zum Verbraucherschutz), Beschränkung von Elitenrotation zwischen Funktionssystemen, Korruptionsbekämpfung usw. können wirksame flankierende Strategien von Politik und öffentlicher Verwaltung darstellen.

* Zu erwähnen sind auch Versuche, flächendeckend ethische Aspekte in den Wirtschaftsablauf einzubauen, den „Social Compact". Sie benötigen jedoch neben dem internen auch ein externes Monitoring, um Etikettenschwindel zu vermeiden.

4.1.3 Wissenschaft

Halten wir noch einmal fest: Die Funktion von Wissenschaft ist die Erzeugung von neuem Wissen, die Leistung ist also die Bereitstellung solchen Wissens. Das Medium ist die Wahrheit, der binäre Code ist wahr/falsch. Zur Ausführung der Funktion werden Theorien und Methoden genutzt.

(a) Wie wird die Gesellschaft der Zukunft aussehen, wenn sich existierende Muster und Trends der Entwicklung des Funktionssystems unverändert fortsetzen?

Das Wissenschaftssystem in Deutschland ist ebenfalls breit aufgestellt und vielfältig in den Organisationsformen und Fachgebieten. Trotz der engen strukturellen Koppelung mit dem Politiksystem durch öffentliche Finanzierung ist die Freiheit von Forschung und Lehre durch das GG (Art. 5) gesichert. Da dieses Funktionssystem schon seit langem durch Globalisierung gekennzeichnet ist, lässt sich seine Qualität nicht leicht bestimmen. Mit Blick auf die Universitäten ist die Landschaft ausgewogen und gut positioniert. Dazu trägt auch die Zuständigkeit der Bundesländer bei. Exzellenzstrategien, wie in den USA üblich, sind in Deutschland neueren Datums. Nach langen Phasen der „Auswanderung" von ForscherInnen gibt es inzwischen häufig auch „Rückwanderungen". Die Inklusion der Bevölkerung ist indirekt über Studium

---

213 Zumindest in den Medien werden diese Beispiele durch Gegenbeispiele relativiert: zuletzt mit Blick auf die Containerschiffe und ihre Umweltbelastung, die Kreuzfahrtschiffe und ihr prekär beschäftigtes Personal oder auch die Tatsache, dass die deutschen Schiffskapitäne in Deutschland de facto keine Steuern zahlen – obwohl es seit einigen Jahren eine Steuerpflicht gibt.

(Erziehungssystem), Forschungsbeteiligung etc. gewährleistet, wozu geringe oder keine Studiengebühren beitragen[214].

* Die expansive Eigenlogik des Wissenschaftssystems wird häufig als „Verwissenschaftlichung" der Gesellschaft bezeichnet. Die moderne Gesellschaft gilt als Wissensgesellschaft. Dies signalisiert eine wachsende Bedeutung wissenschaftlicher Kommunikation für viele andere Funktionssysteme. Im historischen Rückblick ebenso wie im breiten internationalen Vergleich kann man sogar Beispiele für eine grundlegende Umgestaltung von Funktionssystemen durch die Resonanz auf den „Wissenschaftlichen Fortschritt" aufzeigen: Religion, Erziehung, Medizin, Wirtschaft u.a. Gegenwärtig ist das Kriterium sachlicher Richtigkeit (Wahrheit) ein kontinuierlicher Aspekt der Umweltbeobachtung fast aller anderen Funktionssysteme. Ohne ein wissenschaftliches Gutachten werden viele Entscheidungen in diesen Funktionssystemen nicht getroffen[215].

* Allerdings darf nicht übersehen werden, dass dabei zwischen den wissenschaftlichen Disziplinen erhebliche Unterschiede bestehen. Vereinfacht kann man hierzu zwischen naturwissenschaftlich-technischen und sozialwissenschaftlich-geisteswissenschaftlichen Forschungsfeldern unterscheiden. Die Begutachtung der Statik einer Brückenkonstruktion und die Begutachtung von Wahlpräferenzen der Wählerschaft unterscheiden sich hinsichtlich der Striktheit und der Konsensfähigkeit der Ergebnisse. Bedeutung gewinnt dies vor allem bei der Differenz von Grundlagenforschung und angewandter Forschung – wobei letztere häufig in andere Funktionssysteme ausgewandert ist: beispielsweise in „Denkfabriken" für die Politik oder Entwicklungslabors der Pharmaindustrie. Daraus ergeben sich häufig widersprüchliche Anforderungen, die den Code des Wissenschaftssystems in Frage stellen: z.B. in der Rolle als Befürworter oder als Zweifelstreuer – durch Gefälligkeitsgutachten mit hohen Honoraren. Wo das Etikett Wissenschaft verwendet wird, wird schon seit langem nicht immer das Wahrheits-Medium zur Geltung gebracht. Die Manipulation von Dr.-Titeln und die Zunahme prekärer Beschäftigungsverhältnisse des wissenschaftlichen Nachwuchses tragen zusätzlich zur Ambivalenz oder sogar zur „Entkernung" des Wissenschaftssystems bei. Dies betrifft vor allem die Sozial- und Geisteswissenschaften, die in anderen Ländern (UK, US, Japan u.a.) schon drastisch reduziert wurden. In autoritären Staaten werden sie als erste abgeschafft oder bevormundet.

* Wie wird sich das Wissenschaftssystem in der GdZ darstellen? Ein zentraler Trend wird in der sich weiter entwickelnden engen Koppelung mit Teilen

---

214 Damit wird zumindest die Tendenz zur Rekrutierung der Studierenden aus den „höheren" bzw. den vermögenden Schichten gedämpft.

215 Offen bleibt dabei stets, wie die diesbezüglichen Informationen in die internen Kommunikationen Eingang finden.

des Wirtschaftssystems bestehen. Technikbasierte Innovationen werden den Prozess befördern. Ausbildungsgänge nach Wirtschaftsbedarf (insbesondere beim Bachelor), Privatisierung von Universitäten, Existenzgründungen in Universitätsstädten und der Wettstreit um Drittmittel sind ein typischer Indikator dieser Entwicklung. Forschung wird immer mehr unter dem Gesichtspunkt ökonomischer Verwertbarkeit beurteilt. Beachtenswert ist dabei auch die Tatsache, dass damit die „Freiheit der Forschung" zunehmend zum „Geschäftsgeheimnis" degeneriert, dass also der in diesem Funktionssystem übliche, auch internationale, Austausch gebremst wird.

* Die Geistes- und Gesellschaftswissenschaften werden ihrer Standards beraubt[216] und/oder ausgedünnt – ggf. nur noch in Verbindung mit dem System der Massenmedien beachtet – solange das Medium Wahrheit nicht vollständig durch „meine persönliche Meinung ist....." ersetzt wird[217]: „postfaktisches Zeitalter".

* Eine besondere Rolle spielen wahrscheinlich die Fachgebiete Wirtschaftswissenschaft und Psychologie – nun in Verbindung mit der Hirnforschung, weil sie sich quasi als Naturwissenschaft etablieren konnten – allerdings höchst umstritten. Sie dürften in der Zukunft eine besondere Bedeutung für den Fortbestand des deregulierten, wachstumsorientierten, Konsum antreibenden Kapitalismus haben.

* Weniger beachtet sind die intern wirkenden Mechanismen der Ökonomisierung – z.B. die Anwendung des New Public Management auf die Universitäten: Rankings nehmen zu; Zielvereinbarungen zur Drittmittel-Akquise sind inzwischen weit verbreitet; der Citation Index hat die gleiche Bedeutung wie die Zahl der Klicks auf der Homepage – einschließlich der Betrugsmöglichkeiten durch Zitierkartelle.

* Die GdZ wird nicht mehr über ein kompaktes Wissenschaftssystem sondern allenfalls über einen kleinen Kern an Grundlagenforschung (Leibniz-Gesellschaft, Max Planck Institute, einige Universitätsinstitute u.ä.) verfügen. Einzelne Fragmente werden als Subsysteme in anderen Funktionssystemen Bestand haben. Sie werden allerdings hauptsächlich durch die Funktionen dieser Systeme gesteuert und nicht mehr primär durch den Code des Wissenschaftssystems.

---

216 Ein instruktives Beispiel lieferte vor einigen Jahren die Evaluation der Soziologie durch den Wissenschaftsrat, in dem Fachvertreter dafür kämpfen mussten, dass Fachbücher zu einem Thema (Monographien) als wissenschaftliche Leistung anerkannt werden: das Argument war u.a., dies sei ja im Fach Chemie auch nicht üblich.

217 Man vergleiche zu diesem Zweck repräsentative Umfrageergebnisse mit TED Umfragen im Fernsehen, Leserbriefen, Tweets im Internet. Unter dem Stichwort „Faktencheck" wird teilweise versucht, gegenzusteuern.

(b) Wichtige Weichenstellungen, um die Balancierung von Funktionssystemen zu befördern.

* Wie in anderen Zusammenhängen auch sind die wissenschaftsbezogenen Entwicklungstendenzen für die GdZ vor allem dann wenig zu beeinflussen, wenn sie in enger Koppelung mit anderen Funktionssystemen expandieren. Entscheidend ist daher die Resonanz des politischen Systems, also seine Bereitschaft, öffentliche Mittel für ein breites Spektrum wissenschaftlicher Disziplinen bereitzustellen und dabei zugleich ein Mindestmaß an Grundlagenforschung und die Freiheit von Forschung sowie ihre Kombination mit der Lehre zu garantieren. Um den Herausforderungen der komplexer werdenden Weltgesellschaft gerecht zu werden, ist eine weitergehende Unterstützung der inter- und transdisziplinären Forschung notwendig. Insgesamt würde dadurch auch der Gemeinwohlbezug des Wissenschaftssystems betont.

* Die Veränderung der Wirtschaftsstruktur im digitalen Zeitalter könnte zudem dazu beitragen, dass Startups eng an Einrichtungen des Wissenschaftssystems gekoppelt bleiben (können), so dass die Forschung nicht in Unternehmen auswandern muss.

* Für interne Steuerungsfragen gibt es erprobte Strategien, die eine Resonanz gegenüber anderen Funktionssystemen bzw. gegenüber der Bevölkerung (Zivilgesellschaft) befördern und interne Offenheit, Pluralität und Konkurrenz einer Hierarchie und Dominanz einzelner Positionen (Mainstream) entgegensetzen[218]: verschiedene Theorieansätze in Konkurrenz und Forschungsmethoden im Vergleich, Peer-Reviews, externe Zertifizierung etc. Schließlich könnten auch Studierende eine wichtige Rolle bei der internen Beobachtung übernehmen, wenn sie nicht durch allzu eng geführte Studiengänge das kritische Denken verlernen müssen.

* Auch im Hinblick auf mögliche Grenzüberschreitungen gibt es Kontrollmöglichkeiten oder lassen sich dementsprechend Stoppregeln entwickeln: Risikobewertung, Technikfolgenabschätzung – wie zuletzt beim Fracking, erforderlich aber auch bei der Nanotechnologie und bei der Gentechnik, Grenzen bei Medikamententests in Indien (Menschenrechtsverletzungen) oder bei Tierversuchen etc. Dies schließt letztlich auch die Feststellung ein, dass mit dem Wissenszuwachs auch das Wissen über das Nichtwissen ansteigt. Die Herausforderung für die Wissenschaft besteht dann darin, sich den Anforderungen anderer Funktionssysteme, „Wahrheiten" und „Alternativlosigkeit" zu attestieren, nicht zu beugen, wenn diese durch die Standards des Kommunikationsmediums Wahrheit nicht gedeckt sind.

---

218 Es ist zumindest irritierend, wenn Nobelpreisträger bei der Preisverleihung schon über 70 Jahre alt sind und ihre Arbeit nur gegen den erbitterten Widerstand der Mainstream-Advokaten (Gatekeeper) durchführen konnten.

4.1.4 Erziehung

Halten wir noch einmal fest: Die Funktion von Bildung ist die Vorbereitung und Auswahl für gesellschaftliche Rollen, Positionen und Karrieren. Die Leistung besteht in der Befähigung zu spezialistischer („unwahrscheinlicher") Kommunikation. Das Medium ist der Lebenslauf/die Karriere, der binäre Code ist lernen/ einsetzbar vs. nicht lernen/nicht einsetzbar. Zur Ausführung der Funktion werden Lehrpläne genutzt.

(a) Wie wird die Gesellschaft der Zukunft aussehen, wenn sich existierende Muster und Trends der Entwicklung des Funktionssystems unverändert fortsetzen?

Das Erziehungssystem in Deutschland ist ein Kern der föderalen Politikarchitektur, mit der das System strukturell gekoppelt ist. Dadurch gibt es vielfältige Varianten, Konkurrenzen zwischen den Bundesländern und Ergänzungen – auch mit Blick auf die Adressaten (Bevölkerungsgruppen, Altersgruppen), die Anspruchsniveaus und die Inhalte. Besondere (internationale) Beachtung finden häufig die Formen der Erwachsenenbildung und die Duale Ausbildung. Das System weist besonders hohe Inklusionsraten auf, weil ein großer Teil der Beteiligung verpflichtend ist. Aber auch die freiwillig zu nutzenden Angebote werden stark in Anspruch genommen: mehr als 85% der Kinder im Alter zwischen 1 und 3 Jahren werden in Einrichtungen betreut. Der Anteil der Studierenden an einer Alterskohorte ist in den letzten Jahrzehnten kontinuierlich gestiegen. Der Anteil der Studienberechtigten hat sich seit 1950 verzehnfacht, die Absolventen sind seit 1970 von 8% auf mehr als 30% gestiegen.

* Für die expansive Entwicklung des Erziehungssystems lassen sich zwei Beobachtungen hervorheben: zum einen die Verberuflichung von Tätigkeits- und Befähigungsprofilen und zum anderen die von der gesellschaftlichen Entwicklungsdynamik geforderte Dauerhaftigkeit: lebenslanges Lernen. Ein typisches Kennzeichen ist die Zunahme von Zertifikaten. Dies wird in der GdZ noch zunehmen, weil sich der Kampf um Beteiligungs-, Beschäftigungs- und Karrierechancen, die durch Erziehung/Ausbildung vermittelt werden, verschärfen wird. Inzwischen fängt dieser Kampf schon in der Kita an – z.B. mit der Frage, ob das Kind nicht schon einmal vorsorglich Chinesisch lernen sollte. Auch die Individualisierung dieses Prozesses wird zunehmen, da die Einbindung in Beschäftigungsverhältnisse kürzer werden und damit auch die von dort veranlassten weiteren Qualifikationsschritte[219].

---

219 Schon gegenwärtig wird ein großer Teil der beruflichen Qualifikationsmaßnahmen privat finanziert. Die Tendenz zur Ich-AG ist beobachtbar – u.a. auch durch prekäre Beschäftigungsverhältnisse ausgelöst.

Wenig überraschend ist deshalb die Zunahme von Beratungsbüchern und Trainingsangeboten.

* Trotz der engen Koppelung mit dem PAS (Schulpflicht) hat sich bereits ein enger Bezug zu anderen Funktionssystemen – insbesondere der Wirtschaft – entwickelt. In den vergangenen Jahren wurde die Beobachtung des Wirtschaftssystems zum Ausgangspunkt von Reformen gemacht: von den Inhalten über die Verkürzung von G9 auf G8 bis zur Einführung des Bachelor an den Universitäten, Online-Erziehung, eine Flut von Ratgebern für alle Lebenslagen u.a.m. Die Verwertbarkeit der Menschen, das „Humankapital" steht im Fokus. Dabei stellt die Wirtschaft nicht nur die „Abnehmer" sondern auch die „Produzenten" von Bildungsleistungen dar, womit der Trend zur direkten und sehr spezifischen (ggf. kurzzeitigen) Verwertung der „Humankapitals" verstärkt wird. Schließlich werden Qualifikationsmaßnahmen teilweise von der Wirtschaft gekapert und damit u.U. von dem Versprechen auf Karriereförderung abgelöst.

* Insgesamt werden diese Entwicklungen zu einer wachsenden Spaltung von Bildungschancen in der Gesellschaft führen. Anders ausgedrückt: die Funktion der Förderung sozialer Aufstiegsmöglichkeiten durch Erziehung/Bildung in den verschiedenen Varianten werden in der GdZ weiter erschwert.

* Daneben wird es in der GdZ aber auch um die für die Einbindung in die Zivilgesellschaft notwendigen Fähigkeiten und Fertigkeiten gehen – eine Weiterentwicklung des gegenwärtig üblichen „do it yourself" und der Erwachsenenbildung (VHS). Dabei ist es durchaus möglich, dass sich die Erziehung in der GdZ u.a. auf die Konsumentenrolle der jungen Menschen und das sie begleitende Marketing konzentrieren wird: selbst gestaltete Werbespots über Youtube, An- und Verkauf über Ebay usw.. Dafür könnte aber auch das Mediensystem das Erziehungssystem „kapern": schon heute wird es intensiv in den Unterricht einbezogen. In Zukunft könnte sich sogar die Vorstellung immer mehr durchsetzen, man brauche nichts zu lernen, da alles Wissen im iPhone verfügbar ist.

* Die Migration der Zukunft könnte diesen Trend insofern etwas bremsen, weil eine „Selbstverständlichkeit" nun explizit kommuniziert wird: dass das Erziehungssystem eine Inklusion in die *verschiedenen* Funktionssysteme befördern muss. Dabei werden auch die „weißen Flecken" des Umweltbezuges sichtbar. Am Beispiel des häufig erwähnten Bezugspunktes, dem Grundgesetz, dürften sich trotz der entsprechenden Unterrichtskomponenten und der Aktivitäten von Bundes- und Landeszentralen für politische Bildung noch erhebliche Mängel im Verständnis der Bevölkerung darüber zeigen, in welchem Land sie derzeit lebt. Aber eben diese Tatsache, dass das Erziehungssystem in bestimmtem Sinn – konkret durch die Schulpflicht – das einzige umfassende

alltagspraktisch wirkende Inklusionssystem darstellt, macht es auch attraktiv für Koppelungs- und Kaperungsversuche.

(b) Wichtige Weichenstellungen, um die Balancierung von Funktionssystemen zu befördern.

* Grundlegende Stoppregeln für die Expansion des Erziehungssystems sind nicht zu erkennen. Die Ausdehnung der traditionellen Muster wird in Zukunft durch den Nachholbedarf der Migranten befördert; dies dürfte durch die – darin z.T. enthaltene – verbreiternde Ausbildung für die Zivilgesellschaft ergänzt werden. Nicht auszuschließen ist dabei auch die Rückkehr zu einem weniger technisch-instrumentellen Bildungsbegriff – als einem Menschenrecht, das die *Persönlichkeitsbildung* und das Verständnis der Funktionsweise einer *Gesellschaft* (hier der GdZ) befördert. Insofern dürften Projekte wie „Integrationskurse" für Migranten, „kein Kind zurücklassen" und weitere „Moderationen/Begleitungen" von Übergängen zwischen Ausbildungsphasen (NRW) oder die „Inklusion von Behinderten" (UN) auch in der GdZ Beachtung und Unterstützung finden.

* Im Hinblick auf den Qualifikations-Wettlauf um lukrative Berufs-Positionen ist eine Veränderung erst zu erwarten, wenn – wie prognostiziert – ein großer Anteil davon der digitalen Automatisierung (Industrie 4.0) zum Opfer gefallen ist. Ein vergleichbarer Run auf den prognostizierten Bedarfszuwachs [220] bei Kita- oder Pflegepersonal ist wohl eher nicht zu erwarten.

* Fortbildung der Bevölkerung im Hinblick auf alle Funktionssysteme ist eine wichtige Zielsetzung, die mehr als bisher unabhängig von spezifischen Verwertungsinteressen erfolgen wird. Hierbei ist das PAS in besonderer Pflicht[221]. Dies kann nur dann erfolgreich sein, wenn es von einer breiten Inklusion der Bevölkerung in die Organisationen der anderen Funktionssysteme begleitet wird. Die Kommunikationen über die Migration hat sichtbar gemacht, dass die Frage, wie wir in der GdZ leben wollen, nicht ohne eine gewisse Klarheit bzw. einen basalen Konsens darüber, in welcher Gesellschaft wir heute leben, sinnvoll ist. Mit derartigen Kommunikationen kann auch die Inklusion der Bevölkerung nachhaltig unterstützt werden.

---

220 Neuere Prognosen bis 2030 (RWI) sprechen von 235 000 zusätzlich benötigten Pflegekräften.

221 Ob man dabei die Forderung der chinesischen Regierung nachahmen sollte, dass die Bevölkerung die Verfassung mehrfach (handschriftlich) abschreibt, ist wohl eher fraglich.

4.1.5 Religion

Halten wir noch einmal fest: Die Funktion von Religion ist die Ausschaltung von Kontingenz (Unvorhersehbarem). Die Diakonie (Seelsorge) wird i.d.R. als die Leistung des Systems beschrieben. Das Medium ist der Glaube, der binäre Code Immanenz/Transzendenz. Für die Ausführung der Funktion werden heilige Schriften (Dogmatik) verwendet.

(a) Wie wird die Gesellschaft der Zukunft aussehen, wenn sich existierende Muster und Trends der Entwicklung des Funktionssystems unverändert fortsetzen?

Das Religionssystem in Deutschland ist gegenwärtig durch die Geschichte der Säkularisierung (Humanismus, Aufklärung) geprägt. Die Trennung von Kirche und Staat sowie die Priorisierung von Verfassungsprinzipien und Rechtsnormen gegenüber religiösen Grundsätzen und Praktiken werden zunehmend als Bedeutungsverlust dieses Funktionssystems beschrieben. Infolge der strukturellen Koppelung mit dem politischen System (Feiertage, Kirchensteuer-Erhebung, Dienstleistungsorganisationen) ist die tatsächliche Bedeutung der christlichen Werte und der Mitgliedschaft in den Kirchen kaum einzuschätzen. Die Kirchenaustritte haben zugenommen: derzeit sind etwa 1/3 der Bevölkerung konfessionslos. Das Durchschnittsalter der aktiven Gemeindemitglieder nimmt zu. Andererseits hat die gesellschaftliche Kommunikation über das Religionssystem durch die Wertedebatte über das „christliche" Abendland und die Konfrontation mit dem Islam zugenommen.

* Weltweit werden religionsbedingte oder zumindest davon beförderte Konflikte weiter zunehmen. Teile dieser Konflikte, die andernorts Bürgerkriege auslösen, werden bereits nach Deutschland transportiert. Sie werden zu einem Systemproblem, wenn die Religion die Dominanz im Ensemble der Funktionssysteme beansprucht. Dabei wird zugleich das weit verbreitete Interesse an einfachen – am besten sogar auf die Transzendenz bezogenen – Antworten auf die Herausforderungen der Moderne bedient.

* Für die GdZ in Deutschland hängt die Entwicklung dieses Funktionssystems vor allem von Art und Umfang zukünftiger Migration ab. Ohne Akzeptanz der Säkularisierung und der Toleranz gegenüber der Religions-Vielfalt kann es vermehrt religiösen Fanatismus/Extremismus und Parallelstrukturen geben. Auch jetzt gibt es diesbezüglich bereits rechtsfreie Räume. Sie lösen einen Drift zu extremistischer Politik, Ausgrenzungsversuchen und gewalttätigen

Konflikten auf der Straße aus. Dies wird auch die Balance von öffentlicher Sicherheit und Freiheit auf eine harte Probe stellen[222].

(b) Wichtige Weichenstellungen, um die Balancierung von Funktionssystemen zu befördern.

* Inzwischen sind die vielfältigen global wirksamen Einflussfaktoren für die anwachsenden religiösen Konflikte in der öffentlichen Debatte. Einfache Stoppregeln sind nicht verfügbar – vor allem, wenn Religion grundsätzliche Dominanz beansprucht. Eine zentrale Rolle wird die Frage spielen, inwieweit die Integration der MigrantInnen in die verschiedenen Funktionssysteme gelingen wird. Hier zeigen sich zumindest Ansätze zu einer wirksameren Vorgehensweise als bei früheren Zuwanderungen – u.a. durch das stärkere Engagement aller vorhandenen kirchlichen Strukturen (Ökumene) in Deutschland. Sie befördern die Kommunikation, wechselseitige Lernprozesse und damit die Leistungsfähigkeit der Zivilgesellschaft in der GdZ.

* Als inhaltliche Referenz gilt zunehmend die Beachtung der Verfassungsprinzipien und generell der Rechtsstaatlichkeit in Deutschland, zu der auch die Religionsfreiheit gehört. Dies betrifft den öffentlichen und den privaten Raum – wobei letzterer, gerade weil er besonderen Schutz genießt, besonders große Komplikationen beinhaltet. Dies zeigt sich besonders im Geschlechterverhältnis. Bleibt die Frage, ob bzw. wie weit die verschiedenen Bevölkerungsgruppen bereit sind, sich diesen Standards anzupassen – oder Parallelstrukturen durchzusetzen versuchen. Insofern entscheiden sie auch mit, wie offen und liberal die GdZ sein wird[223].

* Bestimmte Erscheinungsformen der Kontroversen beziehen sich zunehmend auf die Wechselbeziehungen mit anderen Funktionssystemen sowie die dort in Betracht gezogenen Lösungen – zuletzt das Burkaverbot im Rahmen von Zivilschutz, in der Schule, in der Universität, im Schwimmbad u.a.m.

4.1.6 Medizin (Gesundheitssystem)

Halten wir noch einmal fest: Das Medizinsystem hat die Funktion, Therapien für Krankheitsbefunde bereitzustellen. Die Leistung ist die Krankheitsbehandlung. Das Medium ist Krankheit, der Code ist nicht geheilt/ist geheilt (krank/gesund). Zur Ausführung der Funktion werden Behandlungspläne und Therapien verwendet.

---

222 Das Beispiel Duisburg-Marxloh, ein Jahr nach dem Besuch der Kanzlerin, ist ein Beleg dafür, wie mühsam und langsam selbst geringe Veränderungen sind.
223 Neuere Umfragen (GfK 2015) thematisieren die Rückkehr der „German Angst" (2015: 55%; 2013: 28% der Bevölkerung mit Angstgefühlen).

(a) Wie wird die Gesellschaft der Zukunft aussehen, wenn sich existierende Muster und Trends der Entwicklung des Funktionssystems unverändert fortsetzen?

Als Bestandteil des sozialen Sicherungssystems ist das Gesundheitssystem eng mit dem politischen System gekoppelt. Die komplexe Architektur dieses Systems – sowohl bezüglich der Finanzierung als auch bezüglich der Leistungserbringung – hat zur Kennzeichnung als „desorganisierter Sozialstaat" beigetragen. Die Inklusion der Bevölkerung ist im Prinzip gegeben – allerdings mit erheblichen Unterschieden in der Leistungspalette – u.a. abhängig von der Art der Versicherung. Dies wird neuerdings durch die IGeL – Muster weiter verstärkt. Schon heute gibt es für Facharzttermine z.T. lange Wartezeiten; entsprechend belastet sind dadurch die Notfall-Ambulanzen.

* Das Gesundheitssystem wird weiter expandieren; dabei dürften die demografischen Veränderungen mit einem höheren Anteil älterer Menschen in der GdZ eine untergeordnete Rolle spielen. Es geht vielmehr um die „Medikalisierung" der Gesellschaft. Dafür ist v. a. der Wechsel des „positiven" Elements des binären Codes bedeutsam. An die Stelle der *Krankheitsbekämpfung* tritt verstärkt die *Gesunderhaltung*. Die Selektivität der Diagnose tritt zurück: alle Menschen sind nun jederzeit im Fokus. Für Gesundheit kann man nie genug tun bzw. nie genug Dienstleistungen, Medikamente oder Enhancement-Tools einkaufen.

* Insofern werden die Folgen der Entwicklung in immer mehr Wirtschaftszweige hineinreichen: So gut wie jeder Konsum kann unter der Rubrik „gesundheitsförderlich oder nicht" (?) verhandelt werden. Die *Angebotsorientierung* der kapitalistischen Konsumwelt lässt sich hierfür perfekt installieren, da ihr zunehmend auch die Digitalisierung und Miniaturisierung der Monitoring-Systeme – z.B. am Handgelenk – zur Verfügung stehen. Die Datensammlungsökonomie ist hier der zukünftige Kooperationspartner, denn alle Gesundheitsdaten der Personen werden vermarktet: z.B. an Versicherungen, an Arbeitgeber und an eine Produktpromotion.

* Gleichzeitig wird die Ökonomisierung der die Krankheit bearbeitenden Medizin weiter fortschreiten, d.h. beide Systeme werden enger miteinander gekoppelt – z.B. durch die Einflüsse seitens der Pharmaindustrie, durch die weitere Privatisierung der Krankenhäuser, die bereits zu Kontrollen durch Kartellbehörden führen, und durch die Verstärkung der *Angebotsorientierung* anstelle der Nachfrage- bzw. Bedarfsorientierung. Wenn das Medizinsystem vom Wirtschaftssystem überlagert wird, ist es nur konsequent, dass die gleichen Prinzipien wie dort Anwendung finden. Eingriffe der Politik – wie z.B. durch die Einführung von Diagnosestandards (DRG) und Fallpauschalen tragen ebenso dazu bei. Mit Zielvereinbarungen werden die Zahl der Hüf-

toperationen pro Quartal festgelegt, das Pflegepersonal wird reduziert, die Verweildauer der Patienten reduziert, denn sie blockieren die Kundschaft für weitere Operationen.

* Neue Krankheiten werden auch weiterhin erfunden werden – so z.B. im psychiatrischen Bereich. Im Einzelfall kann es Medikamente geben, für die eine Krankheit erst noch gefunden werden muss. Das Medizinsystem wird zunehmend von der Pharmaindustrie beeinflusst oder sogar gekapert: insbesondere bei der Verschreibung besonders teurer, ggf. nicht einmal solide getesteter Medikamente. Die Globalisierung der Medikamententest (z.B. in Indien) wird deshalb ebenso zunehmen.

* Obwohl also vieles für eine weitgehende Medikalisierung der GdZ spricht, ist auch eine Klassenmedizin zu erwarten, die sich heute zwischen Privat- und Kassenpatienten bereits andeutet und durch unterschiedlich schnelle Zugänge zur Versorgung oder auch durch die IGeL Strategie das ganze System beeinflussen. Besonders sichtbar ist dieser Trend auch bei der stetig wachsenden Zahl von Schönheitsoperationen. Zudem werden die präventiven Gesundheitsmaßnahmen nicht in gleichem Maße von Versicherungen abgedeckt werden wie die diagnostizierten Krankheiten. Schließlich gibt es dadurch sogar noch einen „Spareffekt": arme Menschen haben eine geringere Lebenserwartung[224].

(b) Wichtige Weichenstellungen, um die Balancierung von Funktionssystemen zu befördern.

* Es ist nicht zu erkennen, wo sich angesichts der engen strukturellen Koppelungen zwischen Medizin, Ökonomie und Politik mit Blick auf die GdZ Stoppregeln etablieren lassen: es sei denn, alle Bevölkerungsmitglieder haben schon größten Teil ihres Einkommens für ihre Gesundheit/Krankheit aufgebraucht – so sinngemäß die Formulierung eines früheren Repräsentanten der Bundesärztekammer. Es gibt eine Reihe von diskutierten Optionen, die Privatisierung und Ökonomisierung zu reduzieren: z.B. Abbau von Krankenhausbetten und ihre Rückführung in kommunale und freigemeinnützige Trägerschaft, die Vermeidung der regionalen Ungleichverteilung von ÄrztInnen-Niederlassungen. Angesichts der „desorganisierten" Architektur des deutschen Gesundheitssystems ist ein grundlegender Umbau für die GdZ eher nicht zu erwarten. Noch weniger wahrscheinlich erscheint dies für die Gesundheits-Wirtschaft.

---

224 Die GdZ wird diese These erneut bestätigen. Dies wäre auch zwingend notwendig, wenn für andere Bevölkerungsgruppen durch teures „Enhancement" die Lebenserwartung um viele Jahre verlängert wird.

* Einige Handlungsstrategien können die Angebotszentrierung reduzieren: Trennung von Diagnose-Zentren und Behandlungszentren, Gemeinschaftspraxen, Zugang zu einer „zweiten Meinung", unabhängige Prüfinstanzen für die Wirksamkeit von Therapien und „gesundheitsförderlichen" Produkten, Medizinethik als Selbstreflexion, die Stärkung von Mitsprache durch Patientengruppen u.a.m. Dies wird wahrscheinlich nicht ausreichen, um das gesundheitsbezogene Funktionssystem der GdZ neu auszurichten. Dies gilt umso mehr, wenn der generelle Wachstums- und Ökonomisierungstrend den Leistungsdruck in vielen gesellschaftlichen Handlungsfeldern noch vergrößern sollte. Ein Ausstieg aus dem „Hamsterrad" der Produktion und der Konsumption in beachtenswerter Breite ist dann ebenso wenig zu erwarten wie der Verzicht auf Leistung steigernde Drogen. Eher wahrscheinlich ist ein Kampf um die Verteilung der benötigten gesellschaftlichen Ressourcen zwischen den Generationen.

4.1.7 Familie

Halten wir noch einmal fest: Das Funktionssystem Familie hat im engeren Sinne die Funktion der Inklusion von Personen, wobei alle Arten und Inhalte von Kommunikation eingeschlossen sind. Insofern kann man es auch als System von Personen bezeichnen. Die Gesamtheit der Familien hat als Gesamtheit keine gesellschaftliche Funktion. Die Zuordnung eines Codes (Mann/Frau; Liebe/keine Liebe) ist umstritten – weil sie ebenfalls familienspezifisch sein kann. Allgemein kann von zugehörig/nicht zugehörig gesprochen werden.

(a) Wie wird die Gesellschaft der Zukunft aussehen, wenn sich existierende Muster und Trends der Entwicklung des Funktionssystems unverändert fortsetzen?

Seit langem lässt sich eine quantitative Abnahme von Familien und das Schrumpfen der durchschnittlichen Haushaltsgrößen feststellen; anders ausgedrückt: die Zahl der Singlehaushalte ist von 25% (1970) auf 40% (2010) gestiegen. Es leben derzeit also (nur) noch ca. 60% der Bevölkerung in Familien. Die demografische Entwicklung wird durch eine sinkende Geburtenrate – von 700Tsd auf 550Tsd (2050) – diese Tendenz deutlich verstärken. Eine Veränderung ist ggf. durch Zuwanderung zu erwarten. Dabei zeigen neuere Umfragen immer wieder, dass auch von den jungen Altersgruppen Familienzusammenhalt und Kinderwunsch betont werden.

* Unter den Bedingungen einer fortschreitenden Ökonomisierung der Funktionssysteme und ihrem Globalisierungstrend wird auch das Familiensystem zunehmend beeinträchtigt: die sogenannte Vereinbarkeit von Familie

und Beruf wird immer weniger gelingen[225]. Neueste Zahlen zeigen Zuwächse in der wöchentlichen Arbeitszeit und Wochenendarbeit. Die Homeoffice-Option wird durch ständige Erreichbarkeit konterkariert. Dies beeinflusst nicht nur die Kinderzahl, sondern auch die Formen von Partnerschaft. Anstelle von Lebensabschnittspartnerschaften wird man von Karriereabschnitts-Partnerschaften sprechen können. Mit weiter steigenden Scheidungsraten wird es auch vermehrt zu Patchwork-Familien kommen. Die komplizierten „Sandwich-Muster" werden auch die Betreuung der älteren Generationen erschweren. Die Wirkungen von längeren Lebensarbeitszeiten (Renteneintritt ab 69ff?) lassen sich noch nicht einschätzen.

* Selbst bei dem Vorhandensein von Familienmitgliedern ist deren Kommunikation im Sinne eines Interaktionssystems in der GdZ keineswegs gesichert. Die kommunikativen „Echokammern" des Internet könnten den Kommunikationszusammenhang reduzieren oder sogar beenden.

* Das Kernproblem für die GdZ kann zusammenfassend als unzureichende Inklusion der *Menschen als Gesamtpersonen* in die Gesellschaft beschrieben werden: die Sozialisation, die primär-soziale Kommunikation und basale Vertrauens- und Versorgungsbeziehungen werden beeinträchtigt. Die Ausprägungen werden allerdings erheblich zwischen den sozialen Schichten variieren und so die Kluft zwischen arm, reich und superreich sowie zwischen mehr oder weniger gebildeten Gruppen vergrößern.

(b) Wichtige Weichenstellungen, um die Balancierung von Funktionssystemen zu befördern.

* Trotz des externen Drucks auf das Familiensystem bleibt es eine wichtige Basis gesellschaftlicher Reproduktion. Dies betrifft nicht nur die Zahl der Menschen, sondern auch deren Kommunikationsfähigkeit. Insofern besteht auch in der GdZ ein erhebliches Verweigerungspotenzial des Familiensystems gegenüber anderen Funktionssystemen. Dies gilt vor allem dort, wo sonst Knappheit – an Personal, an Konsum etc. – droht.

* Wichtige aktuelle Initiativen zur Erleichterung und Unterstützung von „Familienarbeit" beziehen sich auf die Reduktion von Arbeitszeiten, Abkehr von ständiger Erreichbarkeit, Elternschafts-Zeiten, Auszeiten (sogen. Sabbaticals), Pflege-Zeiten usw. einerseits und die Förderung von Einrichtungen, die die Sozialisation der Kinder unterstützen, andererseits.

* Der Ausstieg aus dem „Hamsterrad" kann aber auch durch die generelle Wirtschaftsentwicklung, den Abbau von Arbeitsplätzen befördert werden. Dann geht es um die Integration von Familienarbeit mit der Ich-AG und dem zivilgesellschaftlichem Engagement – z.T. verbunden mit neuen Wohnformen.

---

225 „Social Freezing" ist derzeit das Debatten-Thema.

4.1.8 Recht

Halten wir noch einmal fest: Die Funktion von Recht ist die Ausschaltung von Kontingenz hinsichtlich normativer Erwartungen. Die Leistung ist somit eine Stabilisierung von Erwartungen, die zugleich Konflikte vermeidet. Das Medium ist die Norm (durch Rechtsprechung realisiert), der Code Recht/Unrecht. Für die Ausführung der Funktion werden Gesetze und andere Regelwerke benutzt.

(a) Wie wird die Gesellschaft der Zukunft aussehen, wenn sich existierende Muster und Trends der Entwicklung des Funktionssystems unverändert fortsetzen?

Das Funktionssystem Recht hat in Deutschland eine zentrale Rolle in der umfassenden Beobachtung anderer Funktionssysteme. Dies ist u.a. eine Folge der breit gefächerten systematischen Kodierung von Privatrecht und öffentlichem Recht. Entscheidungen aus diesem System haben besondere Chancen, wahrgenommen zu werden, da den Regeln weitgehend parlamentarische Beschlüsse zu Grunde liegen und weil mit ihnen die Anwendung des staatlichen Gewaltmonopols in der Gesellschaft verknüpft ist. Die Stabilisierung normativer Erwartungen und die Herstellung bindender Entscheidungen durch die öffentliche Verwaltung sind wichtige Elemente der Gestaltung eines gesellschaftlichen Zusammenhangs. Sie verflechten nicht nur Funktionssysteme sondern auch die verschiedenen Ebenen sozialer Systeme (primär-sozial bis global). Die Inklusion der Bevölkerung – im Sinne kontinuierlicher Rahmensetzung und potenzieller Betroffenheit – ist sehr hoch. Dies geht mit hohen Vertrauensbekundungen einher.

* Bei dem Versuch, auf die wachsende gesellschaftlichen Komplexität und die zunehmenden Regelverstöße wirksam zu reagieren, stößt die Binnenkomplexität dieses Funktionssystems an seine Grenzen. Kritische Kommentare betreffen daher die Verrechtlichung bzw. Überregulierung als auch eine mangelhafte/ungleiche Rechtsdurchsetzung gleichermaßen[226]. Für die GdZ ist trotz weiterer Expansion in andere Funktionssysteme hinein ein geringerer Wirkungsgrad des Rechtssystem zu erwarten, weil zu den schon jetzt beobachten Phänomenen wie Ressourcenmangel und Eingriffe der Politik neue Formen schwer beobachtbarer und verfolgbaren Cyber-Kriminalität hinzukommen und weil die wirtschaftliche Globalisierung die Schaffung rechtsfrei-

---

226 Dabei wird oft übersehen, dass weitere Regulierung eine Folge der systematischen Nutzung von Gesetzeslücken oder häufigem gesetzeswidrigem Verhalten darstellt. Würde weitgehend im Sinne normativer Vorgaben gehandelt, wären viele Detailregeln überflüssig.

er Räume oder von der Wirtschaft (mit)bestimmter Regularien[227] und ihre Nutzung erleichtern werden.

* Die Dynamik der Entwicklung (Kontingenz) wird zudem eine vorausschauende Gestaltung von Regelwerken grundsätzlich erschweren und die Tendenz zu meist zu spät kommenden Nachbesserungen verstärken. Dies wird auch die Ungleichheit bei der Kontrolle und zeitnahen Normdurchsetzung/ Ahndung von Normverletzungen befördern. Gegenwärtig wird dies an den zahlenmäßig wachsenden, meist aber unaufgeklärten Wohnungseinbrüchen festgemacht. Eine zusätzliche Herausforderung der GdZ besteht darin, auch die MigrantInnen mit den Architekturen und den Modalitäten des deutschen Rechtssystems vertraut zu machen.

* In der Öffentlichkeit wahrgenommene Ereignisse wie die Bankenkrise, die Steuer-CDs oder der VW-Skandal haben auch das Rechtssystem und die Justiz einer detaillierten medialen Beobachtung unterworfen. Dabei steht die Frage im Raum, ob die Justiz mal mehr und mal weniger Resonanz hinsichtlich ihrer Umweltbeobachtungen zeigt: gibt es eine Klassenjustiz, die die Prominenz unbestraft lässt und die „kleinen Fische" bestraft? Ist das Rechtssystem auf dem „rechten Auge" blind (NSU-Prozess)? Wie ist das Korruptionspotenzial? Die Komplexität und Kontingenz der GdZ könnte diese Befürchtungen verstärken.

(b) Wichtige Weichenstellungen, um die Balancierung von Funktionssystemen zu befördern.

* Da das Rechtssystem eng mit allen anderen Funktionssystemen gekoppelt ist, gibt es von allen Seiten kritische Kommentare und Versuche, Stoppregeln zu etablieren[228]. Meist wird dabei das Stichwort „Bürokratie" verwendet – obwohl Regulierung gemeint ist[229]. Die Einflussversuche sind unterschiedlich zu bewerten, weil sie drei verschiedene Sachverhalte betreffen: die Normgenerierung, die Kontrolle der Normeinhaltung und die Ahndung von Normverletzungen.

---

227 Schon seit langem wird kritisiert, dass Firmen/Branchenvertreter in den Ministerien an Gesetzesentwürfen (mit)arbeiten.

228 Drastische Versuche zeigen sich bei privaten Schiedsgerichten gemäß TTIP oder der Scharia-Polizei.

229 Dies ist irritierend, wenn man die Aussage von Max Weber zur Kenntnis nimmt, dass die staatliche Bürokratie von der Bürokratie in Kirche und Wirtschaftskonzernen bei weitem übertroffen wird. Dies ist verständlich, wenn man Aussagen von PolitikerInnen hört, dass Bürokratiekritik – auch gegenüber Brüssel – im Vergleich zu jedem anderen Thema die höchsten Zustimmungsraten der BürgerInnen (heute: Likes) erreicht. Diesbezügliche Argumentationen sind auch geeignet, die eigenen Motive zu verschleiern. Es macht sich besser, über die Bürokratie der Mindestlohn-Regelung zu lamentieren, als zu sagen, dass man ihn den eigenen Beschäftigten nicht zahlen will.

1. Bei der Normgenerierung gibt es Formen kontinuierlicher Selbstbeobachtung – durch den Normenkontrollrat, durch Gesetzesbereinigung, durch Gesetzesfolgenabschätzung und anderes. 2. Bei der Kontrolle der Normeinhaltung gibt es erhebliche Defizite, weil die personellen und technischen Kapazitäten (Polizei, Zoll, Steuerfahndung) nicht zuletzt durch jahrelange Sparpolitik oft nicht ausreichen oder der Dynamik (z.B. Cyberkriminalität) nicht gerecht werden (können). Der Versuch, dies mit Blick auf bestimmte *Zielsetzungen* zu beschleunigen, führt nicht selten an die Grenze der Rechtsstaatlichkeit[230]. Mit anderen Worten: politische oder ökonomische Opportunitäten können zur Aufgabe von Rechtsstaatlichkeit führen. 3. Im Hinblick auf die Ahndung (Rechtsprechung) werden personelle Engpässe, die langen Bearbeitungszeiten, unterschiedliche Praktiken in verschiedenen Gerichten (Klassenjustiz?), problematische Rolle von GutachterInnen (Korruption?), zu milde Urteil oder auch unzureichende Effekte (hohe Rückfallrate) u.a. kommentiert. Dies kumuliert in der Aussage, dass man zwar ein Urteil, aber nicht unbedingt sein Recht bekommt, oder auch in der Feststellung, dass die präventive Wirkung unzureichend ist. Dessen ungeachtet bleibt die Kernproblematik für die GdZ die Vermeidung rechtsfreier Räume und die Verhinderung von Gewaltanwendung gegen Personen, die die Rechtsstaatlichkeit garantieren[231].

4.1.9 Bilanz

Die kurzen Skizzen zur Zukunft der acht ausgewählten Funktionssysteme sind nicht als differenzierte Prognose zu lesen, sondern wie bisher als eine Summierung wichtiger diesbezüglicher Kommunikationen in der Gegenwart. Sie soll belegen, dass sich die dabei (weiterhin) angewendete Beobachtungsperspektive zur Bestimmung der dynamischen Wechselbeziehungen zwischen Funktionssystemen eignet. Zu fragen war dabei primär nach der *eigenlogischen* Entwicklung der Systeme sowie nach den Verstärkungs- und Bremseffekten seitens anderer Funktionssysteme – und damit nach den Möglichkeiten und Gefährdungen der Systembalancierung in der GdZ.

Grundsätzlich wurde deutlich, dass in Deutschland durch Reste der „sozialen" Marktwirtschaft, durch eine Vielfalt von Unternehmensstrukturen, durch eine hinreichend funktionierende Gewaltenteilung und eine Mehrebenenarchitektur des PAS (u.a.) sowie eine vielfältige Medienlandschaft u.a. eine basale Balance der Funktionssysteme derzeit noch zu beobachten ist. Die erwarteten Entwicklungen und die *Aussichten für die GdZ* werden aller-

---

230 So zuletzt zu beobachten im BAMF, das auf politischen Druck die Prüfung der Asylanträge beschleunigen sollte. Dies hat zum Protest der MitarbeiterInnen geführt, weil sie dies als Anweisung zur Rechtsbeugung interpretiert haben.
231 Derzeit ist vor allem die Polizei von solchen gewaltsamen Übergriffen bedroht.

dings deutlich kritischer dargestellt. Dabei kann es nicht überraschen, dass die *Expansion* der (kapitalistischen) Wirtschaftslogik auch in der hier erfassten Übersicht dominiert. Allerdings finden sich Expansionstendenzen auch in Politik, Recht, Medien, Wissenschaft und Medizin (Gesundheitssystem). Trotz der zunehmenden Umweltbeobachtung kann man keine deutliche Tendenz zur Selbstbeschränkung nachweisen. Dazu tragen die häufig sehr engen Koppelungen zwischen zwei oder mehreren Funktionssystemen – in einer Art Ko-Evolution – bei: Sie treiben sich wechselseitig an. Damit werden die Tendenzen zur „Ökonomisierung", „Medikalisierung", „Verrechtlichung" etc. verstärkt. Zu prüfen ist hier gleichwohl im Einzelfall, ob dies letztlich als Kaperung (Übernahme der „Fremd"-Logik), als Zweitkodierung (unter Beibehaltung wesentlicher Funktionselemente des anderen Systems) oder sogar als (partielle) Stoppfunktion zu beschreiben ist. Grenzen innerhalb der Funktionssysteme werden am ehesten durch Konkurrenz zwischen Personen und zwischen Organisationen gesetzt. Ob damit der Expansionstendenz entgegengewirkt und die „Balancierung" verbessert wird, bleibt meist offen.

Wie erwartet werden Stoppregeln am ehesten durch externe Irritationen angestoßen. Die Selbstkontrolle bezüglich der internen Operationen ist auf spezielle Architekturen angewiesen: z.B: im Rechtssystem mit Widerspruchs- und Revisionsverfahren; oder in der Politik mit Kontrollrechten der Opposition; oder in der Wissenschaft mit Nachweispflichten. Ein breiterer Ansatzpunkt lässt sich bei den beteiligten und betroffenen, also in das jeweilige System inkludierten Personen beobachten: Einsprüche und Verweigerung von Konsumenten, Widerstände von SchülerInnen und Studierenden, Kritik von Patientenverbänden, Proteste von Gläubigen, Ausstieg aus Facebook usw. Im Fazit: die Zivilgesellschaft und ihre verschiedenen Gruppierungen können eine wichtige Rolle bei der Limitierung von extremen Ungleichgewichten, Leistungseinschränkungen oder sogar „Kaperungen" von Funktionssystemen in der GdZ spielen. Inwieweit diese Erwartung begründet ist, wird von den Folgen der demografischen Entwicklung, der Migration und Integration, also den zukünftigen Inklusionsarrangements der (Zivil-)Gesellschaft mitbestimmt (vgl. 4.2).

4.1.10 Ein Blick auf die EU

Die Übersicht über Entwicklungsoptionen wichtiger Funktionssysteme mit Blick auf die GdZ hat einen engen Bezug zur deutschen Situation hergestellt. Dies bedeutet allerdings nicht, dass Deutschland eine Insel in der Weltgesellschaft darstellt. Zumindest für einzelne Teilsysteme ist der Einfluss des internationalen Rahmens gut beobachtbar. Ein überschaubarer weltweiter Vergleich ist dennoch nicht möglich: Die Beobachtung des jeweiligen Gesamtensembles der Funktionssysteme würde nur „singuläre" Beispiele liefern. Eine quasi homogenisierte Weltgesellschaft ist in der Zukunft ebenso wenig realistisch wie eine Ansammlung von quasi autarken Inseln.

Dies führt zu der Frage nach den Möglichkeiten und Schwierigkeiten von Mehrebenen-Architekturen – von lokal bis global – in Kombination mit dem Funktionssystem-Ensemble.

Hierfür ist das relativ stark globalisierte Wirtschaftssystem erneut ein geeignetes Beispiel. Die Frage lautet, ob sich die *wirtschaftliche Kooperation* mit anderen Staaten/Ländern/Gesellschaften – gemäß der Logik des Kaufens und Verkaufens etc. – *unabhängig von anderen Funktionssystem-Arrangements* in diesen Ländern entwickeln lässt: offenbar ist dies kein Problem mit Ländern, die die Menschenrechte vielfach nicht beachten (z.b. China); schwieriger ist es (z.T.) mit Ländern, in denen Bürgerkrieg herrscht (z.b. Syrien) – zumindest für Waffenexporte; kompliziert ist es mit Ländern, in denen unmenschliche Arbeitsbedingungen zum Alltag gehören (z.b. Bangladesh); unproblematisch ist es offenbar mit Ländern, die wichtige Umweltstandards missachten (z.b. Brasilien); eher unproblematisch offenbar auch mit Diktaturen diverser Ausprägung. Alle Beispiele zeigen einen begrenzten Beobachtungs- und Bewertungshorizont des deutschen Wirtschaftssystems mit Blick auf die anderen Funktionssysteme der „Partner"-Länder, der offenbar wenig(er) durch das Auswärtige Amt gebündelt wird[232].

Vor diesem Hintergrund bzw. aus der gewählten Beobachterperspektive zeigt sich die besondere Situation der EU, die eine *europäische* Gesellschaft zu konstituieren versucht. Schon seit vielen Jahrzehnten macht die Geschichte die Runde, dass nach einem Kommissionsbeschluss (o.ä.) in Brüssel die Vertreter der Mitgliedsstaaten nach Hause telefonierten und dabei ganz unterschiedliche Geschichten erzählten. Die Euro-/Griechenland-Krise, die Flüchtlingskrise, der VW-Skandal und schließlich der Brexit zeigen nun sehr viel deutlicher die Komplikationen bzw. die Defekte der europäischen Mehrebenenarchitektur. Die Verlagerung einer gesellschaftlichen Aufgabe auf die europäische Ebene setzt häufig nicht nur in dem diesbezüglichen Funktionssystem eine gewisse Einheitlichkeit in den Mitgliedsstaaten voraus, sondern erfordert u. U. auch eine Harmonisierung in anderen Funktionssystemen. Die Kombination von Arbeitsmarkt- und Sozialpolitik oder von Währungs- und Haushaltspolitik sind typisch dafür. Die Herausforderung wird erst wirklich sichtbar, wenn man dabei beachtet, dass diese „Harmonie" für alle 28 Mitgliedsstaaten gelten

---

232 Ein anderes Lehrstück liefern die aktuellen internationalen Versuche, die Flüchtlingsproblematik zu bewältigen, was zu irritierenden Allianzen mit Syrien (Assad), Russland, Saudi-Arabien, Türkei u.a. führt.

muss[233]. Ein Drama ist es schließlich, wenn einzelne dieser Mitgliedsstaaten der Kennzeichnung als „failed state" nahe kommen.

Falls eine Ähnlichkeit oder Einheitlichkeit bei den strukturell gekoppelten Systemen jeweils nicht ausreicht oder allenfalls rein symbolischen Charakter hat – wie die Beschwörung der Wertegemeinschaft – dann besteht eine Option für Europa darin, auch die flankierenden Funktionsbereiche „nach Brüssel" zu verlagern. Die andere Option legt eine bewusste Beschränkung auf nur wenige gut abgrenzbare Gemeinschaftspolitiken nahe.[234] An Kommunikationen über diese Optionen hat es nicht gefehlt[235]: z.B. bei der Suche nach einem abgestuften Kompetenzkatalog; bei der Bearbeitung von Widersprüchen zwischen der Quantität durch Erweiterung um weitere Mitgliedsstaaten und der Integrationsqualität; oder die Diskussion über ein Europa der verschiedenen Entwicklungsgeschwindigkeiten („Kerneuropa"; Vertiefung u.ä.); auch die Vision von den „Vereinigten Staaten von Europa" (mit eigener Souveränität: Parlament und Regierung) blieb präsent.

Faktisch kann man selbst mit Blick auf einen Schwerpunkt der Gemeinschaftspolitik – die Wirtschaft sowie die Euro-Einführung – vielfältige Probleme beobachten, die der Heterogenität der jeweiligen Funktionssystem-Ensembles geschuldet sind: z.B. in der Debatte über das Herkunftslandprinzip im Rahmen der Europäischen Dienstleistungsrichtlinie oder bei der Durchsetzung von Prinzipien der Haushaltspolitik (Defizit; Schuldenquote). Sehr allgemein wird von Unterschieden zwischen der Union des Nordens und des Südens sowie des Westens und des Ostens gesprochen.

Letzteres verweist darauf, dass Unterschiede in den Funktionssystem-Arrangements in den Mitgliedsländern z.B. hinsichtlich Politik, Wirtschaft, Erziehung, Recht etc. manchmal sogar verschiedene *Entwicklungs*stadien[236] beschreiben. Selbst die jeweils im Fokus stehende nationale Politik und Wirtschaft von Beitrittskandidaten lassen sich durch *Beitrittsverhandlungen mit oder Annäherungsgeld von Seiten der EU* nicht so einfach in eine Demokratie und eine Wirtschaft 4.0 – nach bestehendem europäischem „Standard" – katapultieren[237].

---

233 Hierfür lassen sich viele Beispiele finden: z.B. der Euro-Raum ohne hinreichende Gemeinsamkeiten der Finanzpolitik; ein Schengen-Raum ohne hinreichende Kooperation der Sicherheitsdienste u.v.a.m.

234 Die Brexit-Debatte ist ein Lehrstück dafür: es ging dabei nicht mehr um „I want my money back" (Thatcher), sondern um „I want my country back".

235 Hieran knüpfen auch die neuen Vorschläge von Scharpf (2014) an, der seit vielen Jahren die Mehrebenen-Architektur der EU kommentiert hat.

236 Darauf verweist auch die Kennzeichnung als „Transformations-Systeme".

237 Die Synchronisation des Ungleichzeitigen ist mit Entwicklungsfonds allenfalls teilweise zu erreichen.

In diesem Zusammenhang ist die Flüchtlingsproblematik noch einmal hervorzuheben, die eine Vielzahl von europainternen Krisen erzeugt hat und eine der Ursachen des Brexit darstellt. Dabei hat sich gezeigt, dass trotz Genfer Flüchtlingskonvention die Mitgliedsstaaten der EU nicht einheitlich auf Migration und Inklusion von zuwandernden Menschen vorbereitet sind. Die Vielfalt historischer, ethnischer und kultureller Gesellschaftskonfigurationen lässt sich u.a. mit Hilfe des „World Values Survey" beschreiben.

Dafür müssen wir kurz den Beobachtungsmodus dahingehend ändern, dass wissenschaftlich gebündelte Informationen einbezogen werden. Die seit 30 Jahren durchgeführten Befragungen liefern zumindest einen groben Überblick über die unterschiedlichen Wertvorstellungen und Zielsetzungen der (100 einbezogenen) Länder/Bevölkerungen. Angesichts der unendlichen Variationen in der Weltgesellschaft bleibt ein solcher Überblick von den ausgewählten Unterscheidungsdimensionen abhängig. Konkret sind es hier (a) Lebensstandard (reich vs. arm) und (b) Entwicklungsphase des Landes (Entwicklungsland, Industrialisiertes Land, Wissensgesellschaft); (c) als Werte unterschieden werden traditional, säkularisiert/rationalistisch, materialistisch, überlebenszentriert, selbstdarstellend/expressiv. Die Kombination dieser Werte wird u.a. zur Typisierung von einzelnen Staaten genutzt.

- *Gesellschaften mit hohen Anteilen von traditional und überlebenszentriert sind: Zimbabwe, Marokko, Jordanien, Bangladesh.*

- *Gesellschaften mit hohen Anteilen von traditional und selbstdarstellend: U.S., viele Länder Südamerikas, Irland.*

- *Gesellschaften mit hohen Anteilen von säkularisiert/rational und überlebenszentriert: Russland, Bulgarien, Ukraine, Estland.*

- *Gesellschaften mit hohen Anteilen von säkularisiert/rational und selbstdarstellend: Schweden, Norwegen, Japan, Benelux, Deutschland, Frankreich, Tschechien, Slowenien u.a. (Wikipedia 2015: Stichwort World Values Survey)*

Mit Blick auf Entwicklungstrends können bestimmte Abfolgen im Wertewandel beschrieben werden: so gilt die Gewährleistung von (physischer und ökonomischer) Sicherheit als Voraussetzung für die Entwicklung von Demokratisierungsinteressen – begleitet von vermehrter Selbstdarstellung. Ebenso kann gezeigt werden, wie Bildung zu einem Interesse an Demokratie und aktiver Beteiligung führt. Von besonderer Bedeutung ist die Frage nach den Konvergenzen, die durch die Globalisierung ausgelöst werden (können). Dazu wird ausgeführt:

"Hundreds of millions of people visit the same websites, watch the same TV channels and laugh at the same jokes. These examples have contributed to the belief that globalization brings converging values, or a McDonaldization of the world. In fact the analysis of data from the World Values Survey demonstrates

that mass values have not been converging over the past three decades. ...
Moreover, while economically advanced societies have been changing rather
rapidly, countries that remained economically stagnant showed little value
change. As a result, there has been a growing divergence between the prevai-
ling values in low-income countries and high-income countries." (Wikipedia
2015: Stichwort World Values Survey)

Auf die EU bezogen lässt sich – infolge der als „Friedensprojekt" verstandenen *Erweiterungs*politik und in Verbindung mit diversen Migrationsbewegun-
gen – eine große Vielfalt der Werte-Konstellationen in den Mitgliedsstaaten
feststellen, die die Schwierigkeiten von Gemeinschaftspolitiken in der Flücht-
lingsfrage zumindest teilweise erklären.

Europa steht an einem Wendepunkt – und das nicht erst/nur durch den
Brexit. Für die GdZ ist zu erwarten, dass die Integrationsqualität weiter degeneriert, dass in Aussicht genommene Erweiterungen (z.B. die Ukraine; ggf.
sogar die Türkei) die Heterogenität der „Ensembles" von Funktionssystemen
weiter vergrößern würden. Die Durchsetzung von Gemeinschaftspolitiken
wird noch schwieriger werden oder sogar erfolglos bleiben. Die Forderung
der Briten nach Rückkehr zu mehr nationalstaatlicher Souveränität ist eine
perfekte Illustration dieser Zukunftsperspektive, die fortlaufenden Mahnwor-
te gegen nationalstaatlichen Egoismus ebenso. Falls das europäische Projekt
nicht aufgegeben wird, ist mit einem komplizierten Neustart zu rechnen, der
die Vereinheitlichungschancen realistisch einschätzt und ggf. auch eine Neu-
verteilung der Aufgaben zwischen europäischer Ebene und nationalstaatlicher
Ebene organisiert. Dabei wird auch zu entscheiden sein, wie die „Gewaltenteilung" in Legislative, Exekutive und Judikative auf allen Systemebenen („Geteilte Souveränität") besser als bisher zur Geltung gebracht werden kann. Nicht
selten wird diese Situation mit den Worten umschrieben: Europa benötigt
eine (neue) Vision. Dazu dürfte eine Verständigung darüber gehören, was die
unabdingbaren, nur gemeinsam erreichbaren Ziele sind. Die Herausforderung
besteht vor allem darin, ein demokratisches, rechtsstaatliches, liberales, offe-
nes Europa zu gestalten.

Bei allen Grundsatzfragen bleibt die Rolle der europäischen (?) Zivilgesellschaft ein unbestimmter Faktor: wird vor allem die junge Generation bereit sein, ihre Bewegungsfreiheit und ihre Vernetzungen in Europa (Schengen)
wieder aufzugeben? Interessiert sie am Ende nur die Konsummöglichkeiten,
die der Warenaustausch in einem singulär „hochgezonten" Wirtschaftssystem – also in einem europäischen Freihandelssystem – möglich macht? Die
Generationen, die die GdZ in den nächsten Jahrzehnten gestalten werden,
müssen stärker als bisher ihre Interessen in den Diskurs einbringen. „Ihre"
GdZ ist in starkem Maß von dem Europa der Zukunft beeinflusst (vgl. dazu
5.1). Es ist deshalb erwähnenswert, dass 75% der 18–25-jährigen BritInnen
bei dem EU-Votum *gegen* den Brexit gestimmt haben – ein deutliches Signal

für einen Generationen-Konflikt. Mit einem vergangenheitsbezogenen Traum vom Empire ist die Generation der Alten[238] dabei, die Zukunft ihrer Kinder massiv zu beeinflussen, zu erschweren. Das „Signal für Brüssel" ist klar: die Gestaltung der Lebens- und Entwicklungschancen der jungen Generation (also ihre Inklusion) hat hohe Priorität.

Der Brexit und seine Folgen empfehlen sich deshalb dringend als Gegenstand systemtheoretisch angeleiteter Beobachtungen in den nächsten Jahren. Einen Vorgeschmack auf die Themen lieferten schon die ersten Tage: Kritik am politischen System (Cameron missbraucht die EU für seine parteiinternen Machtspiele); Kritik an der Wirtschaft (es gelingt der EU nicht, Steuerschlupflöcher in Europa zu schließen); Kritik an den Medien (sie unterstützen die „mediale Volksverdummung" – wie die Kampagnen der Konfliktparteien gezeigt haben); Kritik am Kommissions-Bashing (obwohl die meisten unerledigten Themen dem Poker um Sonderinteressen im Europäischen Rat geschuldet sind); Kritik an der Kommission (weil sie dringende Fragen, wie die Jugendarbeitslosigkeit, nicht angeht – und insgesamt die Gemeinwohlinteressen nicht zur Handlungsmaxime macht); Kommunikationsmängel aller Beteiligten, die die „Brüsseler Bürokratie" zum Sündenbock machen, statt die Bevölkerung – als Souverän – hinreichend an Entscheidungen zu beteiligen und sie so mit den Möglichkeiten und Schwierigkeiten einer Gemeinschaftspolitik in der Moderne – mit ihrer Komplexität und Kontingenz – vertraut zu machen usw. usw..

4.2 Das (partielle) Versagen von Politik und Zivilgesellschaft als Ausgangspunkt für Reformerfordernisse

Die beiden bisher nicht näher erörterten Funktionssysteme werden nun sehr viel detaillierter dargestellt und mit Blick auf ihren (notwendigen) Beitrag zur Gestaltung der GdZ gekennzeichnet. Die Bedeutung dieses Beitrages führt vielfach zu strikteren Argumenten als dies in der bisherigen Übersicht über die medialen Zukunftskommunikationen typisch war.

4.2.1 Politik

Halten wir noch einmal fest: Das politische System in Deutschland nimmt zumindest bisher eine relativ gewichtige Position im Ensemble der Funktionssysteme ein. Die Funktion ist die Herstellung bindender Entscheidungen für alle anderen

---

238 Mit Luhmann würde man sagen können, sie sind noch nicht in der Postmoderne mit ihrem hohen Kontingenz-Niveau angekommen.

Funktionssysteme. Die Politik im engen Sinne (politische Politik) legt dabei die Wertpräferenzen fest, die öffentliche Verwaltung setzt die Entscheidungen um. Insofern ist die wechselseitige Beobachtung und strukturelle Koppelung zwischen Politiksystem und allen anderen umfangreich. Das Medium ist Macht; der Code ist Macht haben oder nicht (Regierung/Opposition). Zur Ausführung der Funktion werden Parteiprogramme, Regierungsprogramme und Budgets benutzt. Die besondere Bedeutung dieses Systems ergibt sich – zumindest für die freiheitlich, liberale, demokratische Variante – aus der hochgradigen Inklusion der Bevölkerung. Es ist die Bevölkerung, die die Macht zuweist. Insofern hat die Zivilgesellschaft, in der sich große Teile der Bevölkerung gruppieren und organisieren, ebenfalls ein besonderes Gewicht in der politischen Kommunikation.

Es wurde an verschiedenen Stellen darauf hingewiesen, dass und warum die Funktionssysteme auch in der GdZ in etwa ein ähnliches Gewicht haben sollten: mit ihren je spezifischen Leistungen sind sie wechselseitig aufeinander angewiesen, können sich wechselseitig nicht ersetzen – wenn man sich nicht in eine amorphe Clan-Gesellschaft oder einen totalitären Zwangsstaat zurückentwickeln will. Wie erläutert wurde, schließt dies partielle oder temporäre Ungleichgewichte oder Grenzverschiebungen nicht aus. Die Beispiele haben gezeigt, dass die Zukunftskommunikationen hierbei vor allem das Verhältnis von Politik und Wirtschaft fokussieren[239]. Allerdings zeigen jüngste Entwicklungen, dass auch das Verhältnis von Politik und Medien (insbesondere durch das Internet) sowie von Politik und Religion stärkere Beachtung finden könnte.

Bei dem nun folgenden Beobachtungsschritt wird allerdings die Rolle der Politik (in Deutschland) im Mittelpunkt stehen. Dabei wird unterstellt, dass es für die *Gesellschaft* der Zukunft von entscheidender Bedeutung[240] ist, wie sich dieses Funktionssystem positioniert und entwickelt. Vier Gründe lassen sich dafür aufführen:

* die Funktion der Politik ist die Bündelung von Macht zur Prioritätensetzung und die Herstellung bindender Entscheidungen; von ihr kann man am ehesten die Fähigkeit zu einer *breiten* Gesellschaftsbeobachtung, auch hinsichtlich der Interdependenzen der Funktionssysteme, erwarten[241];

---

239 Eine traditionelle Form der Beschreibung der Wechselbeziehungen ist Staatsversagen – Marktversagen – Staatsversagen – Marktversagen etc.; d.h. mangelnde Funktionserfüllung kann zu Grenzverschiebungen führen.

240 Wäre man nur an der Energieversorgung der Zukunft interessiert, würde die Schwerpunktsetzung anders ausfallen.

241 Die Herausbildung von Politikfeldern ist ein wichtiger Beleg dafür.

* die Inklusion ist im (demokratisch verfassten!) politischen System am ehesten organisierbar[242] – ggf. auch durch Einwirkungen auf andere Funktionssysteme;

* die Inklusion erlaubt eine bessere Koppelung mit der Zivilgesellschaft (primäre und organisierte – gemeinwohlorientierte – Sozialsysteme);

* die Wirtschaft wird durch die Technikentwicklung in der Zukunft die Inklusion der Bevölkerung als ArbeitnehmerInnen immer weniger gewährleisten können.

Dies führt zur Frage, wie die Politik und die Zivilgesellschaft zu einer Gesellschaft der Zukunft beitragen können, die eine breite Akzeptanz findet und auf eine Zukunft hoffen kann (ZdG). Allerdings wird der Bezug nicht nur auf den Zeitraum 2040ff konzentriert. Es geht auch um die Frage, wie bestimmte Weichenstellungen für den Weg zur GdZ heute und morgen beeinflusst werden können. Betont werden dabei die Sachverhalte, die die Leistungsfähigkeit einzelner Funktionssysteme sowie ihrer „Balance" tangieren.

Auch diese Beobachtungen und Kommentare sind vor allem auf Deutschland zu beziehen – ohne dass damit die internationale Einbindung völlig ausgeklammert werden könnte. Dem Einwand, eine deutsche Handlungsstrategie für die GdZ sei angesichts globaler Trends ohne große Bedeutung, wird dabei nicht gefolgt. In den Zukunftskommunikationen waren ungewöhnliche Entwicklungsperspektiven wie die Energiewende teilweise als Anregung zur internationalen Nachahmung beschrieben worden. Der Blick auf andere Kontinente hat zudem gezeigt, dass Deutschland und Europa dort nicht selten als „Hoffnungsträger" für zukünftige Gesellschaftsarchitekturen angesehen werden. Ob dies begründet ist und auch für die GdZ trägt, bleibt fraglich. Deshalb werden im Folgenden ausgewählte wichtige Themen mit ihren kritischen und kontroversen Kommunikationen im Vordergrund stehen.

Der überwiegende Teil der inhaltlichen Bezugspunkte ergibt sich bereits aus den vorangegangenen Beobachtungen und wird deshalb oft nur knapp beschrieben. Ein Verzicht auf ihre Berücksichtigung – mit dem Hinweis darauf, dass dazu schon viele Beispiele erwähnt wurden – erscheint nicht angemessen. Jeder thematische Akzent wird durch drei Gesichtspunkte erschlossen: (a) Beschreibung der beobachteten Defizite; (b) Beschreibung der möglichen systembezogenen Weichenstellungen – z.B. Stopp, Umkehr, Neuausrichtung; und (c) Individuelle Einflussmöglichkeiten.

---

242 Vgl. hierzu die Debatte über das Plebiszit – angestoßen durch die Brexit-Entscheidung.

4.2.2 Defizite von Politik, Öffentlicher Verwaltung (ÖV) und Justiz

Die drei Funktionssysteme werden hier in einem Zusammenhang betrachtet, weil sie eine enge Koppelung aufweisen.[243] Sie werden im Folgenden deshalb z.T. mit dem Kürzel PAS erfasst.
Zukunftsrelevante Defizite/Herausforderungen liegen u.a. in folgenden Entwicklungen:

• **Unzureichende Beachtung der Nachhaltigkeitserfordernisse**

(a) Beschreibung der beobachteten Defizite

Die strukturelle Koppelung an das materielle Umweltsystem wird mehr als 40 Jahre nach dem ersten Bericht an den Club of Rome noch immer unzureichend beachtet. Obwohl Deutschland in einigen Hinsichten besondere Resonanz zeigt – zuletzt vor allem mit der Energiewende –, bleibt Vieles politische Rhetorik, symbolische Politik. Zuletzt wurde dies an den Beispielen VW-Skandal, Erhaltung von Braunkohlekraftwerken bis 2050, Chaos bei der Lagerung von Atommüll, Nitrate im Trinkwasser etc. deutlich.

Zwar ist das PAS nicht das Funktionssystem, das am häufigsten über die Nutzung und/oder Zerstörung natürlicher Ressourcen disponiert, doch es hat die Aufgabe, diesbezüglich Grenzen für andere Funktionssysteme – insbesondere für das Wirtschaftssystem, aber auch für das Wissenschaftssystem/ Technik – zu setzen. Für die GdZ lassen sich hierzu vor allem deshalb Schlussfolgerungen formulieren, weil viele Entwicklungen (Ressourcen, Klima) langfristig wirken, wie das schon in der Luft befindliche CO2, oder sogar einen irreversiblen Prozess auslösen. Die Komplexität der natürlichen Umwelt lässt die immer globaler ausgerichteten menschlichen Eingriffe[244] als ein großes Feldexperiment erscheinen, dessen langfristige Auswirkungen nicht voraussehbar sind.

(b) Beschreibung der möglichen systembezogenen Weichenstellungen – z.B. Stopp, Umkehr, Neuausrichtung

Das PAS muss ein zentraler Sprecher für die natürliche Umwelt sein und bleiben. Dazu gehört die kontinuierliche Beobachtung der strukturellen Koppelung aller Funktionssysteme und auch der Zivilgesellschaft mit dem natürlichen Umweltsystem. An Rhetorik fehlt es nicht. In den Blick zu neh-

---

243 In einem anderen kategorialen Rahmen wird zusammenfassend vom Öffentlichen Sektor gesprochen.

244 Man betrachte nur die Umweltbelastungen durch den weltweiten Luftverkehr, dem von der IATA für 2034 7,4 Milliarden Fluggäste vorausgesagt werden (2014: 3.3 Milliarden). Kein Wort über die Umweltfolgen.

men und ggf. zu kommentieren sind einerseits die Kontrollen und ihre gesellschaftliche Transparenz und andererseits die politischen und administrativen Entscheidungen. Diese Ansätze müssen nicht neu erfunden werden, sondern sind mehr oder weniger systematisch bereits zu beobachten. Sie sind zu komplettieren und vor allem praktisch umzusetzen.

Das Beobachtungsregime: hier ist vor allem auch das Wissenschaftssystem weiterhin gefordert, das unabhängige Daten zu Zuständen und Entwicklungstrends – zu Klimawandel, Rohstoffverbrauch, Wasserbeständen; Verbreitung von Giften, Plastikmüll etc. – liefern kann, wie z.b. das IPCC zeigt. Die Ergebnisse müssen der (Welt-)Gesellschaft zur Verfügung stehen. Hilfreich sind die Informationen zur Öko-Sensibilität oder zur Öko-Bilanz von Produkten; sie dürfen aber nicht verfälscht werden. Umwelt- und Verbraucherorganisationen leisten hier schon eine wichtige Funktion beim „Naming und Blaming". Die Kombination von jährlicher Ressourcen-Erschöpfungskontrolle und Recycling ist ebenfalls ein guter Beobachtungsansatz.

Das Kontrollregime: Trotz vieler vorhandener Daten (z.B. Feinstaubmessungen[245]) ist die Kontrolle und Eindämmung umweltschädlicher Produktionen und Produkte in vielen Fällen ergänzungsbedürftig – wie immer wieder aufgedeckte Umweltskandale zeigen. Zu unterstützen sind die Versuche, die Unabhängigkeit der Prüfinstanzen von den geprüften Akteuren und Produkten zu forcieren. Der VW Skandal ist auch in dieser Hinsicht ein Beispiel, aus dem man lernen kann: Kfz-Bundesamt, TÜV, aber auch ADAC u.a.

Das Folgenabschätzungsregime unterstützt das Vorsorgeprinzip: Technikfolgenabschätzung ist dafür bereits ein gutes Beispiel. Die Ergebnisse müssen aber auch transparent gemacht und in Entscheidungen eingebunden werden. Soweit erst längerfristig mit den Auswirkungen gerechnet werden kann, ist ein kontinuierliches Monitoring erforderlich. Die Rückbauprobleme von Kernkraftwerken und die Endlagerung des Atommülls bilden bisher kein überzeugendes Beispiel dafür. Die schwierigste Aufgabe besteht allerdings darin, die Umweltkosten – nicht nur in Produkten und Produktionsverfahren – wie bei Handys und seltenen Erden – sondern auch in Lebensmittelverbrauch (Fleischverzehr), Flugreisen, Containerschiffe oder Kreuzfahrten „einzupreisen". Die bisher übliche „Externalisierung" führt zu einer gravierenden Fehlsteuerung bei der Kostenkalkulation bzw. Preisbildung[246] von Produktion und Konsumtion. Der Handel von Verschmutzungsrechten ist ein mög-

---

245 Die Dramatik zeigt Peking am 28.11.2015 mit 20facher Überschreitung der Feinstaub-Grenzwerte und der dringenden Aufforderung an die Bevölkerung, ihr Haus nicht zu verlassen: sieht so die urbanisierte GdZ aus?

246 Die Problematik der Indizes betrifft auch Makro-Daten wie das BIP, die eine unzureichende Kennzeichnung der Wirtschaftsleistung und erst recht der Lebensqualität vornehmen: vgl. die „Bemühungen" der Enquete-Kommission des Deutschen Bundestages „Wachstum, Wohlstand, Lebensqualität" (2011–13).

licher Weg, wurde bisher aber nicht angemessen (strikt) durchgeführt. Die Verschmutzungsrechte könnten ggf. auch von den Bevölkerungsmitgliedern erworben werden: dann kann individuell entschieden werden, wie viel Plastiktüten verbraucht, Strom für die Handyaufladung genutzt, Wasserverbrauch für den Fleisch-Konsum oder den Golfplatz akzeptiert oder Treibstoff für Flugreisen jeweils verantwortet (und individuell finanziert) werden können.

Das *Haftungsregime* knüpft eng an die realistische Folgenprognose und ihre Bewertung an. Dafür ist das Verursacherprinzip strikt durchzusetzen. Dies ist vor allem für die GdZ von Bedeutung, weil die heute eingesparten Präventionskosten zukünftigen Generationen als (meist wohl höhere) Folgenbeseitigungskosten auferlegt werden. Die Rückversicherer sind wichtige Informationsquellen, weil sie nüchtern rechnen müssen, ohne sich von Hysterikern oder Leugnern diverser Umweltproblematiken allzu sehr beeindrucken zu lassen.

Die größte Herausforderung für die Zukunft bleibt die striktere Umsetzung von diesbezüglichen politischen Entscheidungen und den vorhandenen Regelwerken.[247] Zudem ist der Etikettenschwindel mit dem Stichwort Nachhaltigkeit u.ä., der nicht zuletzt mit der Zunahme von Werbung verbunden ist, strikter zu unterbinden.[248] Allerdings sind die Ziele und Maßnahmen nur dann zu verwirklichen, wenn die Funktionssysteme sich selbst durch die strukturelle Koppelung mit dem natürlichen Umweltsystem entsprechende Restriktionen auferlegen. Dies gilt auch für das PAS selbst, das z.T. direkt den Ressourcenverbrauch beeinflusst – z.B. durch die fortschreitende Flächenversiegelung, durch unwirtschaftliche Großprojekte, durch Zulassung von immer mehr Kraftfahrzeugen – oder Einzelmaßnahmen wie die zwei Regierungsstandorte (Berlin und Bonn). Darüber hinaus sind die staatlichen Subventionen kontinuierlich darauf zu prüfen, inwieweit sie Nachhaltigkeitsstandards berücksichtigen.

Es gibt keinen Zweifel daran, dass ein umweltbewusstes Leben in der GdZ erhebliche Veränderungen – insbesondere – in der Energieerzeugung sowie in Produktion und Konsumption zur Folge haben wird/müsste[249]. Dies gilt vor allem dann, wenn man auch das globale Bevölkerungswachstum auf ca. 10 Milliarden bis zum Ende des Jahrhunderts berücksichtigt. Die Optionen – z.B. hinsichtlich der erneuerbaren Energien – sind bereits vorhanden,

---

247 So kann man gespannt sein, wann den Dieselfahrzeugen von VW die grüne Umweltplakette aberkannt wird.

248 Ein typischer Satz von Verbraucherschützern lautet: wo BIO/ÖKO draufsteht ist keineswegs immer BIO/ÖKO drin.

249 Diese vorsichtige Formulierung ist wohl begründet, wenn man beobachtet, dass wenige Tage nach den Beschlüssen des Klima-Gipfels schon erste Vorbehalte gegen den Ausstieg aus der Braunkohleproduktion (bis 2050!) laut werden: die Deutschen sollten es nicht übertreiben und den Vorreiter spielen wollen.

werden zum Teil gerade auch von Organisationen der Zivilgesellschaft sowie den Umweltverbänden unterstützt, müssen aber auch vom PAS konsequent genutzt werden bzw. gegen Missbrauch geschützt werden. Das PAS hat zudem die Aufgabe, die Bevölkerung mit der Tatsache vertraut zu machen, dass im Hinblick auf den globalen Anpassungsprozeß die Ressourcen des Globus gerechter verteilt werden müssen. Dabei wird Deutschland mehr als bisher abgeben müssen.

Mit Blick auf den Klimawandel lässt sich schon jetzt feststellen, dass es nur noch um die Höhe der Rechnung geht – die letztlich auch die GdZ zu begleichen hat. Die gegenwärtig als Maßnahmen der Klimawandel-Anpassung bereits beginnenden Aufwendungen sind noch kaum der Rede wert. Dass dies unvermeidbar ist, lässt sich mit den schon jetzt vorhandenen irreversiblen Umweltschäden und den geringen Chancen für einen globalen Maßnahmenkatalog begründen. Insofern ist auch dies ein Thema der Beobachtung: was wird mit Anpassungsstrategien auf allen Ebenen des PAS tatsächlich erreicht?

(c) Individuelle Einflussmöglichkeiten

Die Kommunikationen über die Veränderungen der natürlichen Umwelt und zukünftige Handlungsmöglichkeiten bleiben kontrovers. Dazu gehört auch der Eindruck, mit dem PAS als Akteur in Umweltfragen den „Bock zum Gärtner" gemacht zu haben: zu sehr sei die Politik von der Karbonwirtschaft „gekapert", werden Entscheidungen von Lobbyisten und Zweifelstreuern beeinflusst. Zum Ausdruck kommt dies auch in der Feststellung, dass die junge Generation in diesen Fragen am ehesten den Umweltverbänden vertraut (s. u.).

Insofern bleibt die Frage, ob und wie die Zivilgesellschaft in einer solchen Breite mobilisiert werden kann bzw. sich selbst mobilisieren kann, dass nachhaltige Effekte für die GdZ entstehen würden. Initiativen, die qua Überzeugung das Verhalten beeinflussen möchten, gibt es viele: recyceltes Papier benutzen, weniger oder gar kein Fleisch essen, zur Veranstaltung xxx nicht mit dem Kfz fahren, die elektrischen Geräte nicht auf „stand by" stehen lassen, die Eigenversorgung durch erneuerbare Energie organisieren u.v.a.m. Dazu gehört auch, Druck auf das PAS zu erzeugen, Transparenz hinsichtlich der Produktionsverfahren und der Produktqualitäten durchzusetzen – und dabei auch die Akteure zu benennen und ggf. in Regress zu nehmen, die die entsprechenden Qualitätsstandards – der Nachhaltigkeit – verletzen. Allerdings sind mit Blick auf besonders wichtige Herausforderungen – wie die drastische Reduktion der CO2 Emissionen – eher nur begrenzte Effekte zu erwarten. Wirksamer wäre wohl nur ein breit unterstützter Konsumverzicht (z.B. Vielfliegerei) oder zumindest ein Konsumwandel: wenn von einem Stichtag an in Deutschland *kein* Auto mit Benzin- oder Dieselmotor mehr gekauft würde. Es wäre ein wirksamer Test, wie ernst es dem PAS trotz Einnahmeverlust (Mineralöl-Steuer) mit dem Klimaschutz ist und wie „smart" die Autoindustrie mit Blick auf die Bereitstellung von Elektromobilität wäre. Die Beispiele zeigen, dass die Zivilgesellschaft in erheblichem Maße an der Gestaltung der GdZ beteiligt ist. Den Kindern zu erzählen, sie hätten keine Zukunft, weil die Funktionssysteme xyz in der Gesellschaft von gestern ihre Funktionen nicht hinreichend erfüllt haben, wäre bestenfalls die halbe Wahrheit.

- **Flucht in die Globalisierung**

(a) Beschreibung der beobachteten Defizite

Da die Nachhaltigkeitsdebatte derzeit von der Klimathematik überlagert ist, ergeben sich Überschneidungen mit den Kommentaren zur Globalisierung. Einerseits handelt es sich beim Klima um ein globales Problem, andererseits stellt es eine Herausforderung für die Weltgesellschaft – oder besser: für Global Governance – dar. Gerade deshalb ist es ein instruktives Beispiel[250] für die offenbar kaum lösbaren Folgeprobleme der Globalisierung. Konkret: das Interesse an der Durchsetzung nationaler Interessen wird unterschätzt und die Bereitschaft zu Kompromissen und Interessenausgleich auf globaler Ebene ist gering. Für die GdZ lautet die Schlussfolgerung deshalb, dass die Arbeitsteilung zwischen den politischen Entscheidungsebenen (von global bis lokal) grundlegend neu justiert werden muss.

Wie zuvor durch viele Beobachtungen belegt wurde, ist die Globalisierung – vor allem des Wirtschaftssystems, aber auch anderer Funktionssysteme – ein zentraler Einflussfaktor auf die Gestaltung der GdZ. Ein Kern davon ist und bleibt die Expansion von wirtschaftlichen u.a. Aktivitäten – sei es Innovation, Produktion oder auch Konsumption – in verschiedene Weltregionen[251]. Oder anders ausgedrückt: die Wertschöpfungsketten werden immer länger und dabei immer weiter über den Globus verteilt[252]. Lässt man die grundlegenden Kommunikationen über die Problematik von Wachstum und Kapitalismus zunächst einmal außer acht, so rückt die Tatsache in den Fokus, dass sich Teile des Wirtschaftssystems der Beobachtung durch andere Systeme, vor allem durch das PAS, entziehen – und damit auch den Resonanz- und

---

250 Lesenswert ist deshalb ein Artikel im SPIEGEL vom 30.11.2015, in dem die disparaten Interessen und Strategien der UN-Mitglieder – bzw. einzelner Netzwerke von ihnen – beschrieben werden, den Klimawandel zu begrenzen.
251 Nota bene: hier geht es nicht primär um den internationalen Güter-AUSTAUSCH – ein Phänomen, das schon seit Jahrtausenden praktiziert wird. Allerdings wird dieses Prinzip zum Problem, wenn es nicht auf gleicher Augenhöhe stattfindet, sondern dominante Wirtschaftsakteure Art und Umfang der Produktion in Landwirtschaft und Industrie in anderen Ländern determinieren.
252 Diesbezügliche Beispiele sind endlos: von den Nordseekrabben, die in Nordafrika „gepult" werden, über Äpfel aus Neuseeland, Rosen aus Afrika etc.

Koppelungserfordernissen[253]. Oder anders ausgedrückt: sie entziehen sich politischer, rechtlicher, wissenschaftlicher – und vor allem auch steuerbezogener Beobachtung und Einflussnahme. Diese Entwicklung ist vor allem deshalb prekär, weil damit nicht nur in Deutschland, sondern auch in anderen Regionen Schäden angerichtet werden können. Die GdZ wird für diese Schäden zur Kasse gebeten werden – z.B. durch Migration aus Armuts- oder Umwelt/Klima-Gründen; durch Produktdumping, Landnahme, direkte Umweltschäden; militärische Konflikte u.a.m.[254] Dabei dürfte es oft nur geringe Bedeutung haben, wer die Schäden im Einzelnen zu verantworten hat[255].

Insofern sind internationale Verträge mit Blick auf die Eindämmung von Globalisierungsfolgen von Bedeutung. „Global/European Governance" wird deshalb zum Thema gemacht. Nach den vorliegenden Erfahrungen sind die Erwartungen eher gemischt. Immerhin können hier die globalisierten Massenmedien eine Beobachterrolle spielen. Solange sie im Ausland nicht von anderen Systemen „gekapert" sind, können sie auch die Rolle der deutschen Wirtschaft sowie der touristischen Wohlstandsenklaven etc. im Ausland beobachten.

Gleichwohl bleibt ein wichtiger Fokus bei der Frage, welche Einflussmöglichkeiten innerhalb des deutschen Ensembles von Funktionssystemen (insbesondere des PAS) bestehen. Dafür scheint es erforderlich, die Wirtschaft von unten nach oben zu beobachten, also quasi subsidiär zu rekonstruieren – und nicht mit den Stichworten „Weltmarktführer" und „Exportweltmeister" zu beginnen[256]. Dies könnte die Erfordernisse an wechselseitiger Beobachtung und Irritation sowie für strukturelle Koppelung und Stoppsignale für mehr oder weniger globalisierten Akteure oder Funktionssysteme präziser bestimmen. Ein Rückbau der Globalisierung kann nicht ausgeschlossen werden: dies gilt vor allem dann, wenn die Beobachtung auf globaler Ebene – z.B. durch internationale Kontrollregime – nicht wirksam ist.

An dieser Stelle wird die Bedeutung der Europäischen Union gut beobachtbar. Ein Teil der zuvor beschriebenen Probleme werden durch die Beobachtung der Wirtschaft auf europäischer Ebene gemildert – wenn nicht gar gelöst. Dem haben wir dadurch Rechnung getragen, dass das Beobachtungsfeld „wirtschaftliche Globalisierung" als Bereich *jenseits* der europäischen

---

253 Die Zahl der offenen Drohungen von Konzernen gegen Regierungen, die Stoppregeln zu formulieren versuchen, nimmt zu.

254 Blickt man auf die neuesten Verhandlungen der EU mit afrikanischen Staaten und der Türkei etc., dann kann man sagen, dass der Zahltag bereits begonnen hat.

255 Dazu ein anderes Beispiel: Deutschland hat sich explizit nicht am Irak-Krieg beteiligt, zahlt aber mit für die dort angerichtete Katastrophe.

256 Es liegt nahe, hierbei einen Bezug zur Umwelt/Klima-Thematik herzustellen. Ein Großteil des internationalen Warenverkehrs wäre eingeschränkt, wenn man die Umweltkosten in die Transportkosten „einpreisen" würde.

Wirtschaftsstrukturen angesiedelt wurde. Gleichwohl bleiben Balancierungsprobleme insofern bestehen, weil viele „europäische" Unternehmen auch „global" aufgestellt sind und sich somit auch der europäischen Beobachtung entziehen. Zudem fällt die EU-interne Beobachtung durch Konflikte zwischen neoliberalen und sozialen Wirtschaftskonzepten oft uneinheitlich aus[257].

(b) Beschreibung der möglichen systembezogenen Weichenstellungen – z.B. Stopp, Umkehr, Neuausrichtung

Die Zielsetzung für die GdZ besteht darin, eine kritische Beobachtung und ggf. Rückbildung von globalisierten Arrangements – jenseits der EU – durchzuführen. Ob hierfür die überraschende Feststellung des IWF, dass der globale Neoliberalismus gescheitert sei (DIE ZEIT v. 2.6.2016), bereits einen Startpunkt markiert, bleibt abzuwarten. Eine grundlegende Neuausrichtung ist sowohl im Interesse von Deutschland/Europa als auch von vielen durch die wirtschaftliche Globalisierung benachteiligten Ländern weltweit. Den Ansatz liefert eine subsidiäre Wirtschaftsarchitektur (bottom up). An erster Stelle stehen Förderung der lokalen und regionalen Entwicklung, die Förderung von beschäftigungsintensiven Unternehmen und Arbeitsplatzangebote für alle Jugendlichen[258], um den Anspruch auf Inklusion zu unterstützen. Soweit bestimmte Güter und Dienstleistungen regional nicht hinreichend bereitgestellt werden können oder bestimmte natürliche Ressourcen nicht zur Verfügung stehen, sind Regionen übergreifende, auch europäische Kooperationen und Austauschprozesse erforderlich. Erst wenn dies nicht den Bedarf deckt, ist die Ebene der Weltwirtschaft von Interesse. Dabei geht es nicht nur um den zweckdienlichen Tausch von Gütern und Dienstleistungen, sondern auch um Standards von „fair trade" – bzw. konkret um die Eigentumsrechte der Länder mit Rohstoffbesitz und landwirtschaftlich nutzbaren Flächen, Beschäftigungs- und Entlohnungsstandards, um Qualitäts- und Umweltstandards etc. Vorauszusetzen ist dabei die Beobachtungsmöglichkeit durch nationale, europäische oder weltweit agierende Institutionen[259].

Vergleichbare Entwicklungsmöglichkeiten zur Selbstversorgungspriorität und zum wirtschaftlichen Kapazitätsaufbau sind in anderen, bisher

---

257 Es ist bemerkenswert, wie dies auch bei der Brexit-Behandlung sichtbar wird: während die „Südländer" den Brexit so schnell wie möglich umsetzen wollen, spielt Deutschland, das einen neoliberalen Mitstreiter verliert, eher auf Zeit.

258 Hierfür könnte ggf. der „zweite Arbeitsmarkt" wieder eingeführt werden. Im Rahmen der Finanzkrise konnte beobachtet werden, wie – z.B. in Spanien – eine Arbeitslosenquote von um die 50% die Grundlage des demokratischen PAS in Frage stellen kann.

259 Es ist ein wenig beachtetes Paradox, dass die Länder mit „emerging markets" westliche Konsumstandards erreichen wollen – aber durch ihre Marktöffnung dies gerade nicht erreichen, weil sie den Industrieländern diese Standards ermöglichen (müssen) – ggf. auch durch Enteignung und Billiglöhne.

benachteiligten oder ausgebeuteten Ländern, zu unterstützen. Es geht also keineswegs um Protektionismus. Dass dies zu einer Umverteilung der weltweiten Wirtschaftsleistungen und des Pro-Kopf-Einkommens führen wird, ist zu erwarten. Dies ist ebenfalls ein Preis, den zum Teil auch die GdZ für die Praktiken der westlichen Gesellschaften der Vergangenheit zu zahlen haben wird.

Deutschland ist durch seine differenzierte Wirtschafts- und Betriebs-Struktur für diese Entwicklung gut vorbereitet. Darüber hinaus gibt es kontinuierlich Initiativen zur besseren lokalen/regionalen Wirtschaftsentwicklung, die nicht zuletzt von der Ersparnis von Transportkosten profitieren kann. Schließlich werden auch viele Elemente einer Wirtschaft 4.0 die Dezentralisierung von Wirtschaftsarchitekturen befördern: die 3D-Drucker liefern erste Beispiele für die Steigerung des Selbstversorgungspotenzials.

Vor dem Hintergrund dieser Entwicklungsoptionen sind internationale Handelsverträge kritisch zu überprüfen – vor allem wenn sie, wie bei CETA und TTIP, quasi als Geheimoperation vorbereitet werden. Auch wenn der (Nicht-)Zugang zu den Dokumenten kafkaeske Züge aufweist, kann dies als Lehrstück für die sukzessive Aufdeckung von Globalisierungsrisiken gelten: Wer profitiert? Welche Rolle spielen Lobbyisten und Korruption? Wie lassen sich Wohlfahrtsgewinne begründen? Ist jemand bereit, etwas davon zu garantieren oder gar mit persönlicher Haftung zu versehen? Wie werden Beschäftigungsstandards, Umweltstandards, Verbraucherschutzstandards gewährleistet; wo und wie werden staatliche Kontrollen ausgehebelt und eine Paralleljustiz der Privatwirtschaft etabliert? Diese und andere Fragen sind nicht willkürlich gestellt, sondern sind das Ergebnis der Beobachtung und Bewertung von bereits abgeschlossenen Vereinbarungen.

Auch Whistleblower können hier eine wichtige Rolle übernehmen, um bestimmte Vorgänge für das PAS beobachtbar zu machen. Dies gilt aber auch für die Entscheidungen des PAS selbst, das z.B. durch Subventionen bestimmte Globalisierungstrends beschleunigt, Waffenlieferungen in Krisenstaaten nicht entschieden begrenzt, Straftaten – auch Wirtschaftsspionage durch „befreundete" Staaten – nicht entschieden verfolgt. Erforderlich und unterstützungswert sind deshalb alle Versuche von Unternehmen, selbst Stoppregeln einzuführen: Social Compact (z.B. auf EU-Ebene), Social Accountability International (SAI) u.a.

(c) Individuelle Einflussmöglichkeiten

Beobachtungen von Nachhaltigkeit und Globalisierung überlagern sich beispielsweise im Konsum durch die Bevölkerung. Durch diverse „Watch"- Organisationen der Zivilgesellschaft können Herkunft und Produktionsbedingungen vieler Produkte bestimmt werden. Durch bewusste Konsumentscheidungen können lokale/regionale Produkte (z.B. bei Lebensmitteln) bevorzugt werden, inakzeptable Produktionsbedingungen boykottiert werden, Eigenerzeugung (z.B. von Strom), Reparaturen (Reparaturshops) oder gemeinsame Gerätenutzung befördert werden. Damit muss teilweise in Kauf genommen, dass Preisdumping und Schnäppchenjagd ihre Grenzen finden werden. Faire Preise und die Kampfpreise von Discountern passen oft nicht zusammen. Nichts davon ist Fiktion, sondern kann bereits „in Aktion" beobachtet werden. Die Begrenzung von Globalisierung würde auch durch eine Einpreisung der Umweltkosten befördert – ganz zu schweigen von den Kapitaleignern, die die Aktien bestimmter Firmen verkaufen könnten, und den Versicherern, die bestimmte Formen der Produktion nicht mehr versichern[260].

- **Stoppregeln für das Finanzwirtschaftssystem (neoliberale Finanzpolitik)**

(a) Beschreibung der beobachteten Defizite

Ein zentrales Element des globalisierungsbezogenen Politikversagens ist die Deregulierung des Finanzsektors[261], deren Krisenfolgen auch der GdZ eine beachtenswerte Hypothek hinterlassen wird. Flankiert werden die Entwicklungen durch die Geldschwemme durch EZB und IWF, deren Folge für die Sparmöglichkeiten der Bevölkerung noch gar nicht absehbar ist. Ein Ende ist noch keineswegs in Sicht. Für einzelne Unternehmen, die an den verschiedenen Vorgängen in starkem Maße beteiligt waren – wie die Deutsche Bank – kann dies dauerhaft negative Folgen haben.

Eine wichtige Fehlentscheidung war die Aufhebung der Trennung von Investmentbanken und Geschäftsbanken. Dadurch wurde die sogenannte „Realwirtschaft" in die Krise der spekulativen, manchmal auch kriminellen Machenschaften hineingezogen. Unterstützt wurde dies durch die Digitalisierung des Börsengeschäftes. Das Desaster der Politik ist allerdings erst komplett mit der Feststellung, dass Banken aus der „Staatskasse" gerettet werden mussten, weil sie „too big to fail" waren. Die Entwicklung ist jedoch ein Lehrstück dafür, was passiert, wenn das politische System seine kritische Beobachtung anderer Systeme – insbesondere der Wirtschaft – vernachlässigt oder aufhebt. Sie wieder zu etablieren, ist in der neuen globalisierten Landschaft erheblich schwieriger. Hier fehlt noch immer die Einsicht, dass bestimmte Banken „too big to manage and control" sind.[262]

---

260 In den letzten Monaten haben Kommunikationen darüber für Unruhe gesorgt, dass Kredite für oder Aktienkäufe von karbonbasierten Unternehmen nicht mehr unterstützt werden.

261 Dieser Beobachtung dürften inzwischen alle deutschen FinanzexpertInnen zustimmen.

262 Es überrascht nicht, dass sich KomplexitätsforscherInnen häufig mit Finanzsystemen befassen: als Beispiel für Systeme, in denen durch den Ausfall eines Elementes eine nicht

Eine weitere Implikation oder Begleiterscheinung dieses Politikversagens ist die zunehmende Ungleichheit der Vermögensverteilung. Offenbar sind die wenigen Shareholder/KapitaleignerInnen gegenüber dem großen Rest der Gesellschaft der Politik so wichtig, dass eine stärkere Umverteilung nicht auf den Weg gebracht wird.[263] Die GdZ ist in Gefahr, von den Dispositionen einer kleinen Finanz-„Elite" abhängig zu werden – auch wenn diese als „Charity" firmieren.

(b) Beschreibung der möglichen systembezogenen Weichenstellungen – z.B. Stopp, Umkehr, Neuausrichtung

An Vorschlägen und ersten Schritten zur Bewältigung dieser Probleme fehlt es nicht: erneute Trennung von Geschäfts- und Investmentbanken, Erhöhung der Eigenkapitalquote von Banken, Transaktionssteuern für Börsengeschäfte, Verbot von bestimmten Finanzprodukten (wie Leerverkäufe), höhere Kapitalertragssteuern, Vermögenssteuer „revisited", Einrichtung von Sicherungsfonds für Geldvermögen, Eindämmung oder Abschöpfung von „unanständigen" Gehalts- und Bonuszahlungen, Eindämmung der Steuerflucht durch internationale Verträge – die selbst innerhalb der EU (z.B. Luxemburg, Niederlande, Kanalinseln etc.) erforderlich sind! Das Problem liegt in der unzureichenden Intensität und Geschwindigkeit der Maßnahmendurchsetzung – gegen eine starke Lobby und bei Fortbestehen von „Fluchtmöglichkeiten". Insofern ist es weiterhin möglich, auf die nächste Krise zu wetten – die von manchen BeobachterInnen als Crash vorausgesagt wird. Es ist demnach ziemlich wahrscheinlich, dass in der GdZ weiter an diesen Problemen zu arbeiten ist. Besondere Bedeutung für die Gesellschaftsmitglieder hat das kontinuierliche Monitoring der Reichtumsverteilung, denn sie hat das Potenzial, den gesellschaftlichen Zusammenhalt nachhaltig zu gefährden.

(c) Individuelle Einflussmöglichkeiten
Neben der Beobachtung des Finanzsystems durch das PAS gibt es für die Mitglieder der Zivilgesellschaft bereits viele Optionen, sich bestimmten Mechanismen durch eigene Entscheidungen zu entziehen: Abkehr von den Investmentbanken, Unterstützung von genossenschaftlichen Lösungen, Beteiligung an Tauschringen, die ohne Geld auskommen usw. Dabei geht es nicht immer um die Entwicklung eines neuen Geldsystems, sondern ebenso um das Aufzeigen von Stopp-Schildern für die Geldschöpfung (Giralgeld, Spekulation), der keine wirtschaftliche Leistung zugrunde liegt – oder für die Einkünfte

---

voraussehbare Systemkrise ausgelöst werden kann.
263 Dies kann man u.a. bei dem Streit um die Erbschaftssteuer (für BetriebseignerInnen) beobachten. Ein Problem bleibt auch die geringe Besteuerung von Kapitaleinkünften durch die Abgeltungssteuer – wenn sie überhaupt erfasst werden.

der Banker, die in keinem Verhältnis zu ihrer Leistung stehen. Alternativ ist auch die persönliche Haftung des Personals bei Spekulationsverlusten in der Diskussion. Gerade in diesem für die Zivilgesellschaft nicht leicht zu durchschauenden Terrain sind massenmediale Dauerbeobachtung, Watch-Organisationen und Whistleblower eine Hilfe.

- **Ökonomisierung in anderen Funktionssystemen**

(a) Beschreibung der beobachteten Defizite

Ökonomisierung ist ein schleichender Prozess (Sandel 2012), der nicht immer so sichtbar ist wie bei einer Privatisierung, d.h. der Übernahme einer Aufgabe in das Wirtschaftssystem. Er lässt sich oft nur an veränderten Kommunikationen feststellen, die mit einer Veränderung der psychischen und kognitiven Dispositionen der beteiligten Personen einhergehen. Einerseits geht es darum, die Marktlogik als „Naturgesetz" zu verankern, das zugleich vom Egoismus (rational choice) der Marktteilnehmer angetrieben wird. Derzeit trägt vor allem das Internet dazu bei, dass Informationsaustausch und Kommunikation immer mehr mit dem ökonomischen Schema des Vermarktens, Kaufens und Verkaufens verknüpft wird. Nicht immer geschieht dies bewusst und freiwillig, sondern ist auf eine Änderung äußerer Anreize[264] zurückzuführen.

Eine besondere Beobachtungsaufgabe hat das PAS im Hinblick auf die Funktionssysteme, die für die Sicherung des Gemeinwohls wichtige Beiträge leisten. In diesen Entscheidungsfeldern ist das Prinzip „the winner gets it all" besonders schädlich, denn es ignoriert die Tatsache, dass eine Gesellschaft nur funktioniert und überlebt, wenn viele/alle Mitglieder einen/ihren Beitrag dazu leisten – ganz gleich in welchem Bereich sie sich bewegen. Für die GdZ gefährdet erscheint derzeit vor allem das Gesundheitssystem – wenn beispielsweise die Operationen zur Maximierung der an die Ärzte ausgezahlten Boni dienen[265], das Pflegepersonal dafür ausgedünnt wird. Ein dauerhaftes Problem bleibt dabei auch die Verquickung von Gesundheitssystem und Pharmaindustrie[266]. Dies trägt letzlich zum Vertrauensverlust seitens der Patienten bei.

Auch das Wissenschaftssystem ist in dieser Hinsicht gefährdet. Die Zunahme privater Universitäten ist nur einer von vielen Indikatoren. Die Rankings und Zielvereinbarungen verstärken den Trend zum Code Zahlen/ Nicht-Zahlen. Dies gilt vor allem für die sogenannten Mint-Fächer und die

---

264 Dass man durch Kaufen spart, ist eine der genialen und zugleich kritikwürdigen Botschaften.

265 Der neueste Skandal betrifft die Warteliste für Organtransplantationen.

266 Von den Krankenkassen werden schon seit langem die „Mondpreise" für viele Medikamente kritisiert.

Wirtschaftswissenschaften. Einflüsse können auch im Erziehungssystem beobachtet werden – wenn Firmen „Schulungsmaterial" an die Schulen geben[267].

(b) Beschreibung der möglichen systembezogenen Weichenstellungen – z.B. Stopp, Umkehr, Neuausrichtung

Das deutsche PAS ist insgesamt für diese Herausforderung vergleichsweise gut aufgestellt, weil es horizontal (Politikfelder) und vertikal (Föderalismus) differenziert ist. Die anderen Funktionssysteme können selbst dann hinreichend beobachtet werden, wenn sie nicht so „staatsnah" sind wie das Erziehungs- und Wissenschaftssystem oder auch das Gesundheitssystem. Dadurch ergeben sich mehrere, durchaus auch konkurrierende Beobachterperspektiven, die in die gesellschaftliche Kommunikation eingebunden werden können. Die Politikfelder werden ständig neu justiert und ggf. auch weiter ausdifferenziert und ergänzt. Die Beobachtung und Berichterstattung müssen aber Distanz wahren: es darf nicht zugelassen werden, dass kritische Beobachter gemobbt werden, oder dass Kontrollinstitutionen gekapert werden. Dies gilt auch für die Beobachtung der anderen Funktionssysteme untereinander. Dabei nimmt das Mediensystem eine Sonderrolle ein, weil es mindestens ebenso breit beobachtet wie das PAS[268]. Pressefreiheit ist hier ein zentrales Element, das vor der Kaperung durch andere Funktionssysteme geschützt werden muss.

Zu den Handlungsoptionen gehört auch eine Selbstbeobachtung der Systeme, die ggf. selbst die Stoppregeln gegen eine Ökonomisierung entwickeln können oder sogar müssen. Sie benötigen aber die Unterstützung durch das PAS. Als Beispiel für das Fernsehen lässt sich die Sendung Zapp, für das Wissenschaftssystem die Deutsche Forschungsgemeinschaft und der Wissenschaftsrat, für das Medizinsystem die Ethikkommissionen oder auch Institute für Qualitätssicherung benennen. Allerdings ist dabei auch zu beobachten, ob sie ggf. durch Stakeholder oder Lobbyisten unterwandert oder in Korruptionsmechanismen verwickelt werden.

Ein besonders schwer zu erfassender und zu beeinflussender Aspekt der Ökonomisierung ist die schleichende Indoktrination der Bevölkerung mit der Markt- und Eigennutzlogik: jeder *kann* reich werden. Dass aber nur wenige faktisch reich werden, wird nicht hinreichend kommuniziert. Ein besonderer Treiber dieser Entwicklung ist gegenwärtig das Internet[269], in dem zunehmend die Ich-AG Realität wird. Dass der größte Teil der auf diese Weise

---

267 Wohin diese Entwicklung gehen kann, zeigt sich in den USA.
268 So ist die Diskussion der inakzeptablen Einkommen von ErzieherInnen, KrankenpflegerInnen oder vom wissenschaftlichen Nachwuchs an den Unis u.a. den medialen Darstellungen geschuldet.
269 Geschätzte 90% aller Bücher und Broschüren über Facebook behandeln die Frage, wie man mit diesem Medium schnell reich werden kann.

Aktivierten damit nicht einmal das Existenzminimum verdienen kann, bleibt oft unbeachtet, wird aber die GdZ stark belasten: „RentnerInnen" ohne hinreichendes Einkommen. Diese Logik, die als „race to the bottom" bezeichnet wird, gilt es zu stoppen. Wie schwierig dies ist, zeigt die nicht endende Debatte über den Mindestlohn. Sie wird befeuert durch die Flüchtlingswelle: ein neues Potenzial für prekäre Beschäftigungsverhältnisse in der GdZ.

(c) Individuelle Einflussmöglichkeiten
Vor allem in der zuletzt beschriebenen Dimension ist das zukunftsbezogene Engagement der Zivilgesellschaft gefragt. Unterstützt durch das Erziehungssystem sollte sie der Ökonomisierung/Kommerzialisierung von immer mehr Lebensbereichen entgegenwirken. Insbesondere die junge Generation sollte angeregt werden, nicht nur im Code Zahlen/Nicht-Zahlen, Like/Dislike oder in der Anzahl von Klicks zu denken. Die Problematik der geschätzten 1 Million Internet-Abhängigen (20 Prozent der Jugendlichen) besteht nicht allein in den wachsenden Therapie-Aufwand, nicht erst in der GdZ. Die Schwierigkeit zur Distanzierung von einer Werbungs- und Konsumlogik, die zunehmend individualisiert ist und damit eine wachsende Geltungssucht und Selbstbezüglichkeit („ich bin es mir wert") bedient, nimmt deutlich zu. Wahrscheinlich wird die GdZ einen Zuwachs an Selbsthilfegruppen erleben, die sich gemeinsam eine gewisse Distanz von der Logik des Ökonomischen erarbeiten. Dass sich inzwischen Studenten der Wirtschaftswissenschaften eine „neue" Theoriebasis wünschen – jenseits von Neoliberalismus und Rational Choice Konzepten – ist beachtenswert, wird aber wohl ohne eine entsprechende Kommunikation des PAS mit Blick auf das Wissenschaftssystem (hier Volkswirtschaftslehre) kaum hinreichende Resonanz erzielen.

- **Ökonomisierung (incl. Lobbyismus) in Politik und Verwaltung**

(a) Beschreibung der beobachteten Defizite

Auch im PAS ist die Ökonomisierung weit fortgeschritten – selbst wenn dies im Vergleich zu den USA – z.B. mit Blick auf den aktuellen Präsidentschaftswahlkampf – gering erscheinen mag. Ein großes Problem bleibt die Macht der Lobbyisten – geschätzt die fünf- bis achtfache Anzahl im Vergleich zu den Parlamentariern in Berlin. In Brüssel sogar deutlich mehr. Dass die Liste der Bundestags-Lobbyisten in Deutschland trotz eines Gerichtsbeschlusses lange Zeit nicht veröffentlich wurde, dass die Vertreter der Wirtschaft an den für sie relevanten Gesetzen mitschreiben, dass es einen regen Personalaustausch zwischen Wirtschaft und Politik gibt etc. sind weitere kritikwürdige Beobachtungen.
Im Bereich der Öffentlichen Verwaltung, d.h. bei der Implementation öffentlicher Aufgaben, sind diese Entwicklungen noch sichtbarer. Durch die

Einführung des New Public Management hat die Korruptionsanfälligkeit deutlich zugenommen – insbesondere bei der Auftragsvergabe an Externe; die Privatisierung von öffentlichen Versorgungsaufgaben hat nicht selten zu erheblichen Kostensteigerungen geführt[270]; die Teilname an Zinsspekulationen, Cross Border Leasing u.a. hat viele Kommunen in eine finanzielle Schieflage gebracht; trotz wiederholter Kritik von Rechnungshöfen ist die Praxis des PPP nicht gebremst[271].

Bei diesen Themen geht es insgesamt um die Frage, ob in der GdZ noch ein leistungsfähiges PAS existieren wird, oder ob es von innen so ausgehöhlt ist, dass es seine Beobachtungs- und strukturellen Koppelungsaufgaben im Sinne der Gemeinwohlorientierung, ausgerichtet an den Interessen der Bevölkerung, nicht mehr durchführen kann. Dabei zeigen gerade viele neuere Entwicklungen, dass eine „auf Kante genähte" öffentliche Verwaltung[272] auf neue oder intensivierte Entwicklungen weder zeit- noch sachgerecht reagieren kann. Der Bedarf an Vorbereitungszeit – z.B. Personalergänzung bei Polizei, Schulen, Steuerfahndung u.a.m. – wird dabei in fahrlässiger Weise unterschätzt bzw. ignoriert[273]. Für die Entwicklung im BAMF lässt sich ein alter Begriff wieder entdecken: die „Schnellbesohlung" – in den 1990iger Jahren eine Beschreibung der Ausbildung von Verwaltungspersonal in den Neuen Bundesländern. Wenn solche Prinzipien zum Standard werden, sind Situationen möglich, die für „failing" oder „failed states" typisch sind.

(b) Beschreibung der möglichen systembezogenen Weichenstellungen – z.B. Stopp, Umkehr, Neuausrichtung

Die Möglichkeiten der Selbstbeobachtung sind im demokratischen und rechtsstaatlichen PAS besonders umfangreich, weil sein Machtmonopol eine Gewaltenteilung bzw. Checks and Balances erfordert. Eine wichtige Vorausset-

---

270 Oberbürgermeister fassen ihre Erfahrungen manchmal mit folgender Erzählung zusammen: nach der Auslagerung einer Verwaltungsaufgabe in eine GmbH werde als erstes über die Gehaltserhöhungen geredet. Man sei ja nun ein Teil des Wirtschaftssystems und da werde einfach mehr bezahlt als im öffentlichen Dienst.

271 Nota bene: diese kritischen Beobachtungen richten sich nicht gegen die Forderung nach einer effizienten Mittelverwendung oder gegen Wettbewerb um wirksame und kostengünstige Formen der öffentlichen Aufgabendurchführung („gute Beispiele"). Es gibt viele Beispiele der Mittelverschwendung – allerdings sind dabei fast immer privatwirtschaftliche Akteure beteiligt (vgl. BER).

272 Technisch ausgedrückt handelt es sich um notwendige „slack ressources", die schon für normale bzw. typische Modernisierungsaufgaben (z.B. mehr IT für die ÖV) erforderlich sind. Wohin das „Auslagern" führen kann, zeigt aktuell die Rekrutierung von Sicherheitskräften für Flüchtlingslager; schon länger gibt es Probleme bei der „privatisierten" Kontrolle auf Flughäfen.

273 Es sollte sich herumgesprochen haben, dass es eben nicht ausreicht, mal einfach 1000 neue Stellen für Sicherheitskräfte zu bewilligen.

zung ist die Transparenz von Entscheidungsgründen, -prozessen und –folgen. Sie kann und wird durch ein Berichtswesen, durch Enquete-Kommissionen, durch große und kleine parlamentarische Anfragen, Untersuchungsausschüsse usw. hergestellt. Im Hinblick auf die Haushaltsführung haben die Rechnungshöfe eine herausragende Rolle, die aber oft nicht hinreichend beachtet wird. Auch die Durchführungskontrolle ist verbesserungsbedürftig. Der Berliner Flughafen ist nur die Spitze des Eisberges – v. a. im Hinblick auf Großprojekte. Die Bekämpfung von Korruption und Vetternwirtschaft ist auch dabei unzureichend[274]. Personal, das solche Sachverhalte aufdeckt, muss besser vor Mobbing oder Benachteilung geschützt werden: In der ÖV besteht sogar die Pflicht und die Möglichkeit, rechtswidrige Anweisungen zu verweigern bzw. rechtswidriges Verhalten von Vorgesetzten zu melden[275].

Besonders der offenbar nicht hinreichend intern kontrollierbare Lobbyismus erfordert auch die externe Beobachtung – von den BürgerInnen, aber auch von anderen Funktionssystemen. Informationsfreiheitsrechte, öffentliche Anhörungen und Bürgerdialoge sollten ebenso befördert werden wie die förmlichen Beteiligungsrechte: von den Projektbeteiligungen über die Bürgerbegehren, Bürgerentscheid bis hin zu den Bürgerhaushalten. Noch nicht hinreichend sind die Mittel zur Korruptionsbekämpfung: zumindest ein Ansatz sind entsprechende Beschwerde-Hotlines bei der Justiz oder Polizei.

Unabdingbar sind „Watch"-Organisationen – wie Lobby-Control, Bund der Steuerzahler oder Transparency International aus dem Kontext der Zivilgesellschaft. Eine zentrale Rolle können auch das Wissenschaftssystem durch relevante Forschungen und insbesondere das System der Massenmedien spielen. Letzteres liefert eine kontinuierliche Beobachtung von Aktualitäten, muss aber auch Entwicklungen verfolgen und kann durch entsprechende Archive Vergleiche anstellen. Entscheidend für die GdZ ist das Fortbestehen von investigativem Journalismus, der auch zu Hintergründen der PAS-Entwicklung Stellung nehmen kann. Dies setzt allerdings eine Balance zwischen PAS und Massenmedien voraus, bei der weder ersteres letzteres kapert (wie derzeit in Russland) noch letzteres ersteres kapert (wie in Italien zu Berlusconis Zeiten.).

---

274 Es sei nur an die Schwierigkeiten erinnert, die Einkünfte der Abgeordneten – sowohl was die Höhe als auch was die Herkunft betrifft – transparenter zu machen. Dem Kanzlerkandidaten Steinbrück haben u.a. die hohen Vortragshonorare in diversen Wirtschaftsfeldern nachhaltig geschadet.

275 Wie die Kommunikationen zum VW Skandal zeigen, ist dies in einem Großunternehmen offenbar nicht üblich. Der Vorfall hat inzwischen zu einer Vielzahl von Beobachtungen und Kommentaren bezüglich der geringen „Moral" unternehmerischen Handelns geführt – sowohl nach innen als auch nach außen.

(c) Individuelle Einflussmöglichkeiten

Dass die Bevölkerung eine wichtige Rolle bei der Beobachtung des PAS spielen kann und auch in der GdZ spielen sollte, wurde im vorangehenden Abschnitt schon dargelegt. Es ist mehr als bisher erforderlich, dass die verschiedenen Beobachtungssituationen und die neuen Medien (verantwortungsvoll) dafür genutzt werden: die Alltagskontakte mit der ÖV, die kritische Sichtung und Kommentierung von Selbstbeschreibungen (Berichte[276] u.a.), die Wahrnehmung von Beteiligungs- und Kontrollmöglichkeiten, die Beschwerdewege. Vor allem bei großen Projekten sind Fragen danach zu stellen, wer den Nutzen hat, welche Chancen und Risiken bestehen, wer die Kosten/Lasten trägt usw. Stärker als bisher ist für ein breites Spektrum der Beteiligung zu sorgen: nicht nur die direkt Betroffenen oder die „gebildete" Mittelschicht.

• **Wechselseitige externe Beobachtung und Irritation**

(a) Beschreibung der beobachteten Defizite

Die Komplexität der (Welt-)Gesellschaft nimmt weiter zu. An diesem Prozess sind alle Funktionssysteme beteiligt. Eine der notwendigen Folgen ist die Steigerung ihrer Binnenkomplexität. Immer mehr Aspekte der Systemumwelt müssen beobachtet und ggf. bei den systeminternen Kommunikationen berücksichtigt werden. Im PAS ist dies u.a. als horizontale und vertikale Aufteilung von Zuständigkeiten – z.B. Politikfelder im föderalen System – beobachtbar. Da die „Balancierung" der Funktionssysteme nur durch eine hinreichende *wechselseitige* Beobachtung[277] zu erreichen ist, muss der jeweilige Beobachtungs*aufwand* nach Möglichkeit eingedämmt werden. Die Politik hat hierbei die Aufgabe, in allen Funktionssystemen so viel Transparenz wie möglich zu schaffen: z.B. durch regelmäßige, ggf. durch Dritte kontrollierte Berichte. Dabei ist auch die Rolle von Whistleblowern von Nutzen. Sie können bei der Aufdeckung von wichtigen, aber bewusst verschwiegenen Informationen helfen. Dass dabei ein kompliziertes Austarieren zwischen Abschottung und Transparenz notwenig ist, konnte immer wieder beobachtet werden: eklatant der Fall TTIP, eher Routine die Einstufung von PPP-Verträgen als Geschäftsgeheimnis, die fragwürdige Konstruktion der Rating-Agenturen u.a.m. Wikileaks zeigt, dass das Internet eine wichtige Rolle spielen kann – wenn es nicht zu den in „Der Circle" beschriebenen Zuständen führt.

---

276 Für den hier im Mittelpunkt stehenden Beobachtungsbereich ist eine kritische Durchsicht des Subventions-Berichtes oder auch die Liste von Steuer sparenden Großorganisationen (wie dem DFB), die als gemeinnützig anerkannt werden, hilfreich.
277 Die Stichworte sind: Offenheit in der Außenwahrnehmung, (operative) Geschlossenheit im internen Kommunikationsprozess.

(b) Beschreibung der möglichen systembezogenen Weichenstellungen – z.B. Stopp, Umkehr, Neuausrichtung

Die in den letzten Jahren entwickelte Gesetzgebung zur Informationsfreiheit ist ein Beispiel für diese Öffnung und erleichterte Umweltbeobachtung zwischen Funktionssystemen, vor allem auf das PAS bezogen. Für andere Funktionssysteme ist ein solches Prinzip sehr viel schwieriger durchzusetzen. Das gilt nicht nur für das Wirtschaftssystem (Geschäftsgeheimnisse, Bankgeheimnisse), sondern auch für das Medizinsystem (ärztliche Schweigepflicht, gefälschte Daten zur Wirksamkeit von Therapien), das Wissenschaftssystem (Gefälligkeitsgutachten, unvollständige Daten), das Mediensystem (schlampige Recherche, fehlender Schutz der Zeugen und Info-Quellen; in den „sozialen" Netzwerken sind viele Fakes oder kriminelle Botschaften noch immer durch die Anonymität „geschützt"), das Religionssystem (keine Offenlegung der Finanzen oder der Einflussnahmen durch die Politik) u.a.

Eine wichtige Quelle für Transparenz ist die Konkurrenz zwischen Organisationen – auch innerhalb des gleichen Funktionssystems: Betrieb gegen Betrieb, Universität gegen Universität, Zeitung gegen Fernsehen usw. Insofern dürfte auch hierbei eine Verbesserung der System-Balancierungen in der Zukunft von Insider-Infos abhängig sein. Eine zusätzliche Herausforderung bei der notwendigen Änderung dieser Praktiken besteht darin, dass problematische Koppelungen oder Kaperung nicht hinreichend einzelnen Personen zugerechnet werden (können), die dann die Verantwortung bzw. die Konsequenzen zu tragen haben. Vor allem während und nach der Finanzkrise konnte man beobachten, dass die Krisenverursacher vielfach zur Krisenbewältigung beigezogen wurden[278]. Auf Unverständnis stieß auch, dass die VW Vorstände nicht bereit waren, auf ihre Boni zu verzichten, obwohl sie nachweislich den Schaden für den Konzern mit zu verantworten haben.

An den Beispielen lässt sich auch zeigen, dass die mangelnde wechselseitige Beobachtung und Irritation dazu beiträgt, die Komplexität der Gesellschaft und (erst recht) der Weltgesellschaft zu unterschätzen. Längerfristige Beobachtungs- und Handlungsstrategien fehlen deshalb: die Beispiele wie der Nahe Osten, die Finanzkrise, die Flüchtlingskrise, der VW-Skandal, die Klimaproblematik sind nur einige von vielen. Die Folge ist nicht nur ein häufiges Scheitern des Krisenmanagements, das nicht mehr „vor die Welle" kommt, sondern nur noch mühsam die Reparatur in Angriff nimmt. Dramatischer für die GdZ ist der Modus, auf „alternativlose" „Steuerung auf Sicht" umzuschalten, die am Ende die Rolle des PAS und insbesondere seine Gewaltenteilung gründlich destruieren könnte.

---

278 Im Smalltalk fragten sich die Beobachter der Szenerie, ob Frau Merkel ihre Berater, für die sie gerade eine Geburtstagsparty im Kanzleramt ausgerichtet hatte, demnächst im Gefängnis besuchen müsste.

(c) Individuelle Einflussmöglichkeiten

Inwieweit die einzelnen Gesellschaftsmitglieder an diesen Beobachtungen beteiligt sein können, hängt von dem Grad ihrer Inklusion in verschiedene Funktionssysteme ab. Wenn auch jeweils nur mit begrenzten Rollen und Informationszugängen ausgestattet, haben die Mitglieder der Zivilgesellschaft insgesamt ein breites Beobachtungsspektrum, das z.B. durch weitere Watch-Organisationen – auch mit Hilfe von Internet-Kommunikation – gebündelt werden könnte. Notwendig für die Gestaltung der GdZ ist daher weniger das Verschicken („teilen") von Selfies in jeder Lebenslage, sondern zweckdienliche Beobachtungen aus dem Alltag im Funktionssystem xyz.

- **Regulierung und Bürokratisierung als Problem**

(a) Beschreibung der beobachteten Defizite

Selbstkontrolle bzw. interne Stoppregeln stellen für Funktionssysteme eine besondere Herausforderung dar, die sie oft nur durch interne Resonanz auf die Irritationen vonseiten anderer Funktionssysteme entwickeln können. Dies gilt auch für das PAS – insbesondere mit Blick auf die Regulierung und Bürokratisierung. Diese Entwicklung hat viele Ursachen. Erwähnt wurde bereits das systematisch kodifizierte Rechtssystem, das Kontrollen auch in anderen Funktionssystemen ermöglichen soll. Die zunehmende Weltkomplexität schlägt sich auch in immer komplexeren Gesetzesarchitekturen nieder. Dabei besteht das Problem nicht nur darin, dass sich das System damit u.U. selbst überfordern kann – z.B. durch Widersprüche, Selbstblockaden und mangelnde Wirkung, die auch die Organisationsstrukturen („Bürokratie") und Arbeitsabläufe[279] beeinträchtigen. Es kann sogar zu einer Art Kaperung anderer Systeme führen, die u.a. mit Dokumentationspflichten[280] oder „Messungserfordernissen" (Controlling) überschüttet werden – wie derzeit u.a. das Gesundheitssystem, das Bildungssystem, das Wissenschaftssystem.

(b) Beschreibung der möglichen systembezogenen Weichenstellungen – z.B. Stopp, Umkehr, Neuausrichtung

Das PAS und vor allem die Öffentliche Verwaltung hat diese Probleme schon seit langem im Blick – nicht zuletzt durch die Kommunikationen (Beschwerden) aus anderen Funktionssystemen. Es gibt Methoden der Gesetzes-Fol-

---

279 Ein brisantes Thema ist derzeit das Versagen der Sicherheitskräfte – vor allem in der internationalen Kooperation – bei der Identifikation und Verfolgung von Extremisten und Attentätern.

280 Dies macht Problemverschiebungen einfach: so wird der Kampf gegen den Mindestlohn vor allem mit Hinweis auf den „Bürokratieaufwand" geführt; das ist überraschend, weil man von den Betrieben eine ordentliche Buchführung erwarten kann.

genabschätzung. Es gibt experimentelle Politik, d.h. dass Gesetze nur eine begrenzte Laufzeit haben („sunset legislation") oder nach einer bestimmten Zeit überprüft werden (Artikelgesetz). Es gibt Entbürokratisierungs-Kommissionen und einen Normenkontrollrat. Es gibt Wettbewerbe für gute Verwaltungspraxis; es gibt eine große Zahl von Evaluationsstudien u.a.m. Die Nutzung all dieser Informationen zur Begrenzung von Regelwerken und komplexen Verwaltungsapparaturen bleibt gleichwohl eine – durchaus kostenträchtige – Herausforderung auch für die Zukunft. Dazu gehört die Frage nach der Einbettung des deutschen PAS in ein internationales Mehrebenensystem (EU, OECD, UN). Angesichts der Bedeutung von europäischen Normierungen müssen die o.a. Überlegungen zumindest auch auf dieser Ebene angewandt werden.

(c) Individuelle Einflussmöglichkeiten

Zu beachten ist hier zunächst, dass die Rechtsstaatlichkeit von allen PAS-Prinzipien in der Bevölkerung das größte Vertrauen genießt. Wenn sich dies auch nachhaltig auf die alltägliche Berücksichtigung der Regeln durch die Bevölkerung auswirken würde, könnte auf viele Regeln sogar verzichtet werden. Insofern ist mit Blick auf die GdZ zu entscheiden, ob man bei Rot über die Ampel fährt, die Kinder schlägt und das Schuleschwänzen nicht unterbindet, Geld unterschlägt oder die Betriebseinnahmen über Briefkastenfirmen in Singapur lanciert, falsche Behandlungsabrechnungen bei der Krankenkasse einreicht, der Universität die Nebeneinnahmen verheimlicht usw. usw. Es gibt genug Möglichkeiten der Gesellschaftsmitglieder, das „Dickicht der Bürokratie" nicht weiter wachsen zu lassen, ohne die GdZ zu einer „gesetzesfreien Zone" zu erklären.

- **Die Inklusions-Optionen sind vielfach unzureichend**

(a) Beschreibung der beobachteten Defizite

Die Gesellschaft ist ein Kommunikationszusammenhang. Die Leistungsfähigkeit der differenzierten und kontingenten, aber zugleich irgendwie zu „balancierenden" Architektur hängt ganz wesentlich von der Inklusion von möglichst großen Anteilen der Bevölkerung in verschiedene Funktionssysteme ab. Dies bedeutet sowohl das Einbringen von Interessen und Positionen in die jeweiligen Kommunikationszusammenhänge, als auch die Beobachtung der Unterschiedlichkeit der jeweiligen Funktionsweisen. Ganz praktisch ausgedrückt: die Inklusion kann u.a. dazu führen, dass die systembezogenen Unterschiede in Medium und Code der Kommunikation verstanden werden. Damit wird unübersehbar, dass eine Meinung noch kein Wissen ist, dass man sich eine behördliche Entscheidung ebenso wenig kaufen kann wie einen Doktortitel und dass Gesundbeten nicht besonders erfolgversprechend ist, wenn man sich ein Bein gebrochen hat.

Für das PAS geht es darum, sichtbar zu machen, dass für die Gestaltung öffentlicher Angelegenheiten das Gemeinwohl bzw. ein möglichst breiter Konsens sowie die Berücksichtigung von Minderheiten-Interessen erforderlich sind. Individualisierte Bedürfnisse können dabei meist nicht unmittelbar „bedient" werden[281]. Dieses Problem beschäftigt noch immer die Diskussion über die Legitimation im PAS – a) durch Input (Parlamentsbeschlüsse), b) durch Verfahren (Fairness der Entscheidungsfindung) und c) durch Output (Ergebnisqualität). Nur durch alle drei Elemente lässt sich die Funktion – Herstellung *bindender* Entscheidungen – realisieren.

In einer Demokratie ist die breite Inklusion der Bevölkerung zumindest im PAS vorgesehen – aber auch in Deutschland bei weitem nicht hinreichend realisiert. Es gehört darüber hinaus aber auch zu den Aufgaben der Politik, die Inklusion in andere Funktionssysteme zu beobachten, zu erleichtern bzw. überhaupt erst zu ermöglichen – also Zugangs- und Beteiligungsrechte zu schaffen, oder bei einem beobachteten Inklusionsversagen aktiv zu werden: z.B. Schulbesuch; Zugang zu medizinischen Leistungen, bezahlbarer Wohnraum u.a.m. .

(b) Beschreibung der möglichen systembezogenen Weichenstellungen – z.B. Stopp, Umkehr, Neuausrichtung

Eine Grundvoraussetzung ist es, die Bevölkerung mit den Grundprinzipien der funktional differenzierten Gesellschaft vertraut zu machen. Das GG könnte als ein Ausgangspunkt und als Plattform dienen. Diesbezügliche Kenntnisse werden nicht vererbt, sondern müssen sich von jeder Generation neu vergenwärtigt werden[282]. Die Familien sind damit oft überfordert. Ein diesbezügliches Stichwort zu googlen wird meist auch nicht helfen. Deshalb müssen Schulen, Volkshochschulen und andere Weiterbildungseinrichtungen sowie die Massenmedien[283] diese Themen immer wieder in Erinnerung bringen. Bevor die Diskussion in Bürgerforen zum Thema „gut(es) Leben" bzw. „wie wollen wir in Zukunft leben?", oder bevor die Bundesstiftung Integration mobilisiert wird, sollte eine hinreichende Verständigung darüber erreicht werden, in welcher Gesellschaft wir heute leben. Erleichtert würde damit auch ein

---

281 Hier zeigt sich das Dilemma, wenn das zunehmend individualisierte Produktangebot des Wirtschaftssystems („für mein Auto habe ich den Innenduft Avocado geordert") auf politische Debatten übertragen werden soll.

282 Nicht selten werden solche gesellschaftlichen Grundbedingungen erst bewusst, wenn sie verloren zu gehen drohen.

283 Die vielen TV-Sendungen über Alltagsprobleme und „wir helfen", „xxx kämpft für sie" sind wichtig, oft aber zu punktuell und sensationsorientiert.

Zugang zu den verschiedenen Funktionssystemen, weil ihre Aufgaben und die Bedingungen ihrer Operationsweise besser verstanden werden. Da sie sehr häufig in Organisationen verankert sind, werden die wechselseitigen Erwartungen in der Kommunikation sichtbarer als in informellen Kontakten. Dies alles könnte auch helfen, Parallel-Systeme oder städtische „No-go-Areas" in der GdZ in Deutschland zu vermeiden. Gefördert würde aber auch das Verständnis für unterschiedliche Arrangements in anderen Ländern – sei es hinsichtlich gekaperter oder strikt gekoppelter Systeme (z.B. in vielen Ländern Afrikas) oder hinsichtlich unterschiedlicher Architekturen für gleiche Funktionen (z.B. in der EU, in den OECD-Ländern). Dies gilt vor allem dann, wenn man in diversen Funktionssystemen im Ausland unterwegs ist[284].

(c) Individuelle Einflussmöglichkeiten

Dass die Inklusionsangebote nur dann Wirkung zeigen, wenn sie von der Bevölkerung angenommen werden, ist selbstverständlich. Dies gilt vor allem für Angebote jenseits von Güter-, Dienstleistungs- und Event-Konsum, der ohnehin ständig von Werbung angetrieben wird. Inklusionsangebote sollten auch (!) genutzt werden, um zur Beobachtung und Balancierung von Funktionssystemen beizutragen. Unterstützt werden Interessierte von Organisationen der Zivilgesellschaft – durch Anstöße, Schulung und Vernetzung usw. Würden solche Kommunikationen oder Angebote des PAS überhaupt auf Resonanz stoßen? Was kann die Zivilgesellschaft zur Gestaltung der GdZ beitragen?

Zur Prüfung dieser Fragen ist es hilfreich, zunächst noch einen Blick auf die gegenwärtige Wahrnehmung und Bewertung des PAS durch die Bevölkerung zu werfen. Dies ist ein Filter für die Bereitschaft, im und durch den öffentlichen Sektor Einfluss auf die Gestaltung der GdZ zu nehmen.

4.2.3 Exkurs: Vertrauen in Regierung und Öffentliche Verwaltung

Um Möglichkeiten und Schwierigkeiten der Kommunikation im Verhältnis von Politik und Bevölkerung einschätzen zu können, werden im Folgenden wissenschaftliche Beobachtungen zum Thema Institutionen-Vertrauen herangezogen. Sie beziehen sich auf Gegenwart und Vergangenheit, sind also nicht Bestandteil unseres Beobachtungsschwerpunktes, der Zukunftskommunikation. Sie tragen aber der normativ gewendeten Beobachtungsperspektive dadurch Rechnung, dass Sie Anschlüsse im Hinblick auf zukünftige Handlungsoptionen und -erfor-

---

284 Dagegen bewegen sich die Touristen überwiegend auf speziellen Wegen – oft weit entfernt von der Alltagswirklichkeit der jeweiligen Bevölkerung. Die beste Illustration dafür liefern die Kreuzfahrten.

dernisse ermöglichen. Konkret: angesichts der zuvor noch einmal hervorge-
hobenen besonderen Anforderungen an das PAS, das als Hauptmoderator der
Funktionssystem-Balance und (damit) vielfach auch als Lückenfüller für die De-
fekte anderer Systeme fungiert, muss gefragt werden, wie die Gesellschaft (heu-
te) die Politik beobachtet.

Die Sozialwissenschaften beobachten die Gesellschaftsmitglieder, wie sie
„ihr" PAS beobachten. Dabei steht häufig das Thema Vertrauen – als ein wichti-
ges gesellschaftliches „Binde- und Schmiermittel" – im Mittelpunkt[285]. Die Beob-
achtungen, die zunehmend auch international vergleichend stattfinden, lassen
sich als weltweites Politikbarometer bezeichnen. Der Bedeutung der in vielen
Ländern vorhandenen funktionalen Differenzierung entsprechend werden dabei
zum Vergleich oft auch Organisationen aus anderen Funktionssystemen als Be-
zugspunkt genutzt: Vertrauen in Wirtschaftsorganisationen, in Wissenschaft, in
Medizin u.a.m. Dies ermöglicht es, vergleichende Bewertungen von verschiede-
nen Funktionssystemen durch die jeweiligen Gesellschaftsmitglieder zu berück-
sichtigen.

Die Ergebnisse des "Edelman Trust Barometer" zeigen für die Weltgesell-
schaft (2014) das folgende Stimmungsbild:

"Trust in government fell globally four points to an historic low (44 percent)
making it the least trusted institution for the third consecutive year. The
drop in government trust among informed publics was even more dramatic
on a country level, plummeting in the U.S. (16 points to 37 percent), France
(17 points to 32 percent) and Hong Kong (18 points to 45 percent). Populist
sentiment is evident in the fact that among the general population trust in
government is below 50 percent in 22 of the 27 countries surveyed, with stri-
kingly low levels in Western Europe, particularly in Spain (14 percent), Italy
(18 percent) and France (20 percent)." (http://www. Global Results – 2014
Edelman Trust Barometer.htm)

Deutschland schneidet dabei im Schnitt etwas besser ab: 48% (2013) und 49%
(2014). Auch hier gibt es Unterschiede zwischen besser informierten Personen
(57%) und dem Durchschnitt (44%). Diese Überblickszahlen verdecken aller-
dings die unterschiedliche Bewertung der verschiedenen Segmente des PAS –
wie die folgenden Vertrauens-Werte für 2013 zeigen (GfK 2014): Polizei 81%;
Justiz 65% (wobei in anderen Studien das Bundesverfassungsgericht mehr als
90% erreicht); Armee 57%; Medien 43%; Kirchen 39%; Regierung 34%; Politi-
sche Parteien 16%.

---

285 Dabei wird nicht davon ausgegangen, dass komplettes „blindes" Vertrauen die beste
Konstellation beschreiben würde. Das Prinzip „Vertrauen ist gut, Kontrolle ist besser" ist
für Einzelfragen hilfreich. Als flächendeckende Strategie ist es aber nicht geeignet. Die
Befragungen greifen das Thema deshalb in allgemeiner Form und eher bilanzierend auf.

Auch im Zeitverlauf gibt es Schwankungen, selten aber einen dauerhaften Trend: von 1997 bis 2013 variierte das Vertrauen in die deutsche Regierung zwischen 25% und 50%. In den letzten drei Jahren wurden aber immer über 40% erreicht.

Einen wechselnden Trend zeigt auch die Bewertung europäischer Institutionen (Eurobarometer 2015): 2007 lagen die Werte bei etwa 50%. Nach einem Tief 2013 sind sie 2015 wieder angestiegen: das Parlament von 25 auf 31%; der Rat von 23 auf 31%; die Kommission von 31–41%. (http://europa.eu/rapid/press-release_IP-15-5451_de.htm)

Betrachtet man im Rahmen der Vertrauensfrage typische Kritikpunkte an den Institutionen, dann ragt das Thema Korruption heraus. Es stellt auch für Deutschland eine kritische Randbedingung für die Zukunftsgestaltung dar (Globales Korruptionsbarometer 2013): In Deutschland schneiden auf einer Skala von eins (überhaupt nicht korrupt) bis fünf (höchst korrupt) Justiz (2,6), Polizei (2,7), aber auch das Bildungswesen (2,7) vergleichsweise gut ab. Das schlechteste Image haben die politischen Parteien mit einem Wert von 3,8 – dicht gefolgt von der Privatwirtschaft mit einem Wert von 3,7. Auch im weltweiten Vergleich werden die politischen Parteien am häufigsten als die korruptesten Institutionen wahrgenommen. Auffällig ist das vergleichsweise schlechte Abschneiden der Medien in Deutschland. Sie rangieren mit einem Wert von 3,6 erstmals hinter der öffentlichen Verwaltung (3,4) und dem Parlament (3,4). Nichtregierungsorganisationen liegen mit 3,0 Punkten im Mittelfeld. (http://www.transparency.org/gcb2013)

Eine deutliche Differenzierung der Bewertungen ergibt sich, wenn man das Ansehen von Berufsgruppen aus verschiedenen gesellschaftlichen Funktionssystemen vergleicht (Forsa 2014).Es haben ein sehr hohes oder hohes Ansehen:

- *Feuerwehr 95%;. Kranken-/Altenpflege 90%;*
- *Arzt/Ärztin 89%; Polizei 84%; Kita-MitarbeiterIn 83%; RichterIn 81%;.*
- *PilotIn 78%; Müllabfuhr 78%;. HochschulprofessorIn 74%; LehrerIn 72%;*
- *TechnikerIn 69%; LokführerIn 69%; BriefträgerIn 63%; LebensmittelkontrolleurIn 63%; Justizvollzugspersonal 60%;*
- *Anwalt/Anwältin 59%; UnternehmerIn 58%; DachdeckerIn 58%; Studienrat/rätin 52%;*
- *JournalistIn 49%; SteuerberaterIn 44%; EDV-SachbearbeiterIn 40%;*
- *Beamte 38%; Bankangestellte(r) 38%; Steuerbeamter/in 35%; ManagerIn 32%;. GewerkschaftsfunktionärIn 31%;*
- *PolitikerIn 21%;.*
- *VersicherungsvertreterIn 12%.*

Zusammenfassend kann festgehalten werden, dass sich hinter den Pauschalbewertungen, die für das PAS eher kritisch ausfallen, für die Funktionen und Personalgruppen ein differenziertes Bild im Meinungsspektrum der Bevölkerung

verbirgt. Es zeigt, dass das PAS-Personal nicht durchgängig schlechtere Vertrau-
ens- und Ansehenswerte als andere Funktionssysteme aufweist[286]. Besonders
bemerkenswert sind das hohe Vertrauen gegenüber dem Rechtssystem und die
dauerhaft kritischen Bewertungen von Parteien und PolitikerInnen. Letzteres
hat sicher auch mit den hohen Erwartungen an die Problemlösungsfähigkeiten
von Politik zu tun. In einer komplexen und liberalen Gesellschaft kann die Erwar-
tung, bei kollektiv verbindlichen Arrangements allen Interessen gleichermaßen
zu dienen, in der Regel nicht eingelöst werden[287]. Die Ergebnisse fordern aber
gleichwohl zu erheblich mehr Anstrengungen auf, um dies auch direkt zu kom-
munizieren. Damit rücken auch die Bezüge zur Zivilgesellschaft in den Fokus.

4.2.4 Die Rolle der Zivilgesellschaft bei der Inklusion der Bevölkerung

Halten wir noch einmal fest: Ob sich die Zivilgesellschaft als Funktionssystem
beschreiben lässt ist umstritten, weil sie im Sinne von Bevölkerung eher als na-
türliche Umwelt der Funktionssysteme angesehen wird/werden kann. Außer-
dem wird dabei suggeriert, dass die Gesellschaft von außen beobachtet werden
kann. Dies ist jedoch unmöglich. Häufig wird deshalb eine spezifische Organisa-
tionsform (NGO, Protestbewegung, Bürgerinitiative) als Bezugspunkt gewählt.
Als Funktion wird dabei die gesellschaftliche Selbstalarmierung hervorgehoben.
Das Medium ist Angst/Sorge; der binäre Code dafür sein/dagegen sein bzw.
Angst haben/keine Angst haben.[288]

Mit Blick auf die folgenden Beobachtungen wird die Zivilgesellschaft zunächst
als eine Kategorie der Selbstschreibung von einfachen und organisierten Sozialsystemen berücksichtigt, die sich (ggf.) in der territorialen und hierarchischen Dimension gruppieren lassen. Das Besondere ist dabei, dass der enge
Bezug auf Personen (die Bevölkerung) die Möglichkeiten der Inklusion in
verschiedene Funktionssysteme berücksichtigt. In einer anderen Terminologie wird dabei von einem Rollenset gesprochen. Es beinhaltet verschiedene Beobachterperspektiven und Kommunikationsbeteiligungen. Inwieweit
dieser Kommunikationszusammenhang auch *welt*gesellschaftliche Formate

---

286 Nicht immer hinreichend beachtet ist hierbei die Tatsache, dass diese Ergebnisse auch
die Bedeutung diverser (notwendiger) *Leistungen für die Gesellschaft* beschreiben.
Wenn man diesen Bewertungen die Einkommensverhältnisse gegenüberstellen würde,
dürften erhebliche Diskrepanzen sichtbar werden, die zu Gerechtigkeitsfragen führen.

287 Dies ist umso bedeutsamer, je individualisierter die Versorgung mit Wirtschaftsgütern
ausfällt: Verkehrsregeln sind eben nicht in gleichem Maße individuell disponibel wie die
Farbe des eigenen Autos.

288 Die Kommunikation über die „Flüchtlingskrise", zeigt die Anwendbarkeit solcher Kennzeichnungen.

aufweist, ist jeweils zu prüfen. Die Gesellschaft der Zukunft wird möglicherweise stärker das Prinzip „denke global, handle lokal" berücksichtigen. Dies lässt sich u.a. an dem Bedeutungsgewinn lokaler Politikgestaltung und -umsetzung aufzeigen. Demografische Entwicklungen und Migration tragen wesentlich dazu bei. Die Flüchtlinge werden nicht in der EU-Kommission oder im Kanzleramt vorstellig. Gleiches gilt für die altersbedingt wachsende Zahl von Demenzkranken. Diese Bezugnahme auf *individuelle* Dispositionen als natürliche Umwelt von sozialen Systemen verweist auf eine große Komplexität und zugleich interne Dynamik (Kontingenz) dessen, was im Begriff der „Zivilgesellschaft" eher kohärent erscheinen mag. Es ist deshalb nicht überraschend, dass mit Blick auf die Gegenwart ebenso wie für die GdZ die Frage erörtert wird, was „die" Zivilgesellschaft eigentlich ist, was „sie" will – oder konkreter: welche Werte sind *uns* wichtig, teilen „wir"?[289] Und: wie wollen „wir" – in Zukunft – leben?

Als *spezifisches* Funktionssystem wird die Zivilgesellschaft durch Kommunikationsmodi und -inhalte vor allem *des Protestes* gegen andere Funktionssysteme abgegrenzt. Dies macht die Beobachtung der Zivilgesellschaft deutlich überschaubarer. Im Verlauf der Zeit sind schon fast alle Funktionssysteme Gegenstand von Protestinitiativen gewesen. Im Mittelpunkt stand und steht gleichwohl meist das PAS.

Beachtenswert ist die Beobachtung, dass es häufig die jungen Generationen sind, die den Protest tragen. Dies verweist auf die Tatsache, dass jede Altersgruppe bzw. Generation sich erst mit der schon vor ihr entstandenen Gesellschaft und ihren Funktionssystemen vertraut machen muss oder vertraut gemacht werden muss. Allgemein wird dies als Sozialisationsprozess bezeichnet. Ob das Grundgesetz nur in einer Cloud als Text gespeichert ist, oder tatsächlich die Kommunikation der Gesellschaftsmitglieder (mit-)bestimmt, hängt von einer erfolgreichen Sozialisation ab. Dies ist ein anspruchsvoller Prozess – vor allem, wenn es um die gleichzeitige Inklusion in *verschiedene* Funktionssysteme geht. Er muss i.d.R. lebenslang erfolgen, weil sich die Funktionssysteme ständig ändern bzw. weiter entwickeln und sich der Zugang zu ihnen im Lebenslauf verändert. Die Existenz einer leistungsfähigen funktional differenzierten Gesellschaft hängt von diesem Lernprozess ab; dabei ist es von Vorteil, in einer Gesellschaft *aufzuwachsen* und dabei verschiedene Funktionssysteme zu beobachten. Migration und Integration erfordern dagegen eine rasche nachholende Sozialisation. Dabei lässt sich leicht nachvollziehen,

---

289 Nicht zuletzt die Terroranschläge in den vergangenen Monaten haben dieses Thema in die öffentliche Kommunikation katapultiert. Eine der Antworten – „ihr habt die Waffen, wir haben den Champagner" – ist in spezifischer, aber wohl nicht beabsichtigter Weise entlarvend: die Anschläge in Paris wurden von Franzosen durchgeführt, die in der Tat – wegen fehlender Ausbildung, Beschäftigung, Einkommen – keinen Zugang zum Champagner gefunden haben.

dass eine Sozialisation in nur ein Funktionssystem (z.B. als Arbeitskraft für die Wirtschaft) völlig unzureichend ist. Dies ist nicht nur für die betreffenden Personen problematisch, sondern auch für die Balance des System-Ensembles in der Gesellschaft.

Die Schlussfolgerung lautet dementsprechend, dass Inklusions-Optionen (Öffnung der Funktionssysteme) und aktive Mitwirkung (Beobachtung und Kommunikation) durch die Bevölkerung zwei Seiten der gleichen Medaille sind. Ohne sie fällt eine Gesellschaft – auch in der Zukunft – auseinander. Mit „Googlen" und „Posten" ist es also nicht getan – auch wenn dies einige Internet-Enthusiasten hoffen.

4.2.5 Defizite in der Zivilgesellschaft

Ohne eine im oben beschriebenen Sinne funktionierende Zivilgesellschaft kann ein demokratisches(!) funktional differenziertes Gesellschaftssystem nicht existieren. Insofern geht es hier – wie schon hinsichtlich des PAS – nicht um eine Fundamentalkritik der gegenwärtigen Situation. Vielmehr sollen die kritischen Beobachtungen und medialen Kommunikationen aufgegriffen werden und notwendige Akzente bzw. ihre Verstärkung für die GdZ formuliert werden. Die *normative Referenz* ist eine möglichst weitgehende Inklusion, durch die nicht zuletzt auch die „Balancierung" der Funktionssysteme befördert wird. Die Beobachtungen werden in zwei Schritten zusammengefasst: (a) beschreibt ausgewählte Defizite; (b) beschreibt Ideen und Beispiele für die Entwicklung der Inklusion für die GdZ.

- **Mängel in der Nutzung von Inklusionschancen**

(a) Ausgewählte Defizite

Inklusionschancen bedeuten systeminterne Bobachtungsmöglichkeiten, die auf Beobachtungen von außen bezogen werden können. Für die GdZ ist es von zentraler Bedeutung, dass sich die jüngeren Altersgruppen beteiligen, denn nur auf diesem Wege können sie ihre eigene Zukunft mit gestalten. Je mehr Personen in ein Funktionssystem inkludiert sind, desto größer ist der Druck hinsichtlich der Transparenz. Die Zivilgesellschaft kann nur dann mehr Inklusions-Optionen fordern, wenn möglichst viele Menschen auch bereit sind, sie anzunehmen. Vor allem im Politiksystem gibt es hierbei Defizite – nicht zuletzt hinsichtlich der teilweise geringen Wahlbeteiligung.

Trotz relativ guter Beschäftigungslage gilt dies auch für die Inklusion in das Wirtschaftssystem. Voraussetzung ist i.d.R. eine Annahme von Qualifizierungs- und Fortbildungsangeboten sowie häufig auch eine Übernahme von Aufgaben, selbst wenn sie den eigenen Wunschvorstellungen nicht voll entsprechen[290]. Die organisationsinterne Beteiligung (z.B. im Betriebsrat) eröffnet Möglichkeiten der Mitgestaltung. Auch die Inklusion als Konsumenten – mit expliziten Verbraucherinteressen und –rechten – ist für das Wirtschaftssystem von Bedeutung. Das Bildungssystem ist ebenfalls ein zentraler Inklusionsfokus: fehlende Einsicht seitens der Familie, Schulverweigerung, fehlende Abschlüsse sind ein beachtenswerter Defizitbereich. Dabei ist nicht nur die spätere Einbindung in die Wirtschaft im Blick, sondern – vor allem mit Blick auf die GdZ[291] – auch die Mitwirkung in Selbstorganisation und Selbsthilfe. Im Hinblick auf die Migration ist der Spracherwerb zentral.

Eine besondere Erwähnung findet immer wieder das Rechtssystem: die Verfassungsprinzipien gelten zwar qua Definition, sind aber nur dann wirklich wirksam, wenn sie von der Bevölkerung anerkannt und in ihren Kommunikationen und Entscheidungen beachtet werden[292].

(b) Ideen und Beispiele für die Entwicklung der Inklusion für die GdZ.

Beobachtungs- und Handlungsoptionen für die Zivilgesellschaft mit Blick auf die Inklusion in Funktionssysteme[293] lassen sich grob in drei Gruppen aufteilen: 1. selber in verschiedenen Settings aktiv werden: einen Job annehmen, in eine Partei eintreten, in wissenschaftlichen Beiräten tätig werden, Produkte der Massenmedien abbonieren und eigene Anliegen dort platzieren; in der Schule der Kinder mitwirken, sich in der Kirchengemeinde engagieren; in der eigenen Familie Kontakte pflegen u.v.a.m. 2. andere Personen bei der Inklusion unterstützen: Arbeitsmöglichkeiten vermitteln; durch gute Beispiele für Annahme der Inklusionsangebote werben, Weitergabe von Informationen und „Schnupperangebote", Lotsen-Dienste anbieten usw. 3. Organisationen der Zivilgesellschaft, die die Inklusion befördern, unterstützen – und notfalls

---

290 Gerade deshalb ist die generelle „Würdigung" von *allen* Arten von Tätigkeiten in der Gesellschaft – einschließlich einer fairen Bezahlung – so wichtig. Darin spiegelt sich die wechselseitige Abhängigkeit der Funktionssysteme untereinander. Den Beleg dafür liefern die spürbaren Folgen von Streiks – ganz gleich von welcher Gruppe von Beschäftigten. Sie zeigen, dass *alle* gebraucht werden.

291 Gemeint ist hier vor allem die Kommunikation über die zukünftigen Jobbestände sowie die faire Verteilung von Erwerbsarbeit in Zeiten schrumpfender Angebote.

292 Das hohe Vertrauen, das in die diesbezüglichen Institutionen und Prinzipien gesetzt wird, ist ein wichtiger Indikator. Allerdings gilt für den Rechtsstaat angesichts wachsender Gewaltbereitschaft in besonderem Maße die Warnung, dass er wie eine Gazelle entschwinden kann, aber allenfalls im Schneckentempo zurückkehrt.

293 Dass hier vor allem Beispiele aus Deutschland gewählt werden, bedeutet nicht, dass Engagements in der *Welt*gesellschaft weniger wichtig sind. Allerdings sind ggf. völlig andere Gegebenheiten – eben andere Funktionssystem – Arrangements zu berücksichtigen: was in Deutschland hilfreich ist, kann sich in anderen Ländern negativ für die Betroffenen auswirken.

selber gründen: in eine Gewerkschaft eintreten; eine Bürgerinitiative gründen; Mitglied in Kultur- und Sportvereinen werden; Verein von „Ehemaligen" beitreten; Geld spenden – z.B. für den Kinderschutzbund, für Frauenhäuser; Organisationen und Initiativen unterstützen, die eng mit dem jeweiligen Funktionssystem und seinen Schwachstellen gekoppelt sind: Nachhilfeorganisationen, die Initiative „kein Kind zurücklassen" (NRW), Frauenrechte im Wirtschaftssystem einfordern, den Klimaschutzplan (NRW) mit entwickeln, gegen die Ökonomisierung der Gesundheitsversorgung demonstrieren, als „grüne Damen" in Krankenhäusern tätig werden; in Wohlfahrtsverbänden mitarbeiten – z.B. bei der Aufnahme und Integration von Flüchtlingen; Watch-Organisationen mit Informationen beliefern; Protestaktionen unterstützen, die auf Inklusionsmängel aufmerksam machen, u.v.a.m. Für alles dieses gibt es bereits viele gute Beispiele.

- **Mängel hinsichtlich der politischen Beteiligung**

(a) Ausgewählte Defizite

Diese Defizite werden hier noch einmal besonders hervorgehoben, weil das PAS im Fokus der Beobachtung steht, weil in diesem Funktionssystem die Inklusion – zumindest formal – explizit festgelegt ist (Staatsangehörigkeit) und weil von einer diesbezüglichen Inklusion die Inklusion in andere Systeme besonders gefördert werden kann. Diese Optionen müssen aber auch „mit Leben" gefüllt werden. Dazu gehört eine kontinuierliche Beobachtung, die Nutzung von Informationsquellen, die Beteiligung und ggf. sogar ein aktives „whistle-blowing". Die neuen Verbreitungstechnologien sind hierfür von großem Wert, wenn ihre Nutzung in rechtsstaatlichem Rahmen erfolgt. Zu der Inklusion ins PAS gehört eben auch, dass die Interessen der *Gesamtgesellschaft* im Mittelpunkt stehen. Vor allem der Grundsatz, dass Eigentum verpflichtet (Art. 14 GG), ist ziemlich in Vergessenheit geraten. Die Kommunikationserfordernisse sind besonderer Art: Fairness, Interessenausgleich und Minderheitenschutz anstelle von Rücksichtslosigkeit und der Durchsetzung des „the winner gets it all" Prinzips[294].

Die Kommunikation mit der Kennzeichnung „Not in my backyard" ist inzwischen so weit verbreitet, dass sie besondere Aufmerksamkeit verdient. Sie bezeichnet u.a. die Situation, in der die politische Beteiligung nur der Verfolgung eigener Interessen bzw. zur Abwehr unliebsamer Entscheidungen dient. Gemeinwohlorientierung schließt jedoch Situationen ein, die man für sich persönlich nicht für vorteilhaft hält und trotzdem akzeptiert, weil man den

---

294 Oder in einer anderen Formulierung: der 2. ist der erste Verlierer. Es ist nicht überraschend, dass derzeit viele Radikalisierungsprozesse bei Jugendlichen mit der Beobachtung beginnen, man werde nicht akzeptiert, nicht wertgeschätzt, man sei ein „looser".

gesellschaftlichen Nutzen entsprechend bewertet[295]. Dazu gehört die Akzeptanz von Verfahrens- und Entscheidungsregeln. Die politische Beteiligung, die nicht nur persönliche Interessen betrifft, hat häufig einen sogenannten Mittelschicht- oder Bildungsschicht-Bias. Eine breitere Repräsentanz verschiedener Bevölkerungsgruppen ist oft zwingend erforderlich[296].

(b) Ideen und Beispiele für die Entwicklung der Inklusion für die GdZ.

Die Mitwirkungsmöglichkeiten basieren zunächst einmal auf konkreten, formal festgelegten Beteiligungsrechten (Wahlrecht, Volksentscheid, Planungsverfahren, Informationsrechte, Bürgerbegehren, Bürgerhaushalt etc.), die auch für die Gestaltung der GdZ mehr als bisher wahrgenommen werden sollten. Dadurch ließe sich der oft zu beobachtende Mangel an Zukunftsbezug und Nachhaltigkeit in der Politik korrigieren[297]. Den Beginn machen die kritischen Fragen zu den langfristigen Wirkungen aktueller Politikentscheidungen. Anstelle nur zu fragen, „wie stellt ihr Euch die GdZ vor" kann man zuspitzen: wie stellt ihr Euch die zukünftige Inklusion der Bevölkerung in die verschiedenen Funktionssysteme vor?

Für diese Frage werden zusätzlich auch informelle Beteiligungsformate genutzt bzw. neu entwickelt werden müssen. Die aktive Mitwirkung in Anhörungen, Bürgerforen, Internetforen, Gesprächskreisen, Mediations-Verfahren, Schlichtungsverfahren etc. ist dabei unerlässlich. Einerseits geht es um die Erprobung und ggf. um die Verbesserung der Beobachtungs- und Kommunikationsmöglichkeiten: nicht alle sind für alle Arten gesellschaftlicher Gestaltungsentscheidungen sinnvoll. Die neueste Erörterung von Vor- und Nachteilen von Volksentscheiden hat dies deutlich gemacht. Zum anderen geht es um die inhaltlichen Entscheidungen – im Sinne der Gemeinwohlorientierung, der fairen Verteilung von Vor- und Nachteilen, Kosten und Nutzen. Dies schließt Demonstrationen auf der Straße nicht aus. Allerdings ist zu beachten, dass auch sie Regeln unterliegen. Werden diese nicht beachtet, so verschiebt sich schnell die Aufmerksamkeit weg von den inhaltlichen Anliegen. Sowohl für die Beachtung der Regeln als auch für die Entwicklung neuer, breiter wirkender Beteiligung kann eine Mitwirkung in Bürgerinitiativen oder auch in parteinahen Vereinigungen hilfreich sein: hier können Erfahrungen

---

295 Zu beobachten bei der Diskussion über neue Windräder und Stromtrassen – im Rahmen der Energiewende.

296 Eine inzwischen kaum noch beachtete Option ist die „Planungszelle" (Dienel), für die die Beteiligten durch Losverfahren ausgewählt werden.

297 Nota bene: in einer Demokratie ist der Code Mehrheit/keine Mehrheit und damit auch das Denken in Wahlperioden (Wiederwahl oder nicht?) verankert. Dieses Prinzip ist in Deutschland manchmal noch durch die Wahlen auf verschiedenen Ebenen verstärkt.

ausgetauscht werden und neue Modelle der Inklusion in politische Prozesse angeregt werden.

● **Mängel in der Selbstorganisation und Selbsthilfe**

(a) Ausgewählte Defizite

Die GdZ wird lernen müssen, mit verkleinerten primär-sozialen Systemen – insbesondere keinen oder kleinen Familien – umzugehen. Zudem könnten die virtuellen Netzwerke die Bildung von realen Netzwerken verhindern. Schließlich wird die Interessenartikulation in den Funktionssystemen – insbesondere auch im PAS – oft nicht zum Erfolg führen. Schon heute ist erkennbar, dass ohne ehrenamtliches bzw. zivilgesellschaftliches Engagement viele gesellschaftliche Herausforderungen nicht bewältigt werden könnten[298]. Es bedeutet sowohl eine Übernahme von Aufgaben als auch eine Qualifizierung dafür.

In der GdZ dürften sogar mehr „Kapazitäten" für diese Aufgaben zur Verfügung stehen, weil bisher typische Erwerbstätigkeiten seltener werden. Daher ist die Leistung des Erziehungssystems hinsichtlich der Vorbereitung auf diese zukünftigen Erfordernisse zu überprüfen.

(b) Ideen und Beispiele für die Entwicklung der Inklusion für die GdZ.

Selbsthilfe und Selbstorganisation haben teilweise die Funktion, die Lücken in den Leistungen der Funktionssysteme zu schließen: Nachhilfe, häusliche Pflege, Bürgerbusse, Baumpflege in der Stadt usw. Dies ist sowohl sachlich, räumlich und gruppenbezogen sehr unterschiedlich verteilt. Für die GdZ muss diese Lückenbildung ständig beobachtet und ggf. kritisiert werden. Eine andere Fehl-Entwicklung besteht in der fortgesetzten Kommerzialisierung von Selbsthilfeaktivitäten: das Auto ausleihen oder jemanden bei sich wohnen lassen, sich vom Nachbarn die Heckenschere ausleihen: alles soll zu einem Geschäftsmodell werden, soll einen Preis erhalten. Damit ist eine wesentliche Rolle der Zivilgesellschaft zerstört. Deshalb ist dieser Entwicklung entgegenzuwirken: mit wechselseitiger Hilfe unter Freunden und Nachbarn, durch die Unterstützung von Tauschringen, durch Reparaturkaffees usw.

Wenn sich die Prognosen für die Beschäftigungsmöglichkeiten in der GdZ halbwegs bewahrheiten sollten, dann wird es zu einer grundlegenden Neuaufteilung von Eigenarbeit und Erwerbsarbeit kommen[299]. Dabei wird ersteres eine größere Bedeutung gewinnen. Dies wird die subsidiäre Organisation vieler Aktivitäten der Zivilgesellschaft befördern. Insofern ist es erforderlich, diesbezügliche Fähigkeiten und Fertigkeiten (wieder) zu erlernen: durch „tra-

---

298 Insofern ist der Wegfall des Zivildienstes kritisch zu bewerten. Das freiwillige soziale Jahr ist eine Option, die häufiger gewählt werden sollte.

299 Anklänge gibt es bei der Diskussion über die Work-Life-Balance.

vel and work", Praktika, die wechselseitige Ergänzung bei do-it-yourself Aktivitäten u.a.m. Die Potenziale dafür sind in der Zivilgesellschaft nicht zuletzt deshalb vorhanden, weil sie aus anderen Funktionssystemen „mitgenommen" werden können. Dazu gehören auch Fähigkeiten zur Organisation komplexerer Aktivitäten wie eine quartiersbezogene Energieversorgung. Für alles dieses gibt es bereits Beispiele, die in die Breite der Zivilgesellschaft getragen werden können.

- **Zunehmende Selbstbezüglichkeit**

(a) Ausgewählte Defizite

In die Zivilgesellschaft werden Menschen nicht primär mit Blick auf ihre spezifische Verankerung in dem einen oder anderen Funktionssystem eingebunden. In der Kommunikation werden häufig ihre verschiedenen Rollen gleichzeitig adressiert[300]. Insofern wird hier die strukturelle Koppelung mit vielfältigen kognitiven und psychischen Strukturen sichtbarer als in anderen, spezifischeren Funktionssystemen. Damit ist es aber auch schwieriger, die Entwicklung dieser „menschlichen", d.h. der psycho-physischen Umweltmuster zu verstehen. Sie können aber zum Gegenstand zivilgesellschaftlicher Kommunikation gemacht werden.

In diesem Zusammenhang wird eine zunehmende Selbstbezüglichkeit (Ich-Bezogenheit) der Individuen beobachtet: „ICH bin es mir wert"; „ICH möchte wertgeschätzt werden", „ICH vor der Großen Mauer", „ICH zusammen mit Angie" (Selfie-Hype). Andere, meist eher kritische Stichworte sind Narzismus, Egoismus, mangelnde Empathie, mangelnde Toleranz und Solidarität; Fremdenfeindlichkeit, Abgrenzungs- bzw. Abschottungstendenzen (horizontal, vertikal). Auch wenn diese Beobachtungen teilweise mit dem „verständlichen Wunsch" nach zwischenmenschlicher Resonanz erklärt werden (Altmeyer 2016), bleiben solche personbasierten Orientierungsmuster problematisch. Wenn sie internetgestützt zum Standard werden, ist die Zivilgesellschaft am Ende oder hat sich allenfalls in unzählige Parallelnetze („bubbles") der „Selbstbespiegelung" aufgelöst. Folgt man Studien der Entwicklungspsychologie (z.B. von Piaget), dann werden derartige Muster der Orientierung und des Verhaltens überwiegend im sozialen Kontext erlernt. Insofern ist es eine wichtige Aufgabe der Zivilgesellschaft, sich mit den Ursachen einer möglichen (Fehl-)Entwicklung auseinanderzusetzen.

---

300 Ein typisches Kommunikationsmuster ist die „Vereinbarkeit von ..." (gleichzeitigen Inklusionen). Oder auch: „was sagst Du als ... dazu"?

(b) Ideen und Beispiele für die Entwicklung der Inklusion für die GdZ.

Die Medien spielen in diesem Zusammenhang eine entscheidende Rolle: ohne die Bedeutung von guten Beispielen aus den engeren mikro-sozialen Netzen (Familien, Freundeskreise) zu ignorieren, werden die meisten Rollen(vor)bilder in der Werbung, in Fernsehsendungen (daily soaps) sowie zunehmend in Computerspielen und im Internet (Facebook, Youtube, Instagram u.a.) präsentiert und zur Nachahmung empfohlen. Häufig werden diese Bilder auch von Erwachsenen für ihre Kinder übernommen[301]. Insofern ist es eine besondere Herausforderung der Zivilgesellschaft, auch andere Rollenbilder sichtbar zu machen, die weniger am exaltierten und aggressiven und mehr am prosozialen Verhalten ausgerichtet sind. Dies kann durch die Inklusion der Zivilgesellschaft in „Gemeinschafts"-Einrichtungen von der Kita bis zu den Sportvereinen gefördert werden. In diesem Rahmen können alternative Rollenbilder entwickelt werden – ohne dass man einseitig eine Ponyhof-Idylle befördert.

- **Überlagerung medialer Einflüsse durch „soziale" Medien u.a. Funktionssysteme**

(a) Ausgewählte Defizite

Der Austausch von Daten findet zunehmend mit Hilfe der neuen Verbreitungstechnologie Internet statt. Ein Ende der Expansion ist derzeit und für die GdZ nicht zu erwarten. Deshalb ist dieses Beobachtungsfeld noch einmal besonders hervorzuheben. Ob es sich bei den Datentransfers um Informationen oder gar um Kommunikation im hier verstandenen Sinne handelt, wäre im Einzelnen erst zu prüfen und zu zeigen. Relativ klar ist die Situation dort, wo die neue Technologie nur die alte Technologie für die Durchführung der Kommunikation ablöst: E-Mails statt Schriftverkehr; Skypen statt Telefonieren etc. Reine Datentransfers mit Hilfe des Internets sind ebenso wenig Kommunikation wie die früheren TED-Umfragen im Fernsehen. Anders ist die Situation, wenn telefonische Nachfragen zum ARD-Presseclub beantwortet werden, ansatzweise auch, wenn Tweets in einer Talkshow aufgegriffen werden.

Schwieriger ist dagegen die Situation in den sogenannten sozialen Medien zu beurteilen. Der größte Teil muss als Rauschen von Meinungsäußerungen klassifiziert werden, die allein durch ihre Anzahl keine Chance auf Vermitt-

---

301 Man beobachte die Kleinkinder, die im Einkaufswagen des Discounters sitzen und den Eltern zeigen, was als nächstes zu „holen" ist. Ein anderes Beispiel sind „Superstar-Wettbewerbe" für 5-jährige Mädchen in den USA, bei denen die Mütter ihren verpassten Chancen nachjagen und den Nachwuchs „dressieren". Die Frage bleibt virulent: wo und wie lernt man (in der Zukunft) soziales bzw. zivilisiertes Verhalten?

lung (Wahrnehmung) und Verstehen haben[302] – selbst wenn die adressierten Personen zunehmend zu Reaktionen gedrängt werden. Aus verschiedenen Gründen wird hierbei, wie in den Massenmedien generell, versucht, die Aufmerksamkeit potenzieller BeobachterInnen zu gewinnen: dies kann durch Inhalte wie Aktualitäten („breaking news" direkt vom Geschehen), reißerische Geschichten oder Fakes, Werbung, Propaganda, Verschwörungstheorien, kriminelle Aktionen (von Kinderpornografie bis zu Shitstorms oder „Shamestorms" u.a.) erfolgen – oder auch durch die „Prominenz" der SenderInnen: alte und neue Stars im Medien-Universum.

Das folgenreichste Problem besteht darin, dass in der Zivilgesellschaft bewusst oder unbewusst ignoriert wird, dass einzelne „Dienste" durch andere Funktionssysteme gekapert sein können: dazu gehören das Wirtschaftssystem mit Werbe- und Verkaufsinteressen, das politische System mit Überwachungs- oder Propagandainteressen[303] aber auch schlicht kriminelle Netzwerke mit Betrugsabsichten.

(b) Ideen und Beispiele für die Entwicklung der Inklusion für die GdZ.

Insgesamt ist also noch nicht zu beurteilen, ob sich hiermit eine neue Form von Zivilgesellschaft entwickelt: die beschreibenden Begriffe wie „sozial" oder „teilen[304]" sind für diese Frage eher irreführend. Tatsächlich dringen die Botschaften mit Hilfe der ambulanten Verbreitungstechnologie immer mehr in den Alltag und in die Privatsphäre der Zivilgesellschaft vor. Die wachsende Bedeutung individuell zugeschnittener Werbung lässt eine Bilanz dessen, was in den „sozialen" Netzen „so abläuft" nicht mehr zu. Zudem bewegt sich Vieles in einem anonymen, rechtsfreien Raum, so dass die Entwicklung „zivilisierten" Verhaltens im Netz derzeit und für die Zukunft nicht ohne weiteres zu erwarten ist. Ein massenhafter Ausstieg ist angesichts der wachsenden Internetabhängigkeit ebenso wenig wahrscheinlich[305]. Insofern bleibt am ehesten die Option, über die Inklusion der Zivilgesellschaft (ggf. mit Unterstützung des PAS) Einfluss auf die Entwicklung von Rahmenbedingungen der Internet-

---

302 Nota bene: das Sichtbarmachen auf einem Bildschirm oder ein Klicken ist noch kein Hinweis auf Kommunikation.

303 Ab 2020 soll in China ein Citizen-Score verpflichtend etabliert sein, der bürgerliches Wohlverhalten misst und diverse Entscheidungen (über Jobs, Auslandsreisen etc.) beeinflussen soll.

304 Nota bene: das Teilen findet quasi in einer Nullgrenzkosten-Ökonomie statt: das Teilen bedeutet dabei nicht, dass man etwas abgibt, sondern dass etwas mitgeteilt/weitergeleitet wird.

305 Dass Smartphones wegen ihres Suchtcharakters verboten werden wie Heroin, ist derzeit (noch) nicht zu erwarten, könnte aber bei der nächsten Generation von digital natives (mit Handy in der Wiege) wahrscheinlicher werden. Man beachte die aktuellen Entwicklungen in Süd Korea.

gestaltung und -nutzung zu nehmen: z.B. Sicherheitsstandards und Kriminalitätsprävention zu unterstützen oder Hilfen bei der Vermittlung kritischer Medienkompetenz an Kinder und Jugendliche zu geben. Ob dies wirksam umgesetzt werden kann, bleibt ungewiß. Ansätze sind jedoch beobachtbar (z.B. im Schul-Kontext).

In jedem Fall ist und bleibt dies alles auch eine Herausforderung für die *gegenwärtige* Zivilgesellschaft. Während die Entwicklung im *organisierten* Kontext von Wirtschaft, Erziehung oder Wissenschaft einer gewissen Beobachtung und manchmal auch Kontrolle unterliegt, ist dies im Alltag der Smartphone-Nutzung seitens der Zivilgesellschaft nur selten möglich. Dies ist insofern ein Dilemma, weil mit der Verbreitungstechnologie auch Lehrreiches, Hilfreiches und Unterhaltsames transportiert wird – was insgesamt einen erweiterten Blick auf die Weltgesellschaft ermöglicht. Angesichts des gravierenden Mangels an Beobachtung und Kontrolle selbst im primär-sozialen Umfeld[306] dürfte die Ent-Anonymisierung, die Abschaltung von bestimmten Quellen, Transparenz über privatwirtschaftliche und staatliche Datenverwendung und die intensivierte Strafverfolgung unvermeidlich sein, wenn die GdZ auf die produktiven Seiten der digitalen Medien nicht verzichten will.

Dass es bei alledem auf eine kritisch beobachtende Zivilgesellschaft ankommt, die mehr als bisher auch das eigene digitale Nutzungsverhalten reflektieren und überprüfen muss, wird u.a. in dem Digitalen Manifest (Dez.2015) verdeutlicht.

- **„Rüpelrepublik"**

(a) Ausgewählte Defizite

Das *Verhalten* der Mitglieder der Zivilgesellschaft besteht nicht nur aus Kommunikation sondern auch aus non-verbalem Verhalten. Im Gegensatz zu spezifischen Funktionssystemen, in denen Verhaltenscodes einen Teil der organisationsbasierten Mitgliedschaftsrolle darstellen, ist dies in der Zivilgesellschaft vielfach ein diffuses Feld „ungeschriebener Gesetze": das betrifft die kleinen Sozialsysteme (wie Familien und Freundeskreise) ebenso wie den eher konturenlosen „öffentlichen Raum". Die Personen bewegen sich mehr denn je und in der GdZ eher noch mehr in einem Raum, in dem sich auch viele andere Personen bewegen[307]. Dabei ist die Freiheit der Bewegung der einen Person durch die Freiheit der Bewegung aller anderen Personen beeinflusst oder begrenzt. Freiheit vs. Rücksicht ist eine komplizierte Balance: dies gilt sogar für das rechtlich strikt kodierte Verhalten im Straßenverkehr: in Deutschland gibt es ca. 300.000 Unfälle pro Jahr, die durch Handynutzung am Steuer

---

306 Dies gilt vor allem auch im Familienkontext, in dem die Mediennutzung eine Form der Ruhigstellung von Kleinkindern darstellt.
307 Man beachte hier nur die wachsende Zahl von Massenveranstaltungen – weltweit.

verursacht werden – obwohl dies verboten ist. Das Problem ist dabei, dass mit solchem Verhalten einer Minderheit die große Mehrheit beeinträchtigt bzw. gefährdet werden kann. Bei der Kritik an diesbezüglichen Regulierungen wird oft übersehen, dass sie eine *Reaktion* auf „unzivilisiertes" Verhalten ist.

Die zunehmende Beobachtung von Rücksichtslosigkeit, Rüpelhaftigkeit und Brutalität ist ein Warnzeichen für die Zivilgesellschaft[308]. Denn sie braucht das zuvor schon erwähnte „zivilisierte Verhalten". Die Alternativen sind im Extremfall der Zusammenbruch der Kommunikation, der Ausbruch gewalttätiger Konflikte oder ein alles kontrollierender Staat[309].

b) Ideen und Beispiele für die Entwicklung der Inklusion für die GdZ.

Die Zivilgesellschaft reproduziert sich auch mit ihren Schattenseiten. Nicht zuletzt deshalb muss sie die Verhaltensweisen ihrer Mitglieder auch an gesellschaftliche Normen rückbinden. Je komplexer und verdichteter die gesellschaftliche Realität ist – z.B. in den urbanen Räumen der zukünftigen Megacities, desto schwieriger ist dies. Allerdings sind die Alternativen nicht überzeugend – z.B. wenn man Ghettos zulässt, oder wenn man versucht, die Situation durch Resozialisierung im Gefängnis oder in Erziehungscamps zu verbessern. An Leitvorstellungen mangelt es nicht: von religiösen Geboten, über Kants kategorischen Imperativ, geltende (Menschen-) Rechtsnormen bis hin zu Lebensweisheiten wie „was Du nicht willst, das man Dir tut, das füg auch keinem anderen zu".

Allerdings wird die GdZ mit solchen *Zielsetzungen* scheitern, solange es nicht gelingt, auch das nach diesen Standards unangemessene Verhalten der sogenannten Eliten zu kritisieren und ggf. auch zu bestrafen. Mit anderen Worten: rüpelhaftes und egomanisches Verhalten findet sich auch in den Chefetagen großer Organisationen. Von dem Anspruch auf zivilisiertes Verhalten können in der GdZ (gerade) auch sie nicht entbunden werden. Die Zivilgesellschaft umfasst alle Personen, deren Inklusion in die Funktionssysteme eine wichtige Komponente darstellt.

---

308 Ein Indikator ist die Debatte über neue oder verschärfte Verfolgung/Ahndung von Regelverstößen – wie zuletzt mit Blick auf die „Gaffer", die Rettungsdienste behindern und/oder Fotos von Unfallverletzten ins Netz stellen. Ein anderes Beispiel: die Schlägereien von Fans/Hooligans, die zum Ausschluss von Fußballmannschaften von internationalen Turnieren führen können. Oder: illegale Autorennen. Oder: die Belästigung von Frauen bei öffentlichen Veranstaltungen Oder...Oder...Oder...

309 Ob sich danach je wieder zivilisiertes Verhalten entwickeln lässt, ist mehr als fraglich.

- **Die Multi-Kulti Gesellschaft**

(a) Ausgewählte Defizite

Inwiefern in der GdZ die weltweite Mobilität weiter zugenommen haben wird, bleibt abzuwarten. Derzeit ist eine solche weitere Zunahme zu erwarten. Ihre Ursachen sind vielfältig: von den Asylsuchenden und den Klimaflüchtlingen über die Arbeitsmigranten aus der EU bis zu den Touristenströmen – und selbst ausländische Steuerflüchtlinge, Schmuggelnetzwerke und Terroristen gehören dazu. Die Vielfalt der Gesellschaftsmitglieder wird also auch in Deutschland weiter zunehmen. Die Zivilgesellschaft steht vor einer Zerreißprobe zwischen Toleranz gegenüber der Vielfalt und der Verankerung von Mindeststandards des in Deutschland üblichen „zivilisierten Verhaltens". Dies dürfte im öffentlichen Raum – weil besser zu beobachten – einfacher sein, als im privaten Kontext, über den sich die Betroffenen oft nicht zu äußern wagen[310]. Insofern ist – wie Nassehi aus systemtheoretischer Perspektive zutreffend bemerkt (2011, S. 289ff) – der Begriff „Kultur" nicht immer hilfreich, weil er die Funktionssystem-Differenzen (u.ä.) vernebelt. Damit liegt die Gefahr nahe, von einem Person- bzw. Gruppen-Merkmal (z.B. der Religion) auf viele andere Merkmale zu schließen – wie zuletzt bei den Vorgängen der Kölner Silvesternacht sichtbar wurde. Solange ein „Verfahren" für eine gemeinschaftliche Entwicklung der Standards nicht verfügbar ist, dürfte der Bezug zur Rechtsstaatlichkeit unerlässlich bleiben. Dabei wird jedoch auch sichtbar, dass nicht nur individuelle Wertvorstellungen und Interessen sondern auch *normative und gesellschaftsstrukturelle* Unterschiede durch die Migration nach Deutschland transportiert werden[311], die häufig[312] das Verhalten der Eingewanderten prägen. Es erfordert Zeit und Geduld, die in Deutschland üblichen Regeln zu verdeutlichen. Dafür müssen sie aber auch in der bereits vorhandenen Zivilgesellschaft hinreichend bekannt sein und beispielhaft vorgelebt werden[313].

---

310 Wenn Ehefrauen und Kinder verprügelt, minderjährige Töchter zwangsverheiratet werden, ist dies noch eindeutig zu kommentieren. Wie die Debatte zeigt, ist dies bei der Vollverschleierung schon deutlich schwieriger.

311 So dürfte es für die deutsche Bevölkerung irritierend sein, dass in Saudi Arabien aus religiösen Gründen das Schach-Spiel verboten wurde.

312 Eine solche Einschränkung ist erforderlich, weil man nicht automatisch unterstellen kann, dass die den Menschen in ihren Heimatländern auferlegten Normen Zustimmung finden. Zum Teil ist gerade der Wunsch nach diesbezüglichen Veränderungen ein Migrationsgrund.

313 Als Illustration mögen die hygienischen Praktiken dienen: dafür wäre es instruktiv, die Toiletten in den Notunterkünften von AsylbewerberInnen mit den Toiletten in den Schulen zu vergleichen.

(b) Ideen und Beispiele für die Entwicklung der Inklusion für die GdZ.

Mit Blick auf die GdZ wird die Aussage, „wir sind kein Einwanderungsland" der Vergangenheit angehören. Diese Perspektivänderung und die vielfältigen Zuwanderungen der Gegenwart werden einen verstärkten Druck hinsichtlich der Frage nach Inhalt und Verfahren (zivil)gesellschaftlicher Integration erzeugen – eine Frage, der bisher oft ausgewichen wurde. Erste Schritte wurden mit einem Einwanderungsgesetz unternommen, das allerdings seine Bewährungsprobe noch vor sich hat. Verschärft wird die Debatte über die (Un-)Einheitlichkeit von Weltbildern und Menschenrechten geführt werden. Sie zwingt u.a. dazu, auch die Grenzen der Vielfalt in einer Gesellschaft zu markieren[314]. Inzwischen setzt sich zumindest die Einsicht durch, dass es sich um einen lange dauernden, *wechselseitigen* Lernprozess handelt, der wohl auch in der GdZ nicht beendet sein wird[315]. Zwei Antwortoptionen wurden bisher herangezogen. Plakat 1 an der Grenze lautet: „Sie betreten hiermit den Geltungsbereich des Grundgesetzes[316]." Die 2. Plakatvariante lautet: „Sie betreten ein Land mit balancierter funktionaler Differenzierung und Inklusionserwartungen". Die Plakate sind in der sachlichen Substanz kompatibel. Mit Blick auf die Rolle der Zivilgesellschaft ist das zweite Plakat das wichtigere. Die bemerkenswerten praktischen Hilfestellungen der Zivilgesellschaft – hinter dem Medienetikett „Willkommenskultur" – haben die Möglichkeiten wie die Schwierigkeiten deutlich gemacht: wir helfen MigrantInnen zu lernen und zu verstehen, wie man in Deutschland so lebt. In mancher Hinsicht zeigt dies einfach eine bunte Vielfalt auf. In mancher Hinsicht handelt es sich um striktere Botschaften: dass Frauen auch Fahrrad oder Auto fahren dürfen, dass man den Lehrerberuf nicht von seinen Eltern erben kann oder dass jede Gewaltanwendung bestraft wird. Oder anders ausgedrückt: man kann in Deutschland nicht einfach so sein syrisches, sein somalisches, sein türkisches, sein mexikanisches etc. Leben fortsetzen. Vieles hängt also davon ab, ob die Zivilgesellschaft zur Beobachtung und zum Mitmachen anregen kann. Eine entscheidende Voraussetzung ist dafür das Erlernen der deutschen Sprache. Dazu können bestimmte

---

314 Konkret: beispielsweise ist dem Argument, Menschenrechte seien ein „Oktroi westlicher Werte", zu widersprechen. Ebenso das Argument, die Anhänger anderer Religionen seien als Ungläubige zu bekämpfen.

315 Zwei aktuelle Diskussionsbeiträge seien hierzu erwähnt: Münkler/Münkler 2016; sowie der Artikel (Integration) von Mansour und Özdemir in der FASZ vom 28.8.2016.

316 Dass es offenbar nicht sicher ist, dabei von einem „europäischen Territorium" zu sprechen, haben gerade die Debatten um die Zuwanderung gezeigt: die 28 Mitgliedsstaaten haben ein weit weniger übereinstimmendes Weltbild als man infolge gleicher Konsum-Interessen unterstellt hat. Ob die EU-Architektur in der GdZ noch Bestand haben wird, ist aus diesem und vielen anderen Gründen durchaus fraglich. Auch hier gilt, dass man sich in jeder Generation für den Fortbestand einer Europäischen Union aktiv einsetzen muss.

Gruppen und Organisationen der Zivilgesellschaft beitragen (alle Arten von Vereinen, Veranstaltungen etc): unerlässlich bleibt gleichwohl die intensive Unterstützung des Kennenlernens von und der Inklusion in die verschiedenen Funktionssysteme. Aus der systemtheoretischen Beobachterperspektive ist dies in der Vergangenheit auch im Mediensystems nicht hinreichend beachtet worden: es ist eine starke Einschränkung gesellschaftlicher Kommunikationsmöglichkeiten, wenn Menschen mit Migrationshintergrund auch nach jahrzehntelangem Aufenthalt in Deutschland ausschließlich die Medien ihrer Herkunftsländer zur Kenntnis nehmen – was durch die internetbasierte Informationsverbreitung noch verstärkt wird[317]. Eine verbesserte Zusammenarbeit zwischen Medien und Zivilgesellschaft könnte hierbei weiterhelfen.

4.3 Zusammenfassung: die Rolle des Beobachters als Adressat und Initiator von Kommunikation

In der vorangegangenen Beschreibung von ausgewählten Kommunikationen wurde die Beobachterperspektive (des Autors) noch einmal zugespitzt: welche Entwicklungen könn(t)en die Stabilisierung und wechselseitige Balancierung der Funktionssysteme und die breite Inklusion der Bevölkerung in der GdZ befördern?[318]. Dabei wurde zumindest indirekt unterstellt, dass ein „weiter so wie bisher" diese *Zielsetzungen* nicht hinreichend „ansteuern", geschweige denn erreichen würde.

Im Mittelpunkt der Beobachtung standen das PAS und die Zivilgesellschaft und deren potenzielle Rolle bei der Gestaltung von Architekturen für die GdZ. Durch beide Perspektiven war auch ein Bezug zum Ensemble der Funktionssysteme möglich.

Trotz des Versuches, viele wichtige Kommunikationen in den Blick der Beobachtung zu rücken, bleiben die Ausführungen exemplarisch. Sie dienen zwar einer Bilanz komplexer Wechselwirkungen, sind aber ebenso als eine Anregung und Anleitung zu anderen und vor allem zukünftigen Beobachtungen zu verstehen und zu nutzen. Mit anderen Worten: es ist eine Didaktik für die Beobachtung aktueller Kommunikationen unter dem Blickwinkel der Bedeutung für die Gestaltung der GdZ. Die Notwendigkeit zu einer solchen Vorgehensweise konnte ohne Schwierigkeiten auch durch die Ereignisse der Jahre 2015/2016 vielfältig

---

317 So nehmen die Fälle zu, in denen die internen Konflikte in den Herkunftsländern in die Zielländer transportiert werden. Es beginnt z.T. schon in den Flüchtlingsunterkünften.

318 Es kann nicht oft genug wiederholt werden: wenn die Perspektive darin bestehen würde, möglichst früh die Singularität von Mensch und Computer zu erreichen oder so rasch wie möglich den großen Finanzcrash (als Lösung) herbeizuführen, dann sähen die beobachtungswürdigen Sachverhalte und ihre Bewertung anders aus.

illustriert und differenziert begründet werden. Dabei zeigte sich auch, dass eng geführte Hochrechnungen, Prognosen und Szenarien oft schneller in Frage gestellt sind als erwartet. Die Zukunftskommunikation ist erkennbar nicht mehr das, was sie (vielleicht) früher einmal war: ein (halbwegs) stabiler Fixpunkt von langfristigen Zielvorstellungen und Erwartungen. Und wenn es einzelne solche Fixpunkte gibt – wie z.b. die ökologische Entwicklung – dann zeigen sie oft nur geringe Wirkungen gegenüber der Vordringlichkeit des Befristeten. Die zunehmende Kontingenz in der modernen Weltgesellschaft lässt sich immer wieder aufzeigen.

Dessen ungeachtet bleibt die Frage mehr als begründet, wie sich bestimmte Kommunikationen und Entscheidungen auf die GdZ auswirken könnten/würden. Dies ist die Leitfrage für das didaktische Programm, das von jedem einzelnen Beobachter, jeder einzelnen Beobachterin fortgeführt werden kann. Dabei geht es nicht darum, zu ausgewählten Entwicklungen eine detaillierte eigene Bestandsaufnahme und Analyse durchzuführen – es sei denn man ist SpezialistIn in dem jeweiligen Gebiet. Wie mit vielen Beispielen beschrieben wurde, ist dies oft sogar hinderlich, weil die Perspektive auf die Gesellschaft in dem hier beobachteten Format durch „Spezialistentum" leicht verloren gehen kann. Am Ende hängt man möglicherweise an der Frage nach der Einführung selbst steuernder Autos fest und die blinden Flecken der Gesellschaftsbeobachtung, die mit der Komplexität der Weltgesellschaft ohnehin zunehmen, wachsen weiter rapide an.

Wie gezeigt wurde, sind die Entwicklungsoptionen für die GdZ in der Regel bereits Bestandteil der gesellschaftlichen Kommunikation von heute. Sie sind keine autonomen Einsichten des Beobachters und schon gar nicht eine Art Blaupause für die GdZ. Es geht um die Einmischung in die Zukunftskommunikation aus einer bestimmten – systemtheoretisch inspirierten – Beobachtungsposition. Für die eindeutige Zurechnung von Optionen und die kommunikative Anschlussfähigkeit müssen aber häufig Nachfragen gestellt werden[319]. Sie nehmen Einfluss auf den Kommunikationsverlauf und irritieren ggf. die beteiligten Personen und Organisationen. Die Settings weisen ein breites Spektrum auf: von einem Gespräch mit Bekannten bis zu öffentlichen Anhörungen und Protestveranstaltungen. Entscheidend ist in jedem Fall, dass sich die unterschiedlichen Perspektiven auf „gleicher Augenhöhe" treffen können, d.h. ein wechselseitiges „Irritationspotenzial" aufweisen, zum Nachdenken, zum Perspektivenwechsel und nochmaligen Überprüfen der eigenen Argumente etc. veranlassen.

Die beschriebenen Beispiele zeigen, dass in der Kommunikation nicht selten „dicke Bretter" gebohrt werden müssen. Manche Sachzusammenhänge

---

319 Sich dazu so seine Gedanken zu machen, reicht nicht aus: es muss auch kommuniziert werden.

werden bewusst verschwiegen oder falsch eingeordnet, andere erschließen sich erst in einem längeren Beobachtungsprozess. Dies gilt vor allem für die Wechselbeziehungen zwischen den Funktionssystemen. Hier fällt es zunächst gar nicht leicht, bestimmte Kommunikationen einem spezifischen Funktionssystem zuzuordnen. Das „Kapern" eines Funktionssystems ist vor allem deshalb schwer zu beobachten, weil Organisationen und Personen die gleichen bleiben können. Entscheidend ist allerdings, welche Medien und Codes die kommunikativen Anschlussmöglichkeiten sichern. Noch einmal: Wenn es WissenschaftlerInnen wichtiger ist, in Talkshows präsent zu sein als im Forschungslabor, dann werden sie mit ihrer Kommunikation immer mehr zum Bestandteil des Mediensystems. Wenn die systeminternen Bewertungen dies höher einschätzen, als eine wichtige wissenschaftliche Entdeckung, dann ist das Wissenschaftssystem vom Mediensystem „gekapert". Gerade weil i.d.R. eine solch drastische und leicht beobachtbare Veränderung selten ist[320], muss mit schwierigen „Sortier"-Aufgaben gerechnet werden. Zudem enthält vor allem die massenmediale Vermittlung von Kommunikationen die Gefahr, dass aktuelle „Aufreger" die alten, aber ggf. zukunftsrelevanten Themen schnell überlagern.

Dennoch ist die Beobachtung bzw. Erfassung wichtiger Sachverhalte in der Regel einfacher als die Voraussage der möglichen Effekte für die GdZ und ihre Bewertung: ist dies förderlich oder schädlich? Die Balance der Funktionssysteme ist kein statischer Zustand, sondern immer in Bewegung: nicht selten eine Gratwanderung, die als sehr enge Koppelung oder als Zweitkodierung in Erscheinung tritt. Zeitweilige Verschiebungen der Grenzen sind u.U. sogar förderlich, während dauerhafte Verfestigungen problematisch, anhaltende und sich selbst verstärkende Trends dramatisch sind. Wann kann noch gegengesteuert werden? Ist eine Krisenintervention möglich? Die Beantwortung dieser Fragen hängt auch von der Zeitdynamik ab: in welchen Zeiträumen entwickeln und zeigen sich die Veränderungen? Gibt es Wendepunkte („tipping points"), bei denen ein Trend nicht mehr aufzuhalten ist? Aber dies alles ist Bestandteil der Kommunikationen, muss nicht individuell ausgedacht, sondern „nur" beobachtet werden. *Insofern geht es in der Regel um die kommunikative Unterstützung bestimmter zukunftsbezogener Perspektiven und um kritische Anfragen gegenüber anderen.*

Der Schwerpunkt der Beispiele lag in Bereich des PAS und der Zivilgesellschaft, weil von hier am ehesten Impulse hinsichtlich der vorgeschlagenen Zielsetzung ausgehen können. Allerdings liegt es nahe, auch in anderen Funk-

---

320 Typisch sind dafür totalitäre Machtergreifungen, mit denen die Kaperung anderer Funktionssysteme – wie Medien, Erziehung, Wissenschaft, Wirtschaft etc. – einhergeht.

tionssystemen, in denen man inkludiert ist, derartige Beobachtungen durchzuführen: wohin driftet das System xxx?, wie verändert sich die Beziehung zu anderen Funktionssystemen?, wie könnten „Zukunftsprojekte" die Balance oder die Inklusions-Optionen verändern?

Wenn diesbezügliche Kommunikationen erfasst werden, ist es unerlässlich, die Beobachtungsposition des Sprechers bzw. der Sprecherin zu berücksichtigen – wie die Einbindung in ein Funktionssystem und/oder die Rolle als offizieller Amtsträger, Experte, Lobbyist, Zweifelstreuer, Verschwörungstheoretiker, Journalist usw. Oder noch konkreter: für welche und wessen Interessen setzt er/sie sich ein, von wem wird er/sie bezahlt, werden Chancen und Risiken kommuniziert u.a.m.[321]

Kann man auf die Entwicklung zur GdZ (dadurch) Einfluss nehmen? Die Antwort ist unsicher – wie fast alles in der Zukunftskommunikation. Aber man kann erreichen, dass die angesprochenen Personen Fragen zu ihrer Situationsbewertung und Perspektive auch mit Blick auf die zu erwartenden Folgen für eine zukünftige Funktionssystem-Balancierung und Inklusion beantworten müssen. Häufig wäre es allerdings besser, wenn sie sich für ihre diesbezüglichen Entscheidungen gegenüber der Bevölkerung auch verantworten müssten. *Aus der hier eingenommenen Beobachterperspektive* sollte dies nicht nur für das PAS, sondern für alle Funktionssysteme und ihre wichtigsten Organisationen und zentralen Entscheidungsträger gelten.

---

321 Eine Praxis in amerikanischen Wahlkämpfen zum Repräsentantenhaus ist hier erwähnenswert: die KandidatInnen werden mit folgenden Informationen vorgestellt: zu welcher Partei gehört er/sie, von wem erhält die Person Wahlkampf-Spenden und für/gegen welche Parlamentsbeschlüsse hat er/sie in der letzten Legislaturperiode gestimmt?

Kapitel 5: Fazit und Ausblick

Dieses abschließende Kapitel fasst noch einmal wichtige Argumente zur Begründung und Kennzeichnung der Beobachtungsstrategie des Buches zusammen. Auf eine Übersicht zu den beobachteten Zukunftskommunikationen kann verzichtet werden: in der „trichterförmigen" Darstellung wurden viele Inhalte mehrfach berücksichtigt: zunächst bei der Beschreibung der sechs Themenfelder („Megatrends"; „Großprobleme des 21.Jhd."), dann bei der Bündelung der Beobachtungen mit Blick auf sechs Funktionssysteme der Gesellschaft, und schließlich in der Zuspitzung auf Handlungsoptionen von Politik und Zivilgesellschaft.

Im ersten Abschnitt dieses Kapitels werden deshalb nur die bevölkerungsbezogenen Trends noch einmal aufgegriffen, um daran die Frage zu knüpfen, wie die jüngeren Altersgruppen (Generationen?) positioniert sind: welche Rolle könnten sie im Hinblick auf die Weichenstellungen für die GdZ spielen?.

Im zweiten und dritten Abschnitt werden Anregungen für die Dauerbeobachtung des funktional differenzierten Gesellschaftssystems in Form von zwei (oder mehr) Indizes formuliert. Sie sollten dabei helfen, den Entwicklungsstand auf dem Weg zur GdZ kontinuierlich anzuzeigen. Dabei wird von der Erwartung ausgegangen, dass nur durch eine solche kompakte – z.B. jährliche – Fortschritts-/Rückschritts-Dokumentation mit hoher öffentlicher (medialer) Aufmerksamkeit die systemtheoretisch begründeten Standards gesellschaftlicher Kommunikation über die GdZ erreicht werden können.

5.1 Zusammenfassung der beobachteten Zukunftskommunikation

(a) Tragfähigkeit der Beobachtungsperspektive

* Dass das Thema Zukunft – wenn auch nicht immer explizit im Sinne der von uns betonten Zeitperiode (GdZ: 2050) – eine hohe öffentliche Aufmerksamkeit besitzt, steht außer Frage. Dazu trägt die faktische und wahrgenommene Beschleunigung von Entwicklungen bei. Die Aktualitäten geraten damit zur Frage: „wo soll das alles hinführen?". Breite Beachtung findet in der medialen Kommunikation dabei die Beobachtung zunehmender bzw. zunehmend unbeherrschbarer Weltkontingenz. Dies geht mit zwei Entwicklungen einher: a. die Zukunft wird eher diffus – und dabei zunehmend kritisch/beängstigend – eingeschätzt; und b. der Verlust der Perspektive „weiter so in eine glänzende Zukunft" führt u.a. dazu, dass die Zukunftspropheten, die im wesentlichen auf

239

Kontinuität setzen, an Überzeugungskraft eingebüßt haben und deshalb ohne eine Option für eine Neuausrichtung der Gesellschaftsentwicklung dastehen. Dabei bewegt man sich argumentativ im Rahmen der aktuellen Konzeption von Zeit-Regimen. Besonders beachtenswert ist, dass die so genannte Kompensationsthese zur Zukunftsdebatte an Gewicht zu gewinnen scheint: wie wirken sich Entwicklungen auf die Menschen bzw. die Gesellschaft im hier verstandenen Sinne aus, und wie können sie vor ungewünschten Folgen geschützt werden? Zumindest sporadisch, aber eher „rhetorisch" tauchte dieses Element in den Zukunftskommunikationen auf: „was wird xyz mit uns, unserer Gesellschaft machen"?

* Zu den Selbstverständlichkeiten der Ergebnisse gehört auch die Feststellung, dass die jeweils gewählte Beobachtungs-*Perspektive* großen Einfluss auf Art und Inhalt der Zukunftskommunikation hat. Allerdings wird sie nicht immer sichtbar gemacht und erst recht nicht begründet – so dass meist auch ihre „blinden Flecken" unbeachtet bleiben. Vor allem die Verbreitungstechnologie Internet hat den Kampf um die Perspektive, Wahrnehmung und Bewertung gesellschaftlicher Sachverhalte in beachtlicher Weise verschärft – zumal inzwischen der Kampf auch mit „bots" ausgetragen wird. Aber auch die „klassischen" Medien haben durch die mangelhafte Transparenz ihrer Beobachtungsperspektive zu den Schwierigkeiten bei den Dialogen in der Öffentlichkeit beigetragen. Die öffentlich-rechtlichen Medien sind davon ebenso betroffen, obwohl sie sich nicht als Sprachrohr eines spezifischen Interesses oder einer Lobbygruppe präsentieren.

* Direkt oder indirekt wird damit der Ausgangspunkt der hier gewählten Beobachtungsperspektive bestätigt, dass fast alles, was wir über die Welt wissen, nicht aus eigenem Beobachten der Welt, sondern aus der Beobachtung der Beobachtung durch die Medien erfahren. Dies zeigt aber zugleich das Dilemma für die Entwicklung gesellschaftsinterner Kommunikation auf: die Flut von Nachrichten verstärkt das Rauschen und erschwert eine Selektion und Strukturierung, durch die *geteilte Sinnsysteme* entwickelt werden können. Die großen Vereinfachungen finden immer mehr Anklang. Sie können aus individueller Erfahrung ebenso gespeist werden wie von grundsätzlichen Ursachen- oder Schuldzuweisungen. Dabei ist es inzwischen fast unerheblich, ob über die fernere Zukunft kommuniziert wird oder über tagesaktuelle Ereignisse.

* Die gewählte Perspektive und die von ihr fokussierten Beobachtungsobjekte, bestimmte Makrophänomene der (Welt-)Gesellschaft wie die Funktionssysteme und ihre Wechselbeziehungen, stehen nur selten im Mittelpunkt der Kommunikation – und wenn, dann überwiegend implizit. Wie nicht anders zu erwarten, werden dabei Wirtschaft und Politik, neoliberaler Kapitalismus und Demokratie am ehesten in den Mittelpunkt gerückt. Die vielen „blinden

Flecken" einer derart eng geführten Zukunftskommunikation kann einerseits als Rechtfertigung für den in diesem Buch gewählten „breiten" Weltzugang angesehen werden; andererseits erlaubt es diese Vorgehensweise nicht, dem offenbar stärker werdenden Wunsch zu entsprechen, der Komplexitätszunahme in der Weltgesellschaft mit „einfachen" Wahrheiten und Lösungen für die Zukunftsgestaltung zu begegnen. Die Antwort wurde mit einer abstrakten, dadurch aber überschaubaren Beobachtungsperspektive versucht, die in der Lage ist, viele Felder der Zukunftskommunikation zu bündeln: Funktionssystem-Balancierung und Inklusion der Bevölkerung.

* Die abschließende „normative Wendung", mit der diese Beobachtungskategorien zur *Sollvorgabe* umgedeutet wurden, ließ sich insofern begründen, als viele mediale Zukunftskommunikationen nur Situationsbeschreibungen (Symptome) und allenfalls noch Entwicklungsprognosen präsentieren. Vermisst werden dabei ein Bewertungsrahmen und die Möglichkeit, Optionen für die Gestaltung der zukünftigen Gesellschaft zu erkennen und zu bewerten. Zurück bleibt somit oft eine diffuse Ratlosigkeit. Es lag also nahe, den gewählten theoretischen Rahmen („cognitive frame") zu nutzten, um neben der Bündelung der Kommunikationen auch eine Bewertung der möglichen Trends vornehmen zu können.

(b) Themen der Zukunftskommunikation

* Die gewählten Themen der Beobachtung – von der (wirtschaftlichen) Globalisierung bis hin zur Urbanisierung – waren umfangreich und kontrovers in den Kommunikationen vertreten. Die Bezüge zu dem Zeitraum der GdZ waren aber deutlich geringer als diejenigen zur Gegenwart und zu kurzfristigen Entwicklungen. Differenzierte Zukunfts*szenarien* sind eher im fiktionalen Bereich als im Bereich von Trendanalysen zu finden. Dies ist teilweise durch die Veränderungen zu erklären, die im Hinblick auf die medialen Verbreitungstechnologien stattfinden: mit der Zunahme mobiler Nutzungen schrumpfen die Darstellungsmöglichkeiten komplexer Sachverhalte sowie das Interesse an Zukunftsthemen: „das Netz frist sich mit Gegenwärtigem voll". Die Bilder der GdZ sind oft durch „einfache" Konstruktionen geprägt: vom Chaos der Singularitäten über die Umweltkatastrophe bis zur Weltherrschaft der Islamisten oder der Superintelligenz (Computer/Roboter) ist alles vertreten. Dies entlastet die Kommunikationen von der Analyse komplexer Wechselbeziehungen der vielen Einzeltrends. Die Wahl der Bezugspunkte *funktionale Differenzierung* und *Inklusion* hat eine differenzierte Makro-Betrachtung (Welt-Gesellschaft) – unter Beachtung wichtiger Entwicklungstreiber – betont. Da die Antworten von der Ausgangslage abhängen, war der Bezug zur Situation Deutschlands (ggf. im europäischen Rahmen) – auch mit ihren grundlegenden Erwartungen an Offenheit, Solidarität und Leistungsfähigkeit usw. – unerlässlich.

* Die Themenfelder mit engerem Bevölkerungsbezug sind von doppelter Bedeutung: zum einen werden sie als Trends oder „Großprobleme des 21.Jahrhunderts" erörtert, zum anderen sind sie eine zentrale externe Umwelt aller sozialen Systeme – einschließlich der Funktionssysteme. Deshalb wird darauf hier noch einmal kurz resümierend eingegangen.

- Mit dem Beobachtungsbereich *Demografie* ist ein wesentlich engerer Bezug zur Gesellschaft (Deutschland) hergestellt. Zwar werden die Menschen als externe Umwelt der sozialen (Kommunikations-) Systeme betrachtet, als Adressen für Kommunikation sind sie aber ein unverzichtbares Element dieser Systeme. Die „Entwicklung" beschreibt hier eine Veränderung der Zusammensetzung – wobei die Altersgruppenverteilung besondere Aufmerksamkeit erhält. Dies hängt u.a. mit der Vermutung einer relativ präzisen Vorhersagbarkeit zusammen. Wie die Kommunikationen zeigen, gilt dies aber allenfalls für die schon vorhandenen Bevölkerungsmitglieder, deren Alter quasi fortgeschrieben werden kann. Wie bei anderen Themen auch, wird vieles andere als gleichbleibend (Lebenserwartung, Gesundheitsstatus aller Altersgruppen, Unfallgeschehen, Geburtenraten u.a.m.) vorausgesetzt. Insofern ist die Situation in der GdZ auch nicht wirklich zuverlässig zu beschreiben. Mit der Zusammensetzung der Bevölkerung – mehr Ältere, weniger Jüngere – rückt auch die Frage der Inklusion und Exklusion in verschiedene soziale Systeme und insbesondere auch in die gesellschaftlichen Funktionssysteme in den Blick. Die Zahl der Menschen sagt für die GdZ noch nichts darüber aus, ob und wie sie an der Kommunikation beteiligt sind: sie könnten sich in soziale Parallelstrukturen aufgelöst oder in individuelle digitale Echokammern zurückgezogen haben. Insofern stellt sich die Frage, wie intensiv bei der Entwicklung zur GdZ an der Inklusion verschiedener Bevölkerungsgruppen „gearbeitet" wird.
- Die *Migration* wird als ergänzendes Thema zur Demografie beobachtet und behandelt. Bewusst oder unbewusst, zufällig oder gesteuert wird die Zusammensetzung der Bevölkerung und damit auch die gesellschaftliche Kommunikationsplattform verändert. Auch hier sind – wie neueste Entwicklungen gezeigt haben – Prognosen weniger sicher als vermutet. Unbestritten ist die Erwartung, dass die GdZ mit mehr Migration verschiedener Art (nicht nur Asylbewerber) zu rechnen hat. Die Integration stellt dabei i.d.R. höhere Anforderungen, weil vielfach basale Voraussetzungen (nicht nur der Spracherwerb) nachholend geschaffen werden müssen. Bei zunehmender Heterogenität durch weltweite Wanderungen könnte sich das Rechtssystem als das entscheidende Regulativ herausstellen, das die Möglichkeiten der Inklusion in andere Funktionssysteme definiert.
- *Urbanisierung*: Trotz aller wirtschaftlichen oder internetbasierten Globalisierung wird sich das Leben der Menschen in der GdZ weit überwiegend in

Großstädten abspielen. Dort werden sich viele der beschriebenen Trends kreuzen. Die Balance der Funktionssysteme und die Inklusion wird exemplarisch in den Städten gestaltet: durch Implementation jeglicher Formen der Alltags- und Kommunikationsgestaltung. Auch die Formen des Versagens – man könnte dies als „Failing Cities" bezeichnen – werden hier besonders sichtbar: Stuttgart und seine Verkehrsplanung (incl. Feinstaub), Detroit mit seinem Wirtschaftsdesaster (GM), Brüssel mit seinen No-go-Areas (Terrorismus), Rio mit seinen Favelas (Landnahme) u.a.m. Gleichwohl sind Städte die Orte, in denen Kommunikation (wieder) in Gang gesetzt werden kann und Inklusion praktisch werden muss.

Angesichts der Unsicherheiten bei der Einschätzung der Bevölkerungsentwicklung (quantitativ und qualitativ) ist es erwartbar, dass sich die Kommunikationen über die „Lage" der Menschen in der Gesellschaft i.d.R. auf die Gegenwart und die nächste Zukunft beziehen: sich häufende Berichte über zunehmende Burnout-Diagnosen, die Lügen-Presse, wachsende Kinderarmut, Reichtumsinseln oder „wir sind das Volk"-Demonstrationen als Kritik „der" Eliten sind nur einige Beispiele davon. Ob dies zu den von Zeitforschern erwarteten Kompensationsstrategien führen wird, bleibt ungewiss. Entscheidend dürfte dabei die Antwort auf die Frage sein, ob es in der gegenwärtigen und erst recht in der zukünftigen Gesellschaft möglich ist, einen basalen Konsens über die Grundprinzipien des Zusammenlebens im Alltag zu erzielen: gibt es hinreichende wechselseitige Resonanz, gibt vielleicht sogar eine gemeinsame Vorstellung davon, „wie wir in der GdZ leben wollen"?

5.1.1 Exkurs: Diversity (2.0?)

Als ein Ankerpunkt für die „Gemeinsamkeiten" der Bevölkerung gelten häufig die „grundlegenden" menschlichen Bedürfnisse: die Maslow´sche Bedürfnispyramide wird noch immer dafür herangezogen. Aber auch dabei ist die Gleichzeitigkeit von Unterschiedlichkeit nicht zu übersehen: während viele Personen heute nach Selbstverwirklichung streben, versuchen andere weiterhin, ihr physisches Überleben längerfristig zu sichern: dies nimmt mit der wachsenden Vielfalt in der deutschen Gesellschaft zunächst einmal zu (vgl. auch 4.1.10). Berücksichtigt man zusätzlich die unendlichen und immer stärker individualisierten Konsum-Möglichkeiten, dann ist es zunehmend schwieriger, sich vorzustellen, dass die Frage nach „dem guten Leben" in der GdZ eine halbwegs kohärente Zielsetzung als Antwort finden könnte[322]. Dies kann auch radikale Engführungen der Kommunikation befördern: z.B. „nur eine(r) kann

---

322 Münkler/Münkler verweisen hierzu auf die Trias Arbeitsethos, Respekt von dem Recht und Vertrauen in die Zivilgesellschaft.(Der Spiegel Nr. 34 vom 20.8.2016, S.120)

gewinnen" oder „das gute Leben findet erst im Jenseits statt". In jedem Fall bleibt es eine Herausforderung für die zivilgesellschaftliche Kommunikation, weil die unterschiedlichen Vorstellungen vom guten Leben immer wieder in Konflikt zueinander treten können. Fairness, Toleranz und Reziprozität sind dann in besonderem Maße erforderlich – aber eben nicht selbstverständlich.

Allerdings gibt es hinsichtlich der Vorstellungen über eine faire, weniger ungleiche Verteilung von Lebensmöglichkeiten eine zusätzliche, gravierende Komplikation: Die Vorstellung von gemeinsam geteilten Grundbedürfnissen oder auch von Möglichkeiten und Grenzen menschlicher kognitiver Fähigkeiten – z.B. durch eine zu mehr als 99% einheitliche genetische Basis aller(!) Menschen auf dem Globus – wird immer häufiger in Frage gestellt. Die Bedürfnispyramide verliert als Referenz an Plausibilität. Einerseits wird die Frage nach dem relativen Gewicht von Vererbung und Erziehung (Sozialisation) durch neue Forschungsansätze – wie z.B. in den Neurowissenschaften – kontrovers diskutiert; zum anderen wird in die „Natur" des Menschen, die „conditio humana" immer dramatischer eingegriffen. Durch „Enhancement" in verschiedenen Formen wird die „menschliche Basis" als „natürliche" externe Umwelt der sozialen Systeme immer unklarer: Medikalisierung, Schönheitsoperationen, Transplantationen, künstlich erzeugte Organe und Gliedmaßen, Chips im Gehirn und anderes mehr.

Mit anderen Worten: die Grenze zwischen den Aktivitäten, die den Menschen erst zu Menschen machen – also zwischen der Sozialisation und den Enhancement-Strategien –, wird immer fließender. Von der Medizin-Ethik ist keine Klärung zu erwarten, da sie quasi schon eine *Gleichsetzung* von „Leistung erweiternden Implantaten und Drogen" einerseits und einer „höheren Schulbildung" andererseits in Erwägung zieht. Beides gilt damit als Enhancement, so dass der Kritik an den *medizinischen* Enhancement-Experimenten die Grundlage entzogen werden kann. Da auch hier ein Ökonomisierungsprozess großen Ausmaßes stattfindet, wird diese Entwicklung kaum zu bremsen sein – zumindest nicht mit dem Argument, xyz sei „wider die menschliche Natur". Die menschliche „Natur" wird vielmehr selbst zum Produkt von Funktionssystemen: der Wirtschaft, der Medizin, der Erziehung. Es bleibt letztlich wohl nur die Möglichkeit, sich individuell oder ggf. sogar als Zivilgesellschaft – ggf. mit Hilfe politischer und rechtlicher Institutionen – solchen Entwicklungen zu verweigern: keine ständigen Aufputschmittel, kein Botox unter die Haut, keine Lebensverlängerung auf 300 Jahre, keine IT-Implantate im Gehirn. Auch hierbei ist die Inklusion möglichst Vieler in viele Funktionssysteme eine Grundbedingung, um nicht jeweils von kleinen Funktions-„Eliten" dominiert zu werden.[323]

---

323 In diesem Sinne ist es wichtig zu beobachten, dass nicht die Medizin-Ethik, sondern die Macht der Patientenverbände, effektiv auf Enhancement-Strategien einwirkt.

Wenn dies nicht in größerem Maße gelingt, wird die Frage nach der *Gesellschaft* der Zukunft ohnehin überflüssig, denn die Ansammlung von Automaten, Smombies und medikalisierten Träumern etc. lässt sich nicht als zwischenmenschlicher Kommunikationszusammenhang im Sinne von Gesellschaft beschreiben.

5.1.2 Exkurs: die jungen Altersgruppen

Die Altersgruppen bzw. die Generationen sind häufig ein Bestandteil der Zukunftskommunikation. In unserem Beobachtungszusammenhang ist die Gruppe der zwischen 1980 und 2000 geborenen Personen besonders hervorgehoben worden, weil sie eine wichtige Rolle bei der Gestaltung der GdZ spielen dürfte. Ob es besondere, gemeinsame Orientierungen und *Zielsetzungen* dieser Personen gibt, ob sie als eine „Generation" zu beschreiben sind, hängt von den historischen Randbedingen ihrer Jugendphase ab. Für die o.a. Altersgruppe, die i.d.R. als „Generation Y" bezeichnet wird, können folgende Ereignisse genannt werden:

Das Ende des „Kalten Krieges" und der Systemkonkurrenzen; die Deutsche Wiedervereinigung mit Unterschieden und Anpassungsprozessen zwischen Ost und West; die Agenda 2010 unter der Prämisse „fordern und fördern"; die Deregulierung und generell der Siegeszug des Neoliberalismus; die Ökonomisierung/Kommerzialisierung der Lebenswelt; die Globalisierung der Wirtschaft mit dem Aufstieg Chinas; die Digitalisierung und die Internetentwicklung (z.T. „Digital natives"); der Beginn der weltweiten Finanzkrise; die Urbanisierung und unbezahlbarer Wohnraum – u.a.m.

Dass diese zeithistorischen Entwicklungen einheitliche Perspektiven mit Blick auf die GdZ erzeugen, ist angesichts der internen Unterschiede (Bildung, Einkommen und insbesondere Vermögen) nicht zwingend vorauszusetzen[324]. Die typisierende Zuspitzung auf „Generation..." berücksichtigt daher nicht immer das ganze Spektrum von Lebenslagen und Sichtweisen.

> *„Generation Y (*1977–1998):* Die Generation Y gilt als vergleichsweise gut ausgebildet, oft mit Fachhochschul- oder Universitätsabschluss. Sie zeichnet sich durch eine technologie-affine Lebensweise aus, da es sich um die erste Generation handelt, die größtenteils in einem Umfeld von Internet und mobiler Kommunikation aufgewachsen ist. Sie arbeitet lieber in virtuellen Teams als in tiefen Hierarchien. Anstelle von Status und Prestige rücken die Freude an der Arbeit sowie die Sinnsuche ins Zentrum. Mehr Freiräume, die Möglichkeit zur Selbstverwirklichung, sowie mehr Zeit für Familie und Freizeit

---

324 In der öffentliche Debatte wird hier von zunehmend ungleichen Entwicklungschancen verschiedener Gruppen gleichen Alters gesprochen: z.B. während 66% der Kinder aus Akademiker-Haushalten studieren, sind es nur 31% von Nichtakademiker-Haushalten.

sind zentrale Forderungen der Generation Y: Sie will nicht mehr dem Beruf alles unterordnen, sondern fordert eine Balance zwischen Beruf und Freizeit. Nicht erst nach der Arbeit beginnt für die Generation Y der Spaß, sondern sie möchte schon während der Arbeit glücklich sein – durch einen Job, der ihr einen Sinn bietet. Sie verkörpert einen Wertewandel, der auf gesellschaftlicher Ebene bereits stattfindet, den die jungen Beschäftigten nun aber auch in die Berufswelt tragen. Der Berliner Jugendforscher Klaus Hurrelmann macht auf die Multioptionsgesellschaft und Grenzlosigkeit aufmerksam, in welcher die Generation Y groß geworden ist. Dazu passt auch, dass bereits auffallend viele Berufsanfänger – 60% im Jahr 2014 gegenüber 48% im Jahr 2002 – dieser Generation Ansprüche auf Führungspositionen erheben und sich als Experten wähnen". (https://de.wikipedia.org/wiki/Generation_Y: 2016).

In der folgenden Generation („Z"), die ebenfalls für die GdZ von besonderer Bedeutung ist, sieht die Beschreibung jedoch schon deutlich anders aus:

> *Generation Z (*1999ff):* Personen der Generation Z sind wegen des selbstverständlichen Gebrauchs von digitalen Technologien wie World Wide Web, MP3-Player, SMS und Mobiltelefonen seit dem Kindesalter Teil der Digital Natives, und damit deren zweite Generation: ... Anders als eine in der Arbeit Sinn suchende Generation Y möchten Mitglieder der Generation Z etwas nach außen darstellen. Vermehrt möchten sie im Berufsleben Karriere machen und Führungspositionen ausüben. Netzwerke sind ihnen wichtig. Die Generation Z wird nicht durch eventuelle spätere materielle Reichtümer angetrieben, sondern durch das Streben nach Anerkennung." (https://de.wikipedia.org/ wiki/Generation_ZWikipedia: 2016)

Neben derartigen Typisierungen im Zeitablauf gibt es vielfältige Versuche einer – eher themenspezifischen – (Selbst-)Beschreibung: Generation May Be, Generation Geil, Generation „Social Media", Generation Head down u.a.m. Dazu passt auch das Jugendwort des Jahres 2015: Smombie als Zusammensetzung von Smartphone und Zombi. Es beschreibt einen Menschen, der von seiner „analogen" Umwelt nichts mehr mitbekommt, weil er ständig sein Smartphone beobachtet.

Gleichwohl bleiben derartige Zuschreibungen stets vorläufig, wie die jährlichen Studien (insbesondere Sinus-Jugendstudien; Shell-Jugendstudien) zeigen: Werte, Orientierungen, Erwartungen können sich in der weiteren Entwicklung der Generationen deutlich ändern. So beschreiben die beteiligten Wissenschaftler der Shell-Jugendstudie von 2015 die Ergebnisse als „bemerkenswert, überraschend und richtungweisend": „Die junge Generation befindet sich im Aufbruch. Sie ist anspruchsvoll, will mitgestalten und neue Horizonte erschließen". Immer mehr junge Leute entdecken dabei auch ihr Interesse an Politik. Der großen Mehrheit der Jugendlichen ist es wichtig, „die Vielfalt der Menschen anzuerkennen und zu respektieren". Zum Stichwort „Generation im Aufbruch" bilanzieren die Autoren folgendermaßen:

„Im Vergleich zu den vorangegangenen Studien stellen die Autoren bei den Jugendlichen Anzeichen für einen Sinneswandel fest. Seit 2002 charakterisierte die Studie die Jugendlichen als ‚pragmatisch und unideologisch'. 2006 zeigte sich eine Kontinuität dieser Grundhaltung, jedoch mit steigender Unsicherheit, ob die Jungen und Mädchen ihr Leben tatsächlich so gestalten können, wie sie es sich wünschen. 2010 begannen die Druck- und Angstgefühle zu weichen. Der Optimismus für die persönliche Zukunft wuchs. Und: statt wie in den Vorjahren vor allem auf das eigene Leben und das private Umfeld zu sehen, zeigten Jugendliche wieder wachsendes politisches Interesse und Bereitschaft zum politischen Engagement. Dieser Trend hat sich 2015 deutlich verstärkt." (http://www.spiegel.de/schulspiegel/shell-jugendstudie-politik-interessiert-jugendliche-doch-a-1057403.html: 2016)

Unabhängig von der Vielfalt der beschriebenen Perspektiven und Typisierungen bleibt es eine wichtige Anforderung, die Zukunftskommunikation mit Bezug zu den verschiedenen Altersgruppen zu berücksichtigen. Die Umfragen erfassen allerdings meist nicht explizit die von uns gewählten Beobachtungsschwerpunkte. Dennoch gibt es Bezugspunkte zu den globalen Entwicklungen (Weltgesellschaft) wie zu den persönlichen (primärsozialen, zivilgesellschaftlichen) Zukunftsvorstellungen. Dies illustrieren die beiden folgenden Befragungsergebnisse (Shell Jugendstudie 2015).

„Sorgenvoller Blick auf das Weltgeschehen (2015): Jugendliche interessieren sich zunehmend für das Weltgeschehen, das ihnen allerdings auch Sorgen macht. Die gestiegene Terrorgefahr und der Konflikt in der Ukraine sind im Bewusstsein der Jugendlichen stark präsent. Fürchteten sich 2010 nur 44 Prozent vor Krieg in Europa, ist die Zahl 2015 sprunghaft auf 62 Prozent angestiegen. Das sind etwas mehr als 2002, als die Kriege im früheren Jugoslawien nachwirkten. Drei Viertel haben Angst vor Terroranschlägen. Für Deutschland wünschen sich die Jugendlichen in der internationalen Politik eine wichtige, vermittelnde, aber keine militärisch eingreifende Rolle."

„Stabiles Wertesystem (2015): Freundschaft, Partnerschaft und Familie stehen bei den Mädchen und Jungen an erster Stelle. 89 Prozent finden es besonders wichtig, gute Freunde zu haben, 85 Prozent, einen Partner zu haben, dem sie vertrauen können, und 72 Prozent, ein gutes Familienleben zu führen. Jugendliche haben ein stabiles Wertesystem. 64 Prozent legen großen Wert auf Respekt vor Gesetz und Ordnung, viele wollen fleißig und ehrgeizig sein. Wichtiger als in den vorangegangenen Studien ist den Befragten 2015 die Bereitschaft zu umwelt- und gesundheitsbewusstem Verhalten; junge Frauen sind hierzu noch mehr bereit als junge Männer. Dagegen verloren materielle Dinge wie Macht oder ein hoher Lebensstandard eher an Bedeutung. 82 Prozent der Jugendlichen finden den Wert ‚die Vielfalt der Menschen anerkennen und respektieren' wichtig."

Die dargestellten Ergebnisse sind Antworten auf Fragen, die somit das Spektrum der Einschätzungen und Bewertungen mit bestimmen. Dies gilt sowohl für Themen, die angesprochen werden sowie für solche, die nicht berücksichtigt werden. Generell wird man allenfalls eine abgestufte Resonanzfähigkeit und Handlungsbereitschaft der jungen Generationen mit Blick auf die Themen Funktionssystem-Balance und Inklusion erwarten. Dies wird vor allem dann sichtbar, wenn bestimmte Ziele, Herausforderungen oder Risiken vergleichend bewertet werden. So verweist das Umweltbundesamt (UBA 2016) auf Umfrageergebnisse bei 14–25-Jährigen, in denen deutlich wird, dass sich die junge Generation eine Zukunft ohne Marken-„Klamotten" und Unterhaltungselektronik nicht vorstellen kann – während weniger als ein Drittel eine „saubere" Umwelt für erforderlich hält (WAZ vom 27.1.2016).

Insofern ist es hilfreich, dafür auch noch einmal den Blick auf den Kontext Europa zu lenken, über den in den Interviews nichts gesagt wurde. Hier deutet sich in einigen EU-Mitgliedsländern gerade eine Inklusionskatastrophe für die junge Generation an: mit bis zu 50% Arbeitslosigkeit. Obwohl in Deutschland derzeit allenfalls die „Ausläufer" dieser Entwicklung – z.B. in Form von prekären Beschäftigungsverhältnissen – zu spüren sind, werden die Folgen Wirkungen für die GdZ zeitigen. Dabei wird es nicht zuletzt um ein faires (Ver)Teilen von bezahlter Arbeit gehen. Dass in vielen Kommunikationen betont wird, dass *schon jetzt und von den älteren Generationen* (wie z.B. den „Babyboomern") mit der Neuordnung der Verhältnisse angefangen werden muss, ist nicht zu ignorieren. Der in der Brexit-Abstimmung zum Ausdruck kommende Konflikt zwischen den Generationen wird dafür ein neues Narrativ liefern. Die jungen Generationen könnten sich einfach weigern, das Erbe einer neoliberalen, unsozialen und teilweise schon ausgeplünderten GdZ anzutreten. Boris Pofalla schreibt im Untertitel zu einem FASZ-Artikel (Nr. 49/2015): „Junge Europäer sollen die Probleme des alten Kontinents lösen. Es wäre besser für sie, ihn zu verlassen." Nicht zu Unrecht fordert er die Verantwortlichen für die gegenwärtige Situation dazu auf, im Interesse der Mitglieder der GdZ ihren in den letzten 30 Jahren angehäuften „Unrat" selbst wegzuräumen.

5.2 Beobachtungs- und Handlungsstrategien: Indikatoren der Gesellschaftsentwicklung

Die notwendige Tendenz, auch längerfristige Entwicklungen zu kommentieren, ist stets mit höheren Graden an Komplexität und Kontingenz konfrontiert. Sieht man einmal von den vorhandenen Bestrebungen ab, „einfache" Bilder und Visionen zu präsentieren – wie etwa in rechtspopulistischen Szenarien – so zeigen selbst komplexere Beobachtungsstrategien – wie für die sechs Themenfelder gezeigt – blinde Flecken: nicht betrachtete oder nicht problematisierte Segmente der gesellschaftlichen Entwicklung. Wie aktuelle Kommunikationsschwerpunkte immer wieder belegen, gibt es für fast alle Einzelthemen Beobachtungen und diesbezügliche Resultate: sie gelangen aber allenfalls situativ und sporadisch ins „Bewusstsein der Gesellschaft" – ganz im Gegensatz zum Dauer-Stakkato der Wirtschaftsinformationen. Der Fokus auf BIP und Aktienindex greift nicht nur zu kurz, sondern ist vielfach in die Irre führend: darauf hat schon Robert Kennedy in den 1960er Jahren hingewiesen! Zuletzt hat die Brexit-Debatte gezeigt, dass die Lebenslagen der „Durchschnittsbevölkerung" oder gar der unteren Schichten damit nicht hinreichend (kritisch) beschrieben werden.

Mit Blick auf die gegenwärtige und zu erwartende Entwicklung der Weltgesellschaft wurde die Inklusion der Bevölkerung in das politische System in vorangehenden Kapiteln besonders betont. Dem liegt die Beobachtung zu Grunde, dass die wirtschaftsbezogenen Liberalisierungsprozesse der vergangenen Jahrzehnte die wechselseitigen Begrenzungen der Funktionssysteme geschwächt haben. Die Neujustierung bedeutet keine neue Dominanz des PAS, sondern vielmehr ein verändertes „Stoppregel-Management", das auch eine Veränderung politikinterner Kommunikation erforderlich machen wird.

Die nicht in Frage gestellten Prämissen der *Weltkomplexität*, die kein einfaches Zielmodell der GdZ zulässt, und der *Kontingenz* von einzelnen Ereignissen, die meist keine verlässliche Prognose zulässt, haben dazu geführt, einen komplexen Beobachtungsrahmen zu beschreiben: die „Balance" von gesellschaftlichen Funktionssystemen. Die auf sie fokussierte Beobachtung der Zukunftskommunikationen hat zur Feststellung geführt, dass viele Ereignisse der Vergangenheit und der Gegenwart auf eine deutlich wahrnehmbare „Unbalance" zurückzuführen sind. Daraus resultiert der Vorschlag, die kontinuierliche Beobachtung der Qualität von Intersystembeziehungen als indirekten Gestaltungsimpuls für die GdZ zu nutzen. Viele Beispiele – nicht zuletzt die Klimaentwicklung – haben zu zeigen erlaubt, dass eine nachträgliche „Reparatur" nicht nur besonders kostspielig, sondern ggf. gar nicht mehr möglich ist. Mit anderen Worten: die Müllhalden und Baustellen einer nicht erfolgten Balancierung wachsen ständig weiter an und werden als Hinterlassenschaft der GdZ überantwortet: das krasse *Gegenteil einer nachhaltiger Entwicklung* – die seit Jahrzehnten „beschworen" wird. Die Entwicklung der Wechselbeziehungen zwischen den Funktionssystemen ist häufig mit mittleren und längeren Zeitfristen verbunden. Insofern ist es erforderlich, den Alarmierungstendenzen der Massenmedien entgegen zu wirken und insbesondere die längerfristigen Trends zu markieren, die ggf. noch zu beeinflussen sind. Die Beobachtung von Balancierungsprozessen ist also mit multiplen Folgenabschätzungen verbunden. Die breite Inklusion der Bevölkerung in die verschiedenen Funktionssysteme ist dafür eine hilfreiche Grundlage. Schon jetzt sind

Whistleblower und „Aussteiger" wichtige Quellen für eine solche Anforderung. Die wichtigste Funktion der Inklusion besteht aber in der praktischen Durchsetzung von Veränderungen. Die o.a. Analyse der Zukunftskommunikationen hat im Grundsatz gezeigt, dass es weder an Diagnosen von kritischen Entwicklungen noch an der Darstellung von Alternativen fehlt. Es mangelt vor allem an der Nutzung eines komplexen Beobachtungs- und Ordnungs*rahmens* für diese Kommunikationen. Sowohl für die Themenfelder als auch für die Einzelbetrachtung der Funktionssysteme konnte exemplarisch gezeigt werden, dass viele Kommunikationen direkte und indirekte Bezüge zu dem hier gewählten systemtheoretischen Ansatz aufweisen. Sie zeichnen überwiegend ein kritisches Bild von der zu erwartenden GdZ. Dies gilt besonders dann, wenn man auch die Wechselwirkungen zwischen den Einzelfaktoren stärker berücksichtigt. So zeigt z.B. eine enge Koppelung zwischen zwei Funktionssystemen eine übermäßige Verselbständigungs- bzw. „Kaperungs"-Tendenz. Eine besondere Herausforderung stellt allerdings die Beobachtung dar, dass selbst solche Zukunftskommunikationen wenig Einfuß auf aktuelle Akzentsetzungen und Weichenstellungen haben, deren Bedeutung für die Entwicklung der GdZ relativ gut belegbar ist – z.B. bei den Umweltthemen (Klimawandel u.a.), der Ökonomisierung von Gesundheitssystem und Wissenschaftssystem, der Medienentwicklung (Internet) und der gemeinwohlbezogenen Politik. Mit anderen Worten: es ist durchaus notwendig, einzelne Zukunftskommunikationen (wie z.B. Wasser), Mega-Trends (wie z.B. Migration) oder auch einzelne Funktionssysteme (wie das Rechtssystem) hinsichtlich der Bedeutung für das gesellschaftliche Kommunikationssystem der Zukunft zu beschreiben und zu bewerten. Die in den letzten Abschnitten betonte „normative Wendung" und Perspektive legt es aber vor allem nahe, die diesbezüglichen *zukunftsrelevanten Entwicklungen* (Diskurse und Entscheidungen) so zu bündeln, dass sie zum Ausgangspunkt von kritischen Kommentaren und ggf. auch für die Begründung von Protesten der Zivilgesellschaft genutzt werden können. Dabei könnten sie sich einreihen in die bereits vorhandene Vielfalt von „Watch"- Organisationen und förmlichen Institutionen: von Ressourcen-Erschöpfungstagen, Berichten von Transparency International, Amnesty International oder Lobby Control bis zu Verbraucherzentralen, dem Bund der Steuerzahler und den Rechnungshöfen. Auch die verschiedenen Berichte des PAS – von Enquete-Kommissionen bis hin zu den Armuts/Reichtumsberichten oder den Subventionsberichten können als Quelle dienen. Entscheidend wird es dabei sein, die oftmals eklektizistischen Befunde zu ergänzen und im Hinblick auf die systemtheoretisch begründeten Schwerpunkte der Gesellschaftsdarstellung und -*bewertung* zu bündeln. Dies gilt für die Entwicklung der Funktionssysteme und ihre wechselseitige Beziehungen (Balancierung) und die Grade der Inklusion der Zivilgesellschaft in diese Funktionssysteme. Das Ergebnis wäre quasi ein jährlicher Progressreport *„zur Lage der deutschen funktional* *differenzierten Gesellschaft im europäischen und im Welt-Kontext"*. Ein solcher Referenzrahmen könnte die *gesellschaftsbezogenen* Beobachtungen der Zukunftskommunikation fokussieren und ggf. Weichenstellungen anstoßen, mit denen die Leistungsfähigkeit des Gesellschaftssystems im hier definierten Sinne erhalten bzw. gefördert werden würde.

Dies kann allerdings nur dann gelingen, wenn ein solcher Progressreport die gleiche öffentliche Aufmerksamkeit erhalten würde, wie dies gegenwärtig für die ständigen Berichte über das Wirtschaftswachstum der Fall ist. Dabei ist durchaus mit dem Interesse vieler Akteure in den Funktionssystemen zu rechnen, einen solchen Report zu verhindern, gemäß den eigenen Interessen zu beeinflussen oder zu ignorieren. Die Geschichte der Armuts- und Reichtumsberichte bietet sich als Lehrstück an. Es ist demnach die Aufgabe der Zivilgesellschaft, einen solchen Report zu fordern und zu fördern – ggf. mit einer Crowd-Finanzierung, ggf. unter Einbeziehung wissenschaftlichen und medialer Unterstützungsleistungen. Es geht vor allem für die junge Generation darum, sich neben der Fokussierung auf die individuellen Zukunftsoptionen auch regelmäßig/kontinuierlich mit den Erfordernissen für die grundlegende Gestaltung der GdZ zu befassen.

5.3 Möglichkeiten einer neu ausgerichteten Gesellschafts-Berichterstattung

Die Nutzung von Indizes ist ein ständig beobachtbares Element der Selbstbeschreibung einer Gesellschaft. Damit wird die immer wichtiger werdende Reduktion der wachsenden gesellschaftlichen Komplexität gefördert. Zugleich ist erkennbar und nachvollziehbar, dass ein Kampf schon bei der Definition der Indizes erfolgt, weil mit ihnen kommunikative Verdichtungen beeinflusst werden können. Problematisch wird diese Konkurrenz immer dann, wenn die Indizes extrem zugespitzt werden – z.B. für eindimensionale Rankings hochkomplexer Phänomene – wie einer Partei, einer Universität oder einem Unternehmen. Dies lässt sich in allen Funktionssystemen beobachten. Ein großer Teil von Interessendurchsetzungskonflikten wird mit Blick auf Indikatoren oder Indizes ausgetragen – nicht selten in irreführender Weise. Man kann dies derzeit bei den Themen Wirtschaftswachstum vs. Reichtumsverteilung gut beobachten: z.B. bei der Nutzung von Durchschnittswerten anstelle von Gini-Koeffizienten. Daher ist es nicht überraschend, dass trotz vielfacher fachwissenschaftlicher Kritik das Bruttoinlandsprodukt (BIP) noch immer ein dominanter Indikator ist und (z.B.) die „Glücksforschung" oder die „Vertrauensforschung (s.o)" dagegen nicht ankommt. Besonders hervorzuheben ist zudem, dass die darin enthaltene Perspektiven- und Interessengebundenheit nicht mit kommuniziert wird.

In Anwendung auf die hier eingenommene Beobachterperspektive könnte sehr strikt formuliert werden, dass die GdZ nur dann eine Zukunftsperspektive hat, wenn es vor allem den jüngeren Generationen gelingt, sich neben den alltagsbezogenen und privaten Angelegenheiten auch für die Gesellschaftsentwicklung zu engagieren und dafür u.a. eine kontinuierliche und faire Berichterstattung über die Entwicklungs-Indikatoren der Gesellschaft einzufordern. Über die Auswahl wäre noch zu debattieren; vieles davon ist verfügbar; es geht v.a. um Gewichtungsfragen. Allerdings muss auch immer die Aufmerksamkeitsproblematik beachtet werden: Da die Informationen auch hierbei meist über Medien transportiert würden, muss die Bezeichnung der Indizes auch mit vielen anderen Botschaften konkurrieren (können) – zumindest bis sie zu einer Art selbstverständlichem Standard der Rechenschaftspflicht von Funktionssystemen gehören: durch Anhörungen, Pressekonferenzen, Anfragen – usw.

Zwei Gruppen von Indizes sind erforderlich: *die Inklusions-Indizes und die Balance-Indizes, wobei letztere vielleicht markanter als „Titanic-Indizes" bezeichnet werden könnten.* Die erstgenannte Gruppe knüpft an viele vorhandene Indizes an, die ggf. zu überprüfen und zu ergänzen sind. Es geht um die Inklusion der Bevölkerung in die Funktionssysteme, die für die leistungs-, lebens- oder gar zukunftsfähige GdZ als besonders bedeutsam angesehen werden. Konkret heißt dies für die jetzt in wichtige Entscheidungsfunktionen einrückende Generation, ob ihre Kinder eine gute Lebensperspektive bis zur Jahrhundertwende und darüber hinaus haben werden. Für Inklusionsindizes könnten das Erziehungssystem, das Gesundheitssystem, das Wirtschaftssystem, das politische System, das Wissenschaftssystem, das Rechtssystem, die Zivilgesellschaft, (i.e.S.), das Familiensystem u.a. in Betracht kommen. Mit Blick auf zukünftige Entwicklungen können sich aber auch neue Funktionssysteme oder Subsysteme – z.B. ausgewählte Politikfelder, Branchen oder die Nahrungsmittelproduktion herausbilden, so dass auch dies kontinuierlich zu beobachten ggf. bei der Indexbildung zu berücksichtigen ist.

Wichtig ist dabei nicht nur die Quantität und Quote der Inklusion – also: wie groß ist der inkludierte Bevölkerungsanteil – sondern auch die Verteilungsqualität in der Bevölkerung. Am Beispiel des Wirtschaftssystems lässt sich dies gut illustrieren: Die „Vollbeschäftigung" kann sich einerseits als „schön gerechnet" erweisen, weil Gruppen von Erwerbslosen „aus der Statistik fallen"; zudem ist die Vollbeschäftigung ohne Information über die Spreizung der Einkünfte ein unzureichender Indikator. Ein anderer Aspekt führt zu der Frage, ob die Superreichen (1%?) (noch) zur Gesellschaft gehören oder endgültig in eine internationale Parallelgesellschaft abgedriftet sind, die ein privates Ensemble von Funktionssystemen betreibt.

Schwieriger zu gestalten als der Inklusionsindex wäre ein „Balance-Index" bzw. „Titanic-Index", der die (Veränderung der) Qualität/Leistungsfähigkeit der Funktionssysteme bewertet. Der Begriff Titanic würde signalisieren, wie nah das Funktionssystem vor einem Leistungseinbruch/Zusammenbruch steht: z.b. durch Mangel an Ressourcen oder durch Nebenkodierung oder gar „Kaperung". Dabei lässt sich zwar an Merkmale von „failing states" anknüpfen, die Indikatoren sind aber anders aufgestellt. Es geht hier nicht um ein irgendwie vorgegebenes Konzept oder ein „Idealmodell" von balancierten Funktionssystemen, sondern um die Beobachtung von systemspezifischen Realentwicklungen und Zukunftsperspektiven. Der „Titanic-Index" sollte dabei schon auf die *Sichtung* von Eisbergen hinweisen können. Es gibt jeweils mehrere denkbare Beobachtungsdimensionen. Eine Option wäre die Bestimmung der Leistungsfähigkeit des jeweiligen Funktionssystems. Abgesehen von dem damit verbundenen Rechercheaufwand wäre dies auch nicht hinreichend zukunftsbezogen und nicht hinreichend an den Balancerisiken orientiert. Daher sind spezifische zukunftsbezogene Impulse (Programme, Entscheidungen) im Hinblick auf die Expansion oder Kontraktion von Funktionssystemen zur Beobachtung besser geeignet. Dabei lässt sich ggf. an existierende Begrifflichkeiten anknüpfen: Wenn man von einem Korruptionsindex sprechen kann, dann sollte auch die Formulierung eines Ökonomisierungsindex, eines Politisierungsindex, eines Verwissenschaftlichungsindex möglich sein. Im Hinblick auf die systemtheoretisch angeregten Beobachtungsdimensionen wären die Begriffe „Resonanzindex" (Umweltbeobachtungs-Fähigkeit) und „Irritationsindex" (Umweltbeeinflussungs-Kapazität) – oder strikter ausgedrückt „Kaperungsindex" mit positiven und negativen Werten – besser geeignet.

Wie bei allen Indizes bleibt es auch hier besonders schwierig, neben der Kennzeichnung des Entwicklungsstandes einzelner Funktionssysteme eine Gesamtbilanz für „das Ensemble", die „Balancequalität" zu formulieren. Allerdings geht es dabei um Zukunftsfragen, die sich einer Quantifizierung ohnehin teilweise entziehen. Unschärfen sind nicht zu vermeiden, werden aber durch die Trenddarstellungen weniger problematisch.

Ein erster, wesentlich einfacherer Schritt könnte auch in der inhaltlichen Erläuterung von überschaubaren Trends oder Handlungsimpulsen bestehen, denen eine Erläuterung der erwarteten Index-Veränderungen hinzugefügt werden. Als Beispiel lässt sich TTIP nutzen, für das man zeigen kann, dass der ökonomische Nutzen kaum bezifferbar ist, aber die „Kaperungspotenziale" gegenüber Politik und Recht immer sichtbarer werden; dies macht die großen Geheimhaltungsbemühungen erklärbar. Oder ein anderes Beispiel: Man beachte die Vorschläge der amerikanischen Waffenlobby, die Kinderbücher umzuschreiben und die darin handelnden Kinder (wie Hänsel und Gretel) mit Waffen auszustatten, damit die jungen LeserInnen schon früh an Waffenbesitz gewöhnt werden. Die Kaperungsmöglichkeiten beziehen sich auf das Familiensystem und das Erziehungssystem.

Trotz der beschriebenen Schwierigkeiten ist es wünschenswert, Effekte von Entscheidungen, Planungen und Zukunftsperspektiven auf das Funktionssystem*ensemble* in einem bilanzierenden Verflechtungsdiagramm zusammenzustellen. Gegebenenfalls erlaubt dies eine Bezugsnahme auf andere Muster der gesellschaftlichen Differenzierung – z.B. Dominanz eines hierarchischen Systems (Diktatur, Klassen, Kasten). Eine solche Verschiebung des Grundmusters – weg von der funktionalen Differenzierung – könnte dann grob als „gering" bis „alarmierend" bewertet werden. Letzteres würde ggf. schon das Stadium eines „failed state" oder einer „Bananen-Republik" (u.ä.) signalisieren.

Entscheidend wäre dabei aber nicht immer die „Präzision" der systemspezifischen Expansions- oder Kontraktions-Erwartungen, sondern die Tatsache, dass diese Sachverhalte in die öffentliche Diskussion gelangen und nicht als unerheblich oder „Zukunftskram" abgetan werden können. Ein jährlich geforderter und vorgelegter diesbezüglicher „Rechenschaftsbericht" könnte der jungen Generation helfen, an entsprechenden Weichenstellungen auch im Detail ihres (Inklusions-)Alltags mitzuwirken. Es geht vor allem um „ihre" GdZ und nicht um die Verteidigung von Gewohnheiten und Privilegien der älteren Generation.

Ein zentrales Thema bleibt in diesem Zusammenhang die enge Koppelung der Gesellschaft an Umweltsysteme, die nicht aus Kommunikation bestehen: die natürliche Umwelt und die Umwelt der Gesellschaftsmitglieder (Menschen). Deren Kaperung hat möglicherweise größere Bedeutung als z.B. die Forderung von Donald Trump, die Politik und Verwaltung, außer für innere und äußere Sicherheit, in den USA abzuschaffen. Zu der Perspektivenbilanz für die GdZ gehört auch die Gefahr einer Kaperung von Menschen – durch Infiltration, Drogen oder Implantate – sowie der Natur – durch Zerstörung und Ressourcenverbrauch über alle Maßen. Für diese Bereiche gibt es vielfältige Beispiele, die schon jetzt für einen Statusreport genutzt werden. Für die GdZ kommt es darauf an, auch diese Beobachtungen in die Index-Bildung einzubeziehen. Dabei ist zu beachten, dass in vielen Bereichen Großexperimente stattfinden, deren Ausgang und damit Folgen für die GdZ unklar sind. Ein in den letzten Jahren wiederholt behandeltes Thema ist die „digitale Demenz". Es ist völlig unklar, wie eine GdZ aussähe, wenn diese Diagnose zur alltäglichen Beobachtung würde. Auch in diesem Kontext ist also eine Entwicklung eines Titanic-Index erforderlich. Für die Umweltthematik gilt dies im Prinzip schon, weil konkrete „rote Linien" wie das Ziel, die Erderwärmung auf zwei Grad zu beschränken und die Schritte dahin, die notwendige Reduktion von CO2-Emissionen, beschrieben sind. Die Ratifizierung der UN Vereinbarung und die tatsächliche Umsetzung sowie die konkreten Emissionsdaten liefern dann bereits Grundlagen für den diesbezüglichen Titanic-Index. Es geht also darum, sich von Rhetorik, bedrucktem Papier oder Tweets nicht beeindrucken zu lassen: sie könnten sich als die Kapelle auf der Titanic erweisen, die bis zur Havarie mit dem Eisberg weiterspielt und die späteren Opfer der Katastrophe beschwichtigt.

Aus der hier gewählten systemtheoretisch-gesellschaftsbezogenen Beobachtungsperspektive lässt sich bilanzieren, dass es ohne gebündelte, z.B. indexbasierte Kommunikationsimpulse keine hinreichenden Wirkungen auf die GdZ geben wird.

Die begleitete Wanderung durch die gesellschaftsinterne Zukunftskommunikation ist damit abgeschlossen. Da diese Kommunikation in der Gesellschaft kontinuierlich fortgesetzt wird, ist auch eine Fortsetzung der Beobachtung unerlässlich. Ob dafür die hier vorgeschlagene Perspektive der Gesellschaftsbeobachtung genutzt wird, ist eine Entscheidung der Bevölkerungsmitglieder. Generell sollte aber deutlich geworden sein, dass eine neue Wanderung – in eigener Regie – kurz oder lang, in einigermaßen übersichtliches oder besonders schwieriges Terrain unternommen werden kann. Mit anderen Worten: einzelne Pläne und Entscheidungen von heute können ebenso als Beobachtungsgegenstand gewählt werden wie die langfristige generelle Drift der Weltgesellschaft. Die Herausforderung bleibt stets die gleiche: die kontinuierliche Auseinandersetzung mit der Kontingenz der Gesellschaftsentwicklung.

Anhang

1. Glossar

Im Folgenden werden noch einmal wichtige, systemtheoretisch angeleitete Beobachtungskategorien für die Gesellschaft (der Zukunft) zusammengefasst. Die Kennzeichnung als „Glossar" ist allerdings übertrieben, wenn man bedenkt, dass es dafür Bücher mit mehreren hundert Seiten Umfang gibt (s.u.). Zunächst ist noch einmal zu betonen, dass die im Buch zusammengefassten Beobachtungen und ihre Bewertungen von der gewählten – systemtheoretischen – Perspektive geprägt sind. Diese Perspektive ist nicht alternativlos, so dass ihre Nutzung ausführlich begründet werden musste.

* *Soziale Systeme* stellen Verdichtungen zwischenmenschlicher Kommunikation dar; dafür sind die Elemente Mitteilung, Information und Verstehen notwendig: erst hierdurch wird Kommunikation in Bewegung gehalten. Die Grenzziehung erfolgt somit durch die Unterscheidung von Kommunikationen, die anschlussfähig sind bzw. verstanden werden, und solchen, die es nicht sind. Alle sozialen Systeme sind *operativ* geschlossen, können sich nur auf Kommunikationen beziehen, können aber die Umwelt, insbesondere andere soziale Systeme beobachten.

* Der unterschiedlichen Größenordnung der sozialen Systeme wird durch die Unterscheidung von *Interaktion* (unter Anwesenden), *Organisation* (mit Mitgliedschaftsrolle) und *Gesellschaft* Rechnung getragen. Kennzeichnend für die Moderne sind die Dominanz von organisierten Sozialsystemen und die Ausdehnung des Gesellschaftssystems zur Weltgesellschaft.

* Im Mittelpunkt der Ausführungen in diesem Buch steht die Beobachtung der (Welt-)*Gesellschaft*. Diese Schwerpunktsetzung ist angezeigt, weil das Überleben der wachsenden Weltbevölkerung nur durch Arbeitsteilung *und* Handlungskoordination gesichert werden kann. In diesem Buch wird die *gesellschaftsweite* Arbeitsteilung besonders in den Blick gerückt: die *funktionale Differenzierung*. Sie bestimmt maßgeblich die Leistungsfähigkeit der modernen Gesellschaft und auch ihre Zukunft. Die (gesellschaftsweite) Kommunikation innerhalb der Funktionssysteme wird durch je spezifische Medien und Codes sichergestellt: z.B. Macht (Macht haben, keine Macht haben) im Politiksystem; Geld (Zahlen, Nicht Zahlen) im Wirtschaftssystem; Krankheit (gesund, krank) im Gesundheitssystem usw.

* Der kommunikative Zusammenhang kann in einer solcherart differenzierten Gesellschaft nur dadurch erreicht werden, dass möglichst viele Menschen (Bevölkerung) in diese Systeme eingebunden sind (*Inklusion*).

* Über die Gesellschaft der *Zukunft* (GdZ) lässt sich vor allem durch die Beobachtung der *Zukunftskommunikation in den Massenmedien* etwas herausfinden. Dafür werden sechs Themenfelder näher betrachtet – von der ökonomischen Globalisierung bis zur Urbanisierung.

Anschließend wird die Entwicklung der Funktionssysteme in den Blick gerückt – vom Mediensystem bis zur Zivilgesellschaft. Dabei geht es stets um die Frage der gegenwärtigen und der für die Zukunft zu erwartenden Leistungsfähigkeit der Gesellschaft: *zugespitzt auf die sachgerechte Rolle der Funktionssysteme, ihre Wechselbeziehungen und ihre Fähigkeit zur Inklusion der Bevölkerung.*

* In den Mittelpunkt der Beobachtung von gesellschaftsinterner Kommunikation wird die *„Balance" der Funktionssysteme* gerückt. Deshalb werden viele Formen beschrieben, in denen diese Balance gestaltet oder auch beeinträchtigt wird. *Strukturelle Koppelung* bezeichnet die wechselseitige Abhängigkeit der Funktionssysteme voneinander; dies wird durch *„wechselseitige Beobachtung"* und durch *„wechselseitige Irritationen"* im Einzelnen beschrieben. Dies schließt nicht aus, dass Funktionssysteme bzw. ihre Kommunikationslogik expandieren, als *Zweitkodierung* in andere Systeme eingeschleust werden oder diese durch *„Kaperung"* zerstören. Eine der Hauptursachen ist darin zu sehen, dass sie keine internen *„Stoppregeln"* aufweisen, die zu einer systembezogenen *Selbstbegrenzung* veranlassen: solche Grenzen der Systemexpansion können nur durch die externen Irritationen (von anderen Systemen) hervorgerufen werden. Die „Kaperung" von Funktionssystemen kann leicht zu einer generellen Schwächung oder Auflösung der funktionalen Differenzierung als gesellschaftliches Strukturierungsprinzip führen: es dominieren dann (wieder) andere Muster – wie z.B. die räumliche Aufteilung in viele Parallelstrukturen (viele Clans) oder die Hierarchie als umfassende Herrschaftsstruktur (Autokratie).

* Im vierten und fünften Kapitel wird von einer *„normativen Wende"* in der Argumentation gesprochen: neben die Beobachtung tritt die bewertende Kommentierung der Zukunftskommunikationen: leistungsfähige Funktionssysteme und eine breite Inklusion der Bevölkerung werden als *Ziele* vorgeschlagen, denen bei der Entwicklung zur *Gesellschaft* der Zukunft (GdZ) besondere Aufmerksamkeit geschenkt werden sollte.

Was kann man dafür tun?

***beobachten: was geschieht gerade in und mit der Gesellschaft?
***bewerten: welche Folgen sind von aktuellen Weichenstellungen für die GdZ zu erwarten: positiv oder negativ für die funktionale Differenzierung und Inklusion?
***nachfragen: welche Folgen sehen „wichtige" bzw. „verantwortliche" Akteure für die Inklusion und für die Funktionserfüllung der Systeme?
***anregen (fordern): Vorschläge zur Beobachtung und Transparenz von Bewertungen und Entscheidungen unterbreiten; ggf. Inklusionsindex und Titanic-Index anfordern;
***mitmachen: in Funktionssystemen mit multiplen Rollen.

2. Literaturhinweise

In der Einleitung des Buches wurde bereits darauf hingewiesen, dass die aus den massenmedialen Beobachtungen entnommenen Zukunftskommunikationen nicht mit Quellennachweisen verbunden werden. Dies hätte den Umfang des Buches verdoppelt. Die Beobachtungen sind aber jederzeit, wenn auch oft in aktualisierter Weise, dem Internet sowie den Mediatheken und Zeitungsarchiven zu entnehmen. Hinweise erfolgen i.d.R. nur dann, wenn ein konkreter Text oder ein markanter „signifier" benutzt wird. Die Literaturhinweise sind daher vor allem Angebote zur Vertiefung: einerseits für das Beobachtungsinstrumentarium (Systemtheorie) und andererseits für die beobachteten Zukunftskommunikationen. Für beides wird nur eine kleine Auswahl an Büchern präsentiert.

a. Zitatnachweise

Assmann, Aleida: Ist die Zeit aus den Fugen? München 2013
Forsa (Hg.): Bürgerbefragung öffentlicher Dienst. Berlin 2014
GfK (Hg.): Global Trust Report (2013). Nürnberg 2014
Hölz, Michaela: Der Globetrotter Sustainable Development. Auf den Spuren eines Leitbilds mit der Luhmannschen Systemtheorie als Landkarte. München 2012
Krönig, Franz Kasper: Die Ökonomisierung der Gesellschaft. Bielefeld 2007
Luhmann, Niklas: Funktion und Kausalität. In: ders. Soziologische Aufklärung. Aufsätze zur Theorie sozialer Systeme. Köln Opladen 1970, S. 9–30
Luhmann, Niklas: Ökologische Kommunikation. Opladen 1986
Luhmann, Niklas: Beobachtungen der Moderne. Opladen 1992
Luhmann, Niklas: Die Realität der Massenmedien. Opladen 1996

Luhmann, Niklas: Einführung in die Theorie der Gesellschaft. (Vorlesung 1992/93). Heidelberg 2005

Nassehi, Armin: Die letzte Stunde der Wahrheit. Hamburg 2015

Nassehi, Armin: Gesellschaft der Gegenwarten. Berlin 2011

Papsdorf, Christian: Internet und Gesellschaft. Frankfurt a.M. 2013

Randers, Jorgen: 2052: Der neue Bericht an den Club of Rome. Eine globale Prognose für die nächsten 40 Jahre. München 2012

Seel, Martin: Vom Handwerk der Philosophie. München Wien 2001

Shell Jugendstudie 2015. (Wikipedia v. 30.4.2016)

b. Hinweise im Text (Stichworte, Kernbegriffe)

Altmeyer, Martin: Auf der Suche nach Resonanz. Göttingen 2016

APuZ: Megatrends? (Heft 31–32). Bonn 2015

APuZ: Kapitalismus und Alternativen. (Heft 35–37). Bonn 2015

APuZ: Wohlstand ohne Wachstum? (Heft 27–28). Bonn 2012

Bostrom, Nick: Superintelligenz. Berlin 2014

Crouch, Colin: Postdemokratie. Frankfurt a.M. 2012

Diefenbach, Sarah/Ullrich, Daniel: Digitale Depression. Wie neue Medien unser Glücksempfinden verändern. München 2016

Dutton, Kevin: Psychopaten. München 2013

Duve, Karen: Macht. Berlin 2015

Eggers, Dave: Der Circle. Köln 2015

Emmott, Stephen: Zehn Milliarden. Berlin 2013

Felber, Christian: Gemeinwohlökonomie. Wien 2012

Hofstätter, Yvonne: Sie wissen alles. München 2014

Keen, Andrew: Das digitale Debakel. München 2015

Klein, Naomi: Die Entscheidung: Kapitalismus vs. Klima. Frankfurt a.M. 2015

Krysmanski, Hans-Jürgen: 0,1% Das Imperium der Milliardäre. Frankfurt a.M. 2012

Kucklick, Christoph: Die granulare Gesellschaft. Berlin 2014

Kurzweil, Ray: Menschheit 2.0: Die Singularität naht. Berlin 2013

Maaz, Hans-Joachim: Die narzisstische Gesellschaft. München 2014

Moder, Michael: 2084 controlled by fear. London 2014

Münkler, Herfried/Münkler, Marina: Die neuen Deutschen. Hamburg 2016

Pariser, Eli: Filter Bubble. München 2012

Rosa, Hartmut: Weltbeziehungen im Zeitalter der Beschleunigung. Berlin 2012

Rürup, Bert/Heilmann, Dirk H.: Fette Jahre. Warum Deutschland eine glänzende Zukunft hat. München 2012

Rust, Holger: Zukunftsillusionen. Kritik der Trendforschung. Wiesbaden 2008

Scharpf, Fritz W: After the Crash: A Perspective on Multilevel European Democracy. Köln MPIfG Discussion Paper 21/2014

Schindler, Jörg: Die Rüpel Republik. Frankfurt a.M. 2012

Schirrmacher, Frank: Ego: Das Spiel des Lebens. 2013
Spitzer, Manfred: Cyberkrank. Wie das digitalisierte Leben unsere Gesundheit ruiniert. München 2015
Taleb, Nassim Nicolas: Anti-Fragilität. München 2013
Walker, Martin: Germany 2064. Ein Zukunftsthriller. Zürich 2015
Welzer, Harald: Die smarte Diktatur. Frankfurt a.M. 2016
Zeh, Juli: Unterleuten. München 2016

c. Quellen für Begriffserläuterungen

Krause, Detlef: Luhmann-Lexikon (3.Aufl.). Stuttgart 2001
Baraldi, Claudio u.a.: GLU: Glossar zu Niklas Luhmanns Theorie sozialer Systeme. Frankfurt a.M. 1997

d. Einführungen in Luhmanns Systemtheorie

Berghaus, Margot: Luhmann leicht gemacht. Köln Weimar Wien 2004
Simon, Fritz B.: Einführung in Systemtheorie und Konstruktivismus. Heidelberg 2008

e. Luhmann beobachtet:

Birle, Peter/Dewey, Matias/Mascareno, Aldo (Hg.): Durch Luhmanns Brille. Herausforderungen an Politik und Recht in Lateinamerika und in der Weltgesellschaft. Wiesbaden 2012
Fuchs, Peter: Niklas Luhmann – beobachtet. Opladen 1992

f. Diskurse zum Beobachtungsinstrumentarium

Albert, Mathias/Stichweh, Rudolf (Hg.): Weltstaat und Weltstaatlichkeit. Wiesbaden 2007
Baecker, Dirk: Studien zur nächsten Gesellschaft. Frankfurt a.M. 2007
Baecker, Dirk (Hg.): Schlüsselwerke der Systemtheorie. Wiesbaden 2005
Dammann, Klaus/Grunow, Dieter/Japp, Klaus P. (Hg.): Die Verwaltung des Politischen Systems (Festschrift für Niklas Luhmann). Opladen 1994
Heintz, Bettina/Tyrell, Hartmann (Hg.): Interaktion – Organisation – Gesellschaft revisited. Stuttgart 2015
Nassehi, Armin: Der soziologische Diskurs der Moderne. Frankfurt a.M. 2009
Runkel, Gunter/Burkart, Günter (Hg.): Funktionssysteme der Gesellschaft. Wiesbaden 2005

g. Beobachtungsthemen; Megatrends allgemein

Bardi, Ugo: Der geplünderte Planet. München 2013
Beck, Ulrich: Gegengifte. Die organisierte Unverantwortlichkeit. Frankfurt a.M. 1988
Brendle, Christine (Hg.): Unsere Welt 2050. Albstadt 2011
Büchel, Kurt: Der Klimaschwindel. Gütersloh 2009
Hartmann, Michael: Soziale Ungleichheit. Frankfurt a.M. 2013
Hessel, Stephane: Empört Euch. Berlin 2010
Meier-Braun, Karl-Heinz/Weber, Reinhold (Hg.): Deutschland Einwanderungsland. Stuttgart 2013
Opoczynski, Michael: Krieg der Generationen. Gütersloh 2015
Rousselin, Mathieu: Widerstand. Münster 2014
Sandel, Michael J.: Was man für Geld nicht kaufen kann. Berlin 2012
Smith, Laurence C: The World in 2050. London 2015
Winkler, Werner: Kollaps 2040. Waiblingen 2015
Ziegler, Jean: Ändere die Welt. München 2015

3. Abbildungsverzeichnis